Thiel, Jensen

Psychiatrie

für Pflegeberufe

mit 31 Abbildungen, 12 Tabellen und 9 Pflegeplänen

mit Beiträgen von
Dipl.-Psych. Dr. Siegfried Traxler
Dr. rer. nat. Albert Esser
Udo Glinka
Anja Stumpf und
Dr. med. Frank Bopp

3. überarbeitete und erweiterte Auflage

URBAN & FISCHER München • Jena

Zuschriften und Kritik an:
Urban & Fischer Lektorat Pflege, Karlstraße 45, 80333 München
Holger Thiel, Max-Dünnebier-Straße 1, 56567 Neuwied
Dr. Markus Jensen, Fraunhoferstraße 58, 56626 Andernach

Wichtiger Hinweis für den Benutzer
Die Erkenntnisse in der Medizin unterliegen laufendem Wandel durch Forschung und klinische Erfahrungen. Herausgeber und Autoren dieses Werkes haben große Sorgfalt darauf verwendet, daß die in diesem Werk gemachten therapeutischen Angaben (insbesondere hinsichtlich Indikation, Dosierung und unerwünschten Wirkungen) dem derzeitigen Wissensstand entsprechen. Das entbindet den Nutzer dieses Werkes aber nicht von der Verpflichtung, anhand der Beipackzettel zu verschreibender Präparate zu überprüfen, ob die dort gemachten Angaben von denen in diesem Buch abweichen und seine Verordnung in eigener Verantwortung zu treffen.

Die Deutsche Bibliothek - CIP-Einheitsaufnahme

Ein Titeldatensatz für diese Publikation ist bei
Der Deutschen Bibliothek erhältlich

3. Auflage Juni 2001

01 02 03 04 05 5 4 3 2 1

Lektorat: Ulrike Bazlen, München
Herstellung: Wolfram Friedrich, München
Zeichnungen: Esther Schenk-Panic, München
Fotos: Scherz Verlag, Bern (Seite 2 und Seite 5)
Gerhard Bäuerle (Seite 8)
Dumbarton Oaks, Washington, D.C. (Seite 221)
Satz, Druck und Bindung: Kösel, Kempten
Umschlaggestaltung: prepress | ulm GmbH, Ulm

Aktuelle Informationen finden Sie im Internet unter der Adresse: http://www.urbanfischer.de

Auf ein Wort zuvor

Zur dritten Auflage

„Mein Gott, als erstes auf eine Akutstation!“ So mag manch ein(e) Krankenpflegeschüler(in) gedacht haben, als er (sie) erfuhr, daß sein (ihr) erster Einsatz auf der geschlossenen Aufnahmestation sein wird. Damit die Neulinge nicht ganz unvermittelt in das kalte Wasser des klinischen Alltags geworfen wurden, bekamen sie in unserer Abteilung auf Wunsch ein Skript an die Hand, aus dem mittlerweile dieses Buch, bereits in dritter Auflage, hervorgegangen ist.

In dieser Auflage haben wir auch Anregungen von Lesern aufgenommen und eingearbeitet. Für diese konstruktive Kritik bedanken wir uns herzlich. Information tut not, denn die Rolle von Krankenschwestern und -pflegern in der Psychiatrie ist heute nicht mehr die von „Irrenwächtern“, wie es früher hieß. Es geht heute nicht mehr um das „Verwahren“ und „Beaufsichtigen“ der Patienten, sondern um die Behandlung, an der Pflegende als Mitglieder des therapeutischen Teams aktiv teilnehmen.

Das vorliegende Lehrbuch soll Krankenschwestern und -pflegern helfen, psychische Erkrankungen besser zu verstehen und außerdem Werkzeuge zur Behandlung und zum Umgang mit psychisch kranken Menschen an die Hand geben. Unser Anspruch ist es, das Wissenswerte auf möglichst leichtverständliche Art und Weise zu vermitteln und dabei nahe an der Praxis zu bleiben.

Es ist hauptsächlich für Auszubildende in der Krankenpflege, neueinsteigende examinierte Kollegen und Fachschwestern/-pfleger in der psychiatrischen Weiterbildung geschrieben, eignet sich aber ebenso für alle Personen, die Kontakt mit psychisch kranken Menschen haben, wie Altenpfleger oder interessierte Angehörige.

Die in diesem Buch vorgeschlagenen Pflegemaßnahmen und der dort beschriebene Umgang mit psychisch kranken Menschen sollen nicht als Verhaltensstandards zu verstehen sein, sondern als Anregung für den Arbeitsalltag.

Dabei haben sich drei tragende Säulen für den Umgang mit den Patienten herauskristallisiert:

Zum einen ist es von eminenter Bedeutung, bei der Arbeit in der Psychiatrie authentisch zu sein, also man selbst zu sein. Dies beinhaltet beispielsweise, sich – und wenn möglich auch dem Patienten – seine Gefühle (etwa die Angst vor einem Patienten) zuzugestehen.

Zum zweiten ist es für eine tragende Beziehung wichtig, daß der Patient ernstgenommen und soweit wie möglich mit in die Verantwortung und somit in die Therapie eingebunden wird. Als drittes ist die fachliche Kompetenz (Aus-, Fort- und Weiterbildung) zu nennen. Sie gibt den Pflegenden in vielerlei Hinsicht Sicherheit, die sich auf den Patienten und sein gesamtes Umfeld auswirkt.

Es mag skeptisch machen, ein so biologisch orientiertes Buch wie das vorliegende in einer Zeit zu veröffentlichen, in der nahezu alle in der Psychiatrie Beschäftigten von Sozialpsychiatrie, gemeindenaher Psychiatrie, Angehörigenarbeit sprechen.

Unsere Überlegung, einen biologisch orientierten systematischen Lehrtext vorzulegen, entspringt Beobachtungen aus dem klinisch-praktischen Alltag. Auch der sozialpsychiatrisch Tätige muß das Lehrbuchwissen haben, denn dieses System ermöglicht es, die vielen Erfahrungen und Eindrücke zu ordnen und zu verarbeiten. Es hindert nicht daran, neue Ansätze und Konzepte wahrzunehmen und in den klinischen Alltag einzubauen.

Uns war es besonders wichtig, auf den erhobenen Zeigefinger zu verzichten. Dies ist im Kapitel 1 „Die Geschichte der Psychiatrie“ allerdings nicht ganz gelungen. Das ist aber sicher zu verzeihen, wenn man weiß, wie greulich (aus heutiger Sicht) die Behandlungmethoden früher einmal waren.

Wir danken allen, die in irgendeiner Weise an diesem Buch mitgearbeitet haben. Im besonderen den Co-Autoren, Dipl.-Psychologe Dr. Siegfried Traxler und Dr. rer. nat. Albert Esser, sowie Frau Anja Stumpf, Herrn Udo Glinka und Dr. Frank Bopp für ihre Beiträge. Einige Fotos wurden von Wolfgang Willenberg gemacht, auch dafür vielen Dank.

Unseren Familien bzw. Partnern gebührt besonderer Dank. Ohne ihr Zuhören, ihren vielfachen Verzicht auf uns und ihre Unterstützung beim „Erfahrungsammeln“ wäre dieses Buch wohl nie zustande gekommen.

Dieses Buch enthält zu einigen Krankheitsbildern Pflegeplanungen. Sie wurden im Rahmen des Unterrichts in der Speziellen Krankenpflege, vom Oberkurs Nr. 36 1991/94 der Rhein-Mosel-Fachklinik Andernach unter Leitung der Lehrer für Pflegeberufe, Herrn Herbert Strohe und Herrn Siegfried Oberender, erstellt, denen allen wir auf diesem Wege ebenfalls danken.

Für das Kapitel 4 haben wir mehrere Mitglieder der verschiedenen Berufsgruppen interviewt. Dafür danken wir Bianca Kühn (Stationsärztin), Stefanie Heikenfeld (Ergotherapeutin in der Beschäftigungstherapie), Ruth Elenz (Dipl.-Sportlehrerin/Sporttherapeutin), Hans Otto König (Ergotherapeut in der Arbeitstherapie), Doris van Eeck (Dipl.-Sozialarbeiterin), Rainer Piroth (Dipl.-Psychologe) für ihre Zeit und ihr Interesse.

In diesem Buch finden sich Bilder aus der Kunstwerkstatt der Rhein-Mosel-Fachklinik Andernach, die dort von Patienten gemalt wurden. An diese vielen Dank für die freundliche Genehmigung zum Abdruck.

Wir möchten uns außerdem bei der Rhein-Mosel-Fachklinik Andernach, Zentrum für Psychiatrie, Psychotherapie und Neurologie in der wir seit vielen Jahren tätig sind und den größten Teil unserer praktischen Erfahrungen gesammelt haben, bedanken.

Last but not least danken wir den Autoren und deren Verlegern für die liebenswürdige Erlaubnis, ihre Bücher mit zu Rate zu ziehen und deren Fachwissen in dieses Psychiatrielehrbuch für Krankenpflegeberufe mit einzubeziehen.

Die Herausgeber
Im Frühjahr 2001

Wichtige Hinweise zum Thema „Pflegeplanung“

Durch Inkrafttreten der Psychiatrie-Personalverordnung (PsychPV vom 18. Dezember 1990) wird der Personalbedarf aufgrund von Minutenwerten für die einzelnen, zu dokumentierenden Pflegemaßnahmen festgelegt. Dazu ist die Pflegeplanung zwingend erforderlich.

Von der Pflicht abgesehen, verbessert eine gezielte Pflegeplanung die Pflegequalität. Sie erleichtert die Übergabe an Personal, das längere Zeit nicht auf Station war. Die Pflege wird strukturierter und damit überschaubarer. Die Bedürfnisse jedes einzelnen Patienten können besser berücksichtigt werden, was den Genesungsprozeß wiederum positiv beeinflußt.

Die von den Herausgebern vorgegebenen Fallbeispiele wurden in drei Gruppen des Oberkurses ausgearbeitet und anschließend in der Klasse mit allen Schülern und einem Lehrer besprochen. Dabei kristallisierten sich zwei wesentliche Probleme heraus:

- Die Trennung zwischen somatischen und psychiatrischen Pflegeproblemen und deren Rangfolge nach der Wichtigkeit.
- Der Zeitraum, für den eine Pflegeplanung erstellt werden sollte.

Die Pflegeplanungen in diesem Buch sind jetzt für einen Zeitraum von vier bis fünf Tagen in der Aufnahmesituation und Akutphase gedacht und müssen in der Praxis für eine weitere Betreuung modifiziert werden.

Die Resonanz zur Pflegeplanung in der ersten Auflage war wie erwartet sehr unterschiedlich. Ein ganz wesentlicher Kritikpunkt wurde darin gesehen, daß die Pflegeplanungen zu theoretisch verfaßt sind. Dies ist den Herausgebern durchaus bewußt. Dabei ist zu bedenken, daß die Pflegeplanungen anhand eines schriftlichen Fallbeipieles erstellt wurden. In der Praxis muß der Patient mit eingebunden werden, wodurch die individuelle Pflegeplanung entscheidend beeinflußt wird.

Relativ klar war, daß die schnell zu behebenden Pflegeprobleme, wie die Körperpflege, in der Planung als erstes aufgeführt werden sollten. Sie sind bei geeigneten Maßnahmen umgehend behoben. Ein Patient in schlechtem hygienischen Zustand beispielsweise ist rasch gebadet, und eine kleine Wunde schnell verbunden.

Bedeutend für das Verstehen der Planungen ist, daß die ATL (12 Aktivitäten des täglichen Lebens nach Liliane Juchli) bei überwiegend psychiatrischen Pflegeproblemen nicht zur Anwendung kommen. Empfehlenswert sind die ATL nach Holger Thiel und Ivonne Schmitt (Klinikleitfaden Psychiatrische Pflege, Urban & Fischer, München, 1997).

Die Schüler und Lehrkräfte haben bei der Ausarbeitung der Pflegeplanungen die ATL als eine Art „Checkliste“ empfunden, die in der Praxis eingesetzt, sehr zeitaufwendig ist.

Zudem sollte ein Schwerpunkt auf die Akutphase und deren Symptomatik gelegt werden und weniger auf die überwiegend somatisch ausgerichteten ATL. Da bei den somatischen Pflegeproblemen eine Planung nach den ATL sehr sinnvoll ist, wurde im Kapitel 21, Suchten, exemplarisch einmal danach gearbeitet.

Wegweiser durch das Buch

Wichtiges ist **fett** gedruckt

Merke

Beispiele aus der Praxis sind grau unterlegt

Fallbeispiele

Die Pflegeplanung in Kapitel 21 orientiert sich an den ATL und somatischen Problemen.
In den übrigen Kapiteln sind die Pflegeplanungen auf psychiatrische Probleme abgestimmt (siehe Vorwort).
Die Ressourcen sind teilweise den speziellen Problemen zugeordnet, bei den anderen Fallbeispielen erscheinen sie allgemein und nicht problemorientiert.

Wenn im vorliegenden Buch von Mitarbeitern, Pflegenden etc. die Rede ist, sind immer weibliche **und** männliche Personen gemeint.

Inhaltsverzeichnis

1 Geschichte der Psychiatrie

Seit Jahrtausenden widerfährt psychisch Kranken Unrecht. Die Recherchen zum Thema „Geschichte der Psychiatrie“ ergaben oft Abschreckendes, Unmenschliches, und waren kaum zu glauben. Und dieses Unglaubliche geschieht mancherorts weiter, trotz der heute so viel zitierten Humanität. An eben diesen Orten werden psychisch Kranke weiter mißhandelt und gepeinigt. Und manch Gesunder landet aus „erzieherischen“ oder politischen Gründen in der Psychiatrie.

Natürlich hat sich vieles in Deutschland gebessert. Wir haben ja auch, als zivilisierte Wohlstandsgesellschaft, dafür Geldmittel und können es uns leisten, durch die gesetzliche Kranken- und Rentenversicherung unser Gewissen in dieser Hinsicht zu beruhigen. In der heutigen Zeit braucht kein aggressiver Patient in einem dunklen Kerker, auf Stroh gebettet, in Eisen gelegt und im Kot und Urin der letzten Wochen dahinzusiechen. Hier ist es eine beschützende Station, ein modernes Krankenbett, hautschonende, regelmäßig gewaschene Fixiermaterialien. Kot und Urin werden schnell beseitigt, und es gibt gute und teure Medikamente.

Was aber ist in den Ländern, die eben dieses Geld für eine adäquate Betreuung und Medikation nicht haben? Nicht, daß dort die Patienten in Eisen liegen, aber eine gute Unterbringung und Therapie ist oft unerschwinglich.

Durch die Öffnung der Grenzen ist es möglich, hin und wieder Einblick in die Low-Budget-Therapien, beispielsweise der ehemaligen Ostblockländer, zu bekommen.

Allerdings soll jetzt nicht der Eindruck entstehen, in den ärmeren Ländern sei nicht die ganze Palette der Therapiemöglichkeiten bekannt. Man kennt sie sehr wohl, sie sind jedoch nicht immer und für jeden verfügbar.

1.1 Psychiatrie von gestern

„So ein Mann Plage und Last hat mit Frauen, Kindern, Schwestern, Brüdern oder Hausgesinde, die siech sind, oder so er selbst dem Siechtum anheimgefallen sei, lasse er sie liegen, wo sie sind, und wir fänden es auch lobenswert, wenn er sich selbst oder die solchermaßen entkräftete Person verbrennte.“

Gerade 700 Jahre ist es her, daß dieser unmenschliche Satz geltendes Recht war.

Im Gegensatz zur Entwicklung der somatischen (körperlichen) Medizin ist die der Psychiatrie weniger konstant und menschenfreundlich. Psychisch Kranke wurden aus Unwissen und Aberglaube auf dem Scheiterhaufen verbrannt, verfolgt und grausam mißhandelt. In Einzelzellen gesperrt, mit Ketten gefesselt. Brandeisen und alle anderen Instrumente, die eine gut eingerichtete Folterkammer zu bieten hatte, kamen zum Einsatz (Abb. 1-1). Wie können Menschen so etwas tun?

Um das herauszufinden, müssen wir selbst ehrlich sein. Die hochmütige Verachtung, Abscheu oder zumindest herablassende Haltung gegenüber den „Narren“, „Wahnsinnigen“ und „Idioten“ ist teilweise auch in uns über viele Generationen erhalten geblieben. Eine ganz wesentliche Rolle spielt dabei unsere Sprachlogik.

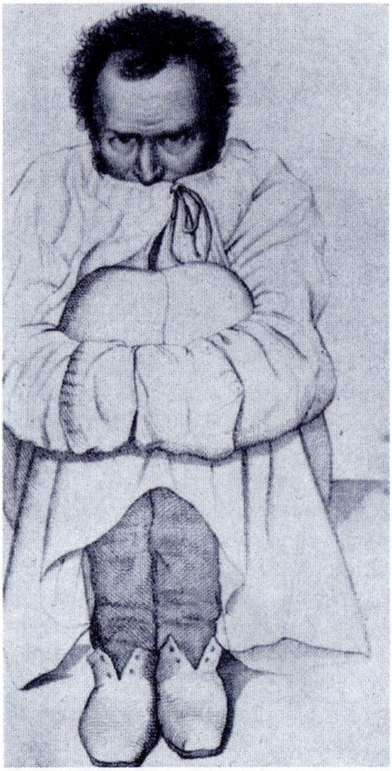

Abb. 1-1 Drei Methoden der Einschränkung der Bewegungsfreiheit Geisteskranker aus dem 18. Jahrhundert (Quelle: Brian Inglis, Geschichte der Medizin, Scherz Verlag, Bern 1965)

Dazu ein Beispiel eines Gespräches:

Harald: ... und habe somit eine *„Kalkeiner"*.

Doris: Was meinen Sie mit *„Kalkeiner"*. Was wollen Sie damit zum Ausdruck bringen?

Harald: Ich meine damit selbstverständlich, daß ich eine kalkweiße Weste habe, wie sonst keiner.

Doris: Aber den Ausdruck *„Kalkeiner"* gibt es nicht, den können Sie nicht einfach...

Harald fällt Doris ganz barsch und hochmütig ins Wort: Wenn ich das Wort „Kalkeiner" als Ausdruck meiner weißen Weste benutze, dann bedeutet es dies auch, nicht mehr und nicht weniger.

Das Gespräch ist an dieser Stelle beendet, und Doris ist, wie man sich unschwer vorstellen kann, verärgert.

Bei dem Wort „Kalkeiner" handelt es sich um eine sprachliche Verschmelzung mehrerer Wörter (Wortkontamination) zu einem unverständlichen Wortgebilde. Als mögliche negative Reaktion von Doris wäre hier ein Spruch wie „der spinnt, der ist verrückt" durchaus denkbar.

Fachausdrücke wie „Geisteskrankheit" oder „geisteskranke Menschen" werden also meist durch „Spinner, Verrückter, Irrer oder Wahnsinniger" ersetzt. Dadurch läßt sich Verachtung, Abscheu, Spott oder Herablassung gefühlsmäßig besser ausdrücken. Schon immer begegneten die geistig Gesunden, den geistig Kranken mit gemischten Gefühlen. Auch heute noch empfinden viele anständige und keineswegs inhumane Menschen so.

Die Haltung und die emotionale Einstellung zum Verrücktsein ist entscheidend. Es gibt zwei Möglichkeiten. Wir können den „Irren" als uns wesensfremd ablehnen, um möglichst wenig mit ihm zu tun zu haben und somit auch wenig Verantwortung übernehmen zu müssen. Oder wir sehen ihn als Kranken an und er hat damit Anspruch auf unser Mitgefühl und unsere Hilfe.

Das ist vielleicht die Ursache, warum die Menschen bei „Schwachsinn, Wahnsinn, Neurose" feindselig reagieren, während Krankheiten wie Kinderlähmung, Querschnittslähmung oder Krebs eher Mitgefühl auslösen. Die erschreckenden Geschehnisse in der Psychiatrie haben also ihren Ursprung vorwiegend in den feindseligen, angstmachenden Gefühlen gegenüber den geistig erkrankten Menschen.

1.1.1 Erste Behandlungsmethoden

Es ist erwiesen, daß schon die ersten Menschen und später die sogenannten Naturvölker an übernatürliche Wesen geglaubt haben. Man deutete Stimmen aus den Geräuschen des Windes, des Wassers, der Flüsse und der Meere. Das Grollen des Donners, der Blitz, die Sonne, der Mond, all das waren Zeichen der Anwesenheit von Göttern, Geistern und anderen Wesen. Es gab gute und böse, mächtige, freundliche und ständig feindselige. Je weniger der Mensch über seine Umgebung wußte, desto mehr glaubte er an die Macht übernatürlicher Wesen.

Sie lenkten das Geschick der Welt, waren für den Ausgang von Kriegen verantwortlich, für Naturkatastrophen, für das Wachsen der Blumen, für das Entstehen und den Verlauf von Krankheiten, einfach für alles.

Erst die **Heilkundigen** konnten die Schmerzen, Verletzungen und andere Leiden mit Drogen und Kräutern behandeln. Diese kundigen Priester und Medizinmänner kurierten viele Krankheiten, jedoch keine des Geistes. Die Erklärungen über die Entstehung der Symptome und Veränderungen dieser Patienten waren mannigfaltig. Es konnte beispielsweise das Werk des Teufels sein, der in einen gefahren war. Dafür gab es dann spezielles Folterwerkzeug, mit dem ihm der Aufenthalt im Körper so unangenehm wie möglich gemacht werden sollte. Oder es war die von einem guten Gott verliehene Raserei, die man als ein Sprachrohr dessen deutete. In Griechenland wurden Menschen mit einer Epilepsie verehrt, denn es handelte sich um eine „heilige Krankheit".

Da hatten es die Personen mit einer erheblichen Intelligenzminderung scheinbar „leichter". Sie wurden meist als harmlose Einfaltspinsel nicht beachtet. Starben deshalb aber oft aus Vernachlässigung.

Es gab allerdings in jeder Epoche auch Menschen, welche die Grausamkeiten gegen geistig Erkrankte öffentlich anprangerten.

Immer wieder gab es Versuche, Geisteskrankheiten mit medizinischen Methoden zu heilen. So haben beispielsweise **Schamanen** und **Medizinmänner** Patienten trepaniert, um die bösen Geister herauszulassen. **Trepanieren,** also das Eröffnen des Schädels, wird in einigen Ländern nach wie vor praktiziert. So ist es in Brasilien zwar gesetzlich verboten, die dort lebenden Indianer wenden diese Methode aber weiterhin nach alten Überlieferungen an.

Im 5. Jahrhundert v. Chr. glaubte man, daß die Seele (die Manas) im Herzen wohne und mit dem letzten Atemzug (dem Prana) aus dem Körper fliege und in ein anderes lebendes Geschöpf wandere.

Neben der Auffassung, daß die Ursache von Geistesstörungen die Besessenheit von Dämonen sei, gab es auch solche, die dem heutigen medizinischen Denken ähnlich sind.

Susruta (Indien, 2. Jahrhundert v. Chr.) war der Meinung, daß Leidenschaften und starke Gefühle neben Geisteskrankheiten auch körperliche Gebrechen verursachen können, die unter Umständen chirurgische Eingriffe erforderlich machen. Allerdings hat er auch geglaubt, daß die Seele greifbar und somit eine Art weiteres Organ sei.

Der etwa hundert Jahre später lebende griechische Arzt **Hippokrates,** der ebenfalls in seinen Schriften die Idee des Prana einbrachte, meinte, daß der Atem (das Pneuma) die Quelle des Verstandes sei und vom Gehirn verteilt würde.

Auch Philosophen, wie **Aristoteles** und **Platon,** machten sich Gedanken über den Sitz der Seele, ohne allerdings an die Seelenwanderung zu glauben.

Die Behandlung geistig Erkrankter war zur Zeit von Hippokrates in Griechenland Aufgabe der Priester und Seher. Ein Seher namens Melampus soll Herkules einmal von einem „Anfall von Wahnsinn" geheilt haben. Er machte sich dabei die Wirkung von „Weißer Nieswurz" zunutze, dies galt dann lange Zeit als anerkannte Arznei für Wahnsinn. (Die Weiße Nieswurz ist ein Abführmittel und hilft in homöopathischen Dosen auch bei grippalen Infekten.)

Über einen langen Zeitraum beeinflußten die griechischen Gelehrten das medizinische Denken. Sie waren es, die den heute noch gültigen hippokratischen Eid schufen, der dem Arztberuf noch immer überall auf der Welt ein Ideal gibt. 300 v. Chr. wird Athen dann von Alexandria als kultureller Mittelpunkt abgelöst. Die römischen Ärzte brachten allerdings kaum nennenswerte Erkenntnisse hervor.

Etwa 50 v. Chr. gibt der Arzt **Asklepiades** dem Denken seiner Zeit einen neuen Anstoß. Er beobachtete alle Geschehnisse am Krankenbett und trennte Fieberdelirien von Geistesgestörtheit, und dies aus körperlich bedingten und psychologischen Gründen. Aus einem Zitat geht hervor, daß er den Ausdruck „Irrsinn" verachtete. Er unterschied zwischen Wahnvorstellungen und Halluzinationen. Erst zu Beginn des 19. Jahrhunderts griff der französische Psychiater **Esquirol** in seinem Beitrag zur medizinischen Psychologie wieder auf dieses Wissen zurück.

Durch die Jahrhunderte hindurch tauchen immer wieder genaue Beschreibungen von speziellen Geistes- und Gemütserkrankungen auf, die bis heute Bestand haben. Jedoch sind die meisten Therapien nicht nachahmenswert. **Celsus** beschrieb vor 2000 Jahren eine Krankheit, die wir heute als Manie kennen. Er schlug folgende Behandlung vor: Der Patient sollte mit Hunger, Ketten und Fesseln bestraft und dazu gezwungen werden, über seine Taten und Aussagen nachzudenken. Auch plötzliches Erschrecken und andere gewaltsame Ablenkungen von den Gedanken galten als erfolgversprechende Therapien.

Diese grausamen Behandlungsmethoden ziehen sich wie ein roter Faden durch alle Epochen. Als vor über 100 Jahren der Arzt **Philippe Pinel** den Patienten im Becêtre-Krankenhaus in Paris die Ketten abnehmen ließ, waren die Bevölkerung und seine Kollegen davon überzeugt, daß die „Meute" wie wilde Tiere über ihn herfallen würde (Abb. 1-2). Dies geschah natürlich nicht.

Eine besonders grausame Stellung nimmt die Psychiatrie im sogenannten „Dritten Reich" ein. Ist sie doch ein Kapitel der Vergangenheit und doch noch greifbar nah. Einige der Verantwortlichen, Ärzte wie Schwestern und Pfleger, die während des Zweiten Weltkrieges an der Vernichtung „geistig Toter" (so wurden geistig behinderte Menschen genannt) beteiligt waren, konnten nach der „Entnazifizierung" unbehelligt ihre Arbeit bis zur Pensionierung fortsetzen. Manche leben heute noch. Sie sind vielleicht pflegebedürftig und nach ihren früheren Denkmustern schon lange nicht mehr lebenswürdig.

Abb. 1-2 Pinel nimmt den Geisteskranken im Becêtre-Krankenhaus die Fesseln ab (Quelle. s. Abb. 1-1)

1.2 Psychiatrie von heute

Das naturwissenschaftliche Denken hat sich weiterentwickelt. Der moderne Mensch hat sich von den düsteren Vorstellungen des Hexenwahns freigemacht und benutzt die Folter nicht mehr als Therapie. Dennoch blieb bei vielen Menschen Angst vor der Begegnung mit psychisch Erkrankten.

Die Medizin hat die wechselseitige Abhängigkeit von Körper und Seele erkannt und änderte bzw. erweiterte die Untersuchungsmethoden.

Es wurden körperliche Krankheiten erforscht, die auf emotionale Einflüsse zurückzuführen sind oder wahrscheinlich mit ihnen in Verbindung stehen. Hieraus entstand die psychosomatische Wissenschaft (Psychosomatik: Psycho, die Seele; Soma, der Körper). Psychosomatische Erkrankungen, also Krankheiten, bei deren Entstehung das Gefühlsleben eine bedeutende Rolle spielt, sind vielseitig. Da sind die Magen- und Darmgeschwüre, Angina pectoris nervosa, Hautkrankheiten, allergische Beschwerden, Asthma bronchiale, Migräne und noch einige andere mehr.

Die psychosomatische Medizin befaßt sich hauptsächlich mit den **Beziehungen zwischen körperlichen und seelischen Vorgängen** und mit den ganz oder teilweise psychisch bedingten Krankheiten. Die Psychosomatik gehört nicht zum engeren Bereich der Psychiatrie, wird deshalb in diesem Buch auch nicht weiter erwähnt.

Alle Erkenntnisse über das Zusammenspiel von Körper und Seele ergeben die Grundlagen der modernen Psychiatrie. Die ganze Persönlichkeit des Menschen, das Milieu, die Vererbung und die vergangene und aktuelle Lebensgeschichte werden bei der Nachforschung und Befragung (Exploration) einbezogen. Die Psychiatrie benützt die Kenntnisse der Genetik, Biochemie und Endokrinologie, der Anatomie und Physiologie, der allgemeinen Psychologie und Psychopathologie, die Soziologie, Anthropologie, Geschichte und Philosophie. Obwohl die Ansprüche an die dort Tätigen sehr hoch sind, hat die Psychiatrie ein bescheidenes Ziel. Der bekannte Arzt **Trudeau** hat es einmal in schlichte Worte gefaßt:

„Manchmal heilen, oft lindern, immer trösten."

Auch das Berufsbild der Pflegenden in der Psychiatrie hat sich stark verändert. Den Wärter, der die Patienten auf einer Station verwahrt, gibt es kaum noch. Heute ist die Voraussetzung die adäquate dreijährige Ausbildung zur/zum Krankenschwester/Krankenpfleger. Darüber hinaus gibt es die zweijährige, berufsbegleitende Weiterbildung zur Fachschwester/Fachpfleger für Psychiatrie (s. Kap. 4.8). Es gibt genau so viele Beweggründe, in der Psychiatrie zu arbeiten, wie in einem Allgemeinkrankenhaus.

Wie in der Somatik, gibt es natürlich auch in der Psychiatrie „schwarze Schafe". Einige wenige Mitarbeiter glauben, daß sie in diesem Aufgabengebiet mit Geschäftstüchtigkeit und einer gewissen Geschwätzigkeit den Mangel an pflegerischer Kompetenz ausgleichen können. Sie denken, manuelle Unbeholfenheit oder Unfähigkeit im Umgang mit medizinischen Techniken würden in diesem Bereich nicht auffallen.

Es gibt auch Pflegende, die das Bedürfnis haben, die eigene Unsicherheit zu überspielen. Sie bewältigen ihre Probleme, indem sie die der Patienten behandeln. Der Satz: „Der kommt doch mit seinen eigenen Problemen nicht zurecht und ausgerechnet der arbeitet in der Psychiatrie", dürfte bekannt sein.

Mit einer gezielten und adäquaten Bewerberauswahl kann dieser Inkompetenz entgegengetreten werden.

1.3 Psychiatrie von morgen

In den letzten Jahrzehnten entstanden im Umfeld der Medizin viele neue Berufe. Dazu gehören unter anderem Sozialarbeiter, Ergotherapeuten, Psychologen. Die einzelnen Berufsgruppen müssen eng miteinander arbeiten. Nur so kann eine sogenannte therapeutische Gemeinschaft entstehen, die den Patienten als Einheit aus Körper, Geist und Seele in ihre Arbeit integriert (sozio- und milieutherapeutisch).

In der Zukunft muß verstärkt für eine gemeindenahe Psychiatrie geworben werden. Angehörigenarbeit, Familientherapie, Co-Therapeut und ähnliches, dürfen nicht nur Schlagworte bleiben.

Durch das Gesundheitsstrukturgesetz gibt es einen neuen Weg, den Stellenplan in der Psychiatrie zu berechnen (PsychPV, Psychiatriepersonalverordnung). Ein positives Zeichen, das uns hoffentlich länger erhalten bleibt.

Ende des Jahres 1995 wurde die Umsetzung der Psychiatrie-Personalverordnung (Psych-PV) abgeschlossen. Das Ziel einer möglichen Qualitätsverbesserung in der Behandlung ist jedoch noch längst nicht erreicht. Die Einzelaktivitäten haben die Qualität der Krankenhauspsychiatrie nicht gesichert. Ein weiterer Schritt ist ein von der Krankenhausleitung und allen nachgeordneten Leitungen zu förderndes Betriebsklima, das dazu beiträgt, daß

- möglichst viele Mitarbeiterinnen und Mitarbeiter sich mit der Aufgabe des Krankenhauses identifizieren
- geplante Verbesserungen allseits mitgetragen und nicht als vorwurfsvolle Abwertung der bisherigen Praxis mißverstanden werden
- Fehler als Ausgangspunkt für gemeinsam zu erarbeitende Verbesserungen offen besprochen, statt aus Furcht vor Sanktionen vertuscht werden.

Im Hinblick auf die Zukunft der psychiatrischen Pflege möchten die Herausgeber auf den „Leitfaden zur Qualitätsbeurteilung in Psychiatrischen Kliniken“ (Projekt 1994–1996 im Auftrag des Bundesministeriums für Gesundheit) verweisen. Hier wurden Qualitätsanforderungen zusammengestellt, die unter den Überschriften „Behandlungsziele; Vorrangige Absichten; Mittel/Organisation“ und der optimalen Nutzung der Ressourcen aufgelistet wurden.

Ein aussagekräftiger Spiegel und wichtiges Charakteristikum einer Gesellschaft ist ihr Umgang mit den sogenannten „Schwachen“, zu denen psychisch Kranke bei uns trotz zunehmender Organisation in Verbänden, Selbsthilfe- bzw. Angehörigengruppen häufig noch gehören. Insofern wird mit Aufmerksamkeit zu beobachten sein, wie sich die Versorgung der (oft auch chronisch kranken) Patienten entwickelt, ob z. B. moderne Medikamente, die deutlich weniger Nebenwirkungen haben, trotz derzeit noch hohen Kosten, für alle zur Verfügung stehen.

Neben einem biologischen Trend, also die Erkrankung auf der organisch-strukturellen Ebene zu untersuchen, findet sich der Trend zu mehr Gemeindenähe der Psychiatrie, zu selbstständigen Wohneinheiten und zur Öffnung der Psychiatrie nach außen.

Die Entwicklung der Psychiatrie bis zum heutigen Stand war vielen politischen, abergläubischen und medizinischen Einflüssen unterworfen. Es dauerte oft Hunderte von Jahren, bis Erkenntnisse zur Anwendung kamen. Es bleibt zu hoffen, daß sich neue Forschungsergebnisse zum Wohle der Patienten schneller durchsetzen lassen und nicht durch neue Kostendämpfungsgesetze oder politische Systeme blockiert werden.

2 Der Weg in eine psychiatrische Klinik

Menschen, die zur Aufnahme in eine psychiatrische Klinik kommen, sind mit ihren Angehörigen häufig einen schweren Weg gegangen. Die Betroffenen fühlen sich vielleicht nicht verändert oder krank, und die Angehörigen versuchen, die Auffälligkeiten als normal zu erklären, allenfalls als eine vorübergehende Störung anzunehmen, die „sich schon wieder gibt". Erst wenn der Zustand für beide Seiten unerträglich wird, kommt als letzter Ausweg eine Klinikeinweisung in Betracht.

Der Gedanke an einen Aufenthalt in der Psychiatrie ist für Patienten und deren Angehörige oft mit Unbehagen und Angst verbunden. Obwohl sich die Behandlungsmethoden im Laufe der letzten Jahre entscheidend verändert haben, verbinden viele Menschen die psychiatrische Klinik mit Begriffen wie „einsperren", „abschieben" und „nie mehr herauskommen".

Grundsätzlich ist zwischen der **freiwilligen** und der **unfreiwilligen Aufnahme** zu unterscheiden. Die überwiegende Zahl der Patienten kommt freiwillig. Sie werden von einem niedergelassenen Arzt oder einem Krankenhaus überwiesen.

2.1 Freiwillige Aufnahme

Erste Anlaufstelle ist meist ein niedergelassener Arzt. Häufig ist der Betroffene in Begleitung seiner Angehörigen, von

Bekannten oder Mitarbeitern psychosozialer oder sozialpsychiatrischer Dienste. Im Gespräch muß der Arzt den Betroffenen motivieren und unterstützen, daß er an seinem Entschluß, in die Klinik zu gehen, festhält. Falsche Vorstellungen über den bevorstehenden Aufenthalt sollten in diesem Vorgespräch korrigiert werden, um groben Mißverständnissen vorzubeugen.

2.1.1 Notaufnahme

Die Notaufnahme, eine **Aufnahme ohne ärztliche Einweisung,** ist möglich, wenn ein Patient sich sehr schlecht fühlt und freiwillig in die Klinik kommt. Dieses Angebot wird häufiger von psychiatrieerfahrenen Patienten genutzt. Sie kennen ihre Symptome und die eventuell damit verbundenen Gefahren (beispielsweise Stimmen, die den Selbstmord befehlen) und kommen direkt in die Klinik.

Ebenfalls als Notfall werden Patienten aufgenommen, die verwirrt aufgefunden wurden und sich nicht selbst zu einer Einweisung entscheiden können. In diesem Fall ist es erforderlich, eine richterliche Genehmigung für eine Unterbringung und Behandlung einzuholen. Sobald es möglich ist, soll eine richterliche Unterbringung in eine freiwillige Unterbringung umgewandelt werden. Auch bei Fremd- oder Eigengefährdung sollte für Eigenverantwortlichkeit der Patienten geworben werden.

2.2 Unfreiwillige Einweisung

Die Zuführung und Aufnahme erfolgen **gegen den Willen des Patienten.** Die Betroffenen werden in vielen Kliniken noch auf einer geschlossenen Station untergebracht. Es gibt in Deutschland jedoch zunehmend psychiatrische Abteilungen, die eine geschlossene Unterbringung durch andere Behandlungskonzepte (Prinzip der offenen Tür) ersetzen.

Die unfreiwillige Einweisung kann nur auf gesetzlicher Grundlage erfolgen, da der Aufenthalt auf einer geschlossenen Station eine Einschränkung der Grundrechte bedeutet. Die Rechtfertigung für die unfreiwillige Aufnahme ist in den meisten Fällen eine erhebliche **Eigen- oder Fremdgefährdung** bei psychiatrischer Erkrankung.

Die Aufnahme ist für den Patienten und sein Umfeld oft ein einschneidendes Erlebnis. Die Zuführung erfolgt relativ häufig durch die Polizei oder Beamte des Ordnungsamtes.

2.3 Die Aufnahmesituation

Die Aufnahmesituation prägt den weiteren Behandlungsverlauf entscheidend. Fühlt sich der Patient sicher und glaubt, daß ihm geholfen werden kann, ist der **Aufbau einer therapeutischen Beziehung** wesentlich einfacher als wenn er sich unverstanden und unsicher fühlt. Verständnis und Zuwendung tragen zur Beruhigung des Betroffenen bei und nehmen ihm vielleicht einen Teil seiner Angst. Manche Patienten empfinden die Pflegepersonen als böse und schuldig an ihrem Freiheitsentzug. Einem Menschen, der sich bedroht und eingesperrt fühlt, muß vorrangig das Vertrauen in die Mitarbeiter der Klinik vermittelt werden, die versuchen, ihn zu verstehen und ihm zu helfen. Um Mißtrauen und Angst abzubauen, ist sehr viel Feingefühl und Geduld notwendig.

Der Aufbau einer therapeutischen Beziehung ist meist weniger problematisch, wenn der Patient freiwillig in die Klinik gekommen ist.

2.3.1 Der erste Kontakt

Einem neu angekommenen Patienten wird nachdem man sich namentlich und mit Funktion vorgestellt hat, sein Zimmer und Bett gezeigt und anschließend die anderen Räumlichkeiten der Station.

Er wird ebenfalls über feste Termine, wie die Essenszeiten, informiert.

Die **Vorstellung** des „Neuen" unter den Patienten kann einem Mitpatienten übertragen werden. Über diese Aufgabe fühlt sich dieser Patient dann eventuell für ihn verantwortlich und hilft ihm beim Einleben.

Ist der Patient sehr erregt und ängstlich, ist die Einführung auf das Nötigste, wie Bett, Toilette und Essenszeiten zu beschränken. Alles weitere kann später in Ruhe erfolgen.

Die Patienten sollten möglichst frühzeitig erfahren, wie mit größeren Geldbeträgen und Wertgegenständen verwaltungstechnisch umgegangen wird. Dazu gehört auch der haftungsrechtliche Aspekt bei Verlust persönlicher Dinge.

Bewährt haben sich hier Infoblätter, die auch den Angehörigen ausgehändigt werden.

Unter Umständen müssen Wertsachen gegen den Willen des Patienten verwahrt werden.

Üblich ist es bei der Aufnahme auf eine geschlossene Station das Gepäck des Patienten auf Gegenstände durchzusehen, die aus Sicherheitsgründen nicht in seinem Besitz bleiben sollten, dazu gehören Naßrasierer, Nagelscheren oder Glasgegenstände. Diese Vorsichtsmaßnahme dient der Sicherheit des Patienten (Suizidverhütung) und der anderen.

Der Patient sollte vor der Maßnahme über Sinn und Zweck solcher besonderer, ihn einschränkenden Regeln aufgeklärt werden.

2.3.2 Das Aufnahmegespräch

Möglichst bald nach der Aufnahme führt eine Pflegekraft ein Gespräch mit dem Patienten. In dieser Unterhaltung soll ein Eindruck über die **Aufnahmesituation aus Patientensicht** und über dessen momentane **psychische** und **physische Verfassung** gewonnen werden.

Fast jedes Krankenhaus verfügt über Formulare, in die die gewonnenen Informationen eingetragen werden. Darin sind Angaben zur Person, wie Name, Geburtsdatum, Familienstand, Beruf, Religion, Adresse und Telefonnummer von Kontaktpersonen enthalten. Der Verlauf der Krankheit, Anzahl der bisherigen Klinikaufenthalte, das letzte Aufnahmedatum werden ebenfalls erfragt.

Der physische und psychische Zustand wird dokumentiert. Inwieweit ist der Patient in der Lage, sich körperlich selbst zu versorgen? Benötigt er Hilfe bei der Nahrungsaufnahme, der Körperpflege, beim An- und Auskleiden? Ist mit dem Patienten eine Verständigung gut möglich/eingeschränkt/unmöglich, spricht er verständlich und wie ist seine Bewußtseinslage?

Der **Aufnahmebericht** soll über Umstände und Gründe, die zur Aufnahme führten, informieren. Die Aufzeichnungen dienen auch als Grundlage zur Erstellung des **Pflegeplans** für diesen Patienten. Ein verständlicher, treffender und sachlicher Bericht erleichtert den späteren Umgang mit dem Patienten. Die pflegerische Anamnese muß so formuliert sein, daß alle Kollegen sich daraus den Zustand des Betroffenen ableiten können. Es ist auch sinnvoll, charakteristische Formulierungen des Eingewiesenen wörtlich wiederzugegeben.

Das Aufnahmegespräch ist unter möglichst ruhigen, entspannten Bedingungen (notfalls in einem anderen Raum) zu führen. Ist der Patient nicht zugänglich, sollte das Aufnahmegespräch nicht unnötig in die Länge gezogen, sondern die nötigen Informationen beim Arzt eingeholt werden. Günstigstenfalls erfolgt das Aufnahmegespräch gemeinsam mit dem Stationsarzt.

2.3.3 Die Angehörigen

In den meisten Fällen werden die Patienten, wie schon erwähnt, von ihren Angehörigen in die Klinik begleitet. Sie kennen den Leidensweg des Betroffenen und können die Anamnese ergänzen. Ebenfalls wissen sie über besondere Bedürfnisse und Probleme ihres Verwandten Bescheid.

Der Psychiatrieaufenthalt eines Familienmitglieds ist für viele Menschen problematisch. Sie machen sich Vorwürfe, glauben unter Umständen, versagt zu haben, oder verlieren jede Hoffnung auf Besserung. Es besteht häufig die Befürchtung, daß sich der Umgang mit Nachbarn und Freunden ändert, wenn man in der psychiatrischen Klinik behandelt werden mußte. In Gesprächen können Pflegende den Angehörigen zuhören und ihnen Hilfestellungen geben und Ängste nehmen.

Verläuft eine Krankheit chronisch, sind die Angehörigen bzw. die betreuenden Personen für das Klinikpersonal unersetzbar. Sie leben mit dem Patienten, unterstützen ihn und entscheiden mit, wann eine stationäre Behandlung notwendig wird. Sie sind oft gut über die Krankheit informiert, können Krankheitsanzeichen früh erkennen, darauf reagieren und die Pflegenden informieren. Prinzipiell gelten folgende Grundregeln im Umgang mit Angehörigen: sich mit Namen und Funktion vorstellen, offene freundliche Gesten, Angehörige mit Namen ansprechen und Hilfe anbieten.

Von besonderer Wichtigkeit ist gerade im Erstkontakt, einer Situation, in der sich viele Angehörige überfordert und hilflos fühlen, daß sich das Gespräch offen, freundlich und aus Sicht des Profis validierend gestaltet. Dieser Erstkontakt kann zu einer Art **Visitenkarte der Einrichtung** werden. Der Patient soll sich aufgehoben und geborgen auf der Station fühlen. Dies gelingt ihm um so leichter, wenn er merkt, daß seine Angehörigen Vertrauen zu den Behandlern gefaßt haben. Der Angehörige selbst kann vertrauensvoll – und damit effektiv – mit der Klinik zusammenarbeiten.

Gerade in der Psychiatrie sind Fremdinformationen von enormer Bedeutung zur Einschätzung des Krankheitsbildes. Die Informationen umfassen Aspekte wie Verlauf der Krankheit, Symptomstärke, Gefährdungen, nähere Umstände der Aufnahme usw.

Die Gefühle der Angehörigen, die sich in den Explorationen häufig mit den reinen Informationen mischen, ernst zu nehmen, ohne dabei das Erfragen wichtiger Informationen aus den Augen zu verlieren, bedeutet einen professionellen Umgang. Darauf achten, daß der Angehörige nach dem Gespräch nicht einfach stehengelassen wird.

Die Rolle der Angehörigen beim Verhindern einer Wiedererkrankung stellt eine wichtige, häufig übersehene Möglichkeit in der Behandlung psychisch Kranker dar. Hier kann der sogenannte **Trialog** – also das gemeinsame Besprechen von Patienten, Angehörigen und Profis (Ärzte, Pfleger, Sozialarbeiter u. a.) die ideale Vorraussetzung bieten.

Zur **Unterstützung der Familie** existieren in vielen Kliniken **Angehörigengruppen.** Aus diesen entstehen nicht selten Selbsthilfegruppen. Moderiert werden Angehörigengruppen von Mitgliedern des therapeutischen Teams (häufig Pflegepersonal und Kollegen vom Sozialdienst). Diese kennen meist die örtlichen Gruppen, in denen Angehörige Unterstützung finden. Sie sollten die Familienmitglieder über die Angebote informieren.

3 Warum werden Patienten in eine geschlossene psychiatrische Abteilung eingewiesen?

Josepha A.

Die Gründe, die zu einer Einweisung in die Psychiatrie führen, sind vielfältig. Die Entscheidung, ob ein Patient stationär behandelt werden muß, hängt hauptsächlich vom **Ausmaß der psychischen Störung** ab. Nach diesem Kriterium wird auch die Entscheidung, „offene" oder „geschlossene" Abteilung, gefällt. In eine geschlossene Station werden die Patienten meist wegen **Fremd- oder Eigengefährdung** (Suizidrisiko) eingewiesen.

Grundsätzlich werden nicht alle auf rechtlicher Grundlage eingewiesenen Menschen, geschlossen untergebracht. Es gibt Behandlungskonzepte, die auf geschlossene Stationen verzichten, oder einzelne Abteilungen nur vorübergehend schließen. Hier setzt man in besonders hohem Maße auf eine enge und tragfähige Beziehung (Bezugspflege).

Eine der ersten Personen, mit der ein Patient in der psychiatrischen Klinik in Kontakt tritt, ist der Aufnahmearzt. Er führt mit dem Betroffenen das erste Gespräch und untersucht ihn. Dieser Arzt entscheidet dann, auf welcher Station der Patient behandelt werden soll. Dabei spielen folgende Kriterien eine Rolle:

- Liegt eine Fremd- oder Eigengefährdung vor?
- Wurde der Patient gesetzlich eingewiesen (beispielsweise durch ein Landesunterbringungsgesetz)?
- Wie alt ist der Patient und welchem Geschlecht gehört er an?

- Welches Krankheitsbild liegt vor und wie schwer ist es ausgeprägt?
- Ist eine lückenlose Beobachtung notwendig, um eine genaue Diagnose stellen zu können?

Der Arzt trägt eine große Verantwortung, denn es ist nicht immer einfach, eine akute Gefährdung zu erkennen. Häufig wäre eine längere Beobachtung des Patienten notwendig als in der Aufnahmesituation gegeben ist. Aus Sicherheitsgründen werden deshalb psychisch kranke Menschen oft geschlossen untergebracht.

Auf welcher Station die Patienten aufgenommen werden, hängt weiter auch von der Struktur des jeweiligen Krankenhauses und der Belegungssituation ab.

3.1 Rechtliche Grundlagen

Es gibt zahlreiche Rechtsvorschriften in unterschiedlichen Gesetzen, die die Behandlung und Rehabilitation psychisch Kranker regeln. Besonders zu nennen sind hier das Bundessozialhilfegesetz (BSHG), über das derzeit fast die Hälfte aller Hilfen für psychisch Kranke finanziert werden, weiter die Landesunterbringungsgesetze, die Reichsversicherungsordnung (RVO), das Angestelltenversicherungsgesetz (AVG), das Arbeitsförderungsgesetz (AFG) und das Bundesversorgungsgesetz (BVG).

Selten handelt es sich um Regelungen, die ausschließlich für psychisch Kranke gelten, meist werden allgemeingültige Gesetze ausgelegt.

Seelisch Erkrankten wurden nicht immer die Rechte der übrigen Bevölkerung zugesprochen. Die Vorstellung vom psychisch Kranken in der Gesellschaft hat sich in den letzten Jahrzehnten entscheidend gewandelt. Die Bewertung, daß diese Menschen abartig und moralisch minderwertig seien, ist weitgehend der Anerkennung als krank und hilfsbedürftig gewichen. Bis heute ist der Prozeß des Umdenkens immer noch nicht abgeschlossen. Beispielhaft dafür ist die Rechtsprechung. In vielen Fällen sind seelisch und körperlich Erkrankte gleichgestellt, doch aufgrund alter Vorurteile bekommen psychisch Kranke in der Praxis nicht immer die gleichen Leistungen zugesprochen. Gesetze lassen sich leider unterschiedlich auslegen.

3

3.1.1 Landesunterbringungsgesetze

Gesetze, die im besonderen für psychisch Kranke gelten, beinhalten in der Bundesrepublik Deutschland **Regelungen zur Unterbringung und zum Freiheitsentzug.** Sie dienen dem Schutz des Betroffenen und der Öffentlichkeit.

Die Maßnahmen sind durch **Ländergesetze** der einzelnen Bundesländer geregelt. Ihnen liegt der **Artikel 104** des **Grundgesetzes** zugrunde, in dem es heißt:

„Die Freiheit der Person kann nur auf Grund eines förmlichen Gesetzes und nur unter Beachtung der darin vorgeschriebenen Formen beschränkt werden. Festgehaltene Personen dürfen weder seelisch noch körperlich mißhandelt werden."

„Über die Zulässigkeit und Fortdauer einer Freiheitsentziehung hat nur der Richter zu entscheiden. Bei jeder nicht auf richterlicher Anordnung beruhenden Freiheitsentziehung ist unverzüglich eine richterliche Entscheidung herbeizuführen. Die Polizei darf aus eigener Machtvollkommenheit niemanden länger als bis zum Ende des Tages nach dem Ergreifen in eigenem Gewahrsam halten. Das Nähere ist gesetzlich zu regeln."

Die einzelnen Ländergesetze sind unterschiedlich formuliert und werden deshalb dementsprechend variabel ausgelegt. Zur Verbesserung der Situation psychisch Kranker wurden und werden die Gesetzestexte bearbeitet und weiter in sozialpsychiatrischem Sinn verändert. Für genauere Informationen sei auf die jeweiligen Landesgesetze verwiesen.

Die folgenden, wesentlichen Inhalte sind in den meisten Ländergesetzen enthalten.

- **Anwendungsbereich**

Landesunterbringungsgesetze regeln die Hilfen für Personen, die aufgrund einer erheblichen, behandlungsbedürftigen, psychischen Störung, Psychose, Suchtkrankheit oder eines Schwachsinns gewichtige Anhaltspunkte für eine Selbst- oder Allgemeingefährdung bieten.

- **Die Unterbringung**

Eine Unterbringung liegt vor, wenn eine Person gegen ihren Willen oder im Zustand der Willenlosigkeit in eine geschlossene psychiatrische Abteilung, ein Pflegeheim oder Entziehungsanstalt für Suchtkranke oder eine sonstige geeignete Einrichtung eingewiesen wird.

Eine Unterbringung darf nur erfolgen, wenn die betroffene Person durch ihr auffälliges Verhalten aufgrund einer psychischen Störung (Suchtkrankheit, Schwachsinn) eine **Gefahr für die öffentliche Sicherheit** darstellt und diese nicht anders abgewendet werden kann. Ebenso ist eine Unterbringung erforderlich, wenn eine anders **nicht abwendbare Gefahr** besteht, daß diese Person Suizid begeht oder sich selbst erheblichen Schaden zufügt.

Eine fehlende Behandlungsbereitschaft rechtfertigt keine Unterbringung.

Einrichtungen, in denen Menschen untergebracht werden, müssen dazu zugelassen sein. Ihre personelle und sachliche Ausstattung sowie die medizinische und persönliche Betreuung der Kranken muß sich dazu eignen.

Eine Unterbringung wird auf Antrag der zuständigen Behörde durch das **Amtsgericht** angeordnet. Dem Antrag soll ein **Gutachten** eines Facharztes oder des zuständigen Gesundheitsamtes beigefügt sein. Zuständig ist das Gericht, in dessen Bezirk der Betroffene seinen Wohnsitz hat oder in dessen Bezirk die Notwendigkeit einer Unterbringung eintritt. Unter Umständen wird ein Patient zur Abwendung von Gefahr von der Polizei direkt in ein psychiatrisches Krankenhaus gebracht. In diesen Fällen wird der richterliche Beschluß vom zuständigen Arzt beantragt.

Dem Betroffenen kann, soweit noch nicht geschehen, ein **Rechtsbeistand** beigeordnet werden. Das Gericht muß den Betroffenen persönlich anhören, um sich einen unmittelbaren Eindruck zu verschaffen. Bei dieser Anhörung muß ein **Sachverständiger** (Arzt für Psychiatrie) anwesend sein. Davon kann nur aus triftigem Grund abgesehen werden, der aktenkundig zu machen ist. Die Unterbringung darf erst dann angeordnet werden, wenn das Gutachten eines nervenärztlichen Sachverständigen vorliegt. Die Entscheidung der Unterbringung ist dem Betroffenen, eventuell auch dessen Rechtsbeistand, der zuständigen Behörde und der Klinikleitung bekanntzumachen.

Der betroffene Patient hat die Möglichkeit, gegen den Unterbringungsbeschluß Widerspruch einzulegen. Dazu genügt ein Anschreiben des Betroffenen an das Amtsgericht, in dem er mitteilt, daß er mit dem ergangenen Unterbringungsbeschluß nicht einverstanden ist. Dann muß das Landgericht, als nächst höhere Instanz, über die weitere Unterbringung entscheiden.

Entscheidet sich der Betroffene bei dieser Anhörung für eine freiwillige Behandlung, wird der Antrag auf Unterbringung überflüssig, und das Verfahren abgebrochen.

• **Ziele der Unterbringung**
Die psychisch Kranken sollen durch eine angemessene, individuelle, ärztliche und psychosoziale Betreuung zu einem eigenverantwortlichen Leben in der Gemeinschaft zurückgeführt werden. Dieses Ziel ist mit dem geringstmöglichen Eingriff in die persönliche Freiheit des Betroffenen zu erreichen. Das bedeutet, eine ambulante Behandlung einer stationären vorzuziehen, soweit das möglich ist. Ein weiterer geforderter Bereich ist die Unterstützung der betreuenden Angehörigen.

• **Umfang der Unterbringung**
Art, Ausmaß und Dauer der Unterbringung richten sich, soweit nicht anders bestimmt, nach den Erfordernissen des Einzelfalls. In den einzelnen Bundesländern variiert die maximale Dauer zwischen vier und sechs Wochen. Ist nach Ablauf dieser Frist eine weitere Unterbringung erforderlich, so kann sie erneut angeordnet werden. Abhängig vom einzelnen Ländergesetz beträgt sie zwischen vier Wochen und einem Jahr, in Sonderfällen auch länger.

Tritt eine wesentliche Besserung ein, so daß die Gründe für eine gesetzliche Unterbringung nicht mehr gegeben sind, kann der Beschluß vor Ablauf der Frist aufgehoben werden. Dies wird in der Regel durch den behandelnden Arzt beantragt.

• **Behandlung der psychischen Erkrankung**
Die Erkrankung, die Grund der Unterbringung war, wird nach den anerkannten Regeln der ärztlichen Kunst behandelt. Beinhaltet eine angestrebte Behandlung eine erhebliche Gefahr für das Leben des Betroffenen, oder die Möglichkeit, daß sich seine Persönlichkeit wesentlich und auf Dauer verändert, muß das Einverständnis des Patienten eingeholt werden. Eine solche Maßnahme ist nur dann zu verantworten, wenn sie im Verhältnis zum erwartenden Erfolg steht. Ist der Patient nicht in der Lage, Grund und Tragweite der Behandlung einzusehen, muß die Einverständniserklärung eines gesetzlichen Vertreters, beispielsweise des gesetzlichen Betreuers, eingeholt werden.

Grundsätzlich sind Maßnahmen, die dazu dienen, Gefahr für das eigene oder das Leben anderer Personen abzuwenden, auch ohne Einwilligung des Patienten zulässig (beispielsweise Fixierungen). Eine Zwangsmaßnahme muß dem Betroffenen vorher angedroht werden.

• **Persönliche Bedürfnisse und die Einschränkung der Grundrechte**
Soweit es der Gesundheitszustand des Betroffenen gestattet, und Sicherheit und Ordnung des Krankenhauses gewährleistet sind, besteht auf einer geschlossenen Station das Recht, **persönlichen Bedürfnissen** nachzugehen. Das bedeutet, Besuche zu empfangen, Briefe und Pakete zu versenden und zu erhalten, sowie auf eigene Kosten Telefongespräche zu führen. Diese Rechte können eingeschränkt werden, wenn dadurch der Betroffene Schaden erleiden könnte. Über Einschränkungen muß der Patient, und gegebenenfalls sein gesetzlicher Vertreter, informiert werden.

Der Betroffene kann zur Regelung einzelner Angelegenheiten (wie Besuchsrecht) eine gerichtliche Entscheidung beantragen, wenn er sich in seinen Rechten verletzt sieht.

Durch **Unterbringungsgesetze** werden im Rahmen des Artikels 19, Absatz 2 des Grundgesetzes die Rechte auf körperliche Unversehrtheit und auf Freiheit (Artikel 2, Absatz 2), auf freie Meinungsäußerung (Artikel 5), auf Schutz von Ehe und Familie (Absatz 6), auf Unverletzlichkeit des Brief-, Post- und Fernmeldegeheimnisses (Artikel 10), auf Freizügigkeit (Artikel 11) und der Wohnung (Artikel 13) eingeschränkt.

• **Beurlaubungen und Ausgänge**
Beurlaubungen und Ausgänge sind grundsätzlich möglich. In den einzelnen Bundesländern geschieht dies mit unterschiedlicher Dauer. Das Gericht muß darüber vom behandelnden Arzt informiert werden, denn es entscheidet letztlich darüber. Eine Beurlaubung kann jederzeit widerrufen werden, insbesondere, wenn Auflagen nicht befolgt werden.

• **Entlassung**
Der Untergebrachte ist auf seinen Wunsch hin zu entlassen, wenn die gerichtliche Entscheidung aufgehoben ist oder die Gründe für eine gesetzliche Unterbringung nicht bestätigt werden können. In vielen Bundesländern muß innerhalb einer bestimmten Frist (innerhalb von 24 Stunden bis drei Tagen) nach Antrag auf Beschluß eine Anhörung erfolgen. Bei nicht fristgemäßer Anhörung muß der Betroffene entlassen werden.

Ist die Unterbringungsfrist abgelaufen und keine Verlängerung angeordnet, ist der Betroffene ebenfalls zu entlassen. Über die Entlassung muß das zuständige Gericht informiert werden.

• **Kosten**
Die Kosten für die Unterbringung trägt der Betroffene, soweit nicht ein Sozialleistungsträger dazu verpflichtet ist. In der Regel kommt die Krankenkasse des Patienten oder das zuständige Sozialamt für die Kosten auf. Das gerichtliche Verfahren ist kostenfrei.

• **Besuchskommissionen**
In vielen Bundesländern ist eine Besuchskommission vorgeschrieben, die jährlich unangemeldet Einrichtungen, in denen Menschen gesetzlich untergebracht werden, überprüft. Die Betroffenen in den Einrichtungen haben dabei Gelegenheit, Wünsche und Beschwerden vorzutragen.

Die Kommission besteht aus Vertretern der sozialpsychiatrischen Dienste, Patientenfürsprechern, Psychiatern, Richtern und Medizinalbeamten der Verwaltungsbehörden.

• **Unterbringung durch einen Betreuer**
Ein Betreuer, der das **Aufenthaltsbestimmungsrecht** hat, kann anordnen, daß ein betreuter Patient gegen seinen Willen behandelt wird. Nach § 1906 BGB benötigt er hierzu die Genehmigung des Vormundschaftsgerichtes.

3.1.2 Das Betreuungsgesetz

Am 1. Januar 1992 wurde das Betreuungsgesetz als Ersatz für die Pfleg- und Vormundschaften installiert. Das Betreuungsgesetz gilt für Erwachsene, die wegen einer psychischen Störung, einer körperlichen oder geistigen Behinderung oder wegen ihres hohen Alters die täglichen Angelegenheiten nur zum Teil oder nicht mehr selbständig erledigen können. Die Rechtsstellung dieser Menschen wurde durch das neue Gesetz erheblich verbessert.

Entmündigung, Vormundschaft und Gebrechlichkeitspflegschaft sind nicht in das neue Gesetz übernommen worden. Sie sind nach einer Übergangsvorschrift in Betreuungen übergegangen.

Nach dem alten Gesetz ging der Vormundschaft grundsätzlich eine Entmündigung voraus. Die Betroffenen durften je nach Grund der Entmündigung nicht wählen, kein Testament schreiben, nicht heiraten oder Geschäfte abschließen.

Gebrechlichkeitspflegschaften waren fast ausschließlich Zwangspflegschaften. Die Betroffenen verloren das Wahlrecht. Sie waren vom Rechtsverkehr aber nicht in jedem Fall ausgeschlossen. Ein Gericht entschied, ob der Betroffene geschäftsfähig war. In der Praxis unterschieden sich Gebrechlichkeitspflegschaften kaum von Entmündigungen. Jedoch waren die Wünsche des Betroffenen oft zweitrangig, und in Konfliktsituationen hatten die Aussagen des Vormundes oder Pflegers Priorität.

Die Betreuung darf immer nur an letzter Stelle der möglichen Hilfen stehen. Sie muß regelmäßig, spätestens nach fünf Jahren überprüft und neu entschieden werden. Der Handlungsspielraum des Betreuers bewegt sich in einem genau festgelegten Rahmen, der den Bedürfnissen des Betreuten angepaßt ist. Die Aufgaben des Betreuers werden in einem gerichtlichen Verfahren festgelegt. In der Praxis ist oft ein professionell-freundschaftliches Verhältnis zwischen Betreuer und Betreutem zu beobachten. Bereiche, die der Betroffene selbständig erledigen kann, dürfen dem Betreuer nicht übertragen werden.

3.1.3 Weitere Gesetze, die zur Einweisung in eine geschlossene, psychiatrische Abteilung führen

Die folgenden Paragraphen betreffen den **Maßregelvollzug,** der die Sicherung und Besserung strafrechtlich verurteilter Menschen gewährleistet. Er ist durch Ländergesetze geregelt. In Ausnahmefällen werden solche Patienten zeitweise auf geschlossenen psychiatrischen Stationen aufgenommen (s. Kap. 18, Forensische Psychiatrie).

Werden Inhaftierte zur Behandlung akuter psychischer Störungen eingewiesen, behalten sie während ihres Klinikaufenthalts den Häftlingsstatus. Für den Behandlungszeitraum muß eine Sicherheitsverzichtserklärung der Haftanstalt vorliegen, da eine psychiatrische Station nur begrenzte Sicherheitsvorkehrungen bieten kann. Wird diese Erklärung nicht abgegeben, ist eine Bewachung des Patienten durch Justizvollzugsbeamte erforderlich.

- **§ 20 StGB Schuldunfähigkeit wegen seelischer Störungen**

Ohne Schuld handelt, wer bei Begehung der Tat wegen einer krankhaften seelischen Störung, wegen einer tiefgreifenden Bewußtseinsstörung oder wegen Schwachsinns oder einer schweren anderen seelischen Abartigkeit unfähig ist, das Unrecht der Tat einzusehen oder nach dieser Einsicht zu handeln.

3

- **§ 21 StGB Verminderte Schuldunfähigkeit**

Ist die Fähigkeit des Täters, das Unrecht der Tat einzusehen oder nach dieser Einsicht zu handeln aus einem der in § 20 bezeichneten Gründe bei Begehung der Tat erheblich vermindert, so kann die Strafe nach § 49 Absatz 1 gemildert werden.

- **§ 63 StGB Unterbringung in einem psychiatrischen Krankenhaus**

Es kann zum Schutz der Allgemeinheit die Unterbringung in einem psychiatrischen Krankenhaus erfolgen, wenn vom Täter erhebliche rechtswidrige Taten zu erwarten sind und er deshalb für die Allgemeinheit gefährlich ist.

- **§ 64 StGB Süchtige**

Danach wird die Unterbringung in einer Entziehungsanstalt angeordnet, wenn jemand den Hang hat, Alkohol oder andere Rauschmittel im Übermaß zu sich zu nehmen, und wegen einer rechtswidrigen Tat, die er im Rausch begangen hat oder die auf seinen Hang zurückgeht, verurteilt wurde oder nur deshalb nicht verurteilt wurde, weil seine Schuldunfähigkeit erwiesen oder nicht auszuschließen ist und wenn die Gefahr besteht, daß er infolge seines Hangs erhebliche rechtswidrige Taten begehen wird.

- **§ 81 StPO Unterbringung zur Beobachtung des Beschuldigten**

Dies ist nur für maximal sechs Wochen möglich. Meist sind diese Personen in der forensischen Psychiatrie untergebracht.

- **§ 126a StPO Einstweilige Unterbringung**

Entspricht der Untersuchungs-(U-)Haft. Wen der Patient sehen und sprechen darf, wird vom zuständigen Richter oder Staatsanwalt entschieden. Besucher müssen eine Besuchserlaubnis vorweisen.

3.2 Eigen- oder Fremdgefährdung

In den vorhergehenden Abschnitten wurde wiederholt von Eigen- und Fremdgefährdung gesprochen. Was der Begriff in der Praxis alles beinhaltet, soll hier näher erläutert werden.

Ein Mensch ist **eigengefährdend,** sobald er Handlungen an sich vornimmt, die dazu dienen, sich zu verletzen (Autoaggression) oder sich zu töten (Suizid).

Es läßt sich ausführlich darüber streiten, ob jemand ein Recht zu selbstschädigenden Handlungen hat. Menschen, die ihrem qualvollen Leben ein Ende bereiten wollen, weil sie todkrank sind, kann dieser Wunsch verhältnismäßig leicht zugestanden werden. Doch wer möchte die Verantwortung dafür tragen, wenn ein Mensch sich umbringt und man diesen Tod nicht verhindert hat?

Ein Mensch, der seines Lebens müde ist, benötigt **Hilfe.** Die Erfahrung zeigt, daß selbstschädigende Handlungen häufig Hilferufe sind. Ein schützender Rahmen kann dem Betroffenen die Möglichkeit bieten, seine für ihn aussichtslose Lage neu zu überdenken und einen Ausweg zu finden. Manchmal sind dem Patienten die Gründe seiner Lebensunlust nicht bewußt, oder er kann sie nicht äußern. Oft ist es nur eine Frage der Zeit, wann er wieder neuen Mut faßt. Während dieser Phase muß er vor sich selbst geschützt werden.

Fremdgefährdend ist ein Mensch, der durch sein Handeln andere Personen verletzt oder (unmittelbar) zu verletzen droht. In diesem Fall muß die Allgemeinheit geschützt werden. Bedenkt man die sozialen Folgen, die solche Handlungen für den Patienten nach sich ziehen können, liegt gleichzeitig eine Eigengefährdung vor.

Ein manischer Patient, der sich finanziell oder gesellschaftlich schädigt, gefährdet sich selbst. Oftmals sind auch Familienangehörige, Freunde oder Geschäftspartner betroffen, so daß gleichfalls eine Gefahr für andere besteht.

Bei jeder Fremd- oder Eigengefährdung ist es entscheidend, festzustellen, inwieweit der „Täter“ für seine Handlungen verantwortlich ist. War er zum Zeitpunkt der Tat zurechnungsfähig oder war er aufgrund einer behandlungsbedürftigen psychischen Störung nicht in der Lage, das Unrecht seiner Tat einzusehen? In der Psychiatrie werden nur Menschen behandelt, die zur Tatzeit nicht, oder vermindert zurechnungsfähig waren, alle anderen fallen unter das Strafrecht.

3.3 Intensive Beobachtung zur Diagnosestellung

Wer die ersten Wochen in der Psychiatrie arbeitet, bekommt es mit einer Flut von Diagnosen und Fachausdrücken zu tun. Viele unterschiedliche Begriffe haben dann auch noch dieselbe Bedeutung. So werden beispielsweise als Einweisungsdiagnose die Bezeichnungen „Dementia praecox“ (Morel 1856), „Morbus Bleuler“ (Bleuler 1911) sowie der Oberbegriff „Akute Schizophrenie“ verwendet, die als Synonym für eine **Schizophrene Psychose** stehen. Die Diagnosezuordnung ist also oftmals nicht einfach. Wichtige Informationen, die zum Zeitpunkt der Aufnahme noch nicht vorliegen, müssen eingeholt werden. Entscheidend sind zum Beispiel der Verlauf und das soziale Umfeld.

Der behandelnde Arzt ist auf die genaue Beobachtung, Beschreibung und Dokumentation des gesamten Teams angewiesen. Dazu gehört neben dem Führen der Krankenakte durch den Stationsarzt auch der tägliche Verlauf im Pflegebericht durch das Pflegepersonal, das die meiste Zeit mit dem Patienten verbringt und somit entscheidende Informationen zur Verfügung stellt.

4 Wer ist an der Therapie und Betreuung des Patienten beteiligt?

Bei der Betreuung von psychiatrischen Patienten sind Angehörige vieler Berufe beteiligt. Neben den Personen, die beispielsweise in der Küche, Wäscherei, Verwaltung, Baubüro und Basisdokumentation tätig sind, gibt es noch die Sicherheitsfachkräfte, den Klinikpfarrer und die medizinisch-technischen Assistenten.

In diesem Kapitel sollen aber nur die Berufe vorgestellt werden, deren Vertreter im therapeutischen Team mit dem Patienten arbeiten. Die Zusammensetzung eines solchen Teams variiert in den unterschiedlichen Abteilungen. Nennen wir das folgende ein **„Basisteam"**:
- Krankenschwestern und -pfleger
- Ärzte/-innen
- Sozialarbeiter/-innen
- Ergotherapeuten/-innen in der Beschäftigungstherapie
- Ergotherapeuten/-innen in der Arbeitstherapie
- Psychologen/-innen
- Sporttherapeuten/-innen

Die nun folgende Zusammenstellung ist aus Interviews mit Vertretern der einzelnen Berufsgruppen entstanden.

Die Fragestellung an alle war:

„Was glauben Sie, was das Pflegepersonal von Ihrer Tätigkeit wissen sollte?" und „An welchen Punkten wünschen Sie sich, daß das Pflegepersonal mehr Verständnis für Ihre Arbeit aufbringen würde?"

4.1 Ärzte

Die ärztlichen Aufgaben sind Pflegepersonen, durch die größtenteils enge Zusammenarbeit, vertraut. Die folgenden Informationen sind als Ergänzung für den psychiatrischen Bereich anzusehen.

Die Arbeit des Arztes beinhaltet die **medikamentöse Therapie** und die regelmäßigen **körperlichen Untersuchungen** der Patienten. Weiter nehmen **Gespräche** mit den Klienten viel Zeit in Anspruch, in denen die diagnostische Einordnung des Krankheitsbildes oder therapeutische Maßnahmen im Vordergrund stehen. Je nach Ausbildung des Arztes und nach den Bedürfnissen des einzelnen Patienten werden unterschiedliche psychotherapeutische Verfahren angewandt, beispielsweise Verhaltenstherapie oder Psychoanalyse. Außer den Gesprächen mit dem Patienten führt der Arzt welche mit Angehörigen, oft auch im Beisein des Kranken.

Eine wichtige Aufgabe ist die **Aufklärung der Patienten,** und ihnen dabei zu helfen, mit der psychischen Erkrankung zu leben. Nach dem Motto: „Dem Patienten die Diagnose wie einen Mantel hinhalten, in den er hineinschlüpfen kann, und nicht ihm die Diagnose wie einen nassen Waschlappen um die Ohren schlagen."

Der **enge Kontakt zum Pflegeteam** ist für die Ärzte sehr wichtig, denn über dieses erhalten sie Informationen über das Verhalten und Erleben der Patienten im Alltag. Das Verhalten in der Gruppe beispielsweise kann ein Arzt nur selten beobachten.

Die befragten Ärzte wünschen sich in der Zusammenarbeit mit Pflegenden folgendes besonders.

Jeder sollte immer wieder daran denken, den Patienten nicht nur emotional, sondern kritisch und reflektierend gegenüberzutreten. Mit Äußerungen wie „Das macht der doch extra!“ ist vorsichtig umzugehen, denn oft sind Verhaltensweisen krankheitsbedingt und nicht absichtlich gesteuert.

Die Gabe der Bedarfsarznei sollte sehr sorgfältig abgewägt werden.

Regelmäßige Fortbildungen der Mitarbeiter sind sehr wichtig, denn gut aus- und weitergebildete Pflegekräfte sind unbestritten qualifizierter.

Die Bereitschaft zu dynamisch-prozeßhaftem Denken, zur Erklärung psychopathologischer Verhaltensweisen und Bilder sollte ebenso vorhanden sein wie Toleranz beim Besprechen eines Fallbeispiels. Die aktive Teilnahme an solchen Fallbesprechungen ist wichtig. Reger Austausch über die Entwicklung berufsübergreifender Konzepte ist Grundlage einer guten Therapie.

Allerdings sind in Notfallsituationen Diskussionen störend. Besonders wenn rasche Hilfe nötig ist, kann jede Verzögerung gefährlich sein. Die Verantwortung in diesem Fall trägt der Arzt, und sollte deshalb in der Situation als Autorität akzeptiert werden. Nach einem Notfall ist es aber notwendig, über die Probleme zu diskutieren.

4.2 Sozialarbeiter

Der berufsspezifische Ansatz im sozialen Dienst ist es, Menschen, die in Belastungssituationen (hier: psychische Erkrankungen) geraten sind oder zu geraten drohen, zu **unterstützen.** Zusammen mit den Betroffenen, wenn nötig, auch mit ihren Angehörigen, werden **Lösungsstrategien** erarbeitet.

Die Aufgaben des Sozialdienstes sind vielseitig und gliedern sich in Arbeit in der betreuenden Institution oder Klinik und in Aufgaben außerhalb.

Sozialarbeiter beraten die Patienten bei Schwierigkeiten mit Arbeits-, Einkommens-, Familien- und Wohnverhältnissen, sie helfen bei der Beantragung von Sach- und Geldhilfen und unterstützen den Patienten bei der Durchsetzung der rechtlichen Ansprüche, sofern dies notwendig wird.

Sozialarbeiter organisieren die Vorstellung und Verlegung in geeignete Einrichtungen, wie beschützte Wohngruppen oder Rehabilitationseinrichtungen.

Soweit möglich, wird die **soziale Einbindung** der Patienten (Angehörige, Freunde) gefördert und verbessert. Dies ist besonders im Hinblick auf eine Entlassung wichtig. Probleme, die der Patient für die Zeit nach der Entlassung befürchtet, kann er mit dem Sozialarbeiter besprechen.

In manchen Einrichtungen werden **sozialtherapeutische Gruppenarbeit** oder **Einzelfallhilfe** für die Patienten angeboten. Dabei geht es um die aktuelle Situation wie Erwartung, Klinikaufenthalt oder Zukunftsperspektiven und Gruppentraining, um lebenspraktische Fähigkeiten in Belastungssituationen wie Besuche bei Ämtern und Behörden, Haushaltsführung, oder das Fahren in Öffentlichen Verkehrsmitteln zu üben.

Außerhalb der Institution steht die Zusammenarbeit mit den Sozial-, Jugend-, Arbeits-, Gesundheits- und Versorgungsämtern, den Trägern freier Wohlfahrtsverbände, Heimen, Sozialstationen, den Versicherungen und den psycho-sozialen Diensten. Diese Kontakte sind wichtig, um Hilfe und Unterstützung für die Patienten nach dem Klinikaufenthalt vorzubereiten.

Ein wichtiger Arbeitsbereich ist die **Angehörigenarbeit,** durch die Familienmitglieder und Freunde aufgeklärt und unterstützt werden. Ziel ist es, mehr Verständnis füreinander (Angehöriger/Patient) zu erreichen. Die Belastungen durch die Erkrankung sollen für die Angehörigen leichter erträglich werden. Gleichzeitig klären die Sozialarbeiter, welche Hilfen der Patient in seinem privaten Bereich benötigt.

4

Die meisten Probleme der Sozialarbeiter ergeben sich durch ihren breitgefächerten Aufgabenbereich. Oft ist im therapeutischen Team nicht abgesprochen, wer welche Aufgaben wahrnimmt.

Ein Beispiel ist das Besorgen von Geld für die Patienten bei ihren Angehörigen, das teilweise auch von Pflegepersonen übernommen wird. Sinnvoll wäre es hier, die Verantwortung konkret festzulegen.

In Teambesprechungen geht es leider oft vorrangig um medizinische Probleme. Deshalb wünschen sich viele Sozialarbeiter eine wöchentliche Besprechung mit dem ganzen therapeutischen Team, in der in erster Linie soziale Probleme der Patienten besprochen werden. Dadurch käme mehr Struktur in die Behandlungskette.

Erleichtert wird die Arbeit der Sozialarbeiter, wenn sie bei der Aufnahme anwesend sind. Leider ist dies nicht immer möglich. Jedoch erleichtert ein vorliegender, auf die sozialen Probleme ausgerichteter Fragebogen, die spätere Arbeit.

4.3 Ergotherapeuten in der Beschäftigungstherapie

Einer Arbeit oder Beschäftigung nachzugehen, stützt und entwickelt viele Fähigkeiten eines Menschen. Im Rahmen der Aktivitäten beobachtet der Ergotherapeut wie der einzelne Belastungen aushält und mit seinen Fehlern umgeht, ob er sich anstrengen und konzentrieren kann.

Durch die Beschäftigung sollen die Patienten **verlorengegangene Bedürfnisse und Wünsche erneut wahrnehmen.** Die Arbeit in Gruppen trainiert das soziale Verhalten (Abb. 4-1). Der Patient lernt wieder, sich mit seinen Mitmenschen auseinanderzusetzen, sich auf sie einzulassen oder sich von ihnen abzugrenzen.

Abb. 4-1 Das Arbeiten in Gruppen schult das Sozialverhalten

Abb. 4-2 Der Umgang mit Stoffen in der Beschäftigungstherapie kann von der Krankheit ablenken

Nicht zuletzt bieten die Tätigkeiten in der Beschäftigungstherapie (Abb. 4-2) eine Abwechslung zum Stationsalltag und lenken von der Krankheit ab.

In der Abteilung für Beschäftigungstherapie gibt es verschiedene Gruppen, in denen Patienten zusammenarbeiten. Jeder neue Patient durchläuft erst die **Eingangsgruppe.** Nach unterschiedlicher Dauer wechselt er in eine, die besonders geeignet erscheint. Es gibt Gruppen, die mit Holz arbeiten, mit Stoffen oder Ton. Jedes Material fordert unterschiedliche Fähigkeiten. Für die Arbeit mit Holz ist Krafteinsatz nötig, Knüpfen fördert die Koordination und die Feinmotorik. Durch die Beschäftigung mit den Händen werden verlorengegangene Fähigkeiten gestärkt (Abb. 4-3).

Innerhalb der Patientengruppen wird das sogenannte **„Kompetenzzentrierte Arbeiten“** angestrebt. Mehrere Klienten arbeiten in einer Gruppe, in der unterschiedliche Aufgaben verteilt sind. Ein solches Projekt fördert den Umgang miteinander, es unterstützt das Gemeinschaftsgefühl, da miteinander etwas Einmaliges entsteht. Die Arbeit des einzelnen ist auf seine Fähigkeiten und Interessen abgestimmt. Die Beschäftigung soll dem Patienten gefallen und nicht über-, aber auch nicht unterfordern. Schon vor Beginn einer Arbeit muß ermittelt werden, ob ein Patient sie auch zu Ende führen kann und dadurch positive Bestärkung erlebt.

Einzeltherapie wird ebenfalls angeboten, sie ist jedoch auf Patienten ausgerichtet, die erhebliche Schwierigkeiten im Umgang mit Mitmenschen haben.

Die Vorgehensweise ist dabei,

- Kontakt zu dem Menschen aufnehmen, und die Möglichkeiten der Beschäftigungstherapie beschreiben.
- Den Patienten zur weiteren Mitarbeit motivieren.

4

Abb. 4-3 Das Arbeiten mit Ton fördert manuelle Fähigkeiten und Kreativität

- Den Patienten von der Krankheit ablenken

Ergotherapeuten in der Beschäftigungstherapie bemängeln immer wieder den gestörten Informationsfluß zwischen den einzelnen Berufsgruppen. Die Verlegung oder Entlassung eines Patienten erfahren sie oft dadurch, daß der Patient nicht mehr zur Therapie erscheint. Dies sollte natürlich vermieden werden. Um den Kontakt zwischen den Beschäftigten in dieser Therapieart und dem Pflegepersonal zu verbessern, empfiehlt es sich, regelmäßige, gegenseitige Besuche in den entsprechenden Abteilungen zu etablieren.

4.4 Ergotherapeuten in der Arbeitstherapie

Das Risiko, in einer Gesellschaftsform, in der Arbeit einen hohen Stellenwert hat, seelisch zu erkranken, steigt sowohl durch zuviel als auch durch mangelnde Arbeit. Andauernde Arbeitslosigkeit mindern das Selbstwertgefühl und die persönliche Identität eines Menschen. Bezahlte Arbeit gilt als eine der grundlegenden Bedingungen seelischer Gesundheit. Hier setzt die Arbeitstherapie an.

Arbeitstherapie ist eine gezielte **Gruppentherapie.** Ein Patient, der an der Arbeitstherapie teilnimmt, hat in der Regel die Fähigkeit, sich in eine Gemeinschaft zu integrieren, bereits in der Beschäftigungstherapie bestätigt.

Ziele der Arbeitstherapie sind,

- Arbeiten mit dem Patienten, „Arbeit als Medium“
- Bezug zur Realität, Selbstverwirklichung, Freude an Aktivität vermitteln
- Leistungsfähigkeit und Konzentration erkennen lernen
- Arbeitsmoral schulen (Pünktlichkeit, Ausdauer, Kritikfähigkeit)
- Kontrast zum Krankenhausalltag
- Strukturierung des Tagesablaufes

Abb. 4-4 Stuhlflechten ist ein Bereich in der Arbeitstherapie

Hier wird deutlich, wie eng Beschäftigungs- und Arbeitstherapie zusammengehören. Es werden in der Tat die gleichen Fähigkeiten eines Menschen trainiert. Der entscheidende Unterschied liegt in der **Belastungsfähigkeit** der Patienten. Die Arbeitstherapie soll auf das Berufsleben vorbereiten.

Zu Beginn kommt der Patient oft in die sogenannte Eingangsstufe, in der seine **Leistungsfähigkeit** überprüft und die weiteren ergotherapeutischen Möglichkeiten festgelegt werden.

Durch die Arbeit soll der Patient bis zu seiner **Leistungsgrenze** gefordert werden, das Motto heißt: „Durch fordern fördern“. Der Patient darf weder unter- noch überfordert werden.

Die Arbeiten sind überschaubar und ihr Zusammenhang mit anderen Arbeitsvorgängen erkennbar. Leistungs- und Termindruck werden vermieden, um eine Überforderung zu verhindern.

Im Alltag ist es nicht immer leicht, diese therapeutischen Ziele zu erreichen. Das liegt weniger an den Patienten als an den oft begrenzten Möglichkeiten, die als Arbeit angeboten werden können. Für die Klienten ist es schwer verständlich, daß ihre Leistung nur sehr dürftig entlohnt wird. Um diese Frustrationen zu mindern, wird der Wert einer regelmäßigen Arbeit betont, was jedoch meist nur ein schwacher Trost ist.

Möglichkeiten zur Arbeitstherapie gibt es in den unterschiedlichsten Arbeitsbereichen. Beispielsweise Stuhlflecht- (Abb. 4-4), Produktions-, Büro- oder Webgruppe (Abb. 4-5), Holzwerkstatt, Küche, Anstreicherei, Polsterei, Friseur, Gärtnerei oder Nähstube.

Ein wichtiges Element der Arbeitstherapie ist die **Kontinuität.** Das betrifft die Betreuung durch die Therapeuten wie auch die Anwesenheit der Patienten. Kann ein Patient einmal nicht zur Therapie erscheinen, sollte dies der Abteilung kurz mitgeteilt werden. Es ist sehr ärger-

Abb. 4-5 Das Weben vermittelt die Freude an der Aktivität

lich, wenn Patienten nicht oder nur kurz erscheinen, weil sie anderweitig beschäftigt sind oder auf die Visite warten. Im wirklichen Arbeitsprozeß wird eine solche Unzuverlässigkeit nicht geduldet. Die Bedeutung der Arbeitstherapie wird in Frage gestellt, wenn die Kontinuität nicht gewährleistet ist, nur weil Termine nicht koordiniert werden.

4.5 Psychologen

Die klinische Psychologie ist der „Zweig der Psychologie, der die Diagnostik, Modifikation und Prävention von sozialbedingten und sozialrelevanten Störungen des Erlebens und Verhaltens in Forschung, Lehre und Praxis zum Gegenstand hat" (Pongratz 1977). Das bedeutet, daß die praktischen Aufgaben in erster Linie in der **Prävention,** der **Diagnostik** und der **Psychotherapie** zu sehen sind.

Im Vordergrund der Arbeit steht, den kranken Menschen in seiner Gesamtheit zu betrachten und darin die Ursache der Erkrankung zu suchen.

Klinisch-psychologische Praxis kann sowohl auf die Person bezogen sein, die als gestört definiert wird wie auch auf ihre soziale Umwelt. Die Arbeit beginnt in der Regel mit der Anamnese, der problembezogenen Erhebung der Vorgeschichte des Klienten. Sie ist von der Exploration (die Abklärung spezifischer Fragen im Gespräch, die der Planung der weiteren Vorgehensweise behilflich ist) zu unterscheiden. Sozialtechnische Maßnahmen können Ergebnis dieser Planung sein, aber auch Beratung der Betroffenen oder die Psychotherapie.

Patienten werden von Ärzten oder von Psychologen während ihres Aufenthaltes psychotherapeutisch betreut. Ist ein Psychologe die Bezugsperson, dann übernimmt ein Arzt in Absprache die medikamentöse Therapie und die körperlichen Untersuchungen.

Psychologen untersuchen die Patienten mit speziellen Tests auf bestimmte Fähigkeiten und Defizite.

Je nach Ausbildung und nach den Bedürfnissen der Einrichtung bieten Psychologen Patientengruppen an, in denen z. B. kognitives Training oder Entspannungsübungen erlernt werden. Ein weiterer Einsatzbereich sind die Angehörigengruppen.

Für die Mitglieder des Pflegeteams muß die therapeutische Ausrichtung und somit das zugrundeliegende Störungsmodell oder Menschenbild ihres zuständigen Psychologen bekannt sein (beispielsweise gestalt- oder verhaltenstherapeutische Orientierung). Dies ist wichtig für die gemeinsame Erarbeitung eines **Therapiekonzeptes.** In die Teamarbeit bringen Psychologen eine andere Sichtweise der Erkrankung ein, die nicht nur die biologischen Ursachen zuläßt.

Psychologen übernehmen aber auch **Supervisionen** der Stationsteams und **Balintgruppen.**

Die Aufgaben der Ärzte, Psychologen und Sozialarbeiter überschneiden sich teilweise. Dies kann dazu führen, daß Verantwortungen nicht vollständig geklärt sind. Wie schon erwähnt, ist dies aber für eine erfolgreiche Teamarbeit erforderlich.

Gerade Psychologen vertreten die Meinung, daß sich Krankenschwestern und -pfleger in der Psychiatrie immer mehr von ihrem ursprünglichen Berufsbild („Nur-Pflege") entfernen müssen und sich ihrer **Co-Therapeutenfunktion** stärker bewußt werden.

Behandlungskonzepte sollten in Teamkonferenzen gemeinsam abgesprochen werden, damit alle an einem Strang ziehen. Jeder ist in die Therapie eines Patienten mit einbezogen, nur dadurch wird der Wunsch nach multiprofessionellen Teams realisierbar.

4.6 Sporttherapeuten

Die Krankengymnastik hat zum Ziel, eingeschränkte Bewegungsfunktionen wiederherzustellen. Der Schwerpunkt der Sporttherapie liegt in der pädagogischen Arbeit. Das Verhalten in der Gruppe und die Motivation zur Bewegung haben dabei eine größere Bedeutung als das Wie der Bewegung.

Die Patienten kommen manchmal unsicher und mit Angst zur Therapie. Vielfach wird „Sporttherapie" mit „Schulsport" oder „Leistungssport" verwechselt. Bei den sportlichen Aktivitäten soll nicht die Leistung, sondern der Spaß an der Bewegung im Vordergrund stehen. Die Motivation der Patienten, ganz besonders auch durch das Pflegepersonal, hat einen entscheidenden Einfluß auf den Therapieerfolg.

Sport ist heute ein wichtiger Teil unserer Freizeit. Er fördert Aktivitäten in der Gruppe und kann Kommunikationsbarrieren brechen. Er dient ebenfalls der Erhaltung des körperlichen und seelischen Wohlbefindens.

Aus der Sporttherapie soll ein Patient **Anregungen** in die Phase nach der Klinik mitnehmen, um dann seine Freizeit aktiv zu gestalten.

Die Sporttherapie arbeitet mit den gesunden Anteilen der Persönlichkeit des Patienten. Durch die **therapeutischen Bewegungen** kann Vertrauen in den eigenen Körper und die körperliche Leistungsfähigkeit gewonnen werden. Ganz konkret geht es um die Körperwahrnehmung, darum Schweiß, Atem, Anstrengung und Herzschlag, den eigenen Körper wieder zu spüren. Die Eigenwahrnehmung ist bei vielen Menschen sowohl durch die seelische Erkrankung als auch durch die Einnahme von Psychopharmaka verwischt. Zum Wiedererlernen dienen Dehn- und Kraftübungen und sportliche Spiele.

Sporttherapie bei neurotischen (z. B. Suchtkranken) Patienten ist konfliktzentriert, bei psychotisch Erkrankten ist sie soziotherapeutisch orientiert.

Sporttherapeuten sind bei den Teambesprechungen anwesend, um die Zusammenhänge zwischen Stationsalltag (Medikamentenänderungen, Sorgen, die mit dem Sozialarbeiter besprochen werden, etc.) und den Aktivitäten eines Patienten in der Sporttherapie zu erkennen.

Es ist erforderlich, daß Probleme, die in der Sporttherapie auftauchen (Berührungsängste, Scham um den eigenen Körper), ausreichend in diesen Sitzungen besprochen werden.

Viele Sporttherapeuten wünschen sich die Teilnahme des Pflegepersonals an der Sporttherapie. Die Möglichkeit der Selbsterfahrung, wenn sich beispielsweise jemand vom Personal mit verbundenen Augen von einem neurotischen Patienten (oder umgekehrt) über Stühle, Balken und Treppen führen läßt, kann in deren therapeutischer Beziehung von großem Nutzen sein.

Aussagen von Station, wie die Patienten die Sporttherapie beurteilen, sind wichtig. Was gefällt den Patienten besonders gut? Ebenso bedeutend sind Informationen über besondere Vorkommnisse. Was ist vorgefallen, als ein Patient nicht zur Sporttherapie kam? Wann wechselt ein Patient den Bereich und damit den Sporttherapeuten?

4.7 Zusammenfassung

Alle befragten Berufsgruppen waren sich einig über die **Wichtigkeit des Informationsaustausches** untereinander und die Notwendigkeit der **Supervision.**

Besonders die Ergo- und Sporttherapeuten bemerkten, daß sie leider nicht immer ausreichend über die Patienten informiert sind. Ihnen entgehen wichtige Details, weil sie nicht auf der Station anwesend sind. Es ist natürlich schwierig, den Informationsaustausch innerhalb eines solch großen Kollegenkreises zu realisieren. Hier wird die zentrale Rolle der Pflegepersonen deutlich. Durch den engen Kontakt zu den Patienten und die Teilnahme an allen Besprechungen tragen sie die Verantwortung, daß alle Therapeuten über Verlegungen oder besondere Vorkommnisse informiert werden.

Wiederholt wurden zusätzliche Besprechungen, wie ein Termin, an dem nur soziale Fragen diskutiert werden, gefordert. Regelmäßige Teamkonferenzen sind notwendig, um über das Verhalten der Patienten in den unterschiedlichen Situationen informiert zu sein.

Regelmäßige Supervision der Behandlungsteams wurde wiederholt gefordert. Nur dadurch ist es allen Beteiligten an der Therapie möglich, die eigenen Probleme, Ängste und Verhaltensmuster zu reflektieren und positiv für die Arbeit umzusetzen.

Jeder Mitarbeiter möchte individuell, seinen Vorstellungen und Neigungen entsprechend, mit den Patienten arbeiten. Gespräche darüber geben Aufschluß über die Möglichkeiten, die den Patienten offenstehen, und sie schaffen Toleranz untereinander.

4.8 Ausbildung zur/zum Fachkrankenschwester/-pfleger für Psychiatrie

Die Versorgung der Patienten in der Psychiatrie war vor den 70er Jahren nicht immer fach- und sachgerecht. Unter anderem führte der stete Personalmangel, insbesondere in den Landeskrankenhäusern, zu diesem Zustand. Selbst bei der eigenen Berufsgruppe war das Ansehen der Pflegenden in der Psychiatrie sehr gering. In der Ausbildung zur/zum Krankenschwester/-pfleger hatte die Psychiatrie nur einen geringen Stellenwert. Die somatische Behandlung und Pflege stand im Vordergrund.

Bei einer 1973 vorgenommenen Untersuchung im Rahmen der Psychiatrie-Enquete, sahen 57 Prozent der psychiatrischen Pflegekräfte die medizinischen Maßnahmen als den wichtigsten Bestandteil ihrer Arbeit. Psychiatrisch-pflegerische Tätigkeiten standen an einer der letzten Stellen.

Insbesondere in den USA, Großbritannien, den Niederlanden, Frankreich, Italien und Skandinavien gab es entscheidende Änderungen bei der Behandlung von psychisch Kranken. Dort entwickelte sich die Erkenntnis, daß die Umwelt des Patienten einen wesentlichen Einfluß auf seine seelische Krankheit nimmt. Damit die Betroffenen sich wieder sozial und beruflich eingliedern konnten, waren gezielte sozio- und psychotherapeutische Maßnahmen gefragt.

Um von einer verwahrenden zu einer behandlungs- und rehabilitationsorientierten Psychiatrie zu gelangen, war und ist die Mitarbeit des gesamten Teams nötig. Eine besondere Position nimmt hier das Pflegepersonal ein. Sie sollten bestrebt sein, ihr eigenes Handeln kontinuierlich zu überprüfen und zu optimieren. Ziel ist die Verbesserung der Behandlungsqualität bzw. die Einhaltung bestehender guter Qualität.

Die offene und komplementäre Psychiatrie wurde also zum Thema Nummer eins. Bis zu diesem Zeitpunkt waren Gespräche mit den Patienten nicht als Arbeit anerkannt. Die gängige Ansicht war: „Wer viel putzt, arbeitet viel". Es mußte nicht zu quantitativen, sondern zu qualitativen Veränderungen kommen.

In dieser Situation gründete Professor Heinz Häfner **1963** in Heidelberg die **erste Weiterbildungsstätte für psychiatrisches Krankenpflegepersonal.** Die Weiterbildung war berufsbegleitend und dauerte zwei Jahre.

Die Medizinische Hochschule Hannover bietet den 1969 gegründeten Kurs auch heute noch berufsübergreifend für Krankenpflegepersonal, Sozialarbeiter, Beschäftigungstherapeuten, Pädagogen und Krankengymnasten an. Kiel (1971) und Hamburg (1974) konzipierten die einjährige Vollzeitweiterbildung. Dies hat sich allerdings nicht durchgesetzt.

Seit 11. August 1970 verdienen Absolventen der sozialpsychiatrischen Weiterbildung nach der Fallgruppe 13 in der Vergütungsgruppe Kr. VI. Dies soll ein weiterer Anreiz zur Weiterbildung sein.

Die staatliche Anerkennung, um die sich jede Weiterbildungsstätte bemüht, vergibt in der Regel das zuständige Sozialministerium und ist Länderrecht. Die Weiterbildungsstätte in Klingenmünster/Rheinland-Pfalz wurde 1982 direkt anerkannt, 1984 die Stätte in Andernach. Keine landesrechtliche Regelung gilt in Bayern, Bremen und Schleswig-Holstein. Dort besteht die Möglichkeit, eine Anerkennung durch die Deutsche Krankenhausgesellschaft (DKG) zu beantragen. Einige Weiterbildungsstätten bestanden schon sehr lange, ehe sie staatlich anerkannt wurden. Heidelberg und Mannheim beispielsweise bekamen erst nach 17 Jahren die Anerkennung, Hannover hingegen schon kurz nach dem Beginn des ersten Kurses.

Seit April 1980 trifft sich einmal jährlich der Arbeitskreis der Weiterbildungsstätten in der Psychiatrie im Bildungszentrum des DBfK (Deutscher Berufsverband für Pflegeberufe) in Essen. Dabei findet ein wichtiger Informationsaustausch zwischen den Beteiligten statt. 1990/91 erarbeitete dieser Arbeitskreis ein **einheitliches Weiterbildungsgesetz für die psychiatrische Pflege.** Dafür gab es mehrere Gründe. Beispielsweise stammten die gültigen Richtlinien der DKG aus dem Jahre 1978, und neue Entwicklungen in der Psychiatrie waren noch nicht berücksichtigt. Auch eine formale Angleichung an das Krankenpflegegesetz von 1985 mußte erfolgen. Der Entwurf ging von 800 theoretischen bzw. praktischen Stunden Gruppenunterricht aus, mindestens 420 Stunden sollten davon auf die psychiatrische Pflege entfallen. In vier von fünf angegebenen Einsatzbereichen sollte die praktische Weiterbildung erfolgen. Eine Fachkraft für Psychiatrie oder ein Lehrer/eine Lehrerin für Krankenpflege und ein Arzt für Nervenheilkunde mit Erfahrung in Psychotherapie und Lehre wurde für die Leitung eines Weiterbildungskurses gefordert. Die Pflege und die eigenständige, mitverantwortliche Betreuung stehen im Vordergrund.

4.8.1 Ziele der Fachweiterbildung

Die Aufgaben des Pflegepersonals erweiterten sich mit der Einrichtung der Fachweiterbildung entscheidend. Nur so konnte sich eine moderne Psychiatrie in der BRD etablieren. Die Krankenschwestern und -pfleger sollen auf ihre neue Aufgaben, besonders im neu entstehenden extramuralen Bereich der Psychiatrie, vorbereitet werden. Die Weiterbildungsteilnehmer müssen lernen, Verantwortung und Entscheidungen zu übernehmen. Die Aufgaben in teilstationären, ambulanten und rehabilitativen Einrichtungen werden speziell berücksichtigt. Aber auch im stationären Bereich verlagerte sich die Arbeit weg von der „Nur-Pflege". Schon die erste Empfehlung der DKG beinhaltete ebenfalls eine Weiterbildung des Personals im stationären Bereich. Zu den neuen Aufgaben zählten Herstellung eines therapeutischen Milieus, Arbeit mit Gruppen, Planung und Umsetzung von Aktivitäten mit Patientengruppen.

Heute gehört es mit zu den Pflichten einer Fachschwester/eines Fachpflegers, die in der Praxis erworbene Erfahrung und das theoretische Wissen an die Mitarbeiter weiterzugeben. Dies kann auch als Dozent in der Aus-, Fort- und Weiterbildung geschehen, aber natürlich auch auf Station bei der Anleitung neuer Mitarbeiter. Die Priorität liegt weiter in der praktischen Weiterbildung.

4.8.2 Voraussetzungen für die Zulassung zur Weiterbildung

Folgende Voraussetzungen sind zu erfüllen:

- Nachweis über eine dreijährige Kranken- oder Kinderkrankenpflegeausbildung mit staatlichem Abschluß
- Nachweis über eine, in der Regel zweijährige Tätigkeit in der Krankenpflege oder Kinderkrankenpflege, davon mindestens ein Jahr in der Psychiatrie
- Nachweis, daß sich der Teilnehmer in der psychiatrischen Krankenpflege bewährt hat.

Die Weiterbildung erfolgt als **berufsbegleitender Lehrgang** mit theoretischem und praktischem Unterricht sowie mit einer in den Lehrgang eingegliederten praktischen Mitarbeit in künftigen Aufgabenbereichen. Beim praktischen Einsatz muß der Weiterbildungsauftrag gewahrt bleiben. Der Lehrgang dauert **zwei Jahre.**

4.8.3 Inhalte der Fachweiterbildung

Für den Weiterbildungslehrgang sind vorgeschrieben:

- Theoretischer Unterricht von mindestens 240 Stunden
- Praktischer Unterricht, Übungen und Praxisgespräche von mindestens 480 Stunden
- Praktische Weiterbildung von mindestens 85 Wochen
- Eine Abschlußprüfung

Im ersten Weiterbildungsjahr werden die theoretischen und praktischen Grundlagen vermittelt. Es schließt mit einer Prüfung im theoretischen und praktischen Bereich ab.

Das zweite Weiterbildungsjahr dient der Vertiefung und Erweiterung des Wissens und Könnens sowie dem Erwerb fachspezifischer oder schwerpunktmäßig zu vermittelnder Kenntnisse, Fertigkeiten und Erfahrungen. Besonders soll die Fähigkeit zum selbstkritischen, verantwortungsbewußten Handeln, in Abstimmung mit allen am therapeutischen Prozeß beteiligten Fachkräften, vermittelt werden.

Der Lehrgang kann sich im zweiten Weiterbildungsjahr in die folgenden Schwerpunkte gliedern:
- Allgemeine Psychiatrie
- Gerontopsychiatrie
- Kinder- und Jugendpsychiatrie
- Pflege und Rehabilitation Suchtkranker
- Psychotherapie/Psychosomatik

Im ersten Weiterbildungsjahr sollten all diese Bereiche bereits im Unterricht integriert sein.

- **Der theoretische Unterricht**

Psychiatrisch-medizinische Grundlagen (80 Stunden), insbesondere Krankheitslehre:
- Abnorme seelische Reaktionen
- Neurosen, Persönlichkeitsstörungen, psychosomatische Erkrankungen
- Psychische Störungen aufgrund von Hirnkrankheiten und anderen organischen Störungen
- Zerebrale Anfallsleiden, Epilepsien
- Geistige Behinderung
- Alkohol- und Drogenabhängigkeit
- Endogene Psychosen
- Psychiatrie der Kinder und Jugendlichen
- Gerontopsychiatrie

Sozialwissenschaftliche und psychologische Grundlagen (80 Stunden); insbesondere:
- Soziale und psychologische Faktoren von Erkrankungen und Krankheitsverhalten
- Ausgewählte Themen der Medizin, Soziologie und der Behindertenpädagogik, der klinischen Psychologie und der Gruppendynamik
- Psychiatrische Organisationsstrukturen und Versorgungssysteme
- Ausgewählte Themen der Gesetzeskunde, der Sozialversicherung und der Gesundheitsökonomie

Therapeutisch-pflegerische Grundlagen (80 Stunden); insbesondere:
- Seelische Probleme psychisch und körperlich Kranker
- Somatische Behandlungsformen
- Sozio-therapeutische Behandlungsformen (Organisation der Station zum therapeutischen Milieu)
- Psychotherapeutische einschließlich verhaltenstherapeutische Verfahren
- Grundlagen der Prävention und der psychiatrischen Gemeindearbeit
- Grundlagen der Rehabilitation und Nachsorge

- **Der praktische Unterricht**

Der praktische Unterricht und die Übungen umfassen, wie schon erwähnt, 440 Stunden.

Inhalte sind:
- Verhaltens- und Verlaufsbeobachtung
- Berichterstattung, Bearbeiten von Praxisberichten
- Umgang mit Patienten, Mitarbeitern, Angehörigen und anderen Bezugspersonen
- Einzel- und Gruppengespräche
- Planung, Vorbereitung, Ausführung und Auswertung von Aktivierungsgruppen (beispielsweise Spiel- und Sportgruppen)
- Abhalten und Leitung von Patientenversammlungen
- Klubarbeit
- Gesprächsgruppen über Probleme im Umgang mit Patienten und Mitarbeitern (Balint-Gruppe) und verwandte Übungen
- Anleiten von Mitarbeitern, Schülern und Praktikanten

Für Praxisgespräche sind 40 Stunden vorgesehen.

Dabei geht es um die verbale Auseinandersetzung mit Möglichkeiten und Schwierigkeiten beim Übertragen des Erlernten in das eigene Arbeitsfeld am jeweiligen Tätigkeitsort während der praktischen Weiterbildung.

- **Die praktische Weiterbildung**

Die praktische Weiterbildung umfaßt

praktische Mitarbeit, von der mindestens je acht Wochen in den folgenden Einsatzgebieten zu leisten sind:

- Abteilung für Akutkranke
- Abteilung für psychogeriatrisch Kranke
- Abteilung für chronisch Kranke, einschließlich Oligophrener
- Teilstationäre Einrichtungen (Tages- und Nachtkliniken)
- Ambulante, rehabilitative und komplementäre Dienste wie Wohnheime, Klubs, Werkstätten, Sozialstationen, Gesundheitsamt

Zeiten einer geleisteten und bewerteten Mitarbeit in diesen Einsatzgebieten vor Eintritt in die Weiterbildung können durch die Leitung der Weiterbildung teilweise angerechnet werden. Die verbleibende Zeit der praktischen Weiterbildung ist in einem oder mindestens je acht Wochen in mehreren der genannten Einsatzgebiete abzuleisten.

(Vergl. das Muster für eine landesrechtliche Ordnung der Weiterbildung und Prüfung zu Krankenschwestern, Krankenpflegern und Kinderkrankenschwestern für Psychiatrie; Empfehlung der Deutschen Krankenhausgesellschaft vom 22. Juni 1978, ergänzt am 24. April 1991.)

5 Das triadische System

Josepha A.

Psychiatrie ist die Lehre von den Seelenstörungen, vom seelisch Abnormen, seinen Erscheinungsweisen und seinen körperlichen und seelischen Bedingungen und Behandlungsmöglichkeiten. So beschreibt es der Professor für Psychiatrie, Kurt Schneider.

Im Laufe der Jahre erstellten einige Psychiater verschiedene Einteilungen der Seelenstörungen, um diese Krankheiten als Einheiten zu erkennen und möglichst erfolgreich zu behandeln. Da sich die Psychiatrie nur in den seltensten Fällen mit morphologisch nachweisbaren Krankheiten befaßt, gibt es sehr unterschiedliche Modelle.

Das Hauptproblem besteht darin, daß zu vielen psychiatrischen Krankheiten bisher kein direkter Zusammenhang zu einer somatischen (körperlichen) Ursache gefunden wurde. Dazu zählen z. B. die Schizophrenien und die dysthymen Störungen. Die Diagnose solcher Krankheiten wird nur anhand von Symptomen gestellt, nicht aber durch bildgebende Verfahren (Röntgen, CT) oder Laboruntersuchungen.

Andere Erkrankungen entstehen nur unter bestimmten Lebensumständen. Beispiel dafür sind abnorme Erlebnisreaktionen.

Es ist also nicht verwunderlich, daß

nebeneinander unterschiedliche Einteilungen und Erklärungsmodelle für die psychischen Krankheiten bestehen und angewandt werden.

Heute werden seelische Erkrankungen nach dem **ICD 10** (International Classification of Diseases, 10. Revision) und **DSM-IV** (Diagnostisches und statistisches Manual psychischer Störungen) diagnostiziert und klassifiziert. Beide Werke sind Diagnosenkataloge, in denen die typischen Symptome und Ausprägungen der Krankheitsbilder zusammengestellt sind (s. Kap. 6).

Für den Anfänger ist es hilfreich, die Einteilung **„des triadischen Systems“** (nach Gerd Huber, Professor für Psychiatrie) zu verwenden.

Es gliedert psychische Störungen in drei Gruppen (Abb. 5-1):

- körperlich begründbare Psychosen
- endogene (körperlich nicht begründbare) Psychosen
- abnorme Variationen seelischen Wesens.

5.1 Körperlich begründbare (exogene, organische) Psychosen

Hier ist eine Abgrenzung der Krankheitsbilder am besten möglich, da typische körperliche Erkrankungen und damit eine genaue Zuordnung als Ursache für die seelische Störung gefunden werden. Ursache und Wirkung sind nachvollziehbar.

Beispiele akuter organischer Psychosen sind das **Alkoholdelir** und **syphilitische Hirnerkrankungen.**

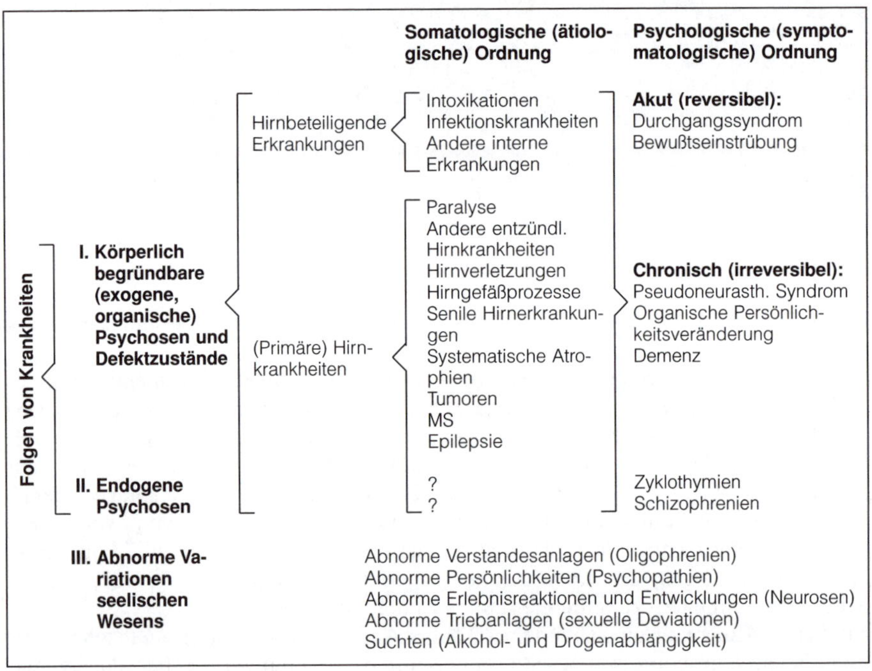

Abb. 5-1 Das triadische System
(Quelle: Gerd Huber, Psychiatrie, Systematischer Lehrtext für Studenten und Ärzte, 4. Aufl., Schattauer Verlag, 1987)

Der psychotische Zustand ist eindeutig auf den Entzug von Alkohol oder auf Unterzuckerung zurückzuführen. Nach vollständigem Abbau des Alkohols oder Zufuhr von Glucose treten keine psychotischen Symptome mehr auf.

Beispiel für eine chronische körperlich begründbare Psychose sind die Erscheinungen, die beim **Morbus Alzheimer** auftreten.

Diese Veränderungen der Persönlichkeit stehen in direkter Verbindung zu dem Abbauprozeß im Gehirn.

5.2 Endogene Psychosen

Diese Gruppe umfaßt die **Schizophrenie, Depression** und **Manie.** Bisher wurde zu diesen Krankheiten kein anatomisch-pathologisches Korrelat gefunden, daher bezeichnet man sie als endogen (von innen kommend).

Die Diagnostik stützt sich überwiegend auf Krankheitssymptome, die durch Gespräche und Beobachtung gesammelt werden.

5.3 Abnorme Variationen seelischen Wesens

Zu dieser Gruppe zählen hauptsächlich Störungcn mit **cxtrcmcn Ausprägungen der Persönlichkeit.** Behandelt werden nur die Patienten, die unter ihrer Andersartigkeit leiden oder deren Umwelt ihr Verhalten als extrem störend oder abartig empfindet. Die Entwicklung bestimmter auffälliger Verhaltensweisen ist in starkem Maße von fördernden oder hemmenden Einflüssen der persönlichen Umwelt abhängig.

Beispiele sind Neurosen und andere Verhaltensauffälligkeiten, die sich aufgrund von abnormen Erlebnisreaktionen, abnormer Persönlichkeit oder einer Minderbegabung entwickeln. Auch ein abnormes Sexualverhalten gehört in diese Gruppe.

5.4 Einteilung nach dem triadischen System

Die Einordnung einer psychiatrischen Erkrankung nach dem triadischen System geschieht in zwei Schritten. Anhand der Anamnese und den **psychopathologischen Symptomen** erfolgt eine vorläufige Zuordnung zu einer der genannten drei großen Gruppen des triadischen Systems. Nach eingehenden körperlichen Untersuchungen wird im zweiten Schritt eine **somatische Ursache** bestätigt oder ausgeschlossen.

Die Zuordnung zu den Gruppen endogene Psychosen und abnorme Variationen seelischen Wesens erfolgt erst, nachdem eine körperliche Erkrankung ausgeschlossen werden kann.

6 Klassifikation psychiatrischer Erkrankungen nach dem ICD- bzw. DSM-Schlüssel

Wie in Kapitel 5 bereits erwähnt, gibt es außer dem triadischen System noch andere Klassifikationsmöglichkeiten. Da gerade in der Psychiatrie viele unterschiedliche Begriffe für ein und dieselbe Krankheit existieren, wurden zwei möglichst objektive und allgemeingültige Klassifikationssysteme zur Benennung psychischer Erkrankungen entwickelt.

- **DSM-IV** findet vor allem im amerikanischen Raum Anwendung. **D**iagnostic and **S**tatistical **M**anual of Mental Disorders, **R**evision der dritten Auflage. Übersetzt, **D**iagnostisches und **S**tatistisches **M**anual (Einteilung) psychischer Störungen. Es versucht, Krankheiten nach feststehenden Kriterien (verschiedenen Achsen) zu beschreiben und dann in Klassen einzuteilen.

Das DSM-IV kennt **fünf Achsen:**

- Achse I
  Klinische Syndrome. Zustände, die keiner psychischen Störung zugeordnet werden können, aber Anlaß zur Beobachtung und Behandlung sind.
- Achse II
  Persönlichkeitsstörungen, spezifische Entwicklungsstörungen
- Achse III
  Körperliche Störungen und Zustände
- Achse IV
  Schwere psychosoziale Belastungsfaktoren
- Achse V
  Höchstes Niveau der Anpassung im letzten Jahr.

- **ICD 10,** mit dieser Klassifikation wird vor allem in Deutschland gearbeitet. **In**ternational **C**lassification of **D**iseases of WHO. Eine internationale Einteilung von nicht nur psychiatrischen Erkrankungen der Weltgesundheitsorganisation in **10. Auflage.**

Beide Manuale sind klinisch-diagnostische Leitlinien, nach deren System Diagnosen vergeben werden. Anwendung finden sie in

- Arztbriefen
- Krankenhausstatistiken
- Forschung
- Diagnostik

Die ICD 10 ist sehr **praxisorientiert** und ihre Nutzung wird seit dem Jahr 2000 in Deutschland von den Krankenkassen verbindlich vorgeschrieben. Deshalb wird sie an dieser Stelle etwas näher beschrieben. Sie enthält ebenso wie die DSM IV neben der Einteilung in verschiedene Krankheitsgruppen auch Beschreibungen der Erkrankungen, die genaue Kriterien liefern, um die Krankheitsbilder einzuordnen bzw. zu diagnostizieren. Zum besseren Verständnis sollen hier die **Hauptgruppen** (die zweistelligen Kategorien) aufgeführt werden.

F0 Organische, einschließlich symptomatische, psychiatrische Störungen
F1 Psychische und Verhaltensstörungen durch psychotrope Substanzen
F2 Schizophrenie, schizotype und wahnhafte Störungen
F3 Affektive Störungen
F4 Neurotische, Belastungs- und somatoforme Störungen
F5 Verhaltensauffälligkeiten mit körperlichen Störungen und Faktoren
F6 Persönlichkeits- und Verhaltensstörungen
F7 Intelligenzminderung

F8 Entwicklungsstörungen
F9 Verhaltens- und emotionale Störungen mit Beginn der Kindheit und Jugend
F10 Nicht näher bezeichnete psychische Störungen

Unter diese zweistelligen Kategorien ordnen sich weitere Unterteilungen mit weiteren Unterziffern an.

So bedeutet, wie oben zu erkennen, F0 organische, einschließlich symptomatische, psychiatrische Störungen. Die Untergruppe F00 steht für die organische Demenz vom Alzheimer-Typ, während die Untergruppe F01 die organische vaskuläre Demenz bezeichnet. Wie im Kapitel Gerontopsychiatrie beschrieben, kann die Demenz vom Alzheimer-Typ (F00) wiederum in eine frühe Form (F00.0) und eine späte Form (F00.1) eingeteilt werden.

Diese konsequente Unterteilung von Krankheitsgruppen bis in einzelne, genau definierte Krankheiten ist bei allen Kategorien zu finden.

Bei Unsicherheiten helfen die **„Diagnostischen Leitlinien des ICD 10"** weiter. Hier wird das zu diagnostizierende Krankheitsbild genau beschrieben und zum Teil auch gegen andere, ähnliche Krankheitsbilder abgegrenzt (Differentialdiagnosen).

Als Beispiel wurde das recht schwer zu diagnostizierende Krankheitsbild der Anorexia nervosa herausgegriffen. In den Leitlinien hierzu heißt es in gekürzter Form:

Für die Diagnose sind alle folgenden Kriterien erforderlich:

- Tatsächliches Körpergewicht 15 Prozent unter dem erwarteten (entweder durch Gewichtsverlust oder nie erreichtes Gewicht).
- Der Gewichtsverlust ist selbst herbeigeführt durch:
  - Vermeidung von hochkalorischen Speisen und eine oder mehrere der folgenden Möglichkeiten:
  - selbstinduziertes Erbrechen
  - selbstinduziertes Abführen
  - übertriebene körperliche Aktivität
  - Gebrauch von Appetitzüglern und/oder Diuretika
- Körperschema-Störungen in Form einer spezifischen Störung. Die Angst, dick zu werden, besteht als eine tief verwurzelte überwertige Idee; die Betroffenen legen eine sehr niedrige Gewichtsschwelle für sich selbst fest.
- Eine endokrine Störung auf der Hypothalamus-Hypophysen-Gonaden-Achse. Beispielsweise Amenorrhö, Potenzverlust.
- Bei Beginn der Erkrankung vor der Pubertät ist die Abfolge der Entwicklung verzögert oder gehemmt.

Erwähnt werden sollen in diesem Kapitel auch noch die beiden häufigsten Dokumentationsverfahren in der Psychiatrie, das AMDP- und das AGP-System. Bei den Dokumentationsverfahren steht das Beschreiben von Befunden und Verläufen im Vordergrund und nicht das Einteilen oder das Zuteilen zu bestimmten Erkrankungen.

- **AMDP-System**

Arbeitsgemeinschaft für **M**ethodik und **D**okumentation in der **P**sychiatrie.

Es ist seit 1981 im klinischen Gebrauch und hat seinen Schwerpunkt im Beschreiben von Befunden, insbesondere im Vergleich von Aufnahme- und Entlassungsbefund.

- **AGP-System**

Arbeitsgemeinschaft für **G**eronto**p**sychiatrie.

Es stellt eine Variante des AMDP dar. Seit der Gründung der (Europäischen) Arbeitsgemeinschaft für Gerontopsychiatrie 1971 wurden immer wieder Versuche unternommen, eine einheitliche Dokumentation der Befunde zu verwirklichen. Das AGP-System umfaßt nun Anamnese, Krankheitsanamnese, psychi-

6

scher Befund I und II. Während im psychischen Befund I noch mehr allgemeine psychopathologische Störungen beschrieben werden, enthält der psychische Befund II die besonders in der Gerontopsychiatrie wichtigen Hirnstörungen, aber auch Schlaf- und Vigilanzstörungen sowie Fragen nach der Hilfs- und Pflegebedürftigkeit.

7 Psychopathologische Symptome und Syndrome

Klaus I.

Die Psychopathologie ist die Lehre von den **Auffälligkeiten der Seele**. Sie ist eine Teildisziplin der Psychiatrie und befaßt sich mit der Beschreibung, Klassifizierung und Ordnung psychischer Symptome und Syndrome, Krankheiten und Abnormitäten. Sie hat keine eigene Geschichte, sondern folgt dem geschichtlichen Lauf der allgemeinen Psychiatrie. Sie ist sicher mit das wichtigste „Handwerkzeug", das ein in der Psychiatrie Tätiger beherrschen sollte. Die Psychopathologie wendet psychologische Denkkategorien auf psychische Krankheiten und psychisch Kranke an.

Durch die **Wahrnehmung** wird die Umwelt zur Kenntnis genommen und erfaßt. Dies geschieht mit Hilfe unserer Sinnesorgane, die Empfindungen und Informationen aufnehmen.

Die Wahrnehmung ist ein komplizierter und komplexer Vorgang. Gerüche, Geräusche oder Gegenstände werden aufgrund von Erinnerungen erkannt. Aber auch andere Umstände beeinflussen die Wahrnehmung. Wer zum Beispiel einmal einen Gipsverband hatte und mit Krücken gehen mußte, sah in dieser Zeit auf einmal viele Menschen mit Gipsverband und Krücken, die er vorher nie wahrgenommen hatte. Auch Frauen erzählen, daß sie während einer Schwangerschaft „nur noch Schwangere" sahen.

Sinnestäuschungen und **Wahrnehmungsstörungen**, die bei einer ganzen Reihe von psychiatrischen Krankheiten vorkommen, können natürlich auch auf neurologische Befunde (Schädigung der Sinnesorgane oder der Leitungsbahnen) hinweisen, die aber in diesem Kapitel nicht behandelt werden.

8 Bewußtseinsstörungen

Eine allgemeingültige Definition für Bewußtsein gibt es nicht, da jede Erläuterung von der weltanschaulichen Sicht des Interpretierenden abhängt. W. Jahrreis beschreibt das Bewußtsein beispielsweise als einen eigentümlichen Grad von Helligkeit, Klarheit, Fülle, Beweglichkeit Ablauftempo und Rangfolge des inneren Erlebens.

Das Bewußtsein hat die zwei Gegenpole, die Bewußtlosigkeit und das Unbewußte. Bewußtseinsstörungen werden in **quantitative** und **qualitative** Störungen unterteilt.

8.1 Quantitative Bewußtseinsstörungen

Bei den quantitativen Bewußtseinsstörungen besteht eine Über- oder Unterempfindlichkeit auf Sinnesreize, dabei ist meist auch das Tempo der Wahrnehmungsvorgänge gestört.

Jede quantitative Bewußtseinsstörung bedarf höchster Aufmerksamkeit – besonders wenn die Ursache unklar ist. **Bei Verschlimmerung droht Lebensgefahr.**

Mögliche Ursachen:
- Vergiftungen, toxische Hirnschädigung, z. B. Schlafmittel-, Alkohol-, Narkotika- und Kohlenmonoxydvergiftungen, schwere Infektionskrankheiten (Typhus)
- Hirndrucksteigerung, z. B. bei einem Tumor oder einer intrakraniellen Blutung
- Durchblutungsstörungen (Ischämie), z. B. bei Arteriosklerose, Apoplexie, Blutung aus einem Hirngefäß und verschiedene andere Gefäßerkrankungen (Migräne)
- Sauerstoffmangel, z. B. Strangulation (Erwürgen, Erhängen), Kohlendioxydvergiftung, starkem Blutverlust, Kollaps
- Schwere Entzündungen des Gehirns und seiner Häute (Enzephalitis, Meningitis)
- Stoffwechselstörungen, z. B. Leberkoma, Urämie, Hypoglykämie
- Gehirnerschütterung (Commotio cerebri)
- Gehirnquetschung (Contusio cerebri)

Es gibt unterschiedliche Ausprägungen, die nachfolgend beschrieben werden.

8.1.1 Benommenheit

Benommenheit ist der leichteste Grad der Bewußtseinstrübung. Der Patient ist verlangsamt, oft unpräzis im Denken und Handeln. Trotz erschwerter Auffassungskraft und gestörter Aufmerksamkeit treten Orientierungsstörungen selten auf.

8.1.2 Somnolenz

Die Somnolenz ist durch eine starke **Schläfrigkeit** gekennzeichnet. Der somnolente Mensch kann nur durch ständiges Ansprechen und Berühren am Einschlafen gehindert werden. Die gestörte Orientierung zu Zeit und Ort ist bedingt durch die Unfähigkeit zu konzentriertem Denken und Handeln. Eine Verständigung ist häufig nur bedingt möglich, da die Sprache schleppend und verwaschen ist.

8.1.3 Sopor

Sopor ist ein **tiefschlafähnlicher Zustand** bei dem der Patient zu keinen spontanen Aktivitäten fähig und nur vorübergehend durch starke Reize erweckbar ist. Der Betroffene zeigt noch Abwehrbewegungen (gezielt oder ungezielt) und reagiert nur stark verzögert bei Schmerzreiz (verminderter Schutzreflex).

8.1.4 Präkoma

Das Präkoma ist eine **tiefe Bewußtseinstrübung,** die dem Koma vorausgeht. Der Patient ist nicht mehr erweckbar und zeigt nur noch auf starke Schmerzreize, meist ungezielte, Abwehrbewegungen.

8.1.5 Koma

Das Koma ist der **stärkste Grad der Bewußtseinstrübung** mit Reaktions- und Bewegungslosigkeit. Auftretende Atemlähmungen führen zur Lebensgefahr. Der Patient hat keine Kontrolle über Darm- und Blasenentleerung.

8.2 Qualitative Bewußtseinsstörungen

Zu einer, meist geringer ausgeprägten qualitativen Bewußtseinsstörung, kommen produktiv-psychotische, halluzinatorische oder wahnhafte Symptome hinzu. Hier ist die Art der Wahrnehmung, also das WIE, verändert.

Ursachen können sein:

- Delir
- Paranoid-halluzinatorische Psychose
- Epilepsie (während des Anfalls oder im folgenden Dämmerzustand)
- Pathologischer Rausch
- Intoxikation, besonders durch bewußtseinsverändernde Drogen
- Meditation, Ekstase
- Hirnorganische Psychosyndrome (z. B. Morbus Alzheimer)
- Diabetes mellitus
- Leberleiden
- Schwere grippale Infekte

8.2.1 Delirium tremens

Das **Delirium tremens** ist eine **tiefe Bewußtseinsstörung,** quantitativer und qualitativer Art, mit gesteigerter Psychomotorik, einem gestörten Schlaf-Wachrhythmus, einer Orientierungsstörung zu Zeit und Ort, sowie einer Situations- und Personenverkennung. Beispielsweise identifiziert der Patient im Krankenzimmer Bilder oder Möbel als Einrichtungsgegenstände von zu Hause. Es kommt zu **Körpermißempfindungen** und **optischen** und **akustischen Halluzinationen**. Die Patienten halluzinieren oft, beschimpft zu werden (z. B. mit „Du alter Saufkopf").

Die Betroffenen sind **suggestibel** (beeinflußbar). Um diesen Zustand zu testen, kann man beispielsweise den Patienten bitten, von einem leeren Blatt einen Brief vorlesen zu lassen, oder ihm einen imaginären Faden überreichen, den er dann ganz vorsichtig in die Hand nimmt und auch wieder zurückgeben kann.

8.2.2 Dämmerzustand

Ein Dämmerzustand, ist eine **Bewußtseinseinengung,** ausgerichtet auf das innere Erleben. Die Betroffenen nehmen nur Gefühle, Vorstellungen und Denkinhalte wahr, die ihrer inneren Tendenz ähnlich sind. Durch die geminderte Fähigkeit die Umwelt einschätzen zu können, kommt es zu unbesonnenen Handlungen und zur Hilflosigkeit. Für die meist kurze Bewußtseinseinengung, die vielfach in Schlaf übergeht, besteht in der Regel eine **Erinnerungslücke.**

Da Menschen im Dämmerzustand, zerstreut und unaufmerksam sind, ist bei Epilepsie, Alkoholeinfluß, Medikamenteneinwirkung, Hirntraumen und progressiver Paralyse eine genaue Beobachtung des Patienten mit Kontrolle der Vitalparameter und des Bewußtseinsgrades zu gewährleisten. Jede Änderung der Bewußtseinslage ist dem Arzt umgehend mitzuteilen.

8.2.3 Oneiroid

Unter Oneiroid (griechisch: traumähnlich) versteht man einen **traumartigen, desorientiert-verworrenen Zustand.** Bei starker gefühlsmäßiger Anteilnahme halluzinieren die Betroffenen häufig überwältigende und phantastisch gestaltete Szenen. Der Patient ist bei energischem Anreden meist ratlos-desorientiert und gleitet nach kurzer Zeit wieder in den ursprünglichen Zustand. Eine Abgrenzung zum Dämmerzustand ist nur schwer möglich.

8.2.4 Verwirrtheit

Bei der Verwirrtheit sind die Orientierung, die Aufmerksamkeit/Auffassung und die Merkfähigkeit gestört. Bei kontinuierlich **verzögertem** (schleppend, mühsamem) **Denkablauf** ist das **Sprechen verlangsamt** und eingeengt. Da die Bezeichnung ungenau ist, benutzt man sie hauptsächlich für das Verhalten bei nächtlichen Verwirrtheitszuständen.

8.3 Pflege bei Bewußtseinsstörungen

Die **Bewußtseinslage** wird bei allen Situationen, bei denen man mit dem Patienten in Beziehung tritt (Kontrollgänge, Medikamentenausgabe), erfaßt. Dies geschieht beispielsweise durch Ansprechen, Rütteln oder Auslösen von Schmerzreizen (z. B. den Patienten kneifen). Der Übergang von einer mäßigen zu einer schweren Bewußtseinseintrübung ist oft fließend. Das Nichtreagieren auf Schmerzreize erfordert eine Intensivüberwachung.

Ein Pflegeproblem ist, daß die Patienten nicht an ihrer Umwelt teilnehmen. Davon sind fast alle Aktivitäten des täglichen Lebens betroffen, z. B. die ATL Sicherheit, Kommunizieren, Waschen und Kleiden, Essen und Trinken. Die Patienten können z. B. das Essen vergessen.

Da die Sprache von Murmeln über unverständliches Lallen bis zum Ausbleiben einer verbalen Äußerung gehen kann, benötigt der Betroffene ausreichend **Zeit für Antworten.** Immer wieder muß er angeregt werden, mit seiner Umgebung in Kontakt zu treten.

Die Symptome können stark schwanken. Innerhalb von Minuten oder Stunden kann die Stimmung von ängstlich-depressiv bis euphorisch-enthemmt, die emotionale Reaktionsfähigkeit von stumpfer Apathie bis zorniger Erregbarkeit wechseln. In gleichem Maße schwankt auch die Aufmerksamkeit, Auffassung und Orientierung erheblich.

Für den Patienten ist jede Veränderung beunruhigend. Dazu zählt z. B. eine Verlegung in ein anderes Zimmer oder wechselnde Bezugspersonen.

Beim Betten verhält sich der bewußtseinsgestörte Patient oft gesperrt und verkrampft. Starke Ängste, beispielsweise aus dem Bett zu fallen, können in den Vordergrund treten. Auch ist mit einem gereizten bis aggressiven Verhalten zu rechnen. Es ist für die Pflegepersonen wichtig, bei starken Gefühlsausbrüchen mit **Ruhe** zu reagieren.

Der Pflegende sollte davon ausgehen, daß ein Patient mit Bewußtseinsstörung seine Umwelt durchaus wahrnimmt, selbst wenn er dies nicht zeigt.

Menschen mit **Orientierungsstörungen** hilft eine entsprechende Umgebung und Atmosphäre. Hier bietet sich das Beschriften der Zimmertür, dem Bett, dem Schrank und dem Nachtschränkchen mit Namensschildern oder Symbolen, die der Betroffene mit sich in Verbindung bringen kann (z. B. das Hobby mit dem Bild eines Fisches) an.

Entsprechend dem Grad der Bewußtseinsstörung sind pflegerische **Prophylaxen** notwendig.

9 Aufmerksamkeits- und Gedächtnisstörungen

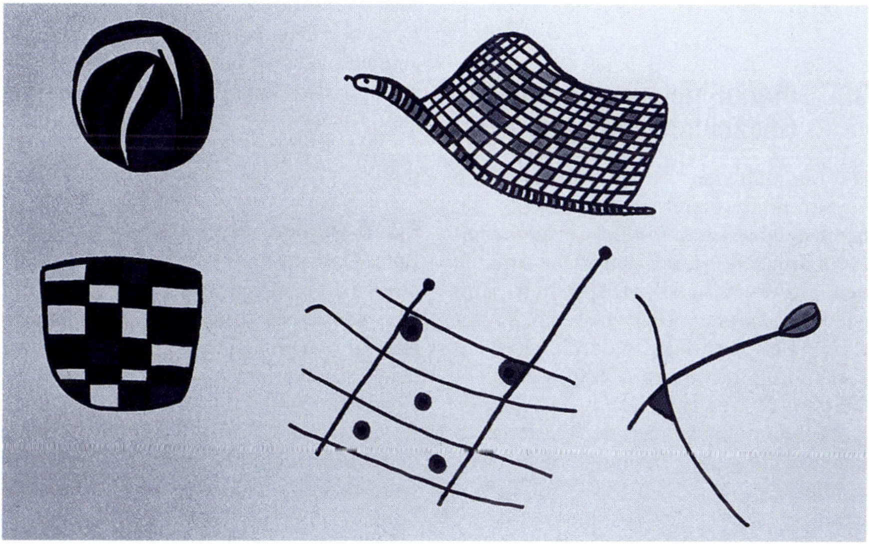

Peter B.

Das Gedächtnis, die **mnestische Funktion,** ermöglicht dem Menschen, Erfahrenes zu behalten und wieder hervorzuholen. Mit **Aufmerksamkeit** (Konzentration) bezeichnet man das Ausrichten des Bewußtseins auf ein oder mehrere Objekte. Eine **Amnesie** ist eine Gedächtnisstörung, mit zeitlich und inhaltlich definierten beeinträchtigten Erinnerung.

Amnesien (retrograde, anterograde, psychogene) treten bei Hirntraumen, Bewußtseinsstörungen und dissoziativen Störungen auf. Aber auch bei degenerativen Hirnerkrankungen, wie die senile Demenz, dem Korsakow-Syndrom und der Arteriosklerose, bei schwersten schizophrenen Psychosen, den Persönlichkeitsstörungen, der temporaler Epilepsie, den Intoxikationen und bei Ermüdung.

9.1 Auffassungsstörungen

Die Fähigkeit, Wahrnehmungen in ihrer Bedeutung zu erfassen und sinnvoll miteinander in Verbindung zu bringen, ist bei dieser Erscheinung gestört. Vielfach führt dies in der Folge zu Fehldeutungen. Die häufig entstehende falsche Auslegungs- und Betrachtungsweise läßt den Patienten eine Gefahr nicht immer erkennen. Eine erschwerte Auffassung bezeichnet man auch als **Schwerbesinnlichkeit.**

9.2 Konzentrationsstörungen

Der Patient ist bei einer Konzentrationsstörung unfähig, die Aufmerksamkeit auf einen Sachverhalt oder Gegenstand auszurichten. Es enstehen dann „Leichtsinnsfehler". Dinge, die derjenige kann, macht er dabei falsch. Möglich ist dies bereits bei Übermüdung. Als krankhafte Ursache ist dies bei der Manie (Ideenflucht), Schizophrenie (z. B. durch Gedankenabreißen), belastenden Erlebnissen, Überforderung und Intoxikationen zu beobachten.

9.3 Merkfähigkeitsstörungen, Gedächtnisstörungen

Die Merkfähigkeit ist die Voraussetzung für ein funktionierendes Gedächtnis. Bei einer herabgesetzten oder aufgehobenen Merkfähigkeit, ist der Betroffene unfähig neue Informationen zu speichern und wieder abzurufen. Dies zeigt sich in der Klinik beispielsweise dadurch, daß ein Patient kurz nach dem Mittagessen nicht mehr weiß, was er gegessen hat, oder er kann sich an die Namen der Pflegepersonen, die ihn täglich betreuen, nicht mehr erinnern.

9.4. Konfabulieren

Unter **Konfabulieren** versteht man das Erzählen von Vorgängen, die entweder nur in der Phantasie des Betroffenen existieren oder in keinem Zusammenhang mit der gegebenen Situation stehen. Die Patienten sind dabei subjektiv überzeugt, daß das Gesagte richtig ist. Sie füllen die Erinnerungslücken mit Inhalten, die sie selbst für Erinnerungen halten und lassen sich davon durch kein noch so gutes Argument abbringen.

9.5 Paramnesien

Erinnerungsverfälschung durch Illusionen oder Halluzinationen, auch Gedächtnistäuschung, Falscherinnerung oder Trugerinnerung genannt.

9.5.1 Wahnhafte Erinnerungsentstellung

Der Patient mit einer Wahnerkrankung, ändert seine Erinnerungen so ab, daß sie sich in das akute Wahnsystem einordnen lassen.

9.5.2 Ekmnesie

Der Betroffene erlebt sich in der Vergangenheit. Dies ist häufig bei alten Menschen in der Geriatrie zu beobachten. Da glaubt beispielsweise eine 86jährige Frau für ihre Mutter einkaufen gehen zu müssen.

9.5.3 Déjà-vu-Erlebnis

Beim Déjà-vu-Erlebnis glaubt der Betroffene irrtümlicherweise, momentane Erlebnisse bereits früher **schon einmal erlebt** zu haben. Déjà-vu-Erlebnisse treten bei Intoxikationen, bei beginnenden Psychosen und Dämmerzuständen oder Epilepsien auf. Déjà-vu-Erlebnisse können aber auch bei seelisch Gesunden vorkommen, besonders bei Übermüdung.

9.6 Pseudologia phantastica

Bei der Pseudologia phantastica **dichten** und **erfinden** die Patienten zu tatsächlichen Erinnerungen vielerlei hinzu. Dabei verwischen sich die Grenzen zwischen Wirklichkeit und Erfundenem. Häufig sind diese Menschen sehr **suggestibel** und leben so stark in ihren Phantasien, daß sie diese für die Wirklichkeit halten. Konfrontiert man sie jedoch mit der Realität, so sind sie in der Lage ihre Aussage zu korrigieren.

9.7 Pflege bei Aufmerksamkeits- und Gedächtnisstörungen

Die Prüfung des Gedächtnisses soll in jedem Fall offen erfolgen. Es ist zudem ratsam, dies von erfahrenen Kollegen vornehmen zu lassen.

Da die Patienten häufig das Gefühl haben, mit der Befragung getestet oder sogar geschulmeistert zu werden, ist es sinnvoll ihnen zu erklären, daß es sich dabei um eine Erfassung der Hirnleistung zu diagnostischen Zwecken handelt. Um dem Patienten eine größtmögliche **Sicherheit** zu geben, muß der Rahmen, in dem die Befragung stattfindet, entsprechend sein. Andere Patienten dürfen beispielsweise dabei nicht anwesend sein. Es hat sich bewährt, die Gedächtnisprüfung in ein Gespräch einzubinden, da ein „peinliches Ergebnis" für den Patienten zu Beginn des Interviews, den Gesprächsfluß schnell versiegen lassen kann. Ebenso wichtig ist ein abnehmender Schwierigkeitsgrad der Fragen. Zum Schluß der Sitzung erhält der Patient Fragen, die er auf jeden Fall beantworten kann, damit er nicht das Gefühl hat, versagt zu haben.

Geprüft wird das **Ultrakurzzeitgedächtnis,** dabei muß der Patient die soeben vorgesprochene Telefonnummer nachsprechen. Beim Prüfen des **Frischgedächtnisses,** muß der Betroffene Ereignisse beschreiben, die nicht länger als einige Stunden zurückliegen, beispielsweise was es zum Mittagessen gab. Bei der Prüfung des **Langzeitgedächtnisses** werden Ereignisse aus dem früheren Leben, dem Beruf oder Kindern erfragt.

Es ist in der **Bewertung** des Testergebnisses immer darauf zu achten, daß Angst und Unsicherheit des Patienten nicht als mnestische Störungen eingestuft werden. Ängste können bereits durch barsches Anreden oder einer Veränderung der gewohnten Umgebung (Verlegung innerhalb der Station) entstehen.

Gedächtnisstörungen, die vom Patient als solche erkannt werden, haben häufig Auswirkungen auf dessen **Stimmung.** Es ist eine depressive, ebenso wie eine gereizte Reaktion darauf möglich. Stimmungen, Reaktionen auf Streß im Stationsalltag, Urteils- und Kritikfähigkeit sind zu dokumentieren.

Patienten mit umfangreicheren Gedächtnisstörungen vergessen häufig zu Essen, zu Trinken und/oder sich zu pflegen und müssen daran erinnert werden.

Die Auswahl der Beschäftigung für Patienten mit Merkfähigkeitsstörungen ist sorgfältig zu treffen, da sie bei der Störung eine evtl. **Gefahr** (meist unbeabsichtigte Selbstverletzung beim Hantieren mit gefährlichen Gegenständen wie Scheren) nicht zuverlässig erkennen.

9.8 Pflegeplanung

Fallbeispiel: Johannes L.

Aufnahmediagnose: Konzentrationsstörungen bei zwei Jahre zurückliegendem schwerem Schädel-Hirn-Trauma, depressives Syndrom

Aufnahmeprotokoll

Name: Johannes L.
Geburtsdatum: 17. April 1949
Beruf: Spediteur
Religion: Römisch-katholisch
Familienstand: Verheiratet
Zu benachrichtigen: Ehefrau
Erstaufnahme: Jetzt
Letzte Aufnahme:
Aktuelle Aufnahme: 9. Februar 2000
Aufnahmemodus: Freiwillig

Körperliche Selbstversorgung

Nahrungsaufnahme: Hat sich beim Essen schon mehrmals den Mund verbrannt

Körperpflege: o. B.
An-/Auskleiden: o. B.
Bewegen/Gehen: o. B.
Ausscheidungen: Hat seit einigen Wochen verstärkt Probleme mit der Verdauung (Obstipation)

Verständigung/Kommunikation
Verständigung: o. B.
Sinnesorgane: o. B.
Sprache: Patient sucht häufig nach den richtigen Worten, sagt sehr häufig: „Das Dings" und „Sie wissen schon"
Orientierung: Die Ehefrau berichtet, daß Herr L. oft Gegenstände verlegt
Bewußtseinslage: o. B.
Wertsachen: Wertsachen „verschwinden" oft (er verlegt sie)
Geld: Geld „verschwindet" ebenfalls oft

Sozialkontakte/häusliche Versorgung
Besuch von Angehörigen: Ja
Besuch von Freunden: Ja
Versorgung nach der Entlassung: Gewährleistet

Verhalten/Einstellung
Wie erlebt der Patient seine Krankheit:
Er leidet sehr unter seiner Vergeßlichkeit. Glaubt, daß die Kollegen über ihn reden
Hat sich der Patient auf die Situation eingestellt:
Hat mit der Ehefrau seinen Koffer gepackt

Wünsche zum Wohlbefinden/Sonstiges
Herr L. bzw. seine Ehefrau möchten eine Bezugsperson zugewiesen bekommen, welche Herr L. bei peinlichen Fragen ansprechen kann.

Vorgeschichte
Herr L. erzählt, daß er seit einem schweren Autounfall vor etwa zwei Jahren zunehmend vergeßlicher wurde. Er hat dies zuerst während der Arbeit gemerkt. Zunächst hat er nur Kleinigkeiten vergessen, seit einigen Wochen versäume er auch wichtige Termine. Laut Herrn L. bekam er von seinem Hausarzt ein Medikament verschrieben, das die Hirndurchblutung steigern sollte und von dem er sehr nervös wurde. Jetzt könne er nicht mehr gut schlafen.

Aufnahmebericht
Angaben der **Ehefrau:**
Sie kann die Vergeßlichkeit ihres Mannes bestätigen. Seit einiger Zeit käme es öfter zu Fehleinschätzungen im Straßenverkehr. Vor ein paar Tagen sei er fast falsch auf die Autobahn gefahren, und beim Kochen würde er den Wasserkessel ohne Wasser aufsetzen. Wenn sie ihn darauf anspricht, könne er auch schon einmal laut werden. Bei Streß verstärkt sich alles. Ihr ist außerdem aufgefallen, daß er sich manchmal falsch erinnert. Er erzähle dann Begebenheiten ungenau oder verdreht. Die Aufnahme in der Klinik wurde aufgrund der Zunahme der depressiven Verstimmung und den dadurch steigenden Rückzugstendenzen beschlossen.

Angaben des **Patienten:**
Herr L. spürt seit einiger Zeit seine Vergeßlichkeit und versuchte dieser zunächst durch eine Vielzahl von Zetteln, die er sich bei der Arbeit und zu Hause zurecht legte, zu begegnen. Er hat in der Zwischenzeit jedoch den Überblick verloren und fühlt sich überfordert. Wenn er seine Vergeßlichkeit wahrnimmt, fühlt er sich sehr deprimiert und macht sich auch über einen Selbstmord Gedanken. Ein weiteres Problem sei für ihn, seine Unsicherheit, wenn er mit Bekannten zusammen sei, er habe dann oft Angst etwas falsches zu sagen und ausgelacht zu werden.

Pflegeplan: Johannes L.

Probleme/Ressourcen	Ziele	Pflegemaßnahmen
1. • Unaufmerksamkeit beim Essen, Gefahr des Verbrennens	• Nahrungsaufnahme ohne Komplikationen	• Essen zunächst nicht heiß servieren • Patienten an Überprüfen der Speisetemperatur erinnern, vor allem bei der Suppe
2. • leidet seit einigen Wochen an Obstipation	• geregelte Darmfunktion	• ausreichende Flüssigkeitszufuhr gewährleisten (2500 bis 3000 ml/Tag) • auf regelmäßige Verdauung achten • Bewegungsmöglichkeiten bieten, z.B. Sport, Spazierengehen • ballaststoffreiche Nahrung anbieten, wie Obst, Weizenkleie • ab dem vierten Tag ohne Verdauung Klysma auf Anordnung verabreichen • Medikamente nach Anordnung
3. • depressive Stimmung, leidet unter seiner Vergeßlichkeit • fühlt sich überfordert	• Wiederherstellen einer ausgeglichenen emotionalen Lage	• auf die nonverbale Kommunikation achten • Gespräche anbieten (Bezugspersonen, Patientengruppen) • leichte Spiele und Beschäftigung anbieten (s. Punkt 2)
4. • Konzentrationsstörungen, ist schnell überfordert • verlegt Geld, Kleidung, Wertsachen • Fehleinschätzungen gefährlicher Situationen	• Patient soll Eigenständigkeit wiedererlangen • gestärkte Selbstsicherheit	• Konzentrationsübungen anbieten, z.B. Zeitung lesen und nacherzählen lassen • persönliche Sachen immer am gleichen Platz aufbewahren • in der Anfangsphase Geld und Wertsachen im Stationszimmer deponieren • Kleidung von der Ehefrau kennzeichnen lassen • kleine, überschaubare Aufgaben zuweisen und darauf achten, daß der Patient diese auch ausführt, Interessen und Fähigkeiten berücksichtigen • Ergotherapie • Wochentherapieplan dem Patienten an die Hand geben • Schweregrad der Beschäftigung langsam steigern • Defizite offen besprechbar machen • Kognitives Training

Probleme/Ressourcen	Ziele	Pflegemaßnahmen
5. • leichte Erregungszustände bei Streß und angesprochenen Defiziten	• adäquater Umgang mit Streß	• vor subjektiver Reizüberflutung schützen • Bezugsperson stellen • Krisensituationen anschließend besprechen • Sicherheit geben, in Streßsituationen zur Seite stehen oder rausholen
6. • Schlafstörungen vor der Aufnahme (evtl. medikamentös bedingt)	• geregelter Schlafrhythmus	• gewohnten Schlafrhythmus erfragen • Nachtschlaf beobachten und dokumentieren
7. • Suizidgedanken bei Auseinandersetzung mit seiner Störung	• Verhindern eines Suizids	• in den akuten Phasen verstärkt beobachten • Suizidalität offen ansprechen
8. • hat Angst in Gesellschaft etwas falsch zu sagen oder zu machen • Rückzugstendenzen	• Patient soll seine Selbstsicherheit wiedererlangen	• in das Stationsleben einbinden • Kontakt zu Angehörigen fördern • Orientierungshilfen anbieten • Erfolgserlebnisse ermöglichen, Fähigkeiten fördern und bestätigen • zu therapeutischen Maßnahmen begleiten
Ressourcen • Körperpflege, Ankleiden, Auskleiden, Bewegen, Gehen • Krankheitseinsicht • Versuch die Vergeßlichkeit mit Zetteln auszugleichen • Therapieverhalten	• Selbständigkeit erhalten	• auf Selbständigkeit achten und weiter fördern, bei Nachlassen dokumentieren

10 Orientierungsstörungen

Orientierung ist die Fähigkeit, die eigene Situation innerhalb der Bezugssysteme Zeit, Raum, biographischer Ordnung (autopsychisch) festzustellen. Diese Fähigkeit kann verringert **(Orientierungsstörung)** oder aufgehoben **(Orientierungslosigkeit)** sein.

10.1 Zeitliche Orientierungsstörungen

Bei der zeitlichen Orientierungsstörung ist die Fähigkeit die **Zeit zu bestimmen,** gestört bzw. aufgehoben. Um dies zu testen, wird der Patient nach dem Wochentag, Monat, Jahr, der Tages- und Jahreszeit befragt. Störungen der zeitlichen Orientierung können schon bei geringen Bewußtseins- oder Gedächtnisstörungen auftreten.

10.2 Situative Orientierungsstörungen

Bei situativen Orientierungsstörungen ist die Fähigkeit sich innerhalb einer **gegebenen Situation** zu orientieren, gestört. Der Patient, weiß z.B. nicht, ob er auf einem Amt ist oder im Krankenhaus. Die Bedeutung anderer Menschen in bezug auf die eigene Person kann ebenfalls mißgedeutet werden, beispielsweise können Patienten den Pfleger für einen Kellner in einem Lokal halten.

10.3 Örtliche Orientierungsstörungen

Bei einer örtlichen Orientierungsstörung ist die Fähigkeit zum Bestimmen des gegenwärtigen **Aufenthaltsortes** gestört. Um dies zu überprüfen wird er Patient beispielsweise gefagt, ob er weiß, wo er und in welcher Stadt er ist.

In der Klinik kann der Betroffene diese Frage nur beantworten, wenn ihm vor oder beim Transport in das Krankenhaus das korrekte Ziel der Fahrt genannt wurde.

Die örtliche Orientierungsstörung tritt meist bei schwereren Bewußtseinsstörungen oder Demenzen auf. Sie darf nicht mit der Störung der räumlichen Orientierung verwechselt werden.

- **Störungen der räumlichen Orientierung**

Hier ist die Fähigkeit zur Orientierung innerhalb eines **Raumes** (z.B. innerhalb der Station oder der häuslichen Umgebung) gestört. In der Klinik fallen diese Patienten beispielsweise dadurch auf, daß sie ihr Zimmer nicht mehr finden oder im Speisesaal die Toilette suchen.

10.4 Orientierungsstörungen zur eigenen Person

Bei Orientierungsstörungen zur eigenen Person, können die Patienten keine oder nur unzureichende Angabe zu sich selber (Name, Wohnort, Geburtsdatum, Beruf) machen. Gewöhnlich tritt dies bei starken Bewußtseinsstörungen oder schweren Demenzen auf. Auch bei wahnhafter oder halluzinatorischen Situtionsverkennungen sind falsche Angaben möglich. So kann beispielsweise ein Patient mit Größenwahn behaupten, daß er der berühmte russische Schachweltmeister Gary Kasparov sei und in Moskau wohne, ohne daß er eine Orientierungsstörung hat.

10.5 Pflege bei Orientierungsstörungen

In der Paxis hat es sich bewährt, das **Testen der Orientierung** mit der Bemerkung zu beginnen, daß dem Patienten die Fragen möglicherweise ein bißchen seltsam bzw. einfach vorkommen können, daß sie jedoch zu jedem ausführlichen Untersuchungsgespräch dazugehören. Die meisten Patienten sind dann weniger verunsichert, während sie sonst möglicherweise denken, der Untersucher könnte sie für extrem dumm oder „verrückt" halten. Es kann zu erheblichen Unmutsäußerungen oder Aggressionen kommen, wenn der Patient meint, daß man sich über ihn lustig macht, bzw. eine mögliche Insuffizienz („Dummheit") zur Schau stellen will.

Man sollte die Fragen zur Orientierung nach dem Schwierigkeitsgrad stellen, also von den schwereren zu den leichteren Fragen, um den Patienten auch hier am Schluß nicht zu demotivieren. Um einen besseren Eindruck über die Schwere der einzelnen Störungen zu erhalten, können dem Betroffenen, falls er die Antwort nicht weiß, auch kleine Hilfestellungen gegeben werden.

- **Erfassen der Orientierung im Gespräch**

Die folgenden Fragen können einen Anhalt geben, wie die Orientierung eines Menschen rasch geprüft werden kann.

Zur **Zeit:** Den Patienten zu Tageszeit, Datum, Wochentag, Monat, Jahr und Jahreszeit befragen.

Zur **Situation:** Fragen nach der derzeitigen Umgebung und der aktuellen Situation (kann er die Umgebung Krankenhaus realisieren, wenn er Ärzte und Pflegepersonal in weißen Kitteln sieht?).

Zum **Ort:** Vor einer Prüfung, in welcher Stadt oder welchem Land sich ein Patient befindet, muß sichergestellt sein, daß er nicht im bewußtseinsgestörtem Zustand ins Krankenhaus gebracht wurde.

Zur **Person:** Fragen nach allen persönlichen Daten wie Name, Geburtstag, Beruf, Familienstand und persönlicher Lebensgeschichte.

Streß kann die Orientierung negativ beeinflussen.

Ein Orientierungsausfall muß nicht alle Bereiche betreffen. Stellt man, nach Vertrautwerden des Patienten mit der Umgebung, eine erst dann eintretende räumliche Desorientiertheit fest, ist dies schwerwiegend und muß dem Arzt mitgeteilt werden.

Es ist wichtig, den Patienten beim Annehmen von Hilfestellungen zu beobachten. Ist er dankbar oder ärgern ihn Anordnungen? Dieses Verhalten ist in die Pflegeplanung aufzunehmen.
Theoretische Orientierungsstörung wiegt weniger als eine praktische.

Beispiel: Ein Betroffener kann am Ausgang den Weg zur Station zurück nicht beschreiben. Läßt man ihn (unbemerkt) vorgehen, findet er seinen Weg ohne Probleme.

11 Denkstörungen

Klaus I.

Denken ist eine Fähigkeit des Menschen, Bedeutungen zu erkennen und Beziehungen herzustellen.

„Denken ist die Tätigkeit unseres Verstandes“. Der Denkablauf ist auf Begriffe, Urteile und Schlüsse angewiesen und dem Gesetz der Logik unterworfen.

Unterschiede des Denkens
Es gibt unterschiedliche Arten und Kombinationen des Denkens. Eine Denkweise ist beispielsweise konkret, bildhaft und an reale Gegenstände oder Situationen gebunden. Daneben gibt es auch das abstrakte, gegenstandslose Denken.

In jedem Menschen sind aber beide Denkformen angelegt.

Es gibt inhaltliche und formale Denkstörungen.

11.1 Inhaltliche Denkstörungen

Diese Gruppe umfaßt die Störungen des **Denkinhalts,** zu denen die **Wahn-, Zwangs-** und **überwertige Ideen** zählen.

- **Wahnideen**

Die Wahnideen werden ausführlich im Kapitel 8 behandelt.

- **Zwangsideen, auch Zwangsdenken**

Charakteristisch sind Vorstellungen, die sich dem Bewußtsein des Patienten aufdrängen, rational aber abgelehnt werden. Diese Ideen sind **willentlich nicht zu beeinflussen.**

Der Inhalt zwanghafter Vorstellungen muß nicht pathologisch sein, oft ruft aber die quälende Penetranz das Krankheitsgefühl hervor.

Die Zwangsideen werden unterteilt in Zwangsgedanken, -vorstellungen, -erinnerungen, -fragen, -grübeln und -befürchtungen.

> Ein religiöser Patient hat ständig gotteslästerliche Gedanken. Er ist von diesen Gedanken beherrscht, erkennt dies, kann diese Gedanken aber nicht unterdrücken.

- **Überwertige Idee**

Ein oft gefühlsbetonter Gedanke beherrscht das ganze Denken. Realitätskontrolle besteht jedoch. Ein Beispiel dafür ist der Gesundheitsfanatiker, dessen Leben durch Gedanken bezüglich seiner eigenen Gesundheit und die anderer bestimmt wird.

11.2 Formale Denkstörungen

Formale Denkstörungen benennen meist krankheitsunspezifische Störungen des Denkablaufs (Abb. 11-1).

11.2.1 Verlangsamtes Denken

Der Denkablauf wird als schleppend und mühsam empfunden. Äußerlich ist dies an der **Viskosität** (Zähigkeit) und **Torpidität** (fehlende Initiative) des Sprechens und Reagierens des Patienten zu erkennen. Verlangsamtes Denken ist beim psychoorganischen Syndrom, bei Bewußtseinstrübung, Depressionen und der Schizophrenie zu beobachten.

> Beispiel (Schizophrenie):
> Der Patient gibt die Schuld für sein verlangsamtes Denken einer fremden Macht. „Ich spüre in der Nacht, wie die da oben mich für den ganzen Tag denkmüde machen. Dies geschieht mittels Strahlen".

11.2.2 Gehemmtes Denken

Der Patient empfindet seinen Denkablauf gebremst und stockend, als müsse er gegen einen Widerstand denken. Weitere Ausprägungen des gehemmten Denkstroms sind **Einfallslosigkeit** und **inhaltliche Verarmung** auf wenige Themen. Der Patient kann diese Veränderungen nicht willentlich beeinflussen. Kommt zum gehemmten Denken noch eine Verlangsamung des Denkens hinzu, kann dies bis zum Ausbleiben der sprachlichen Mitteilung führen.

Gehemmtes Denken tritt ebenfalls beim psychoorganischen Syndrom, Bewußtseinseintrübung, Depressionen und der Schizophrenie auf.

11.2.3 Umständliches Denken

Umständlich ist ein Denken, das das Nebensächliche nicht vom Wesentlichen trennt. Im Gespräch verlieren sich die Gedanken an unwichtigen Details, bleiben an ihnen hängen, ohne jedoch vom Kern des Themas ganz abzukommen. Das Gespräch wird weitschweifig oder pedantisch und kleinkrämerisch.

Umständliches Denken kann die Folge **mangelnder Abstraktion** sein, oder eines Unvermögens, Nebensächliches wegzulassen, auch wenn es intellektuell als unwichtig erkannt wird.

Diese Denkform ist gehäuft bei Patienten mit hirnorganischen Störungen zu beobachten.

> Ein ca. 60jähriger Patient, der vor acht Jahren einen Hirninfarkt hatte, kommt wegen starker Schlafstörungen in die Klinik und erklärt nach dem konkreten Aufnahmeanlaß befragt: „Ja wissen Sie, das fing schon vor

Oliver G. ..., den 03.09.89

Herr S.,

das ist wirklich nicht mehr zu fassen!!!!!

Ich sehe mich nun erneut ernsthaft gezwungen eine Stellungnahme abzugeben.

Offensichtlich rennt Ihnen der Schweiß zur Zeit nicht mehr den Kopf hinunter.

Ich muß feststellen, daß Sie meine Anweisungen schwerstens mißachtet haben und, daß man auch sonst überhaupt nichts gemeinsam hat! Ganz im Gegenteil!
Ich bin für Sie vielleicht schon ganz interessant, aber umgekehrt trifft das in keiner Weise zu.
Mögen tue ich Sie überhaupt nicht! Es gibt auch nicht einen Grund hirfür. Nicht einen! Ganz im Gegenteil!
Das Minus-Niveau der Lehrer E. und F. haben Sie bereits sogar überschritten! Menschen wie Sie bekämpfen wir. Sie wären jederzeit als erstklassiges Negativbeispiel anzuführen!

Wenn ich etwas sage, meine ich das auch genau so und nicht anders. Schließlich bin ich nicht der Bundeskohl.

Befolgen Sie exakt und alle meine Anweisungen in meinen bisherigen und in diesem Schreiben!!!
Wer die Suppe verschüttet hat, muß sie selbstverständlich auch wieder einlöffeln.
Ich möchte von dieser Sache nichts mehr hören und nichts mehr sehen!! Überhaupt nichts!!! Kapieren Sie das nicht? Die Lehrer E. und F. halten Sie mir besonders vom Leib! Sorgen Sie dafür, daß man meinen Namen nicht weitergibt! Besonders an Universitäten!

Ich finde das schon lange nicht mehr komisch. Meine Geduld mit Ihnen ist am Ende!

Die Wege zur Polizei und zum Staatsanwalt kann ich mir gerade noch ein allerletztes mal verkneifen!!!!!
Die Aussage „mit Autonomen diskutiert man nicht, die sperrt man ein", wird mir langsam sympathisch.
Halten Sie sich doch endlich und ab dieser Sekunde an das deutsche Gesetz!!! Oder ist das für einen Professor zu viel verlangt? Warum meinen Sie eigentlich, daß es Gesetze gibt?
Halten Sie sich fern, Kleiner!
Identifizieren Sie sich nicht mit mir, sondern vergessen Sie endlich meinen Namen, bevor Sie noch Schlimmeres anrichten!
In zukünftigen Fällen werde ich vielleicht nicht mehr den Großzügigen spielen. Leutchen wie Sie kann man auch binnen 24 Stunden hinter Schloß und Riegel bringen lassen. Dann habe ich meine Ruhe!!!
Halten Sie fern, Kleiner!
Im Zurücktreten bin ich nicht gerade groß.

O. G.

Abb. 11-1 Brief eines Studenten an den Dekan einer Universität
(Quelle: W. Frank, Psychiatrie, Kurzlehrbuch, 14. Aufl., Urban & Fischer Verlag, 2000)

18 Jahren an, es war ein Sonntag, ich weiß es noch genau, weil mein Schwager an diesem Tag Geburtstag hatte, er wurde 50 müssen Sie wissen..."

11.2.4 Eingeengtes Denken

Einschränkung des **inhaltlichen Denkumfanges.** Die Patienten haften an einem oder mehreren Themen und sind auf einige wenige Ziele fixiert (Verarmung der Themen). Es fehlt der Überblick, das Einbeziehen verschiedener Gesichtspunkte ist nur sehr schwer möglich.

Im Gespräch hat der Kranke trotz Angebot Mühe, von einem Thema auf ein anderes überzugehen oder er kommt immer wieder auf sein Thema zurück. Der Patient berichtet oft von einem **Nichtloskommen von** bestimmten **Gedanken.**

Aus einem Gespräch mit einem depressiven Patienten:

„In den schlaflosen Nächten der letzten Wochen habe ich immer über den Verfall meines Körpers grübeln müssen. Meine Gedanken kreisten ständig um dieses eine Thema, ich kam mit meinen Gedanken auf keinen Nenner, wenn ich mit meiner Frau darüber sprach. Es ist als ob meine Gedanken dann stillestünden."

11.2.5 Perseveriertes Denken

Das Denken bleibt an bestimmten Vorstellungen und Gedanken haften, die im aktuellen Gesprächszusammenhang nicht mehr sinnvoll sind. Häufig werden diese mechanisch wiederholt. Es fällt immer schwerer, das Wesentliche zu erkennen und ein Gedankenziel im Auge zu behalten (Zwangsgedanken sind häufig perseverierend).

Ein Patient, der durch eine organische Hirnerkrankung psychisch verändert ist, bekommt das Abendessen serviert.

Da er nicht mit dem Essen beginnt, wird ihm eine Scheibe Brot mit den Worten „das ist ein leckeres Brot" in die Hand gegeben. Der Patient ißt dieses Brot mit der mechanischen Wiederholung der Worte „leckeres Brot, leckeres Brot ...". Er ist aber nicht fähig, den Tee auf dem Tablett zu erkennen und zu trinken.

Es soll an dieser Stelle ein weiteres Mal darauf hingewiesen werden, daß viele hier beschriebenen Symptome auch im gesundpsychologischen Bereich, in abgeschwächter Form zu finden sind. Das perseverierte Denken ist beispielsweise häufig im **Einschlafstadium** zu finden, auch in sorgenvoller Zeit ist in schlaflosen Nächten ein ständiges Kreisen der Gedanken um ein Thema gut nachvollziehbar.

Sonstiges Vorkommen: Bei allen Arten von Depressionen, organischen Psychosyndromen und Schizophrenien. Bei letzterem ist das Haftenbleiben und immer wieder Zurückkehren zu einem Thema bezeichnend.

Der Patient berichtet oft von einem „Sich-Aufdrängen" von Gedanken, ohne daß eine Bearbeitung oder eine Erledigung gelingt. Weitere von Patienten oft benutzte Ausdrucksweisen sind, Gedankenkreisen, Sinnieren, kramvolles Studieren.

11.2.6 Zwanghaftes Grübeln

(Zwanghaft nicht im Sinne der Neurosenlehre)

Grübeln bezeichnet ein **ständiges Beschäftigen** mit meist unangenehmen Gedanken. Sie stehen häufig mit der aktuellen Lebenssituation im Zusammenhang und werden vom Patienten nicht als fremd erlebt. Grübeln zählt zu den Störungen beim depressiven Krankheitsbild.

11.2.7 Gedankenaufdrängen

Patienten berichten von **automatisch ablaufendem** Denken. Sie stehen unter übermäßigem Druck vieler Einfälle. Die sinnlosen, aber auch sinnvollen Gedanken überstürzen sich ziellos. Dies ist oft bei schizophrenen Patienten zu beobachten.

11.2.8 Ideenflucht

Die Denkgeschwindigkeit ist beschleunigt, **ein Gedanke jagt den anderen,** der Strom von Denkinhalten nimmt zu.

Durch die vermehrten Assoziationen wechselt das Denkziel laufend. Das Denken wird oberflächlich. Der Betroffene ist sehr leicht durch äußerliche (beispielsweise akustische) Reize ablenkbar, er gerät vom Hundertsten zum Tausendsten. Er denkt und spricht einen Satz oft nicht zu Ende.

Im Gespräch ist es meist möglich, den oberflächlichen Ideen des Patienten zu folgen. Beim zerfahrenen (inkohärent) denkenden Patienten ist dies nicht mehr der Fall.

Die Ideenflucht ist eine typische Denkstörung des **Manikers.** Er redet viel und ununterbrochen, überrascht mit neuen Einfällen, wobei er diese mit den vorhergehenden oft nur durch lockere Wort- oder Klangassoziationen verknüpft (siehe Fallbeispiel zur Pflegeplanung).

Als Beispiel, ein kurzer Ausschnitt aus einem Gespräch mit einem Maniker, der zum Essen gerufen wird:

„Ja, ich will das mal probieren, bei ihren wunderschönen blauen Augen (1a). Alle Blauäugigkeiten (1a) der Menschen haben bestanden (1b), so kommt man durch jede Prüfung (1b). Die braunen sind vielleicht noch ärger, bzw. gekonnt ... abgehärtet durch Himmelwind (2a) und Wetter. Schlingen (1c) wir es rein, wie die Schlangen (1c), die mein Hirn gefressen haben ... na ja, die gute Macht ist über mir, kann mich immer wieder hilfsprechen (2b) ...".

Dies ist ein Beispiel, wie ein manischer Patient sprichwörtlich vom „Hölzchen aufs Stöckchen" (1a, b, c) kommt und Neologismen einfügt (2a, b).

11

11.2.9 Vorbeireden

Obwohl durch die Situation ersichtlich ist, daß der Patient die Frage verstanden hat, beantwortet er diese nicht (ohne Absicht), sondern sagt etwas ganz anderes.

11.2.10 Gedankensperrung, Gedankenabreißen

Diese Begriffe beschreiben den Abbruch eines flüssigen Gedankens ohne von außen erkennbaren Grund. Der Patient stockt plötzlich mitten im Satz, schweigt, „verliert den Faden" und greift das Gespräch unter Umständen mit einem ganz anderen Thema wieder auf. Die Unterbrechung spielt sich bei klarem Bewußtsein ab.

Aus einem Gespräch mit einem schizophrenen Patienten:
„Ich empfinde das mit dem Denken am schlimmsten, ich komme damit überhaupt nicht mehr zurecht. Alle meine Gedanken drehen sich im Kreis, brechen plötzlich ab, um wieder von vorne zu beginnen. Ich kann meine Gedanken nicht mehr richtig greifen. Manchmal habe ich das Gefühl, überhaupt keine Gedanken und kein Gedächtnis zu haben und kann mich auf nichts mehr konzentrieren".

11.2.11 Inkohärentes (zerfahrenes) Denken

Das Denken (und somit auch das Sprechen) hat keinen logischen oder gefühlsmäßig nachvollziehbaren Zusammenhang. Es ist zerrissen bis in einzelne, scheinbar zufällig durcheinandergewürfelte Sätze, Satzgruppen und Gedankenbruchstücke (dissoziiertes Denken, Sprachzerfall). Es sind verschiedene Formen bekannt.

- Leichte Form (Paralogik), Satzbau zum Teil noch erhalten.
- Schwere Form (Paragrammatismus), Satzbau ist zerstört.
- Unverständliches, sinnleeres Wort- und Silbengemisch (Schizophasie).

Weitere Merkmale sind **Wortkontaminationen** (Wortverschmelzungen), Zusammenziehen (Verdichtung) von mehreren, nicht unbedingt widersprüchlichen Ideen.

11.2.12 Neologismen

Neue, in der Sprache nicht vorkommende Wörter, die häufig aus anderen Wörtern zusammengezogen oder gebildet werden. Die **neuen Worte** haben für den Erfinder eine Bedeutung. Neologismen sind auch bei **Kindern** oder im **Traum** beobachtbar.

Unter psychisch Kranken fallen Schizophrene durch Wortneubildungen auf. Bei größerer Häufung von Neologismen kommt es zum Wortsalat. Beispiel: „Das ist ein Wildschweinengel."

11.3 Pflege bei Denkstörungen

Bei vielen an Denkstörungen leidenden Patienten, ist das Gespräch erschwert. Durch Begriffsverschiebungen und Neologismen kann es zu erheblichen Mißverständnissen kommen.

Beruhigende Gespräche und Ablenkung können auch hier sehr wirkungsvoll sein. Dabei ist zu beachten, daß abhängig von der Denkstörung, lange Gespräche für den Betroffenen eine Qual sein können (z. B. bei gehemmtem oder verlangsamtem Denken).

Bei **Zwangsideen und -gedanken** entlastet den Patienten schon eine kleine Ablenkung. Beispielsweise kann auch ein Hobby von früher in der aktuellen Situation für Entspannung sorgen.

Eine weitere Möglichkeit ist die Integration des Kranken in den Stationsablauf. Sinnvolle Arbeiten in der Küche bringen ihn vielleicht auf andere Gedanken. Dies gilt auch für Patienten, die dauernd grübeln oder deren Denken perseveriert ist.

Menschen mit **gehemmtem oder verlangsamtem Denken** brauchen Hilfe, damit sie ihre Gedanken zu Ende führen können. Das Gespräch mit ihnen sollte in Ruhe geführt werden, damit sie sich nicht gehetzt fühlen, da dies das Krankheitsempfinden verstärkt.

Verlieren sich die Patienten **weitschweifig** und umständlich in Einzelheiten, ist es angebracht, sie zu unterbrechen und behutsam zum Thema zurückzuführen.

Ist das Denken nur auf wenige Themen fixiert, kann man versuchen, das eingeschränkte Blickfeld des Kranken zu erweitern. Hier hilft beispielsweise aus der Zeitung vorlesen und dann darüber zu diskutieren.

Leidet der Patient unter **Ideenflucht,** ist eine sinnvolle Unterhaltung besonders schwierig. Durch Assoziationen beim Betroffenen wird das Gespräch fast unmöglich. Es ist erleichternd, vor dem Reden eine Struktur mit dem Patienten zu besprechen. Es wird festgelegt, über welche Themen gesprochen werden soll oder welche Zeit zur Verfügung steht. Eine andere Möglichkeit ist es, nur gezielte Fragen zu stellen, die der Patient mit kurzen Sätzen beantworten kann.

Bei **inkohärentem** (zerfahrenem) Denken ist ein adäquates Gespräch kaum möglich. Manchmal muß man damit warten, bis die akute Phase abgeschlossen ist. In dieser Zeit müssen andere Wege gefunden werden, um dem Patienten das Gefühl zu vermitteln, daß er angenommen ist.

11.4 Pflegeplanung

Fallbeispiel: Karl S.

Aufnahmediagnose: Akute Phase einer bekannten monopolaren Zyklothymie (Manie)

Aufnahmeprotokoll
Name: Karl S.
Geburtsdatum: 4. Dezember 1965
Beruf: Selbständiger Vermögensberater
Religion: Keine
Familienstand: Geschieden
Zu benachrichtigen: Vater, Adresse unbekannt
Erstaufnahme: November 1994
Letzte Aufnahme: Dezember 1996
Aktuelle Aufnahme: 4. Januar 1999
Aufnahmemodus: Per Landesunterbringungsgesetz Rheinland-Pfalz

Körperliche Selbstversorgung
Nahrungsaufnahme: Problemlos
Körperpflege: Keine Probleme
An-/Auskleiden: o. B.
Bewegen/Gehen: Problemlos
Ausscheidungen: Keine Probleme

Verständigung/Kommunikation
Verständigung: Schwierig. Herr S. ist ungehalten über die Behandlung durch die Polizei.
Sinnesorgane: o. B.
Sprache: Verworren, stark beschleunigt
Orientierung: o. B.
Bewußtseinslage: o. B.
Wertsachen: Uhr, Kette und drei Ringe sollen zusammen über 300 000 DM wert sein. Herr S. weigert sich, die Gegenstände in den Tresor zu geben.
Geld: Behauptet, 11 000 DM dabeizuhaben. Wurden jedoch nicht gefunden

Sozialkontakte/häusliche Versorgung
Besuch von Angehörigen: Vater und zwei Brüder kamen bei den letzten Krankenhausaufenthalten
Besuch von Freunden: Fraglich. Hat aber in der Klinik schnell Kontakt
Versorgung nach der Entlassung: Verliert wahrscheinlich seine Wohnung. Mietschulden seit einigen Monaten (Sozialarbeiter informieren)

11

Verhalten/Einstellung
Wie erlebt der Patient seine Krankheit? Fühlt sich nach eigenen Angaben „pudelwohl“
Hat sich der Patient auf die Situation eingestellt? Nein

Wünsche zum Wohlbefinden/Sonstiges
Herr S. möchte noch jetzt in der Nacht seinen Anwalt sprechen. Der sei ein Freund der Familie und stehe tief in seiner Schuld. Durch Herrn S. habe er vor Jahren ein Vermögen bei Grundstücksspekulationen gemacht. Der Anwalt würde ihn hier schon rausholen, Zigaretten und Geld bringen.

Vorgeschichte
Im November 1994 wurde Herr S. erstmals aus eigenem Entschluß drei Tage in einer Privatklinik behandelt, als er tagelang nicht geschlafen hatte. Herr S. war aber dort in einer Nacht sehr renitent und konnte vom Personal nicht beruhigt werden. Als er eine diensthabende Krankenschwester schlug, brachte ihn die Polizei mit Antrag auf richterliche Unterbringung zur Aufnahme in eine Landesklinik.

Herr S. kommt jetzt zur vierten Aufnahme.

Aufnahmebericht
Da Herr S. mit seinen Gedanken ständig woanders ist, ist ein klares Aufnahmegespräch fast unmöglich. Er ist sehr erbost, daß er hierher „verfrachtet“ worden ist und will unsere Klinik noch in dieser Nacht verklagen.

11

Allerdings beteuert er auch von Zeit zu Zeit, wie froh er ist, hier zu sein, da er endlich wieder schlafen müsse, obwohl ihm eigentlich zwei bis drei Stunden Schlaf in der Woche genügten.

Herr S. erzählt von bahnbrechenden Erfindungen und Patenten. Auf die Frage, welche dies seien, schaut er sich um und deutet auf eine Sparglühbirne.

Auf den Rückstand seiner Miete angesprochen, reagiert er ungehalten, schließlich bekäme das ganze Geld von den Erfindungen seine geschiedene Frau.

Ausschnitt aus dem Gespräch: „Du kannst mich hier nicht festhalten, ich bin ein wahrer Entfesslungskünstler ... mit einem Seil kann ich ... allein mit meinem linken Arm könnte ich alle Türen öffnen ... auf und davon, von niemandem nachempfunden und pfundig über alle Berge, ob durch Höhen oder Tiefen ...“

Pflegeplan: Karl S.

Probleme/Ressourcen	Ziele	Pflegemaßnahmen
1. • akute Phase einer monopolaren Zyklothymie (Manie) – Selbstüberschätzung der eigenen Person und der finanziellen Möglichkeiten – Gedankensprünge – unterschwellige Gereiztheit und fragliche Aggressivität – forderndes Verhalten	• Abklingen der akuten Phase	• Unterbringung im geschützten Bereich • Versuch der oralen Medikamentengabe, bei Verweigerung i.v. Therapie auf ärztliche Anordnung mit eventueller Fixierung auf ärztliche Anordnung – bei Fixierung sedierende Medikamente auf ärztliche Anordnung und Hilfe bei der Körperpflege und den Ausscheidungen – bei Immobilität notwendige Prophylaxen (vor allem Dekubitus- und Pneumonieprophylaxe) • Strukturierung des Tagesablaufes soweit wie möglich mit konsequenter Einhaltung
2. • Krankheitsuneinsichtigkeit, bedingt durch Manie (sinnvolle Gespräche sind zur Zeit noch nicht möglich)	• Krankheitseinsicht fördern	• medikamentöse Vorbereitung, um sinnvolle Gespräche zur Einsichtsförderung zu ermöglichen • Strukturierung des Tagesablaufes (siehe Punkt 1)
3. • Störung im Schlaf-Wach-Rhythmus	• Normalisierung des Schlaf-Wach-Rhythmus	• Medikamentöse Therapie (siehe Punkt 1) • Patient darf nur von 13.00 bis 14.00 Uhr und ab 22.00 Uhr in den Wachsaal

Probleme/Ressourcen	Ziele	Pflegemaßnahmen
4. • Unerwünschte Wirkungen der Neuroleptika wie: – Blutdruckabfall – Obstipation – Harnverhalt – EPS-Symptomatik (Tremor, Speichelfluß, Verkrampfungen der Gesichts-, Hals- und Zungenmuskulatur)	• Frühzeitiges Erkennen der Nebenwirkungen und rasche Therapie	• engmaschige Beobachtung von Blutdruck, Puls und EPS-Symptomatik • auf regelmäßigen Stuhlgang achten (vollwertige Ernährung und ausreichende Bewegung sind gegeben) • Ausscheidungskontrolle, bei Unruhe die Harnblase abtasten und bei Bedarf eventuell Einmal-Katheterismus • Umgang mit unerwünschten Wirkungen besprechen und trainieren
5. • drohender Verlust der Wohnung und finanzielle Schwierigkeiten **Ressource:** Vater und zwei Brüder, die ihn regelmäßig besuchen	• Erhalt der Wohnung und Verhindern einer Weiterverschuldung	• Sozialdienst einschalten • Tauschgeschäfte mit anderen Patienten unterbinden (typisches Verhalten manischer Patienten) • Mitpatienten anhalten, Herrn S. kein Geld und keine Wertsachen anzuvertrauen • Telefonieren nur unter Kontrolle des Pflegepersonals, um Massenbestellungen zu verhindern (typisches Verhalten manischer Patienten) • Aufklärung der Angehörigen über finanzielle Situation, mit der Konsequenz, daß die Pflegekräfte das Geld für Zigaretten und Getränke verwalten sollten
6. • Gestörte Beziehungsaufnahme	• Normalisierung der Beziehungsfähigkeit	• Bezugsperson • Möglichkeit für Nähe und Distanz lassen • Beschäftigungstherapie nach Abklingen der akuten Phase
7. • Auftreten einer möglichen depressiven Nachschwankung	• Auffangen der Depression und Vermeiden eines Suizids	• genaue Beobachtung und Dokumentation der Stimmungslage • Gespräche anbieten, z. B. über sein Verhalten in der manischen Phase • Beobachten von Nachschwankungen

12 Wahnerscheinungen

Wenn in der Öffentlichkeit von der Psychiatrie gesprochen wird, ist oft vom **Wahn** die Rede. Denn psychiatrische Patienten sind nach allgemeinem Empfinden „Wahnsinnige“.

Um dieses Bild zu relativieren, sollen im folgenden an einfachen und doch typischen Beispielen aus der Praxis die Charakteristika des Wahns erläutert werden.

12.1 Wahnkriterien

Im psychiatrischen Sinn versteht man unter Wahn:

Eine inhaltlich falsche (krankhaft entstandene) Meinung, die der Patient mit absoluter Überzeugung (Evidenz) vertritt und an der er auch, trotz aller vernünftiger Argumente, unbeirrbar und unzugänglich festhält (unkorrigierbar). Selbst dann, wenn sie von seinen bisherigen Erfahrungen abweicht und objektiv überprüfbar ist.

Da es keine strenge Definition für den Wahn gibt, sollen die aufgeführten Kriterien als eine Art **Annäherung an das Krankheitsbild** gesehen werden:

- Die wahnhafte, übersteigerte Überzeugung, die subjektiv als richtig erlebt wird.
- Die Meinung, die nicht zu beeinflussen ist, obwohl die Erfahrung des Patienten ihn zu einer anderen Erkenntnis zwingen müßte.
- Der Wahn ist eine lebensbestimmende Realität für den Betroffenen.
- Der Wahn ist krankhaft.
- Der Inhalt des Wahns ist einzigartig und wird nur von den „anderen“ als falsch beurteilt. Man spricht auch von einer „Privatwirklichkeit“. Es besteht somit ein deutlicher Unterschied zum Irrtum, der bei genügend Information korrigierbar ist.

Bei einer ganzen Reihe von **Wahninhalten** kann nicht von wahr oder falsch gesprochen werden (zum Beispiel religiöser Wahn), da sie nicht objektiv zu beurteilen sind. Es kommt auch vor, daß sich ein scheinbarer Wahn später als richtig erweist (zum Beispiel in manchen Fällen von Eifersuchtswahn). Wer jedoch viel mit Wahnkranken zu tun hat, ist in der Regel sicher in der Einschätzung der Krankheit.

12.2 Wahnentstehung

Auch der psychisch gesunde Mensch kann etwas als absolut sehen (Scheler 1928). Er ist aber auch dazu fähig, dies wieder zu relativieren, wenn er von anderen vom Gegenteil überzeugt wird. Funktioniert dieses Auseinandersetzen mit einem Thema nicht, kann dies die Grundlage für einen Wahn sein.

Es gibt Hinweise, daß ein Mensch zur Entwicklung eines Wahns bzw. einer damit verbundenen Krankheit, veranlagt sein kann. Neben der Disposition spielen auch psychische Faktoren und verschiedene andere Bedingungen eine Rolle. So hat man beispielsweise festgestellt, daß Unsicherheit, Freiheitseinschränkung, Isolation und unerträgliche Selbstkränkung die Entstehung von wahnhaftem Erleben begünstigen.

Entwicklung der Verselbständigung eines interessanten Themas bis hin zum Wahnsyndrom:

Interesse
↓
Gesteigertes Interesse
↓
Überwertige Idee
↓
Fixe Idee
↓
Wahnvorstellung
↓
Wahnsyndrom

Zwanghafte Persönlichkeitszüge können beispielsweise bereits die Basis für ein Wahnthema (und andere psychotische Erlebnisweisen) bilden.

Das Wahnthema ist also meist aus der persönlichen Lebensgeschichte (Lebenssituation) verstehbar. Berücksichtigt werden müssen dabei auch das Geschlecht, Alter, der Berufskreis und die sozialen und kulturellen Bedingungen.

Ein Fallbeispiel aus der Klinik zeigt auf eindrucksvolle Art die Entstehung eines **Wahnsyndroms.**

Herr T., 39 Jahre alt, hatte sich schon in der Jugend mit der Ernährung und deren Einfluß auf die Gesundheit beschäftigt. Ab welchem Zeitpunkt dieses Interesse zu einer überwertigen Idee wurde, ist nicht mehr genau bestimmbar. Er schnitt zunächst nur Artikel über gesunde Ernährung aus Zeitschriften aus und sammelte sie.

Mit der Zeit wurde dies innerlich immer aufdringlicher. So fing er auch an, bei Friseur- oder Arztbesuchen aus den dort liegenden Zeitschriften die entsprechenden Artikel herauszutrennen. Außerdem gab er viel Geld für Bücher und Informationsveranstaltungen aus.

Irgendwann spezialisierte er sich dann auf die Bedeutung der Spurenelemente für den Organismus. Durch die Werbung angeregt, stellte er seine Ernährung um, indem er Nahrungsmittel zu sich nahm, die vermehrt Spurenelemente enthielten. Zusätzlich erwarb er in Drogerien und Apotheken Medikamente und Pülverchen, die dem Körper diese, so wie er glaubte, lebensnotwendigen Spurenelemente zuführen konnten.

Eines Tages geriet er in Panik, als er feststellte, daß das Spurenelement Selen, in bestimmten Mengen eingenommen, eine toxische (giftige) Wirkung hat. Er nahm an, er hätte eine schwere Vergiftung. Dieser Glaube verdichtete sich mehr und mehr zur wahnhaften Gewißheit. Er war sich sicher, daß er durch diese, nicht mehr aus dem Körper entfernbare Menge an Selen, qualvoll sterben würde. Die von da an stetig zunehmenden vegetativen Beschwerden (wie diffuser Schwindel, Ziehen in allen möglichen Körperteilen) waren ihm hierfür ein Beweis. In den Jahren vor seiner ersten Einweisung entwickelte er ein ausgedehntes hypochondrisches Wahnsyndrom.

Bei diesem Fall ist die Ausweitung und Verselbständigung des zunächst **monothematischen Wahns** (s. Kap. 12.5 Wahnthemen) zu einem Wahnsyndrom gut erkennbar. Dazu kommt, daß die Angst vor einer Selenvergiftung nicht unrealistisch ist.

Wenn man bedenkt, daß wir in unserer Umwelt vielen giftigen Substanzen ausgesetzt sind, so ist die Trennung von Wahn und Wirklichkeit schwierig.

12.3 Wahnstimmung und Wahnidee

Bei der **Wahnstimmung** handelt es sich um ein „unheimliches und bedrohliches“ Gefühl des Erkrankten, eine Erwartungsstimmung. Er glaubt, daß „etwas in der Luft liegt“, irgend etwas – meist etwas Schlimmes – passieren könnte.

Frau H., die sich seit einigen Tagen sehr verunsichert und verändert fühlt, betrachtet während einer Schloßbesichtigung das Bild einer früheren Schloßherrin. Es überkommt sie dabei das unbestimmte Gefühl, daß etwas Unheilvolles in der Luft liegt und irgend etwas passiert.

Diese besondere Form der emotionalen Gespanntheit wird als Wahnstimmung bezeichnet. Man kann dies auch als Vorstufe des Wahns ansehen (Wahn ohne Wahnidee).

Würde die Frau beim Betrachten des Bildes aber plötzlich meinen, sie selbst sei die Aristokratin, wäre dies eine Wahnidee.

Nicht jeder Patient kann über eine Wahnstimmung berichten, sie liegt oft Wochen bis Monate zurück und ist einfach vergessen. Oft sind es die Angehörigen, die von einer Zeit sprechen, in der der Patient mißtrauisch und ängstlich gewesen sei und dann mehr und mehr die Dinge „verkannt" habe.

Die Wahnstimmung, die meist der **Wahnwahrnehmung** vorausgeht, ist dem Betroffenen also unheimlich („die Luft ist unheilschwanger"). Glücksgefühle sind selten. Alle Vorgänge um ihn herum scheinen merkwürdig und seltsam. Da er sich nicht erklären kann, was mit ihm „gespielt" wird, fühlt er sich ängstlich und unsicher.

12.4 Wahnwahrnehmung

Bestimmte, reale Wahrnehmungen werden wahnhaft empfunden. Ein Vorgang oder Gegenstand bekommt eine besondere, nur für den Kranken gültige Bedeutung. Die Wahnwahrnehmung ist somit relativ leicht vom normalen Erleben zu unterscheiden.

Herr F. bekommt von einem entgegenkommenden Fahrzeug ein „Lichthupenzeichen". Er glaubt, daß dies ein Zeichen des KGB sei, daß er bald liquidiert würde. Auf die Idee, daß ihn irgendein freundlicher Zeitgenosse nur vor der Geschwindigkeitskontrolle der Polizei, die 300 Meter weiter aufgebaut wurde, warnen wollte, kommt er nicht.

Der Patient ist, ohne zu hinterfragen, ob dies wirklich so sein kann, unkorrigierbar von seiner Interpretation des Geschehens überzeugt.

12.5 Wahnthemen

Meistens kommt der Wahn zusammen mit anderen **psychopathologischen** (im psychiatrischen Sinne krankhaft) Symptomen vor.

Wenn der Wahn alleine auftritt, nennt man dies **„monosymptomatische"** Wahnerkrankung.

Ist es nur ein Wahnthema (was häufig vorkommt), spricht man von einer „monosymptomatischen" oder „monothematischen" Wahnerkrankung.

Nachstehend sind einige Wahnthemen aufgeführt.

12.5.1 Beziehungswahn

Der Betroffene bezieht vieles von dem, was sich in seiner Umgebung ereignet, auf sich. Er glaubt, es geschehe seinetwegen. Dies können die Inhalte von Radio- oder Fernsehsendungen und Zeitschriften sein. Aber auch Worte und Taten von Mitmenschen oder nur ihre Mimik und Gestik, oft belanglose Dinge. Er unterstellt ihnen Äußerungen, die sie so nicht gemacht haben. Beispielsweise ist er absolut überzeugt, daß in seiner Abwesenheit über ihn gesprochen wird und die Leute sich über ihn lustig machen. Manchmal glaubt er auch, abgöttisch verehrt zu werden. Sämtliche Beobachtungen, real oder nicht real, setzt er (meist negativ) in Beziehung zu sich.

Der Beziehungswahn ist häufig bei Wahnentwicklungen und tritt auch bei beginnenden Schizophrenien auf.

Frau S. hört in einer Bäckerei eine Unterhaltung zweier Frauen aus ihrer Nachbarschaft. Dabei verfolgt sie nicht das gesamte Gespräch, sondern nimmt nur einige Satzfetzen auf. Unter anderem „viel zuwenig Brot gehabt“. Sofort glaubt sie, sie habe gestern zuwenig Brot eingekauft, ihre Familie habe es ihren Nachbarn erzählt, die es jetzt überall weitererzählen und sich über sie lustig machen. Bestätigt fühlt sie sich durch das vermeintliche „hämische“ Grinsen der Frauen sowie deren Ignoranz ihr gegenüber. Sie verläßt deshalb die Bäckerei und fährt mit dem Bus in den nächsten Ort, in dem sie niemand kennt, um dort ihr Brot zu kaufen. Möglicherweise erlebt sie dort aber ähnliches.

12.5.2 Beeinträchtigungswahn

Im Gegensatz zum Beziehungswahn bezieht der Kranke nicht nur alles auf sich, sondern auch gegen sich gerichtet. Er glaubt, alle wollen ihn beleidigen, ihm schaden oder ihn im schlimmsten Fall töten. Bezeichnend ist auch die Überzeugung des Patienten, er würde überall ungerecht behandelt, zum Beispiel bei Beförderungen im Beruf.

Herr S. sieht in seinem Hausflur einen vollen Mülleimer stehen, den sein Nachbar dort hingestellt hat, um ihn später hinunterzubringen. Für Herrn S. jedoch ist dies eine Schikane seines Hauswirts, der ihn aus der Wohnung ekeln will.

12.5.3 Verfolgungswahn

Der Verfolgungswahn ist ein gesteigerter **Beeinträchtigungswahn.** Hier werden harmlose Ereignisse als Bedrohung oder Verfolgung empfunden. Es beginnt mit einem unbestimmten Gefühl, daß etwas nicht in Ordnung ist (Wahnstimmung). Dann werden Ereignisse falsch gedeutet. Patienten berichten, man wolle sie vergiften oder durch Gas umbringen, welches aus der Heizung ströme. Die ganze Umwelt, einschließlich der Familie, können hier die Verfolger bzw. deren Hintermänner sein. Meist spricht der Kranke diesen Verdacht aber nicht aus (Abb. 12-1).

Sehr häufig tritt der Verfolgungswahn bei Schizophrenien auf.

Frau T. reicht beim Mittagessen jedem Familienmitglied ein Stück Fleisch. Der Ehemann bekommt seinen Anteil zum Schluß. Für ihn ist dies das untrügliche Zeichen dafür, daß dieses Stück vergiftet ist und er damit umgebracht werden soll.

Zu beobachten ist, daß sich die Themen des Verfolgungswahns mit der aktuellen Weltpolitik verändern. So fühlten sich die Patienten noch vor nicht allzu langer Zeit recht oft vom KGB verfolgt. Aktuell finden sich die ersten Patienten die sich durch das Internet verfolgt fühlen.

12.5.4 Eifersuchtswahn

Für den Kranken steht unumstößlich fest, daß sein Lebensgefährte ihn betrügt, auch wenn er keinerlei Beweise dafür hat. Er kontrolliert und beobachtet seinen Partner. Es werden absolut nichtige Fakten als Beweise für die Untreue bewertet. Dieses Thema ist sehr häufig bei Männern mit organisch bedingten Psychosen und gleichzeitigem Alkoholismus anzutreffen. Ebenso bei Schizophrenien in Verbindung mit einem anderen Wahnthema.

12

Ralf Sch …
A … -M … …-Weg 13
25. Juni 1986
Telefon

Herrn Bundesminister für Verkehr
- Abteilung Luftfahrt -
Kennedyallee 72
5300 Bonn 2

Sehr geehrte Damen und Herren!

Ich bin Zolloberinspektor bei der Bundeszollverwaltung, beim Hauptzollamt ... beschäftigt und wende mich in einer Angelegenheit an Sie, die Orwells Roman „1984" entstammen könnte, vom Inhalt her aber diesen an primitiver Bestialität übertrifft. Meine Erlebnisse will ich hier nur kurz anreißen, den vollen Umfang des Geschehens später dem Bundesverfassungsgericht schildern.
Ende Oktober 1984 wurde ich unsichtbar und vollkommen wehrlos in ein sogenanntes „Negativprogramm" eingebunden, das vermutlich vom Militärischen Abschirmdienst der Bundeswehr und Angehörigen der Flugsicherung des Flughafens München-Riem gemeinsam gestaltet wird. Eines Nachts im Oktober 1984 (!) wurde ich von der über mir gelegenen Wohnung, die von dem Angehörigen der Flugsicherung München-Riem, Herrn W., bis zum Frühjahr 1986 bewohnt wurde, mit einem sogenannten mir unbekannten „Parameter" bestrahlt und mit Rufen aus dieser Wohnung wie „Du Drecksau verrecke!" und ähnlichen Ausdrücken und Flüchen durch meine Wohnung getrieben. Die Hitzeentwicklung dieses Gerätes war körperlich unerträglich. Nach meinem Krankenhausaufenthalt von 3 Wochen, den ich infolge dieser „Sonderbehandlung" ertragen mußte, hörte ich in der über mir liegenden Wohnung über einen Zeitraum von mehreren Wochen Bohrgeräusche, vermutlich wurden dort weitere mir unbekannte Geräte installiert.
Im Frühjahr 1985 stellte diese Verbrecherclique, denn um eine solche kann es sich m.E. unabhängig von ihrer institutionellen Zugehörigkeit nur handeln, da mir bis jetzt kein Urteil hinsichtlich der Einschränkung meiner Grundrechte zugegangen ist, durch sogenanntes „Hörenlassen" aus der Oberwohnung wieder Kontakt her. Es ist mittels eines Gerätes möglich, wie bei einem Telefonat, über 24 Stunden fast ununterbrochen, in allerprimitivster Weise auf mich einzureden. Während meiner Urlaubszeiten geschieht dies so, daß ich manchmal 48 Stunden ununterbrochen mit Beschimpfungen wie „Du Drecksau", „Du bist nur Abschaum und Drecksau", „Du Beleidigung des deutschen Volkes", „Wir sind die Müllabfuhr vom Militärischen Abschaumdienst" usw. terrorisiert werde. Gleiches geschieht sehr oft gegen 3 Uhr morgens, wenn ich auf diese Art und Weise zur Herausgabe der „Morgenparole", wie sie es nennen, geweckt werde. Unter diesem ständigen Psychoterror muß ich aber gleichzeitig auch noch Dienst verrichten, denn mit diesem Gerät scheint es möglich zu sein, mich auch über eine Entfernung von mehreren Kilometern zu terrorisieren und zu beobachten. In ihrem Jargon nennen sie es „Aurагerät". Der eine Teil dieser Verbrecherclique, der sich zum MAD bekennt, behauptet, man benutze mich als Medium für ein sogenanntes „Vor-SDI-Programm". Diesen Teil behandle ich in einer Eingabe an den Wehrbeauftragten und das

- 1 -

die Geheimdienste koordinierende und kontrollierende Bundeskanzleramt gesondert.
Der andere, höchstwahrscheinlich der Flugsicherung München-Riem angehörende Teil dieser Clique, teilte mir durch „Hörenlassen" mit, sie benutzten mich als Medium für „Wettermachen". Das Negativprogramm soll durch einen im Flughafen München-Riem installierten Computer gesteuert werden. Dieser Computer soll nach den Aussagen dieser Verbrecherclique das mir unbekannte „Auragerät", u. ein Gerät, das dieser Clique anscheinend meine Gedanken zugänglich macht, steuern und kontrollieren.
Tatsache ist, daß diese Clique unter Verwendung meiner Person als Medium in der Lage zu sein scheint, Wettervorgänge zu beeinflussen. Während eines 50stündigen ununterbrochenen Einsatzes während meines Urlaubs im Jahre 1985, bei dem ich ununterbrochen auf die vorhin beschriebene Weise sonderbehandelt wurde, ist es nach meinen Beobachtungen tatsächlich gelungen, Wettervorgänge (Wolkenbildung) zu beeinflussen. Bei dieser Gelegenheit wurden Angehörige der Clique, die den Vorgang vom Balkon der Wohnung aus beobachteten, von Herrn Dr. E. oder Herrn L., Einsteinstraße 9, in O., gefragt, ob sie ihr Programm ausdehnen wollen. Ihren Gesprächen habe ich entnommen, daß sie über ein IFF-Gerät ein(e) Periel oder Perihel verfügen und ständig einen „negativen Strahlungsdruck" messen. Nach Auskunft eines ehemaligen Angehörigen der Bundeswehr bei meiner Dienststelle, Herrn S., könnte es sich bei dem „Periel-Gerät" um ein im Fachjargon so bezeichnetes elektronisches Periskop handeln.
Ich wende mich in dieser Angelegenheit erst heute an Sie, weil seit dem Auszug des Herrn W. von der Flugsicherung Riem, die Drohung, mich mittels eines gebündelten Strahles umzubringen bzw. mir das Augenlicht zu nehmen, was schon versucht wurde, geschwunden zu sein scheint.
Ich bitte Sie, die Ihnen unterstellte Flugsicherungsbehörde zu veranlassen, zu verifizieren, inwieweit diese Behörde mit Personen und Geräten an diesem Projekt beteiligt ist. Ich bitte um Befragung des Herrn W. und seiner Frau – unter Eid!! – über die Vorgänge in seiner Wohnung in dieser Zeit, welche Leute er dort ständig beherbergt hat, wer dort ständig zu Besuch kam, über die Rolle einer Juliane W., die sie Frau General nennen, die Ziele des „Negativprogramms" usw. Die gleiche Befragung bitte ich bei dem jetzigen Nachmieter – ebenfalls unter Eid!! – Herrn L., der nach der Aussage eines mir bekannten Mieters im Hause, ebenfalls zur Flugsicherung gehören soll, durchzuführen.
Aufgrund der geschilderten Vorgänge habe ich jegliches Vertrauen in diese Demokratie verloren und übersende Ihnen, schon weil eine derartige Einrichtung wie der MAD am Programm beteiligt sein soll, mein Schreiben gegen Empfangsbestätigung, da ich das spurlose Verschwinden des Briefes befürchten muß.

Mit vorzüglicher Hochachtung

Ralf ...

Ralf Sch ...

- 2 -

Abb. 12-1 Brief eines Patienten mit Verfolgungswahn
(Quelle: W. Frank, Psychiatrie, Kurzlehrbuch, 14. Aufl. Urban & Fischer Verlag, 2000)

12

Herr G. geht mit seiner Frau zum Einkaufen. Beim Gang durch den Supermarkt kann er sich kaum auf das Einkaufen konzentrieren. Er ist nur damit beschäftigt, auf seine Frau zu achten und besonders darauf, wie sie auf ihre Mitmenschen (insbesondere die männlichen) reagiert. An der Kasse berührt der Kassierer die Hand der Ehefrau, als er ihr das Wechselgeld gibt. Für Herrn G. ist dies Anlaß genug zu glauben, seine Frau habe ein Verhältnis mit diesem Mann.

12.5.5 Liebeswahn

Darunter versteht man den **erotischen Beziehungswahn.** Die Patienten (meist Frauen) glauben, von einer bestimmten Person geliebt zu werden, die diese Beziehung jedoch leugne. Häufig haben die Kranken mit dem scheinbaren Geliebten noch nicht einmal gesprochen. Sie kennen ihn unter Umständen nur flüchtig. Dabei kann es sich auch um bekannte Darsteller aus Funk oder Fernsehen handeln. Die Kranken entnehmen die Zuwendung aus Blicken, Gesten und aus dem Verhalten des anderen. Lediglich dessen gesellschaftliche Stellung und Familie hielten den „Angebeteten" davon ab, seine Liebe zu gestehen. Dazu können noch Verfolgungswahnvorstellungen kommen, bei denen die Betroffenen glauben, man wolle sie sexuell belästigen oder sie auf eine bestimmte Art und Weise quälen.

Frau M., 38jährige Hausfrau und Mutter eines neunjährigen Sohnes, verheiratet mit einem Bauunternehmer, machte vor gut zwei Jahren Urlaub auf den Malediven. Dort nahm sie an einem Tauchlehrgang teil. Der Tauchlehrer kam, wie sich nach kurzer Zeit herausstellte, aus einem Nachbarort ihres Geburtsortes.

Sie fühlte sich von Anfang an zu diesem Mann hingezogen und war zunehmend überzeugt, daß der Tauchlehrer in sie verliebt sei. Gesten, Blicke und die Art, wie er mit ihr sprach, deutete sie dementsprechend. Sie begehrte diesen Mann so sehr, daß sie ruhe- und schlaflos wurde. Aus dem Urlaub zurück, entdeckt sie eine Anzeige im Heimatblatt, in der ein Unbekannter seine Liebe bekennt. Es besteht für sie kein Zweifel, daß die Anzeige von ihrem Tauchlehrer ist. Sie setzt eine anonyme Antwort in die gleiche Zeitung. Frau M. wird immer mißtrauischer. Sie ist verunsichert, da sie das Gefühl hat, Nachbarinnen, Freundinnen und die Angestellten in der Firma wüßten über die Liebesbeziehung Bescheid. Sie glaubt außerdem, daß diese Menschen schlecht über sie reden und das Geheimnis überall weitererzählen. Die Situation wird unerträglich, denn scheinbar werden auch die anderen Familienmitglieder ihretwegen in den Schmutz gezogen. Beispielsweise gehen die Aufträge in der Firma zurück, und der Sohn bezieht bei einer Prügelei in der Schule ein blaues Auge. All diese Vorkommnisse schreibt Frau M. der Beziehung zu dem Tauchlehrer zu. Sie entschließt sich, die „Affäre" zu beenden. In einem Brief fordert sie den Mann auf, sie zu vergessen.

Erst als die Ehe diesen Belastungen nicht mehr gewachsen ist und der Ehemann die Scheidung möchte, begibt sich die Patientin mit schweren Schuldgefühlen in stationäre Behandlung.

12.5.6 Größenwahn (expansiver Wahn, Megalomanie)

Der Kranke überschätzt seine gesellschaftliche Bedeutung, seine eigenen Fähigkeiten und Leistungen. Er glaubt, ungeheuer mächtig oder reich zu sein, fähig, die Welt durch Erfindungen oder Revolutionen zu verändern. Viele Betroffene hören „überirdische Stimmen“, die ihnen sagen, daß sie berufen und somit Retter, Welterlöser oder sogar Gott seien. Manchmal werden Mitpatienten als hohe Persönlichkeiten verkannt. Im Rausch oder bei manischen Erregungen können auch **pathologische Selbstübersteigerungen** vorkommen.

Zum eigentlichen Größenwahn kommt es bei Schizophrenien, bei Manien und organischen Psychosen.

Herr H. gibt an, der eigentliche Sänger der Rockgruppe Queen zu sein. Freddy Mercury bewege nur die Lippen nach seinem Gesang. Seine Tantiemen triebe im übrigen die englische Königin für ihn ein.

12.5.7 Kleinheitswahn (Nichtigkeitswahn, nihilistischer Wahn)

Der Kleinheitswahn ist das Gegenteil des Größenwahns. Der Kranke sieht sich als unbedeutend, wertlos, machtlos und nichtig. Manche Betroffene haben das Gefühl, sie würden tatsächlich immer kleiner, leben nur noch zum Schein. In der schlimmsten Form leugnet der Patient seine Existenz und auch die seiner Familie (nihilistischer Wahn). Dieser Wahn tritt vor allem bei Depressionen auf. Dabei berichten die Patienten häufig, daß sie das Gefühl haben, nichts wert zu sein.

Herr F., Einkaufsleiter eines großen Kaufhauses, kommt zur Aufnahme. Er sitzt gekrümmt auf dem Stuhl, kann seine Situation nicht beschreiben, da er nicht die passenden Worte findet. Später stellt sich heraus, daß er einige Rhetorikkurse besucht hat und sehr wortgewandt ist. Er ist der Meinung, seine einzelnen Organe existieren nicht mehr, haben sich aufgelöst, und er lebe nur noch zum Schein. Dabei spricht er sehr leise, wirkt eingeschüchtert und scheint seine ganze Selbstsicherheit verloren zu haben.

12.5.8 Versündigungswahn

Bezeichnend ist der unerschütterliche Glaube, an allem schuld zu sein. Der Kranke glaubt sich verantwortlich für alles Unglück auf der Welt. Frauen und Kinder stürben, die Menschen führten Kriege, weil er in seinem Leben gesündigt, beispielsweise onaniert oder abgetrieben hat. Kleine Bagatellvergehen (Notlügen oder das Kirschenstehlen als Kind in Nachbars Garten) werden vollkommen überbewertet.

Der Versündigungswahn ist häufig bei der Depression anzutreffen.

Frau H. glaubt, der Teufel in Person zu sein, zur ewigen Hölle verdammt, weil sie einmal in ihrer Ausbildung zur Hotelfachfrau das ihr zugesteckte Trinkgeld nicht wie vorgeschrieben, abgegeben hat.

12.5.9 Verarmungswahn

Der Patient glaubt, nichts mehr zu besitzen, hat panische Angst, verhungern zu müssen und auch seine ganze Familie ins Unglück zu stürzen. Dieser Wahn tritt besonders bei **unruhigen** (agitierten) **Depressionen** auf. Die Erregung ist leicht zu verstehen. Wenn man sich vorstellt, daß

12

man vor seinem finanziellen und sozialen Ruin steht, kann das einen schon nervös machen.

Herr D. steht vor seinem gefüllten Kleiderschrank und behauptet, er hätte nichts zum Anziehen. Er ist zudem sehr aufgeregt, weil er glaubt, daß auch seine Krankenhausrechnung nicht von der Krankenkasse übernommen wird. Er ist der Meinung, kein Geld zu besitzen, möchte deshalb entlassen werden, um nicht noch mehr Kosten zu verursachen, die er nicht bezahlen kann.

12.5.10 Dermatozoenwahn

(chronisch taktile, den Tastsinn betreffende Halluzination)

Der Kranke mit einem Dermatozoenwahn hat ähnliche körperliche (zönästhetische) Mißempfindungen wie ein Patient mit einer Schizophrenie.

Meist sind ältere Personen betroffen, die in unerschütterlicher Weise wahnhaft davon überzeugt sind, kleine Tierchen, Würmchen, Parasiten oder anderes Ungeziefer auf, in und unter der Haut zu haben.

In der Klinik sieht man diese Patienten eher selten. Vermutlich liegt das daran, daß sie mit ihrem Problem häufig zum Dermatologen oder gar zum tierärztlichen Institut gehen. Es kommt vor, daß sie dabei Schachteln oder Gläschen mitbringen, in denen sich die vermeintlichen Tiere, die sie sich von der Haut gekratzt haben, befinden.

Im Verlauf des Dermatozoenwahns kommt es immer wieder (trotz psychiatrischer Betreuung) zu akuten Exazerbationen (Ausbruch der Erkrankung). Der Patient ist dabei oft hochgradig erregt und befürchtet andere Menschen anzustecken. Das wirklich empfundene Kribbeln und Jucken führt bei der erhaltenen Kritikfähigkeit und Intelligenz zu einem starken Leidensdruck beim Patienten.

12.6 Pflege von Wahnkranken

Den Umgang mit Wahnkranken zu erklären, ist schwierig. Denn der „Wahnkranke" an sich existiert nicht, dafür jedoch unzählige Wahnthemen. Auch wenn kein Patentrezept lieferbar ist, gibt es doch einige Empfehlungen. Es ist aber zu berücksichtigen, daß alle Menschen individuell reagieren.

Wichtig ist, sich klarzumachen, daß dem Wahnkranken in der akuten Phase, der Wahn nicht auszureden ist. Für ihn ist der Wahn Realität und kann auch nicht mit noch so logischen Argumenten widerlegt werden. Dies soll aber nicht dazu verführen, dem Betroffenen vorzuspielen, es würde alles für real gehalten, was er berichtet, nur um die Situation zu vereinfachen. Dadurch wird der Pflegende unglaubwürdig. Das momentane Wahnthema kann morgen schon ein anderes sein oder der Wahn kann durch die Therapie so weit verschwinden, daß der Patient einsieht, daß das, was er glaubte, einfach nicht der Realität entsprechen kann. Sinnvoller ist es, ehrlich zu sein und ihm einfühlsam mitzuteilen, daß man versteht, daß sein Erleben für ihn Realität ist, jedoch seine Meinung nicht teilen kann, weil die Sache, objektiv betrachtet, nicht nachvollziehbar ist.

Ein solches Gespräch könnte folgendermaßen verlaufen:

Sr. Birgit: „Guten Morgen, Herr B. Haben Sie gut geschlafen?"

Herr B.: „Schwester, warum fragen Sie denn? Sie wissen doch, daß ich die ganze Nacht bestrahlt wurde und deshalb kein Auge zugetan habe."

Sr. Birgit: „Herr B., ich weiß, daß

Sie davon wirklich überzeugt sind, aber für mich ist es schwer nachvollziehbar. Ich glaube nicht daran. Ich kann nur betonen, daß wir Ihnen alle dabei helfen wollen, mit dieser sehr belastenden Situation fertigzuwerden. Wenn es Ihren Schlaf jedoch so beeinträchtigt, dann kann der Arzt Ihnen ein Schlafmittel verordnen."

Dadurch kann manchmal auch die Situation umgangen werden, daß der Patient einen selbst in sein „Wahnsystem" einbaut, wie in folgendem Beispiel:

Frau St. fühlt sich vom Stasi verfolgt und beobachtet die Krankenschwester, wie sie mit dem Stationsarzt auf dem Flur lacht, nachdem sie (zufällig) in ihre Richtung gesehen hat. Dies ist für die Patientin das Zeichen, daß die Krankenschwester ebenfalls zum Stasi gehört. Sie wird mit ihr nur noch das Nötigste sprechen.

In manchen Fällen ist es gleich, wie man reagiert. Der Wahnkranke baut einen trotzdem in sein Wahnsystem ein. Eine gewisse Distanz ist notwendig, um nicht noch mehr Angriffspunkte zu bieten.

Im allgemeinen sollte dem Patienten Verständnis entgegengebracht werden, auch wenn sein Verhalten und seine Aussagen noch so absurd erscheinen. Mit Verständnis und Zuwendung bei der Aufnahme können angespannte und aggressive Wahnkranke schon vor dem Beginn der Behandlung beruhigt werden.

Ein Tip: Ist der Patient Raucher, einfach eine Zigarette anbieten, sofern zur Hand. Das entspannt die Atmosphäre.

Es ist wichtig, den Patienten in den verschiedenen Situationen des Stationsalltags zu beobachten, denn er äußert sein Erleben nicht immer oder leugnet es sogar. Welche Auswirkungen hat sein Verhalten auf sein soziales Umfeld? Führen die Beeinträchtigungen zur Ausgrenzung von Mitpatienten? Wie verhält er sich in unbeobachteten Momenten?

Wichtig ist es auch, das Suizidrisiko besonders bei Patienten mit Schuld-, Kleinheits- und Versündigungswahn, offen anzusprechen.

Wichtig ist es, dem Patienten das Gefühl von Sicherheit zu vermitteln, ihm beispielsweise zu zeigen, daß die Stationstüren und -fenster verschlossen sind und ihm nichts passieren kann. Um zu prüfen inwieweit der Patient noch von seinem Wahn überzeugt ist, sollte man ihn alle ein bis zwei Tage danach fragen.

Ein weiteres pflegerelevantes Problem ist die **Nahrungsverweigerung** bei Patienten mit Vergiftungswahn. Wie bringt man einen solchen Menschen dazu, doch etwas zu essen und zu trinken? Man kann beispielsweise als Vorkoster fungieren. Wenn der Kranke sieht, daß jemand anderes die gleiche Nahrung zu sich nimmt, hat er vielleicht weniger Angst, und eine Zwangsernährung wird nicht nötig.

Um das Vertrauen des Patienten nicht zu verlieren, werden **Medikamente niemals ohne sein Wissen in das Essen gegeben.** Wenn ein Wahnkranker sich nicht krank fühlt, ist er oftmals nicht bereit, Medikamente einzunehmen. Der Patient sollte davon überzeugt werden, daß die Arzneieinnahme notwendig ist. Kann das Pflegepersonal beim Überreden nicht überzeugen, ist vielleicht der Arzt dazu in der Lage und umgekehrt. Manchmal ist das Miteinbeziehen von Angehörigen erfolgreich.

Es gibt Pflegekonzepte, die an dieser Stelle weitestgehend auf **Zwangsmaßnahmen** (Magensonde, Infusionstherapie, eventuell daraus resultierende Fixierung) verzichten und die Einnahme der Medikamente ausschließlich freiwillig erfolgt. Bei den meisten Pflegekonzepten steht am Ende jedoch die Zwangsmaßnahme.

Zwangsmaßnahmen niemals androhen.

Dabei muß eine Fixierung gut vorbereitet (Fixiergurte schon vorher am Bett befestigen) und mit Ruhe vorgenommen werden. Es sollten dafür genügend Pflegekräfte anwesend sein. Zwangsmaßnahmen müssen mit dem Betroffenen so bald wie möglich besprochen werden.

Ein fixierter Mensch benötigt besonders viel Zuwendung und muß regelmäßig überwacht werden.

Bei vielen Patienten ist das wahnhafte Erleben der einzige Gesprächsinhalt. Um sie zeitweise in die Wirklichkeit zurückzuholen, kann man versuchen, sie für ein anderes Thema zu interessieren (zum Beispiel Familie, Arbeit, Hobby). Eine andere Möglichkeit, den Betroffenen abzulenken, ist die weitgehende Integration in den Stationsablauf oder andere Beschäftigungen (zum Beispiel Mithilfe in der Stationsküche, Backen, Basteln, Spazierengehen).

Schwierig kann die Situation werden, wenn sich auf der Station **zwei Patienten** aufhalten, **die an einem gegensätzlichen Wahn erkrankt sind.** Der eine glaubt beispielsweise Gott zu sein, und der andere hält sich für den Teufel. Diese Kranken können sich in ihrem Wahn bestätigt fühlen und sich bekämpfen. Darauf achten, daß sie nicht zusammenkommen, nicht in einem Zimmer liegen, im Eßzimmer nicht an einem Tisch sitzen, usw. Diese Patienten sind besonders zu beobachten, da es durchaus zu aggressiven Zusammenstößen kommen kann. Sollte eine Trennung der beiden schwierig sein, müssen sie eventuell auf verschiedenen Stationen untergebracht werden.

Manche Patienten reagieren aggressiv, wenn sie sich nicht ernstgenommen fühlen. Ein Kranker spürt oft die Unsicherheiten, Ängste und Aggressionen beim Personal. Er kann darauf unter Umständen mit den gleichen Emotionen reagieren. Verständnis und Einfühlungsvermögen sind hier ebenso gefragt wie ein ausreichendes Wissen über die Psychopathologie des Wahns.

12.7 Pflegeplanung

Fallbeispiel: Klaus M.

Aufnahmediagnose: Akutes Wiederauftreten einer chronischen, schizophrenen Psychose. Zur Zeit mit erheblich religiösen Wahnideen.

Aufnahmeprotokoll
Name: Klaus M.
Geburtsdatum: 10. Juli 1938
Beruf: Rentner
Religion: Römisch-katholisch
Familienstand: Ledig
Zu benachrichtigen: Vater, gleiche Adresse
Erstaufnahme: 8. November 1977
Letzte Aufnahme: 24. September 1996
Aktuelle Aufnahme: 20. März 2000
Aufnahmemodus: Freiwillig

Körperliche Selbstversorgung
Nahrungsaufnahme: Keine Probleme
Körperpflege: Sieht ungepflegt aus und riecht unangenehm. Kommt ohne Gepäck
An- und Auskleiden: o. B.
Bewegen/Gehen: Keine Probleme
Ausscheidungen: Obstipation

Verständigung/Kommunikation
Verständigung: Möglich
Sinnesorgane: Brillenträger, sonst o. B.
Sprache: o. B.
Orientierung: o. B.
Bewußtseinslage: Wach, ansprechbar

Wertsachen: Herr M. hat nur das bei sich, was er am Körper trägt
Geld: Hat kein Geld dabei, seine Rente wird auf ein Konto am Heimatort überwiesen

Sozialkontakte/häusliche Versorgung
Besuch von Angehörigen: Vater weiß noch nicht, daß er hier ist
Besuch von Freunden: Fraglich, es muß geklärt werden, ob er welche hat
Versorgung nach der Entlassung: Konnte bisher immer zum Vater zurück

Verhalten/Einstellung
Wie erlebt der Patient seine Krankheit: Erlebt seine Krankheit als quälend, will kooperativ sein
Hat sich der Patient auf die Situation eingestellt: Herr M. kommt ohne Einweisung direkt von der Straße

Wünsche zum Wohlbefinden/Sonstiges
Patient möchte gesund werden, aber keine Medikamente einnehmen, die auf die Potenz gehen. Er würde gerne etwas abnehmen, Ausgang haben und zur Beichte gehen können. Herr M. sieht sich nicht imstande Geld, Zigaretten und frische Kleider zu besorgen. Das Personal soll dies für ihn übernehmen.

Vorgeschichte
Herr M. macht im Februar 1958 Abitur, dann studiert er ein Semester lang Theologie und Germanistik. 1959 beginnt er ein Priesterseminar, welches er kurze Zeit später, nach eigenen Angaben, aus Krankheitsgründen abbricht. Bis zum Sommer 1962 studiert er nacheinander Jura und Wirtschaftswissenschaften, Germanistik und Geschichte, Anglistik und Geographie, um dann das Studium endgültig abzubrechen. Herr M. begibt sich erstmals in stationäre Behandlung (mit Cardiazol und Insulin-Schocks).

In den ersten Jahren nach dieser Behandlung ist er abwechselnd Hilfsarbeiter oder arbeitslos.

Herr M. hatte in den 16 Jahren, die er in unsere Klinik kommt, viele unterschiedliche Wahnthemen. Der religiöse Wahn ist neben dem Liebeswahn ein häufig wiederkehrendes Thema bei ihm.

Aufnahmebericht
Der Patient wirkt bei der Aufnahme im Antrieb gesteigert, psychomotorisch leicht unruhig, wahnhaft getrieben. Der Puls beträgt 128 Schläge/Minute, der Blutdruck 160/100 mmHg.

Er ist in seinen Gedanken sprunghaft, redet am Gegenüber vorbei und ist zerfahren. Thematisch ist er auf seinen religiösen Wahn fixiert.

Seine jetzige Symptomatik habe vor etwa vier Wochen begonnen. Er versuchte, seine plötzliche Schlaflosigkeit mit großen Mengen Alkohol zu bekämpfen. Ihm sei dann die berühmte Sängerin Maria Callas erschienen, traurig, da ihr die göttliche Eingebung versagt geblieben sei. Er habe, durch ein Gebet zum richtigen Zeitpunkt, deren Erlösung herbeiführen können. Dies bewies ein späteres Erscheinen der Callas. In der folgenden Zeit habe er zahlreiche andere Visionen gehabt, so seien ihm unter anderem Ludwig van Beethoven, Wolfgang Amadeus Mozart und Gudrun Ensslin erschienen. An den Gesichtern habe er jeweils erkannt, wie weit die einzelnen Personen im göttlichen Fegefeuer geläutert waren. Bei den ihm bekannten Menschen seien dann noch zahlreiche, schemenhafte Fratzen und Gesichter gewesen, teils traurig, teils boshaft, oft von drohendem Charakter. Er habe die Erscheinungen durch das Abspielen geistlicher Musik und lautem Gesang abwehren können.

12

Pflegeplan: Klaus M.

Probleme/Ressourcen	Ziele	Pflegemaßnahmen
1. • ungepflegtes Äußeres Patient riecht unangenehm	• Patient achtet auf seine Körperhygiene und pflegt sich selbst • Patient legt Wert auf sein äußeres Erscheinungsbild	• Reinigungsbad • frische Wäsche geben • Patient zur Körperpflege anhalten und anfänglich kontrollieren • Lob aussprechen bei Einhaltung der Körperhygiene
2. • Herr M. hat wenig eigene Wäsche dabei und möchte sich Kleidung besorgen lassen	• Patient hat seine eigene Kleidung im Krankenhaus	• Vater über Krankenhausaufenthalt des Sohnes informieren • Vater bitten, Kleider und Waschutensilien mitzubringen
3. • Patient hat kein Geld dabei, seine Rente wird auf das Heimatkonto überwiesen	• Patient hat eigenes Geld, um sich z.B. Zigaretten und Getränke kaufen zu können	• Vater bitten, Geld mitzubringen oder, wenn dies nicht möglich ist, Sozialdienst einschalten, der sich um die Finanzen des Patienten kümmert
4. • Patient klagt über eine Obstipation	• normaler Stuhlgang (normale Verdauung)	• Beobachtung der Ausscheidungen durch das Pflegepersonal (Häufigkeit, Konsistenz) • Ballaststoffreiche Kost (ausreichende Bewegung ist durch gesteigerten Antrieb und psychomotorische Unruhe gegeben) • eventuell abführende Maßnahmen auf ärztliche Anordnungen
5. • Übergewicht **Ressource:** Patient möchte von sich aus gerne abnehmen	• Erreichen eines Normalgewichtes	• Reduktionskost mit 1000 kcal/Tag • zweimal wöchentlich Gewichtskontrolle
6. • Patient leidet seit vier Wochen unter Schlaflosigkeit	• normaler Schlaf-Wach-Rhythmus	• nachts mehrmals nachsehen, ob Patient schläft • Patient soll tagsüber nicht schlafen • Beschäftigungstherapie anbieten • Sporttherapie anbieten • Bedarfsarznei auf ärztliche Anordnung
7. • gesteigerter Alkoholkonsum	• Patient erkennt die Notwendigkeit des Alkoholverbotes	• eingehende aufklärende Gespräche führen • Patienten davon überzeugen, daß Alkohol sein Schlafproblem nicht löst • Patienten darüber aufklären, daß Alkohol und Medikamente sich ungünstig beeinflussen

Probleme/Ressourcen	Ziele	Pflegemaßnahmen
8. • gesteigerter Antrieb, psychomotorische Unruhe	• Patient ist ruhig und ausgeglichen	• genaue Verhaltensbeobachtung • Patienten sinnvoll beschäftigen (siehe Punkt 6) • Neigungen entsprechend dem gesteigerten Antrieb kanalisiert abfließen lassen
9. • leichte Tachykardie und Hypertonus	• normale Herztätigkeit • normaler Blutdruck	• dreimal täglich Puls- und Blutdruck-kontrolle • Medikamente auf ärztliche Anordnung
10. • Patient erlebt seine Krankheit als quälend **Ressource:** Patient möchte gerne gesund werden	• Erleichterung seines Krankheitserlebens	• Patient nicht zu lange alleine lassen • Integration in den Stationsalltag • Teilnahme an einer psychoedukativen Gruppe
11. • Herr M. möchte keine Medikamente nehmen	• Patient nimmt seine Medikamente regelmäßig ein • Patient weiß über die Notwendigkeit der Medikamente Bescheid	• informative Gespräche führen • Gespräch mit dem Arzt veranlassen • Medikamenteneinnahme überwachen
12. • Weitere Versorgung nach der Entlassung ist noch nicht geklärt.	• Sicherstellung der zukünftigen Versorgung und Betreuung	• klärende Gespräche mit dem Vater führen • Sozialdienst einschalten

13 Sinnestäuschungen und Wahrnehmungsveränderungen

Peter B.

13.1 Sinnestäuschungen

Unsere Sinnesorgane nehmen Reize auf, darauf folgt ein Sinneseindruck. Viele Eindrücke ergeben zusammen dann eine Sinnesempfindung. Diese wiederum werden mit Erfahrungen und Erlerntem verglichen. Bei Patienten mit Sinnestäuschungen liegt gerade hier die Störung vor.

13.1.1 Halluzinationen

Halluzinationen sind **wahrgenommene Sinnestäuschungen** ohne Objekt, also eine Wahrnehmung ohne entsprechenden Sinnesreiz von außen. Dies ist der Unterschied zur Illusion, die an wirkliche Wahrnehmungen aus der Umwelt anknüpft und sie ausschmückt.

Halluzinationen werden gesehen, gehört, gerochen, geschmeckt oder im oder am Körper gespürt.

13.1.1.1 Optische Halluzinationen

Sie kommen häufig bei organisch begründeten Psychosen vor, selten bei Schizophrenien. **Optische Halluzinationen** werden in Form von Lichtern, Farben, Blitzen und Figuren, Szenen und mehr oder weniger deutlichen Gestalten erlebt.

Im Delir sind szenenhafte Abläufe, manchmal mit kleinen Tieren, zu beobachten. Häufig hängen optische Halluzinationen auch mit einer Bewußtseinstrübung zusammen, beispielsweise bei neurologischen Erkrankungen wie Hirntumor, eitrige Meningitis und Hirnkontusion. Bekannt sind optische Halluzinationen auch nach Einnahme bestimmter Drogen (Halluzinogene, z. B. LSD). Bei starken Depressionen mit Versündigungsgefühlen erscheinen manchmal „Figuren aus dem Schattenreich“ oder vorbeihuschende Teufelsfratzen. Typisch für bestimmte Arten von zerebralen Anfällen (beispielsweise psychomotorische Anfälle bei Schläfenlappenepilepsie, s. Kap. 18) ist die szenische Vision.

13.1.1.2 Akustische Halluzinationen

Akustische Halluzinationen sind die wohl häufigsten Formen des Halluzinierens und werden vielfach bei der **Schizophrenie** gesehen. Die akustische Täuschung erstreckt sich auf Lärm und Geräusche (sogenannte Akoasmen, wie Klirren, Knallen, Zischen), oder es werden Laute, Worte, Sätze, Geflüster und Stimmen gehört. Bei einer Besserung der Grunderkrankung treten diese Symptome in den Hintergrund und werden nur noch als Gemurmel wahrgenommen. Der Patient lokalisiert die Herkunft des Gehörten dabei innerhalb oder außerhalb seines Körpers.

Der akustisch halluzinierende Mensch kennt oftmals den oder die Sprecher. Die Stimmen, die er hört, können direkt zu ihm sprechen, oder auch seine Gedanken und Gefühle mit Bemerkungen kommentieren **(kommentierende Stimmen)**, oder Aufträge und Befehle **(imperative Stimmen)** erteilen. Bei den **Dialogstimmen** unterhalten sich die Stimmen im Wechsel über etwas, häufig über den Patienten selbst („Sieh, wie er daliegt.“ „Ja, er ist ein fauler Sack“). Der Betroffene kann sich mit den Stimmen aber auch unterhalten. Diese für den Schizophrenen so charakteristische Form des Stimmenhörens hat einen fließenden Übergang zum Symptom der **Gedankeneingebung** (s. Kap. 14.9).

Der Inhalt des Gehörten ist stark von der Stimmung des Patienten abhängig. Der Depressive hört meist Vorwürfe, Beschimpfungen und Bedrohliches. Bei anderen Patienten machen sich die Stimmen über sie lustig. Bei der klassischen Alkoholhalluzinose beschimpfen sie den Betroffenen häufig („Du alter Saufkopf“, „Du versoffenes Schwein“).

13

13.1.1.3 Geruchs- und Geschmackshalluzinationen

Geruchs- (olfaktorisch) und Geschmacksempfindungen sind nahe verwandt, daher treten Halluzinationen dieser Sinne oft gemeinsam auf oder gehen ineinander über. Es werden vor allem **Gifte** und **Gase** gerochen. Der stark depressive Patient kann das Gefühl haben, daß **Leichen- oder Fäulnisgeruch** von ihm ausgeht.

Diese Halluzinationen kommen bei Tumorpatienten, bei Wahnkranken mit Vergiftungsideen, Schizophrenien oder in der Aura vor epileptischen Anfällen vor.

13.1.1.4 Leibhalluzinationen

Bei den **Leibhalluzinationen** sind zahlreiche Variationen beschrieben. Patienten berichten von dem Gefühl, versteinert oder vertrocknet, innerlich leer, hohl oder aus Metall zu sein. Ströme und Strahlen fließen und bewegen sich ziehend durch ihren Körper. Häufig werden bei den Beschreibungen Wortneubildungen (Neologismen) geschaffen.

Leibhalluzinationen betreffen oft die Geschlechtsorgane („Samen wurde abgezogen“, „in der Nacht hat sich ein Mann zu mir ins Bett gelegt, er ist in mich eingedrungen und hat meinen Samen vergiftet“).

Fühlt der Patient **Leibentstellungen**, so glaubt er, daß sein Körper wächst, sich verzerrt, dicker oder schwerer wird, die Form und Größe verändert.

Bei der Depression erscheinen die leiblichen Erlebnisse als eine Art Bestätigung für die schlechte vitale Verfassung.

Von den Leibhalluzinationen besteht ein fließender Übergang zu den taktilen Halluzinationen.

13.1.1.5 Taktile Halluzinationen

Taktile Halluzinationen werden auch als **haptisch** bezeichnet. Diese **Berührungshalluzinationen** sind von den anderen Leibhalluzinationen nur schwer abzugrenzen. Das Gefühl von Brennen, Stechen, Zerschneiden, Bohren, Krabbeln (Dermatozoenwahn, s. Kap. 12.5.10), Anpusten, von Hitze und Kälte (thermische Halluzinationen), wird mit oder auch ohne Schmerzen empfunden.

Viele Halluzinationen haben den Charakter des „Gemachten", beispielsweise elektrisiert, bestrahlt oder sexuell berührt worden zu sein.

13.2 Wahrnehmungsveränderungen

Die Wahrnehmungsveränderungen, die auch beim psychisch und physisch Gesunden zu beobachten sind, betreffen die **Intensitäts- und Qualitätsverschiebung** der Sinneswahrnehmung. Neben den unten aufgeführten typischen Krankheitsbildern spielen Wahrnehmungsveränderungen in der Frühdiagnostik psychotischer Erkrankungen eine wichtige Rolle.

13.2.1 Verschwommensehen

Diese veränderte Wahrnehmung ist möglich bei Übermüdung, übermäßigem Genuß von Alkohol oder als Nebenwirkung von Medikamenten und Rauschmitteln.

13.2.2 Farbigsehen

Das Farbigsehen beschreibt eine **veränderte Farbwahrnehmung.** Es wird besonders häufig nach der Einnahme von LSD, Mescalin und Haschisch beobachtet. Gelbsehen ist die Folge von einer Digitalisüberdosierung.

13.2.3 Akustische Wahrnehmungsveränderungen

Manche Medikamente, wie Chinidin oder Digitalisglykoside, führen oft zu „Leisehören", häufig in Verbindung mit optischen Störungen wie Flimmern, Farb- und Schneeflockensehen.

13.2.4 Mikropsie und Makropsie

Hierbei handelt es sich um das **Kleinersehen** (Mikropsie) oder **Größersehen** (Makropsie) von Gegenständen. Außer bei psychischen Störungen ist es auch bei Akkommodationskrämpfen, Hysterien und Epilepsien, Tumoren, Netzhautablösungen und -entzündungen zu beobachten.

13.2.5 Metamorphopsie

Die Metamorphopsie ist eine Störung, bei der Form und Farbe eines Gegenstandes verzerrt wahrgenommen werden. Das **Verzerrtsehen** tritt bei Netzhauterkrankungen und fraglich bei Psychosen auf.

13.3 Pflege bei Sinnestäuschungen und Wahrnehmungsveränderungen

Bedingt durch die unterschiedliche Symptomatik unterscheidet sich auch der pflegerische Umgang. Wichtig ist, wie immer, daß die Patienten ernstgenommen werden und spüren, daß sie angenommen werden.

Als erstes ist zu eruieren, wie der Betroffene seine Umwelt überhaupt wahrnimmt, wie er sie erlebt und was er fühlt.

Diese Informationen sind für die Pflege von großer Bedeutung. Da der Betroffene unter Umständen Sinnestäuschungen und Wahrnehmungsveränderungen verheimlicht und leugnet, ist ein Befund oft nur durch sorgfältige Beobachtung seines Verhaltens zu erheben. Beispielsweise sollte ein Patient, der sich in seinem Zimmer unwohl fühlt, weil er dort häßliche Fratzen an der Wand sieht, in einen anderen Raum verlegt werden, wenn es ihm dort besser geht.

Hört eine Person Stimmen, die ihr befehlen, sich umzubringen, fühlt sie sich vielleicht in der Nähe des Pflegepersonals sicherer. Auch bei ängstlichen Patienten empfiehlt es sich, sie in ein **Zimmer beim Personalaufenthaltsraum** zu legen.

Manchmal reicht es aus, das **Licht** im Zimmer brennen zu lassen. Vereinzelte Patienten finden selbst Möglichkeiten, mit ihren Halluzinationen umzugehen. So kann ein Betroffener mit einem laut aufgedrehten Walkman die ihn ständig quälenden Stimmen unterdrücken. Es ist ebenso denkbar, daß sich ein Patient mit einem Regenschirm vor Strahlen schützt oder mit einer Mütze auf dem Kopf.

Bei solchen quälenden Halluzinationen werden i.d.R. Medikamente zur Unterdrückung dieser Phänomene angeordnet. Die meisten Patienten verlangen selbst danach, um Erleichterung zu bekommen. Beruhigende Gespräche können diese manchmal ersetzen. Die Aufmerksamkeit auf andere Dinge zu konzentrieren kann ebenfalls sehr wirkungsvoll sein. Dabei ist darauf zu achten, daß nicht betroffene Sinnesbereiche gefördert werden. Fernsehen z.B., kann für einen Patienten mit optischen Halluzinationen evtl. nicht sinnvoll sein. Auch die Überflutung mit Sinnesreizen, wie Lärm oder Gerüche, kann sich negativ auswirken. Deshalb sind für diese Patienten ruhige Räume angebracht.

Es ist auch zu berücksichtigen, daß z.B. demente Menschen in ihrer Wahrnehmung stark verlangsamt sind und dadurch auch für z.B. Waschen oder Essen, mehr Zeit benötigen.

Leidet jemand unter **Geschmackshalluzinationen**, schmeckt für ihn alles bitter oder hat er das Gefühl, das Pflegepersonal würde ihn vergiften, gibt es mehrere Möglichkeiten, ihm zu helfen. Eine Banane oder einen Apfel essen diese Personen gerne, da die Gefahr, daß sie vergiftet sind, fast auszuschließen ist. Auch auf die individuellen Bedürfnisse des Patienten ist hier einzugehen. Will er nur Gemüse essen, ist das in Ordnung. Will er die ersten zwei bis drei Tage nichts essen, weil er zu ängstlich ist, trinkt aber ausreichend, kann man dies ebenso tolerieren. Es ist hier kein Gewinn, ihn zu etwas zu zwingen, das aufgebaute Vertrauensverhältnis würde nur darunter leiden. Manchmal hilft es, eine Flasche Sondenkost vor den Augen des Betroffenen zu öffnen, um seine Angst vor einer Vergiftung abzubauen.

Halluzinationen dürfen nicht ignoriert werden, sondern sind ernst zu nehmen.

Der Patient fühlt sich von ihnen stark beeinträchtigt und es wäre sinnlos, sie ihm ausreden zu wollen. Wie beim Wahn hat dies keinen Erfolg. Allerdings sollte man dem Erkrankten sagen, daß man diese Halluzinationen selbst nicht wahrnimmt, um nicht unglaubwürdig zu erscheinen.

Natürlich sind diese Beispiele keine dauerhafte Lösung für den Betroffenen. Vielleicht sieht er nach einigen Tagen die häßlichen Fratzen auch in anderen Zimmern. Aber ein Vertrauensverhältnis wird geschaffen, da er merkt, daß sich das Team um ihn bemüht. Unter Umständen bewirkt auch schon ein einfühlsames Gespräch den Angstabbau.

Sinnestäuschungen kommen bei jedem Menschen hin und wieder vor. Jeder, der schon einmal sehr übermüdet war, weiß von Schatten, verkannten Schildern oder anderen Sinnestäuschungen zu berichten.

Beim Gespräch mit Patienten, die von Sinnestäuschungen oder/und Wahrnehmungsveränderungen gequält werden, sind solche Erinnerungen an eigene Erlebnisse dieser Art sehr hilfreich.

Es sollte jedem möglich sein, dem diese veränderte Wahrnehmung einmal widerfahren ist, sich die Ängste dieser Menschen vor Augen zu führen.

13

13.4 Pflegeplanung

Fallbeispiel: Anton G.

Aufnahmediagnose: Neurotisch gefärbte, reaktive Depression

Aufnahmeprotokoll
Name: Anton G.
Geburtsdatum: 17. November 1937
Beruf: Beamter
Religion: Römisch-katholisch
Familienstand: Verheiratet
Zu benachrichtigen: Ehefrau
Erstaufnahme: Jetzt
Letzte Aufnahme: —
Aktuelle Aufnahme: 12. Dezember 1998
Aufnahmemodus: Freiwillig

Körperliche Selbstversorgung
Nahrungsaufnahme: Laut der Ehefrau trinkt Herr G. schon seit einiger Zeit zuwenig, ein guter Esser sei er noch nie gewesen.
Körperpflege: Ehefrau muß ihn seit einigen Wochen unterstützen
An-/Auskleiden: o. B.
Bewegen/Gehen: Sitzt zu Hause nur im dunklen Wohnzimmer.
Ausscheidungen: Hatte schon immer leichte Verdauungsprobleme, sind aber zur Zeit verstärkt.

Verständigung/Kommunikation
Verständigung: Herr G. braucht viel Zeit fürs Antworten
Sinnesorgane: Benötigt eine Fern- und eine Lesebrille
Sprache: o. B.
Orientierung: o. B.
Bewußtseinslage: o. B.
Wertsachen: Papiere und Wertsachen nimmt die Ehefrau mit heim.
Geld: Herr G. behält fünf Mark für Getränke

Sozialkontakte/häusliche Versorgung
Besuch von Angehörigen: Die Ehefrau kommt jeden Tag, der Bruder und der Sohn von Herrn G. sind abwechselnd dabei.
Besuch von Freunden: Eventuell Arbeitskollegen
Versorgung nach der Entlassung: Keine Probleme, übernimmt die Ehefrau

Verhalten/Einstellung
Wie erlebt der Patient seine Krankheit: Er schämt sich für sein „Versagen“

Hat sich der Patient auf die Situation eingestellt: Nein, seine Ehefrau hat ihm die Tasche gepackt und die Einweisung veranlaßt.

Wünsche zum Wohlbefinden/Sonstiges
Herr G. möchte zunächst nur seine engsten Verwandten sehen, Freunde und Bekannte sollen ihn nicht in der, Zitat: „Nervenheilanstalt“, sehen.

Vorgeschichte
Laut seiner Gattin war Herr G. seit November 1982 immer wieder in ambulanter Therapie. Erster Anlaß war der tödliche Unfall seines ältesten Sohns bei der Bundeswehr. Danach hat er nie wieder zu seinem Lebensmut zurückgefunden. Er war auch vorher kein besonders lebenslustiger Mensch gewesen, aber seit dem Verlust des Sohns litt er an mehr oder weniger starken Depressionen. Bis vor zwei Jahren hat er aber noch gearbeitet.

Im Herbst 1991 nahmen seine Depressionen so zu, daß er seinen Jahresurlaub für eine intensive ambulante Therapie nutzte. Im Januar 1992 hatte er dann seine nächste Phase, die er ebenfalls während seines Jahresurlaubs behandeln ließ. In den Monaten danach erkrankte er immer öfter. Sein Vorgesetzter in der Dienststelle, mit dem er auch befreundet ist, schickte ihn mehrmals vorzeitig nach Hause. Seine Frau glaubt, daß zu diesem Zeitpunkt die Minderwertigkeitsgefühle von Herrn G. begannen. Er meinte unnütz und nichts wert zu sein. Er behauptete sogar, jeder, der mit ihm zu tun hätte, könne seine Faulheit riechen und leide dann unter Übelkeit.

Aufnahmebericht
Das Aufnahmegespräch ist sehr zäh. Fast alle Fragen an Herrn G. müssen von seiner Frau beantwortet werden, die er immer hilfesuchend anschaut. Es wird vereinbart, daß seine Ehefrau in seinem Namen antworten darf, da Herr G. auch noch mit dem Stationsarzt reden muß.

Herr G. riecht immer wieder an sich herum, wirkt gequält und leidet offensichtlich darunter, daß er nicht spontan antworten kann.

Manche Fragen scheint er nicht zu verstehen. Bei anderen holt er tief Luft, hält sie an und kann dann doch nicht sprechen.

Auf Fragen, die mit Ja oder Nein zu beantworten sind, nickt Herr G. oder schüttelt mit dem Kopf. Der Patient ist zu Zeit, Person und Ort voll orientiert.

Bei dem ärztlichen Aufnahmegespräch erzählt Herr G., daß er nachts immer wieder „Todesfratzen" sieht. Außerdem wäre er bereits tot, er würde ja schon nach verwestem Fleisch riechen.

Pflegeplan: Anton G.

Probleme/Ressourcen	Ziele	Pflegemaßnahmen
1. • depressive Stimmungslage	• Nahziel: Abklingen der akuten Symptome • Fernziel: Verlegung auf eine Rehabilitationsstation	• gezielte Beobachtung des Patienten an den ersten vier Tagen • Beurteilung möglicher Ressourcen • Überwachung der Medikamenteneinnahme • Patienten motivieren, z.B. Stations- und Küchenarbeiten zu übernehmen • Patient in den Stationsablauf integrieren • frühzeitig suizidale Absichten erkennen
2. • Patient ist auf Hilfe bei der Körperpflege angewiesen	• Erhaltung der gesunden Anteile des Patienten • Förderung der Selbständigkeit	• Hilfestellung bei der Körperpflege (Minimalhilfe), Patient soll Teilverrichtungen selbst übernehmen • Bereitstellung persönlicher Kleidung • Hilfe beim An- und Auskleiden
3. • unzureichende Nahrungs- und Flüssigkeitsaufnahme	• ausreichende orale Zufuhr von Flüssigkeit	• vitamin- und ballaststoffreiche Kost • Zwischenmahlzeiten anbieten • mindestens 2000 ml zu trinken anbieten • Lieblingsgetränke und Lieblingsspeisen erfragen und anbieten • anfänglich Einfuhrkontrolle

13

Probleme/Ressourcen	Ziele	Pflegemaßnahmen
4. • Patient klagt über Verdauungsprobleme	• Sicherstellung einer geregelten Darmfunktion	• genaue Ausscheidungskontrolle auf Häufigkeit, Menge und Konsistenz • ballaststoffreiche Ernährung mit Obst und Gemüse • falls drei Tage keinen Stuhl, Verabreichung eines Klysmas • Beachte: vorerst wird auf den Einsatz von abführenden Medikamenten verzichtet.
5. • Schwierigkeiten bei der Kommunikation	• Kommunikation ermöglichen • Ängste abbauen	• einfach zu beantwortende Fragen stellen • geduldiger und einfühlsamer Umgang mit dem Patienten • Bezugsperson • Zeit nehmen für Gespräche • Ängste erfragen und helfend darauf eingehen
• **Ressource:** Die Ehefrau und die Kinder kümmern sich um den Patienten • Die Versorgung nach der Entlassung ist geregelt.		

14 Ich-Störungen

Unter Ich-Störungen versteht man nach Karl Jaspers, dem Psychologen und Philosophen, Störungen des Einheitserlebens im Augenblick und der Identität im Zeitverlauf. Die Grenze zwischen dem Ich und der Umwelt ist durchlässig geworden, die Ich-Haftigkeit des Erlebten verschwimmt.

Ich-Störungen gehören bei schizophrenen Patienten zu den Veränderungen des „Ich-Erlebens". Sie schildern den Entzug eigener, oder die Eingebung fremder Gedanken, und andere Beeinflussungen des Fühlens, Wollens und Denkens, sowie ein Hypnosegefühl. Dieses Phänomen dient dem erkrankten Menschen oft als Erklärung für sein verändertes Erleben. Die krankhafte Vorstellung des Patienten, er werde hypnotisiert, kann sich bis zum **Hypnosewahn** steigern.

Die Ich-Störungen schizophrener Patienten werden auch als Störung der Meinhaftigkeit (Integrität des Ich) bezeichnet. Der Schizophrene bringt das Erlebte und Empfundene mit einer Beeinflussung von außen in Zusammenhang. Das eigene (meinhaftige) Erleben, also die seelischen Vorgänge und Zustände, werden scheinbar von außen oder von anderen gemacht, gelenkt und beeinflußt. Für den Schizophrenen bedeutet das Empfundene und Erlebte die Realität.

Störungen der Meinhaftigkeit gehören zu den Hauptsymptomen der Schizophrenie. Sie sind häufig schon im Anfangsstadium der Erkrankung zu beobachten.

Ähnliche Symptome werden von Gesunden in seelisch sehr belastenden Situationen (Ermüdung, Erschöpfung) oder während einer psychoanalytischen Therapie beschrieben.

Bei folgenden Krankheitsbildern treten Ich-Störungen auf:
- Schizophrenien
- neurotischen Depressionen
- Zwangsneurosen
- Phobien
- narzißtischer und Borderline-Persönlichkeit
- Depressionen
- organischen Psychosen

Manche Ich-Störungen sind sehr unspezifisch, haben den Charakter des „Irgendwie-Veränderten" und der Unwirklichkeit. Der Patient hat das Gefühl, dem eigenen Ich oder der Umwelt beziehungslos gegenüberzustehen. Einzelne Körperteile scheinen nicht vertraut. Die Meinhaftigkeit bleibt weitgehend erhalten.

Diese Patienten beschreiben typischerweise Gefühle der **Depersonalisation, Derealisation** und **Entfremdung.**

14.1 Entfremdungserleben

Zum besseren Verständnis ein Beispiel aus dem Alltag:

Ein ganz gewöhnlicher Morgen. Frau M. steht auf, geht ins Bad und richtet sich wie jeden Morgen. Aber trotzdem erscheint ihr alles anders und fremd. Es ist viel dunkler als sonst, auch beim Nachbarn brennt noch kein Licht. Auf dem Weg zur Arbeit begegnen ihr deutlich weniger Autos als gewöhnlich.

Im Betrieb ist es seltsam ruhig, es

herrscht nicht die gleiche Betriebsamkeit wie sonst. Frau M. glaubt, daß sie etwas spät dran ist, und beeilt sich, in die Frühbesprechung zu kommen. Ungewohnterweise findet sie den Konferenzraum leer vor, denn sonst sind immer schon einige Kollegen vor ihr da.

Sie hat das Gefühl, „im falschen Film" zu sitzen.

Einige Zeit später, als die ersten Kollegen kommen und ihre Verwunderung darüber aussprechen, daß Frau M. noch nie die erste gewesen sei, klärt sich durch einen Vergleich der Uhren alles auf. Der Spuk hat ein Ende.

Frau M. hatte in der vergangenen Nacht keinen Schlaf gefunden und zudem ging unbemerkt der Wecker eine halbe Stunde vor. Kein Wunder, daß ihr dieser Morgen anders als gewohnt vorgekommen war.

Patienten, die Entfremdungserleben beschreiben, ergeht es häufig wie Frau M. Allerdings löst sich ihre Verunsicherung nicht auf. Die Betroffenen sind mit ihrer veränderten Wahrnehmung der Umwelt allein, sie können dafür keine Erklärung finden.

14.2 Derealisation

Die Umgebung erscheint unwirklich, fremdartig, unter Umständen auch räumlich verfälscht. Die vertraute Umgebung wirkt sonderbar und verändert.

Derealisationen sind Symptome organischer Psychosen sowie bei der Schizophrenie, bei dissoziativem Erleben, Übermüdung oder hohem Streß neurotisch gefärbten und anderen Depressionen. Sie kommen meist zusammen mit Depersonalisationen vor.

14.3 Depersonalisation

Depersonalisationen sind **Störungen im Einheitserleben** einer Person. Die Entfremdung kann sich auf einen Augenblick beschränken oder auf die Identität in der Lebenszeit beziehen. Die häufigste Form der Depersonalisation ist das Gefühl, sich selbst fern zu sein. Der Betroffene beobachtet an sich eine persönliche Veränderung. Er erlebt sich selbst entfremdet, unvertraut, unlebendig oder unwirklich.

Betrachtet man das Ich und seine Welt als Einheit, dann läßt sich die Beziehung zwischen Depersonalisation und Derealisation erkennen. Je weniger ein Mensch sich selbst erfährt, desto weniger vertraut ist ihm seine Umwelt.

In der folgenden Schilderung eines Patienten ist die enge Verbindung von Derealisation und Depersonalisierung sichtbar.

„Ich bin nur mehr ein Schatten (Depersonalisation), alle meine Kollegen bei der Arbeit übersehen mich. Ich kann mich auch nicht mehr spüren, mein Körper ist ohne Empfindung. Alles um mich herum ist verschwommen, wie im Nebel und weit weg, in die Ferne gerückt (Derealisation)."

14.4 Doppelte oder alternierende Persönlichkeit

Spaltungs- und Verdopplungsgefühle entstehen, wenn sich Persönlichkeitsanteile scheinbar verselbständigen.

Die Persönlichkeit eines Patienten bezeichnet man als alternierend, wenn er sich für eine gewisse Zeit als eine andere Person erlebt. Trotz wechselnder (alternierender) Rolle bleibt der jeweiligen Person ein Ich-Bewußtsein erhalten.

Auch hier ist das Einheitserleben des Menschen gestört.

14.5 Transitivismus

Dieses Phänomen betrifft Patienten, denen jedes psychische Krankheitsgefühl abgeht. Sie sind davon überzeugt, daß die anderen (vorzugsweise die eigenen Angehörigen) krank, sie selbst aber völlig gesund sind. Ihr Denken und Handeln ist derart verändert, daß die Voraussetzung für identische Gedankengänge, die zur richtigen Auffassung des Verhaltens und Benehmens anderer Menschen befähigt, für sie nicht mehr zutrifft.

14.6 Gedankenausbreitung

Die Betroffenen sprechen auch von **Gedankenlautwerden.** Ihre Gedanken sind verändert, so daß sie von anderen mitgehört werden können. Im Gespräch verhalten sich diese Patienten oft rätselhaft, als ob sie mit ihrem Gesprächspartner ein Geheimnis hätten. Auf Fragen reagieren sie mit einem mehrdeutigen Lächeln. Werden sie auf die Bedeutung des Lächelns angesprochen, antworten sie oft: „Sie wissen schon!"

Gedankenlautwerden: ein Hauptsymptom der Schizophrenie.

Das wahnhafte Gedankenlautwerden ist vom halluzinatorischen Gedankenlautwerden abzugrenzen. Empfindet der Kranke Gedankenlautwerden, dann ist er sich bewußt, daß die Stimmen seine Gedanken und Wahrnehmungen darstellen, oder zumindest mit seinem Denken in Zusammenhang stehen.

14.7 Gedankenlesen

Der Patient klagt, daß ihm seine Gedanken nicht mehr allein gehören. Andere haben Anteil an seinen Gedanken, sie können sie lesen, als stünden sie in einem Buch.

„Alle Menschen um mich herum merken, wenn ich schlecht über sie denke. Sie wissen alles, was in meinem Kopf vorgeht."

14.8 Gedankenentzug

Ein flüssiger Gedankengang reißt mitten im Satz ab **(Gedankenabreißen)**. Patienten berichten häufig von der Unfähigkeit, einen Gedanken zu Ende zu denken. Diese Denkstörung wird als sehr quälend empfunden.

Schizophrene Menschen finden für das Abreißen der Gedanken oft eine wahnhafte Erklärung. Die Betroffenen sprechen davon, daß ihnen jemand (eine Kraft oder Macht) Gedanken wegnehmen oder entziehen will (Gedankenentzug).

14.9 Gedankeneingebung

Bei diesem Phänomen glaubt der Patient, daß seine Gedanken und Vorstellungen von außen gemacht, aufgedrängt, gelenkt, gesteuert oder eingegeben werden. Er ist nicht mehr Herr seiner Gedanken.

„Meine Frau gibt mir bereits seit einem halben Jahr Gedanken in den Kopf. Sie macht das mit Hilfe von Hypnose, es sind gar nicht meine Gedanken."

14.10 Andere Erlebnisse der Fremdbeeinflussung

Beeinflussung durch fremde Kräfte ist auch in den Bereichen des Fühlens, Strebens, des Wollens und Handelns möglich.

Patienten berichten, sie müssen etwas Bestimmtes sprechen oder etwas in einer vorgeschriebenen Weise vortragen. Andere „müssen" schreien, brüllen oder auf eine von außen festgelegte Art handeln, beispielsweise jemanden angreifen oder toben.

14

Typische Äußerungen sind: „Der da schreit, das ist ein anderer, das bin nicht ich. Meine Sprechmuskeln werden bestrahlt und dann schreien die Stimmen aus mir heraus."

Menschen, die unter Ich-Störungen leiden, versuchen eine Erklärung für ihre Erfahrungen zu finden. Dabei werden existente äußere Einflüsse herangezogen, die diese Veränderungen bewirken.

Eine sehr umfangreiche Abhandlung dieses Themas findet man in Christian Scharfetters Buch „Allgemeine Psychopathologie".

14.11 Pflege bei Ich-Störungen

Ein Patient, der glaubt, alle anderen außer ihm seien krank, ist beim Aufnahmegespräch verständlicherweise aufgebracht, denn er kann die Einweisung nicht verstehen. Ihn zu diesem frühen Zeitpunkt zu überzeugen, daß er behandelt werden muß, ist äußerst schwierig. Es muß aber mit dem Betroffenen über die Möglichkeiten und die Notwendigkeit von Hilfen gesprochen werden.

Patienten, die darunter leiden, daß andere Menschen ihre Gedanken lesen können (Gedankenausbreitung), sind innerlich oft angespannt und wütend. Ihr Ärger wird durch Fragen provoziert, von denen sie glauben, daß die Antworten schon bekannt sind. Das Aufnahmegespräch sollte so kurz wie möglich sein, denn der Arzt muß bei der Erhebung der Anamnese viele dieser Fragen erneut stellen. Jede zusätzliche Belastung ist zu vermeiden. Deshalb sollten in diesem Fall pflegerelevante Informationen vom Arzt eingeholt werden.

Auch bei Patienten, die unter Gedankenentzug leiden, ist es sinnvoll, das Aufnahmegespräch zu verkürzen. Es quält den Betroffenen, wenn es vor einer anderen Person zum Abreißen der Gedanken kommt.

Hat ein Mensch das Gefühl, alles um ihn herum sei unwirklich und fremdartig (Derealisation), so kann dies in ihm eine große Angst auslösen. Hier wirken eine ruhige Atmosphäre und ein Gespräch entspannend und beruhigend. Wichtig ist auch, daß der Patient die Unterstützung durch das Personal spürt. Eine feste Bezugsperson erleichtert ihm die Kontaktaufnahme und stärkt sein Vertrauen.

Angsteinflößend ist auch die Vorstellung, daß die eigenen Gedanken von außen gemacht werden (Gedankeneingebung). Diese Patienten haben ihre Identität verloren und damit auch die Kontrolle über die eigenen Gedanken, das intimste, was ihnen gehört. Es ist nur ansatzweise nachvollziehbar, wie sich diese Menschen fühlen. Auch hier ist eine ruhige Umgebung sinnvoll. Ein enger Bezugsrahmen, zu dem nur wenige Pflegepersonen gehören, kann hier hilfreich sein. Zu einer kleinen Gruppe kann der Patient leichter Vertrauen aufbauen und wird hier eher den Mut finden, seine Gedanken mitzuteilen.

Quälen sich die Patienten wegen der Ich-Störungen und sind ängstlich, ist der Schlaf für sie eine wichtige Erholung. Leiden sie an Schlafstörungen, sollten diese medikamentös behandelt werden. Nehmen Pflegepersonen die Ängste und Spannungen eines Patienten wahr, dann sind diese mit ihm zu besprechen. Dabei ist ein Fragen nach evtl. Auslösern für die Angst hilfreich. Fühlt der Patient sich durch Radio und Fernsehen beeinflußt, sollte er beispielsweise das Fernsehzimmer vorerst meiden.

Damit der Betroffene aktiv am Stationsleben teilnehmen kann, müssen zu einem späteren Zeitpunkt Hilfestellungen angeboten werden, beispielsweise durch die Stärkung gesunder Persönlichkeitsmerkmale.

Dazu dient die Unterstützung bei den Anforderungen des täglichen Lebens, wie das morgendliche Aufstehen, die Körperpflege, und im Zimmer Ordnung halten.

Es ist wichtig, den Patienten ernst zu nehmen, aber ihm auch deutlich zu machen, daß man seine Gedanken nicht nachvollziehen kann, ohne ihm beweisen zu wollen, daß sein Erleben falsch ist (Konsens im Dissens).

14.12 Pflegeplanung

Fallbeispiel: Heribert T.

Aufnahmediagnose: Schub einer schizophrenen Psychose. Im Vordergrund stehen Ich-Erlebnisstörungen

Aufnahmeprotokoll
Name: Heribert T.
Geburtsdatum: 17. August 1961
Beruf: Ersatz-Lokomotivführer
Religion: Römisch-katholisch
Familienstand: Geschieden
Zu benachrichtigen: Eltern in Erfurt, Adresse ist nicht bekannt
Erstaufnahme: War vermutlich schon in anderen Kliniken
Letzte Aufnahme: —
Aktuelle Aufnahme: 22. April 2000
Aufnahmemodus: Freiwillig

Körperliche Selbstversorgung
Nahrungsaufnahme: Problemlos
Körperpflege: Ist etwas vernachlässigt
An-/Auskleiden: Hat nur für etwa eine Woche Wäsche dabei
Bewegen/Gehen: Problemlos
Ausscheidungen: Keine Probleme

Verständigung/Kommunikation
Verständigung: Gut möglich
Sinnesorgane: Trägt eine Brille
Sprache: o. B.
Orientierung: o. B.
Bewußtseinslage: Wach
Wertsachen: Keine
Geld: 24,00 DM

Sozialkontakte/häusliche Versorgung
Besuch von Angehörigen: Herr T. ist vermutlich alleinstehend
Besuch von Freunden: Fraglich
Versorgung nach der Entlassung: Sein möbliertes Zimmer kann er wahrscheinlich behalten

Verhalten/Einstellung
Wie erlebt der Patient seine Krankheit: Fühlt sich gequält, bringt dies aber nicht mit einer möglichen Krankheit in Zusammenhang
Hat sich der Patient auf die Situation eingestellt: Er hat zwei große Koffer mitgebracht, einen davon voll mit Büchern

Wünsche zum Wohlbefinden/Sonstiges
Herr T. möchte zur Ruhe kommen und endlich einmal eine ganze Nacht durchschlafen, weiß aber noch nicht, ob er Medikamente einnehmen will.

Vorgeschichte
Die Einweisung erfolgte durch die Polizei, allerdings ohne Antrag auf richterliche Unterbringung. Aus dem Polizeibericht ist zu entnehmen, daß Herr T. einen Streit mit seinem Vermieter hatte, der ihm eine vernachlässigte Körper- und Wohnungspflege vorwarf. Nach einem längeren Gespräch mit dem Pflegepersonal stimmte Herr T. einer stationären Behandlung zu.

Über die Krankengeschichte von Herrn T. ist nichts bekannt. Er kann kaum Angaben über sich oder Angehörige machen.

Aufnahmebericht
Herr T. wirkt etwas ungepflegt und verunsichert. Er berichtet, daß er seit einigen Tagen nicht mehr geschlafen und vom ständigen Umherlaufen geschwollene Füße habe. Ihn quäle eine unangenehme innere Angespanntheit, und er fühle sich nicht wohl in seiner

14

Haut. Die Welt um ihn herum habe sich verändert.

Herr T. ist sehr ambivalent, ob er nun einer Behandlung zustimmen soll oder nicht.

Zu den Umständen, die zur Aufnahme führten, äußert er sich nur zögernd. Seit einiger Zeit würden seine Gedanken kontrolliert. Fremde Mächte benützen sein Hirn, um bahnbrechende Erfindungen zu machen. Diese außerordentlich wichtigen Erkenntnisse könnten leider auch von anderen gelesen werden, wie von seinem Vermieter, der ein Spion sei. Nur durch einen Schlag ins Gesicht sei dieser zu bremsen. Aber nicht er würde schlagen, sondern die, die über ihm stünden.

Pflegeplan: Heribert T.

Probleme/Ressourcen	Ziele	Pflegemaßnahmen
1. • Schub einer schizophrenen Psychose mit im Vordergrund stehenden: – Ich-Erlebnisstörungen – Schlafstörungen – innerer Unruhe – Eigen- und Fremdgefährdung – akustischen Halluzinationen	• Beziehungsaufnahme • Bewußtmachen der inneren Spannungen	• genaue Beobachtung des Patienten während der ersten Tage • Überwachung der medikamentösen Therapie (Einnahme, Wirkung) • Gespräche anbieten, zuhören, von Wahnideen wegbringen • Bezugsperson • Unterbringung im Wachbereich, da Eigen- und Fremdgefährdung • eventuell Fixierung auf Arztanordnung • Schlafbeobachtung während der ersten Nächte
2. • Vernachlässigung der Körperpflege, obwohl der Patient in der Lage ist, sich selbst zu versorgen	• Selbständigkeit des Patienten erhalten und fördern	• Anregung zur eigenständigen Körperpflege • Überwachung der Körperpflege in den ersten Tagen • Bereitstellen von klinikeigener Wäsche, wenn die eigene aufgebraucht ist
3. • Patient hat keinen strukturierten Tagesablauf, da er ständig von seinen Wahnideen getrieben ist	• strukturierter Tagesablauf • Krankheitseinsicht fördern	• Patienten in Arbeits-, Beschäftigungs-, Sport- und Kunsttherapie einbinden • stufenweiser Ausgang, anfänglich in Begleitung von Pflegeperson, später alleine • Patienten über die Notwendigkeit der Medikamenteneinnahme aufklären • Patienten auffordern, seine Medikamente pünktlich und selbständig im Stationszimmer abzuholen

15 Störungen der Affektivität

Peter B.

Der Begriff Affektivität oder auch Emotionalität umfaßt den Komplex des **Gefühls-, Gemüts- und Stimmungslebens.**

Affekt steht für eine psychisch-reaktiv ausgelöste akute und intensive Gefühlsregung, zum Beispiel Wut, Ärger, Angst oder Freude.

Affektivität wirkt sich auch auf andere Funktionen, zum Beispiel auf die Erinnerung und das Denken aus. Sie ist mit dem Antrieb eng verbunden.

Der Begriff Stimmung beschreibt einen länger anhaltenden Gefühlszustand, beispielsweise Traurigkeit, der Denken und Handeln bestimmt.

Die Lebensgrundstimmung bezeichnet das durchschnittliche psychische Allgemeinbefinden. Sie ist bei jedem Menschen unterschiedlich und Schwankungen unterworfen. Sie kann gehoben, depressiv, ängstlich sein, dauerhaft oder vorübergehend.

Die einzelnen Affektstörungen lassen sich den drei folgenden Gruppen zuordnen:

- quantitative Störungen,
- qualitative Störungen,
- Regulationsstörungen.

• **Quantitative Störungen**

Sie lassen sich in zwei Gruppen teilen.

Die eine zeichnet sich durch ein **Übermaß an Gefühlen** (Übersensibilität) aus, das sich in einem affektiven Überschießen, zum Beispiel in der Pubertät, im Klimakterium oder bei einigen For-

15

men der Persönlichkeitsstörungen manifestiert.

Die zweite Gruppe, **affektive Verödung,** äußert sich in verminderten Empfindungen.

- **Qualitative Störungen**
Hierzu zählen solche, die die Gefühlslage verändern. Beispielsweise Zustände abnormer Lust oder Unlust, wie beim manischen oder depressiven Syndrom zu beobachten.

- **Regulationsstörung**
Dies ist die Unfähigkeit, einzelne Affektlagen abzustimmen und beizubehalten. Dazu gehören **wechselnde Affektivität,** gewissermaßen das Umkippen der Gefühlslage („himmelhochjauchzend, zu Tode betrübt") und die **Affektinkontinenz,** das übermäßig starke affektive Entladen (Unbeherrschtheit).

15.1 Inadäquater Affekt (oder Parathymie, Gefühlsverkehrung)

Ein inadäquater Affekt ist eine Gefühlsregung, die nicht der aktuellen Situation entspricht. Situation und Stimmungslage können absolut gegensätzlich sein. Beispielhaft dafür ist eine Person, die bei einer Beerdigung plötzlich lacht.

Diese Spaltung ist häufig bei schizophrenen Patienten zu beobachten.

Ihre Gefühlsäußerungen wirken fremdartig, manchmal geradezu gefühllos.

15.2 Affektive Verarmung

Die affektive Verarmung, auch als **Gemütsverödung** oder **Athymie** bezeichnet, ist eine affektive Starre, die Unfähigkeit, Gefühle zu zeigen und emotional zu reagieren. Diese Form findet sich häufig bei Hirnerkrankungen, im Verlauf schizophrener Prozesse oder bei schizophrenen Residualzuständen. Deutlich wird die Gemütsverödung bei Situationen, in denen normalerweise mit einem starken emotionalen Reagieren zu rechnen ist, wie bei ungerechtfertigtem Schimpfen, Beleidigen, oder einem Todesfall in der Familie.

Patienten beschreiben die affektive Verarmung als ein „Erstarren, Absterben, oder eine innere gähnende Leere".

15.3 Affektinkontinenz

Affektinkontinenz bezeichnet einen Zustand, in dem Gefühlsregungen nur schlecht beherrscht werden können. Bei bereits geringem Anlaß, kann Freude oder Zorn ein extremes Ausmaß annehmen.

Affektinkontinenz ist ein typisches Symptom des organischen Psychosyndroms. Diese Affektstörung ist bei den symptomatischen Psychosen und den organischen Wesensänderungen zu beobachten.

Nicht Herr seiner Gefühle zu sein, ist für den Patienten oft peinlich. Er schämt sich für seine Gefühlsausbrüche. Im täglichen Umgang werden Personen mit dieser Störung häufig als belastend empfunden und von ihren Mitmenschen gemieden.

15.4 Affektlabilität

Die Affektlabilität ist wie die Affektinkontinenz eine **Regulationsstörung.** Hier liegt ein rascher und überschießender Stimmungswechsel schon bei geringfügigen Anlässen vor. Der Betroffene ist einem raschen Wechsel seiner Stimmungen unterworfen.

15.5 Euphorie

Der Begriff umfaßt Stimmungen wie Sorglosigkeit, Optimismus und subjektives Wohlbefinden, bei nicht entsprechendem Zustand. Sie tritt bei der senilen Demenz, multipler Sklerose, organischen Wesensänderungen, Tuberkulose und Intoxikationen (Alkohol, Morphin, etc.) auf.

Euphorie beschreibt in der Umgangssprache die gehobene Stimmung beim Gesunden.

15.6 Affekthandlungen

Damit sind Handlungen beschrieben, die durch **unkontrollierte Gefühlsregungen** gesteuert sind. Meist handelt es sich um eine Kurzschlußhandlung. Als Folge kann der Betreffende beispielsweise Mobiliar zertrümmern oder einen Selbsttötungsversuch begehen. Nach dem Ende des Affekts kann sich die Person meist gut davon distanzieren.

Affekthandlungen werden bei allen Persönlichkeitstypen beobachtet. Beim explosiblen Psychopathen, der sich unter anderem durch mangelhafte Affektbeherrschung und -verarbeitung auszeichnet, zeigen sie sich in ausgeprägter Form. Diese Menschen sind jähzornig, beim geringsten Anlaß erregbar und aufbrausend.

Auch Kinder, deren Fähigkeit, diese Affekte zu dämpfen und sich zu beherrschen, noch nicht ausgereift ist, reagieren explosibel.

Resultiert aus einer **„Handlung im Affekt“** ein strafrechtlicher Tatbestand (beispielsweise Sachbeschädigung oder Körperverletzung), zählt sie rechtlich zu der Gruppe der „tiefgreifenden Bewußtseinsstörungen“.

Der Gesetzgeber unterscheidet die Handlung „im schweren Affekt“ (tiefgreifende Bewußtseinsstörung, § 20 StGB) und „die im leichten Affekt“ (§ 21 StGB). Ausschlaggebend für das Strafmaß ist die Einsichtigkeit des Täters. Kann er den Straftatbestand nicht oder nur teilweise einsehen, ergibt sich daraus eine Milderung der Strafe (§ 49 StGB).

15

- **§ 20 StGB**
„Ohne Schuld handelt, wer bei Begehung der Tat wegen einer krankhaften seelischen Störung, wegen einer tiefgreifenden Bewußtseinsstörung oder wegen Schwachsinn oder einer schweren anderen seelischen Abartigkeit unfähig ist, das Unrecht der Tat einzusehen oder nach dieser Einsicht zu handeln.“

- **§ 21 StGB**
„Ist die Fähigkeit des Täters, das Unrecht der Tat einzusehen oder nach dieser Einsicht zu handeln aus einem der in § 20 bezeichneten Gründe bei der Begehung der Tat erheblich vermindert, so kann die Strafe nach § 41 Abs. 1 gemildert werden.“

15.7 Autismus

Die folgende Erklärung bezieht sich auf den schizophrenen Autismus, nicht auf die frühkindliche Form.

Von der Außenwelt völlig abgeschlossen zieht sich der schizophrene Autist ganz in sich selbst zurück, wobei ein Kontakt zu ihm häufig unmöglich ist. Er lebt in die Welt seines Wahnsystems eingebunden. Nicht selten erscheint er zufrieden, als ob er die reale Welt nicht benötige.

15.8 Pflege bei Störungen der Affektivität

Affektstörungen lassen sich medikamentös nur schwer beeinflussen. Das scheinbar unmögliche Verhalten der Patienten muß als Störung erkannt werden. Dabei ist es hilfreich zu wissen, ob die Stimmungslage des Betroffenen, mit den affektiven Reaktionen (z. B. Mimik) übereinstimmt. Dabei sollte man ihn nicht drängen, wenn er nicht bereit ist, über seine Gefühle zu sprechen und dies respektieren.

Einen Menschen, der beispielsweise bei der Visite über die Lebenstragödie eines Mitpatienten lacht, sollte man möglichst abschirmen (mit ihm aus dem Zimmer gehen). Bei einem späteren Gespräch sagt er wahrscheinlich, daß der sich der mißlichen Lage seines Mitpatienten durchaus bewußt ist, er aber trotzdem unerklärlicherweise lachen mußte. Davon betroffene Mitpatienten muß man darüber aufklären, daß solche Reaktionen nicht gegen sie gerichtet sind.

Hebephrene Menschen (jugendliche Form der Schizophrenie) verhalten sich oft „läppisch". Nicht selten wirken sie albern und pubertär. An Hebephrenie Erkrankte benötigen einen strukturierten Tagesablauf. Deshalb sollte die Verweildauer im Akutbereich möglichst kurz gehalten und der Patient zu einer anschließenden Rehabilitation motiviert werden.

Bei dem reizbaren (explosiblen) persönlichkeitsgestörten Patienten stößt das Situationsteam manchmal an seine Leistungsgrenzen und benötigt hier besonders die Unterstützung der Psychologen und Psychotherapeuten. Solche Patienten neigen zu spontanen, nicht voraussehbaren Gewalthandlungen, meist durch kleinste Anlässe ausgelöst. Der Kranke hat dem Aggressionsausbruch nichts entgegenzusetzen.

Quält den Patienten seine verminderte Beherrschung, helfen Gespräche dem Betroffenen mit seiner Scham umgehen zu können. Auch sollte man diese Patienten vor Reizüberflutungen schützen, z. B. von unruhigen Mitpatienten fernhalten.

Bei der **Athymie** (Gemütsverödung) ist der Affekt keinesfalls erloschen. Ein intensiver und guter Kontakt hilft oft noch, hinter der Fassade eine lebhafte und häufig sogar empfindliche Affektivität zu entdecken. Auch wenn die Patienten nicht so erscheinen, so können sie doch sehr sensibel und verletzlich sein. Da diese Personen meist angepaßt erscheinen, werden sie leicht im Stationsalltag übersehen.

15.9 Pflegeplanung

Fallbeispiel: Gerhard O.

Aufnahmediagnose: neurotisch gefärbte Depression mit raptusartigen Aggressionsausbrüchen

Suizidversuch durch Strangulation. Kommt als angekündigte Verlegung aus einem Kreiskrankenhaus, Innere Intensivabteilung.

Aufnahmeprotokoll

Name: Gerhard, O.
Geburtsdatum: 17. Oktober 1963
Beruf: Seit fünf Jahren arbeitslos
Religion: Römisch-katholisch
Familienstand: Geschieden
Zu benachrichtigen: Keine Angaben vom Patienten
Erstaufnahme: 2. Februar 2000
Letzte Aufnahme: —
Aktuelle Aufnahme: 2. Februar 2000
Aufnahmemodus: Freiwillig

Körperliche Selbstversorgung

Nahrungsaufnahme: o. B.
Körperpflege: o. B.
An-/Auskleiden: o. B.
Bewegen/Gehen: o. B.
Ausscheidungen: o. B.

Verständigung/Kommunikation

Verständigung: o. B.
Sinnesorgane: o. B.
Sprache: o. B.
Orientierung: o. B.
Bewußtseinslage: o. B.
Wertsachen: Kleine Herrentasche mit einigen Papieren.
Geld: 24,50 DM

Sozialkontakte/häusliche Versorgung
Besuch von Angehörigen: Wahrscheinlich die Eltern, wissen noch nichts von seiner Überweisung
Besuch von Freunden: Ja
Versorgung nach der Entlassung: Er möchte, daß die Mutter seine Wohnung aufräumt und saubermacht.

Verhalten/Einstellung
Wie erlebt der Patient seine Krankheit? Herr O. gibt an, er bereue anschließend immer seine Wutanfälle. Er kann sich in entsprechenden Situationen aber leider nicht beherrschen.
Hat sich der Patient auf die Situation eingestellt? Nein.

Wünsche zum Wohlbefinden/Sonstiges
Herr O. möchte beraten werden, ob eine Psychotherapie bei ihm sinnvoll ist. Er wünscht sich dann bei der Suche nach einem Therapeuten Unterstützung durch einen Sozialarbeiter. Er verlangt nach einem Medikament gegen seine starken Kopfschmerzen, die er seit der Strangulation hat.

Vorgeschichte
Herr O. brüstet sich mit den vielen nie zu Ende gebrachten Ausbildungen. Immer war er mit seinen Vorgesetzten in Streit geraten und mußte deshalb gehen. Bei der Bundeswehr war er länger als üblich, da er mehrmals in Arrest war, und diese Zeit nachholen mußte.

Aufnahmebericht
Herr O. berichtet von seiner vor vier Jahren geschiedenen Ehe, an deren Ende er allein schuld war. In den täglichen Auseinandersetzungen mit der Ehefrau kam es immer wieder zu Handgreiflichkeiten. Seine Ex-Frau mußte deshalb einmal wegen einer Schulterprellung und einem Schlüsselbeinbruch zwei Wochen in die Klinik.

Als das Gespräch auf seine geschiedene Frau kommt, braust Herr O. schlagartig auf. Er beschimpft sie völlig enthemmt als Schlampe und Satansweib. Auf die Bitte, sich zu mäßigen, wird er augenblicklich ruhig, meint aber „na ja, ist doch wahr“. Das Thema ist beendet und Herr O. erzählt wieder von seinen Erfahrungen als Kraftfahrzeug-Mechaniker, Maurer, Bäcker und Schuhverkäufer.

Pflegeplan: Gerhard O.

Probleme/Ressourcen	Ziele	Pflegemaßnahmen
1. • Zustand nach Suizidversuch	• Nahziele – Beziehungsaufbau – Herr O. soll über Suizid sprechen können • Fernziel: – Patient soll Mechanismen erlernen, um Krisensituationen zu bewältigen	• Bezugsperson anbieten • Patient erhält ein Bett im geschützten Bereich • Noch zu klären: – Beschreibung der Krise und jetziges Erleben – Ernsthaftigkeit der Krise – welche Krisenverstärker gibt es? – Schuldzuschreibungen – Erwartungen an andere und an sich selbst – frühere Krisen und Erleben – Krisensinn und -bedeutung

15

Probleme/Ressourcen	Ziele	Pflegemaßnahmen
2. • Kopfschmerzen durch Strangulation	• Schmerzlosigkeit	• genaue Schmerzbeobachtung • Medikamente nach ärztlicher Anordnung
3. • Krankheitsuneinsichtigkeit mit Aggressivität und Unbeherrschtheit	• Krankheitseinsicht herstellen • Mitarbeit des Patienten fördern	• Grenzen setzen in bezug zur Aggressivität und Unbeherrschtheit, mit für den Patienten absehbaren Folgen, z.B. als letzte Konsequenz Fixierung • dem Patienten die Station und den Stationsablauf erklären • zur Mitarbeit auf der Station motivieren, z.B. soll er sein Bett selbermachen • dem Patienten sinnvolle Tätigkeiten, wie Sport- und Beschäftigungstherapie anbieten • Medikamente nach ärztlicher Anordnung verabreichen
Ressourcen: • Patient ist körperlich gesund • Patient bekommt Besuch von Freunden		

16 Antriebsstörungen

Peter B.

Der in der Psychiatrie verwendete Begriff **„Antrieb"** wird in der Umgangssprache mit Aktivität, Drive, Vitalität, Initiative oder Energie umschrieben.

Als Grundlage aller Aktivitäten des Menschen beeinflußt der Antrieb alle psychischen und motorischen Vorgänge, das Denken und Handeln. Er bestimmt die Lebendigkeit und Spontanität, aber auch die Tätigkeits- und Reaktionsbereitschaft.

Ebenfalls sind kognitive Leistungen, die Aufmerksamkeit und das Interesse einer Person an etwas, davon berührt.

Der Antrieb ist durch Motivation, Bedürfnis, Trieb oder Willen nur bedingt steuerbar.

Die Antriebslage jedes Menschen ist stark von seiner Umwelt abhängig. Durch eine ausgewogene Kost sind wir leistungsfähiger und haben mehr Antrieb als nach einer üppigen Mahlzeit, abgerundet mit einem schweren Rotwein.

Auch können wir in einem großen, hellen Raum konzentrierter arbeiten als in einem kleinen, dunklen Zimmer.

Äußere Reize sind von großer Bedeutung. Fehlen während der frühkindlichen Entwicklung Anregungen von außen, kann sich die Psychomotorik verlangsamen. Vorher aktive Kinder können bei **Reizentzug** apathisch werden. Dauert dieser Zustand länger an, sind gestörte Beziehungen zu Mitmenschen die Folge.

Der Antrieb prägt die Persönlichkeit eines jeden Menschen.

16.1 Verminderter Antrieb

Die Verminderung des Antriebs tritt in unterschiedlicher Ausprägung auf. Der antriebsarme Mensch zeigt **kaum Spontanität**. Äußere Anlässe berühren ihn wenig. Er ist einsilbig und unaufmerksam. Weitere Symptome sind mangelnde Willensstärke, herabgesetzte Entschlußfähigkeit und Verlangsamung.

Die sehr stark ausgeprägte Antriebsarmut nennt man **Antriebssperre** (Stupor). Es ist der Zustand reglosen und stummen Verharrens bei vollem Bewußtsein des Patienten.

Viel häufiger als der Stupor sind die leichteren Ausprägungen von **herabgesetztem Antrieb** (psychomotorische Hemmung) zu beobachten.

Betroffene Personen fallen dadurch auf, daß sie die täglichen Verrichtungen kaum bewältigen. Für Aufstehen, Ankleiden und andere Routinehandlungen brauchen sie unverhältnismäßig lang oder können sich nur schwer dazu entschließen.

Von der Umgebung des Betroffenen wird die Antriebsminderung vielfach als sozialer Rückzug gedeutet.

Die Formen verminderten Antriebs können als Begleiterscheinung organischer Wesensveränderungen oder als Symptom einer depressiven Phase auftreten. Deshalb ist es möglich, daß der Zustand eines stark depressiven Patienten auch als schizophrener Residualzustand fehlgedeutet wird.

16.2 Gesteigerter Antrieb

Der **antriebsgesteigerte Mensch** ist lebhafter als gewöhnlich, er hat viel Schwung und Initiative. Laufend kommen ihm neue Ideen. Um sie mitzuteilen, spricht er mehr und schneller. Diesen gesteigerten Redefluß nennt man **Logorrhoe.**

Ein weiteres Kennzeichen ist ein starker **Bewegungsdrang.** Der Betroffene läuft ständig auf und ab und kann nicht still sitzen oder ringt nervös mit seinen Fingern. Die motorische Unruhe ist in der Regel Ausdruck innerer Unruhe.

16.3 Auftreten der Antriebsstörungen

• Alle schweren körperlichen Krankhciten wie Infektions- und Stoffwechselerkrankungen führen zu einer mehr oder weniger ausgeprägten Antriebsminderung.

• Das endokrine Psychosyndrom entwickelt sich als Folge von Störungen im Hormonhaushalt. Zur Antriebsminderung führen **Unterfunktionen** der Hypophyse, der Schilddrüse, der Nebennierenrinde und der Keimdrüsen.

Häufigste hormonelle Ursache einer Antriebssteigerung ist die **Schilddrüsenüberfunktion.**

• Das organische Psychosyndrom bei **chronischen diffusen Hirnschäden** zeichnet sich zu Beginn der Erkrankung durch Erinnerungsstörungen (amnestisches Psychosyndrom) und Denkverarmung aus. Im fortgeschrittenen Stadium kommt es zu Affektstörungen, Aspontanität, Abstumpfung und Apathie. Unruhezustände sind selten.

• Beim **apallischen Syndrom** (Schwerstschädigung des gesamten Großhirns) ist der Antrieb nahezu erloschen. Der Patient ist zu Reaktionen, wie Blickfixierung oder einer spontanen Äußerung, nicht mehr fähig.

• Bei psychischen Erkrankungen äußern sich Störungen des Antriebs unterschiedlich.

Unter den schizophrenen Verlaufsformen sind die Antriebsstörungen der katatonen Schizophrenie am beeindruckendsten. Der **katatone Stupor,** in dem der Patient unter Umständen zu einer bizarren Statue erstarrt und keinen Kontakt zur Umwelt aufnehmen kann, schlägt evtl. in einen katatonen Erregungszustand mit schwerster psychomotorischer Unruhe um.

Der Antrieb des Manikers ist übermäßig gesteigert. Er fühlt sich extrem vital und strotzt vor Einfallsreichtum. All dies äußert sich in einem beschleunigten Redefluß (s. Kap. 16.2).

Der depressive Patient hat meist einen stark verminderten Antrieb. Schwächegefühl, Schwunglosigkeit, Entscheidungsunfähigkeit und Denkhemmung führen zu einem Rückzug nach innen. Die Bewegungsarmut kann in den **depressiven Stupor** führen.

Der motorische Antrieb des agitiert depressiven Patienten ist gesteigert. Zeichen dieser Unruhe sind stereotypes Jammern, Seufzen und zielloses Hinundherlaufen.

16.4 Pflege bei Antriebsstörungen

Menschen mit Antriebsstörungen fordern das gesamte therapeutische Team. Beispielhaft sollen Probleme in der Pflege eines Manikers und eines depressiven Patienten beschrieben werden.

Der **Maniker** fällt, wie erwähnt, durch seine getriebene Geschäftigkeit, seinen Ideenreichtum und den unermüdlichen Drang, etwas zu verändern oder zu verbessern, auf.

In der akuten Phase besteht die Gefahr, daß der Maniker versucht, das Personal untereinander oder einzelne Berufsgruppen gegeneinander auszuspielen. Werden im Team die Informationen zu diesem Klienten, und die mit ihm beschlossenen Abmachungen gewissenhaft weitergegeben, ist es möglich, Konfliktsituationen frühzeitig abzufangen.

Bei der zornigen Manie wird der Kranke durch sein ständiges Streiten und Querulieren für seine Umgebung unerträglich. Sein Verhalten wirkt eventuell auf andere Patienten ein und löst dadurch Probleme aus.

So kann beispielsweise das überzogene Verhalten des Manikers bei einem vor kurzem noch eigen- oder fremdaggressiven Patienten Aggressionsausbrüche provozieren.

Ein Mensch mit massiv gesteigertem Antrieb belastet meist das Zusammenleben auf einer Station derart, daß allein schon das ein Grund zur Verabreichung von sedierenden Medikamenten sein kann.

Befindet sich der manisch Kranke nicht in einer akuten Phase, kann er das Stationsklima günstig beeinflussen. Bisweilen ist er in der Lage, depressive, antriebsarme Patienten mitzuziehen.

Auch für das Pflegepersonal schafft ein solcher Patient oft Erleichterung, da er zur Mithilfe bereit ist und durch seine ansteckend fröhliche Art das Leben auf Station bereichert.

Der **depressive Patient** mit herabgesetztem Antrieb stellt andere Anforderungen. Wenn er nur eingeschränkt zur Kommunikation fähig ist, braucht er viel persönliche Zuwendung. Depressive Menschen empfinden Zuwendung und Anteilnahme in der tiefen Depression als äußerst wohltuend, auch wenn sie in dieser Phase kaum in der Lage sind, eine Reaktion zu zeigen.

Grundsätzlich ist es wichtig, die Interessen und Möglichkeiten des einzelnen Betroffenen auszuloten und in das individuelle Behandlungskonzept einzubinden. Langanhaltend depressive und selbsttötungsgefährdete Menschen sind häufig über mehrere Wochen auf Akutstationen und benötigen dort Motivation, um ihre vorhandenen Interessen und Ressourcen zu erhalten und auszubauen.

Ein depressiver, schizophrener Mensch mit herabgesetztem Antrieb, der seine Körperpflege in nicht mehr tolerierbarer Weise vernachlässigt, sollte unbedingt

16

dazu angehalten werden, diese wieder voll zu übernehmen.

Eine schwierige Aufgabe stellt sich dem Team in der Betreuung von Patienten, die vorrangig antriebsschwach sind. Es ist nicht einfach, mit einem Menschen umzugehen, der keiner Beschäftigung nachgehen kann, in Therapien nicht mitarbeitet und seine Pflichten auf Station vernachlässigt, aber trotzdem unverändert ausgeglichen wirkt. Da ist eine ununterbrochene Motivation unerläßlich.

Auch die Kontrolle der wichtigen körperlichen Funktionen wie Nahrungsaufnahme und Verdauung ist erschwert. Manche Patienten täuschen aus Angst vor Konsequenzen, wie Sondenernährung oder Einlauf, eine geregelte Funktion vor.

Das ständige Einhalten der gleichen Stellung (Katalepsie), kann zu Organschäden (z. B. Dekubitus bei älteren Menschen) führen. Man sollte grundsätzlich davon ausgehen, daß auch der gesperrte Mensch (Katatonie) sein Umfeld voll und ganz wahrnimmt.

16.5 Pflegeplanung

Fallbeispiel: Karl O.

Aufnahmediagnose: Depressiver Zustand unklarer Genese. Organische Ursachen nicht auszuschließen

Aufnahmeprotokoll

Name: Karl O.
Geburtsdatum: 14. Januar 1946
Beruf: Arbeiter, Rentenantrag läuft seit zwei Jahren
Religion: Evangelisch
Familienstand: Verheiratet
Zu benachrichtigen: Ehefrau oder die zwei Söhne
Erstaufnahme: Etwa vor einem Jahr
Letzte Aufnahme: War erst einmal hier
Aufnahmemodus: Freiwillig

Körperliche Selbstversorgung

Nahrungsaufnahme: Laut Herrn O. ist Essen das einzige, für das ihm der Antrieb nicht fehlt (er ist 1,71 Meter groß und wiegt 101 Kilogramm)
Körperpflege: Ungepflegter Eindruck. Auf die Frage, ob ein Bad vor der körperlichen ärztlichen Untersuchung gewünscht wird, meint die Ehefrau, dies sei unnötig, ihr Mann habe schließlich vor fünf Tagen gebadet.
An-/Auskleiden: o. B.
Bewegen/Gehen: o. B.
Ausscheidungen: Laut Herrn O. problemlos. Muß beobachtet werden!

Verständigung/Kommunikation

Verständigung: o. B.
Sinnesorgane: Laut Herrn O. leidet er unter „Ohrensausen“, Schlaflosigkeit und Vergeßlichkeit
Sprache: o. B.
Orientierung: Für Herrn O. ist es schwierig, das Datum zu nennen. Zu Ort und Zeit ist er orientiert.
Bewußtseinslage: o. B.
Wertsachen: Die Ehefrau nimmt alles mit
Geld: Frau O. hinterlegt fünf Mark beim Pflegepersonal für eventuelle Telephongespräche

Sozialkontakte/häusliche Versorgung

Besuch von Angehörigen: Ehefrau und zwei Söhne
Besuch von Freunden: Keine Angaben
Versorgung nach der Entlassung: Keine Probleme, übernimmt die Ehefrau

Verhalten/Einstellung

Wie erlebt der Patient seine Krankheit: Hat keinen Leidensdruck, aber auch nichts gegen einen eventuell längeren Krankenhausaufenthalt.
Hat sich der Patient auf die Situation eingestellt: Die Ehefrau hat die Organisation übernommen.

Wünsche zum Wohlbefinden/Sonstiges
keine

Vorgeschichte
Herr O. war vor etwa einem Jahr schon einmal stationär in der neurologischen Abteilung dieser Klinik. Untersuchungsergebnisse von diesem Aufenthalt sind weder ihm noch seiner Frau bekannt.

Aufnahmebericht
Frau O. berichtet von einem „Gehirnanfall“, der vor etwas mehr als einem Jahr zur Aufnahme in die Neurologie führte. Ihrer Beschreibung nach kann es ein Schlaganfall gewesen sein (Krankenakte anfordern!).

Sein älterer Bruder sei an der gleichen Krankheit gestorben. Der Vater des Patienten habe die letzten zehn Jahre seines Lebens im Pflegeheim gelebt. Nach fünf Jahren, bis zu seinem Tod, habe er kein einziges Wort mehr gesprochen.

Die Stimmung von Herrn O. sei sehr wechselhaft und schwankt zwischen gereizt und niedergeschlagen. Manchmal wisse er kurz nach dem Essen nicht mehr, was er zu sich genommen hat.

Zur aktuellen Aufnahme führte ein Verwirrtheitszustand, der am Wochenende beim Besuch des Sohnes in Hannover begann. Er hatte in der Nacht das Haus des Sohns im Schlafanzug verlassen. Ein Nachbar, der Herrn O. kennt, brachte ihn zurück.

Herrn O. fällt es sichtbar schwer, dem Aufnahmegespräch zu folgen. Er hat eine monotone, einsilbige Redeweise und wirkt sehr leicht beeinflußbar (suggestibel). Herr O. fühlt sich schwunglos und kann sich im täglichen Leben, etwa beim Einkaufen, kaum noch entscheiden. Dies beeinflußt und belastet ihn sehr.

Nachdem Herrn O. die Station, sein Bett, der Schrank und der Tagesraum gezeigt wird, findet er sich nicht mehr zurecht. Als er feststellt, daß seine Frau gegangen ist, nimmt seine motorische Unruhe zu. Erst nach dem Versprechen, seine Frau anzurufen und sie mit ihm zu verbinden, wird Herr O. ruhiger. Als das Gespräch ungefähr zwölf Minuten später vermittelt wird, weiß Herr O. nichts mehr über die Absprache.

16

Pflegeplan: Karl O.

Probleme/Ressourcen	Ziele	Pflegemaßnahmen
1. • Patient ist teilweise desorientiert und vergeßlich	• Patient soll sich auf der Station zurechtfinden	• Bett, Schrank und Tischplatz farblich gut sichtbar kennzeichnen • Kognitives Training • Patient zur Diagnostik begleiten • Ehefrau soweit als möglich in die Pflege integrieren

Probleme/Ressourcen	Ziele	Pflegemaßnahmen
2. • Patient leidet unter Schlaflosigkeit und Unruhe	• Normaler Schlaf-Wach-Rhythmus	• für ruhige Umgebung sorgen • bei Unruhezuständen des Patienten Zeit nehmen für beruhigende Gespräche • Patient in Sport- und Beschäftigungstherapie anmelden • keine Überforderungen des Patienten • Bedarfsmedikation nach ärztlicher Anordnung
3. • Patient hat Übergewicht	• Nahziel: Gewichtsabnahme • Fernziel: Normalgewicht	• Reduktionskost • zweimal wöchentlich Gewichtskontrolle • Vermittlung eines Gesprächs zwischen Ehefrau und Diätassistentin über eine ausgewogene Ernährung nach der Entlassung des Patienten
4. • ungenügende Körperpflege	• eigenständige, sorgfältige Körperpflege	• Anleitung bzw. Hilfestellung bei der Körperpflege • Dusche und Bad mehrmals in der Woche anbieten
5. • Zustand nach Hirninfarkt, fragliche Hypertonie („Ohrensausen“, Schwindel)	• frühzeitiges Erkennen von Komplikationen	• dreimal täglich Blutdruck- und Pulskontrolle • kontinuierliche Bewußtseinskontrollen • Bedarfsmedikation nach ärztlicher Anordnung verabreichen
6. • Stimmungsschwankungen zwischen „gereizt“ und „niedergeschlagen“	• ausgewogene Stimmung	• kontinuierliche Beobachtung der momentanen Stimmungslage des Patienten • depressive Verstimmungen durch Gespräche auffangen • Medikamente nach ärztlicher Anordnung verabreichen
Ressourcen: • Ehefrau kümmert sich intensiv um ihren Mann • soziale Stabilität ist gegeben		• Auf Auslöser achten

17 Intelligenz

Intelligenz ist die angeborene Fähigkeit oder Begabung, Erfahrungen zu sammeln und sinnvoll zu verwerten. Zahlreiche Einzelfunktionen bilden die komplexe Leistung des Intellekts (s. Tab. 20-1). Man unterscheidet die **praktische Intelligenz** (Fähigkeit zum Rechnen, Sprachverständnis, Einfallsreichtum und Kombinationsfähigkeit) und **theoretische Intelligenz** (Begriffs- und Urteilsbildung).

Ein **Intelligenzdefekt** kann **angeboren** oder **frühkindlich** (Oligophrenie), oder in höherem Lebensalter (Demenz) erworben sein. Es sind folgende Formen zu unterscheiden:

Genetischer Defekt, z. B. bei Stoffwechselstörungen (z. B. Phenylketonurie) oder Chromosomenanomalien (z. B. Trisomie 21).

Pränatal erworbener Defekt, z. B. durch mütterliche Lues, Alkoholmißbrauch, Toxoplasmose, Pharmakanebenwirkungen oder Stoffwechselerkrankungen während der Schwangerschaft.

Peri- oder postnatal erworbener Defekt, z. B. bei Sauerstoffmangel, schweren Infektionskrankheiten im Säuglings- und Kleinkindalter, traumatische Hirnschäden.

Psychogen, z. B. bei Verwahrlosung.

In der Klinik sind die Minusvarianten von Interesse. Sie werden begleitet von affektiv-kognitiven Problemen wie allgemeine Beeinträchtigungen, Mißtrauen, Argwohn, paranoides Mißdeuten und reizbar-dysphorische Verstimmung.

17.1 Oligophrenie

Die Oligophrenien lassen sich in drei Bereiche einteilen.

• **Extrem niedrige Intelligenz**
Eine extrem niedrige Intelligenz bedeutet eine dauerhafte Pflegebedürftigkeit, da die Patienten sprachunfähig sind (unterer IQ-Bereich, oberer IQ-Bereich kann einige wenige Worte lernen) und erwerbsunfähig bleiben.

Typisch sind ein ausdrucksloses Gesicht, Grimassieren, offener Mund (häufig mit Speichelfluß), Schädeldeformation, unkontrollierte Bewegungen, häufig epileptische Anfälle. Ebenso zählen dazu gestörte vegetative Funktionen wie Harn- und Stuhlinkontinenz, sowie Eß- und Schluckstörungen.

• **Sehr niedrige Intelligenz**
Die Betroffenen haben eine eingeschränkte Sprachfähigkeit (einfach und elementar). Sie können einfache Fertigkeiten wie Essen, Trinken, zur Toilette gehen, Ankleiden lernen und einfache handwerkliche Tätigkeiten ausführen. Einfache aber tiefe Gefühlsregungen führen meist zu einer starken Bindung an eine Bezugsperson.

• **Niedrige Intelligenz**
Menschen mit niedriger Intelligenz können sich in einer geeigneten Umgebung gut behaupten. Es genügt häufig die Unterstützung durch Eltern, Lehrer, Arbeitgeber und Sozialarbeiter.

17.2 Demenz

Das dementielle Syndrom, als Folge einer **Krankheit des Gehirns**, verläuft gewöhnlich chronisch oder fortschreitend unter Beeinträchtigung von Gedächtnis, Denken, Orientierung, Auffassung, Rechen- und Lernfähigkeit, Sprache und Urteilsvermögen. Die **Verarbeitung der Informationen** ist beeinträchtigt. Für den Betreffenden wird es immer schwieriger, sich mehr als einer Begebenheit aufmerksam zuzuwenden, z. B. an einem Gespräch mit mehreren Personen teilzunehmen.

Die **kognitiven** Beeinträchtigungen werden meist begleitet von einer verschlechterten emotionalen Kontrolle, dem Sozialverhalten. Es finden sich **keine** qualitativen **Bewußtseinsstörungen.** Der Betroffene ist in den Aktivitäten des täglichen Lebens, wie Waschen, Ankleiden, Essen, persönlicher Hygiene und der Benutzung der Toilette beeinträchtigt.

Depressionen mit motorischer Verlangsamung und Hemmung im Denken dürfen nicht als Verlust der intellektuellen Fähigkeit gedeutet werden. In der Depression kann es zu einem scheinbaren Verlust intellektueller Fähigkeiten kommen. Die Patienten wirken sehr verlangsamt, können scheinbar Fragen nicht oder nicht korrekt beantworten. Bei diesem Phänomen spricht man von einer depressiven Pseudodemenz.

17.3 Pflege bei Intelligenzdefiziten

Nie aufgrund von Verhalten, Sprache und Aussehen auf eine Intelligenzminderung schließen.

Die Pflege bei dementen Patienten ist in Kapitel 22.6 zu finden. Hier soll die Pflege von Menschen mit Oligophrenie dargestellt werden.

Ein **verhaltenstherapeutisches** Vorgehen ist für eine kontinuierliche Pflege notwendig. Das Einbeziehen eines Psychologen ist dabei besonders wichtig. Seine Diagnostik der Minderbegabung (Test) hilft, den Patienten vor Unter- oder Überforderung zu schützen. Die Pflege muß daher stets auf das Intelligenzalter und nicht auf das Lebensalter ausgerichtet sein. Das heißt für das Team, daß in regelmäßigen Dienst- bzw. Fallbesprechungen geklärt werden muß: wie verhalten wir uns wann, welche **Fähigkeiten** (Ressourcen) sind beim Patienten vorhanden und was dürfen Teammitglieder nicht übernehmen (z. B. beim Ankleiden helfen, Brot streichen)?

Die Grundhaltung gegenüber dem Patienten sollte **annehmend-konsequent** sein. Da die Betroffenen gut auf Belohnung reagieren, führt ein sofortiges Lob zu einer positiven Verstärkung.

Bei Verlegungen in andere Bereiche (Heim, Akutstation) ist eine genaue Beschreibung des Patienten (Pflegeplanung), Schutz für ein Zurückfallen in frühere Verhaltensmuster.

Bei Patienten mit niedriger bis sehr niedriger Intelligenz sollte eine deutliche (professionelle) Distanz gewahrt bleiben. Junge Patienten verlieben sich häufig in junge Krankenschwestern oder -Schülerinnen und spüren sehr schnell, wer vom Personal sie besonders bevorzugt. Vom Patienten möglicherweise fehlgedeutet, führt dies sehr schnell zu einem Ausspielen von Teammitgliedern.

Ein minderbegabter Mensch ist nie in allen Bereichen gleich beeinträchtigt.

18 Organisch begründbare Psychosen

Manfred W.

In den meisten Fällen kann man für die Entstehung von Auffälligkeiten bis hin zu einer Psychose keine im Gehirn sichtbare Veränderung finden. Auch die übrigen Untersuchungsergebnisse, wie die Laborwerte oder das Computertomogramm, sind normal. Verschiedene Theorien mit gesicherten Grundlagen besagen zwar, daß die Entstehung einer Psychose mit einer Störung bestimmter Rezeptoren, winzig kleinen Anbindungsstellen, in umschriebenen Bereichen des Gehirns zusammenhängt. Diese Veränderungen lassen sich jedoch am lebenden Menschen nicht nachweisen, so daß sich der seelisch Kranke in der Regel vom körperlichen Zustand her nicht von einem seelisch Gesunden unterscheidet.

Eine körperliche Erkrankung, beispielsweise ein Hirntumor, oder bestimmte Stoffe wie Drogen oder Gifte, können jedoch auch manchmal Ursache oder Mitauslöser für die Entstehung einer seelischen Erkrankung werden.

Bei Heilung der Krankheit bzw. Beseitigung der schädigenden Substanz verschwindet auch die Störung, wenn das Gehirn nicht von der Erkrankung so geschädigt ist, daß es sich nicht mehr erholen kann.

Die seelische Veränderung ist das Symptom einer organisch faßbaren Erkrankung. Oft kommt es nicht nur in einem Bereich des Erlebens zu Veränderungen, sondern auch zu Verlangsamung oder Konzentrationsschwächen.

Vereinzelt entstehen ganz typische, komplette Krankheitsbilder mit allen dazugehörigen Symptomen, beispielsweise eine Schizophrenie, so daß man diese Krankheit gar nicht auf den ersten Blick von einer klassischen, „normalen“ Schizophrenie unterscheiden kann.

Nur die Kenntnis der organischen Ursache erlaubt die Zuordnung zu den organisch bedingten Erkrankungen. Man spricht dann von einer **symptomatischen oder organischen bzw. exogenen Psychose.**

Aus dem oben Gesagten ergibt sich, daß bei jedem Patienten, besonders wenn die seelische Erkrankung zum ersten Mal auftritt oder mit einer schwereren anderen Erkrankung verbunden ist, nach möglichen körperlichen Gründen für die seelischen Veränderungen gesucht werden muß.

In psychopathologischer Hinsicht gibt es Auffälligkeiten, die Hinweise auf das Vorliegen einer organischen Psychose geben können. Diese werden im folgenden als Leitsymptome besprochen. Auf die Grunderkrankung bezogen sind sie jedoch unspezifisch, das heißt, eine Thalliumvergiftung beispielsweise kann ganz ähnliche seelische Symptome hervorrufen wie eine Hirnhautentzündung.

Man teilt die organischen Psychosen in zwei Hauptgruppen ein, in

- akute, reversible organische Psychosen mit dem Leitsymptom einer mehr oder weniger stark ausgeprägten Bewußtseinsstörung.
- chronische, irreversible organische Psychosen mit dem Leitsymptom des Abbaus der Persönlichkeit und der Intelligenz.

Eine sichere Aussage über die Reversibilität ist im konkreten Fall nicht durch den psychopathologischen Befund möglich. Diese ergibt sich vielmehr im Verlauf der Erkrankung.

18.1 Akute reversible Formen der organischen Psychose

Das Leitsymptom der akuten reversiblen Form der organischen Psychose ist die Bewußtseinsstörung

18.1.1 Organische Psychosen mit Bewußtseinsstörungen

Zu einer **quantitativen Bewußtseinsstörung** gehören Störungen der

- **Aufmerksamkeit:**
  Zugewandtheit zur Umwelt, Patient kann dem Gespräch nicht richtig folgen.
- **Auffassung:**
  Beispielsweise ist das Verstehen von Fragen erschwert.
- **Gedächtnis:**
  Der Patient kann sich an verschiedene Dinge nicht erinnern.
- **Orientierung:**
  Oft ist die räumliche und zeitliche Orientierung gestört. Der Patient beantwortet Fragen wie: „Wo sind Sie hier?“ – „Welches Datum oder welche Jahreszeit haben wir?“ ungenau oder falsch.
- **Denken:**
  Oft verlangsamt, bisweilen verworren.
- **Amnesie:**
  Häufig besteht eine Erinnerungslücke für die Zeit der Bewußtseinsstörung.

Das Gedächtnis (Mnestik) des Patienten kann durch verschiedene Aufgaben getestet werden.

Ultrakurzzeitgedächtnis (unmittelbares Behalten: 10 bis 30 Sekunden):

Der Patient bekommt mehrere einstellige Zahlen hintereinander genannt. Normalerweise ist es möglich, sich etwa sechs Zahlen oder Worte zu merken und zu wiederholen, auch in umgekehrter Reihenfolge.

Kurzzeitgedächtnis (von einer Minute bis 20 Minuten):

Nach einer Ablenkungszeit von etwa zwei bis drei Minuten kann der „Gesunde" etwa noch fünf der sechs genannten Zahlen wiederholen.

Langzeitgedächtnis (unbegrenzte Dauer):

Zum Testen des Langzeitgedächtnisses gehören die Frage nach dem Hochzeitstag oder den Daten von Beginn und Ende des Zweiten Weltkrieges.

Um die **Aufmerksamkeit und Konzentration** zu überprüfen, wird der Patient gebeten, von 100 immer 3 abzuziehen und das Ergebnis laut zu nennen oder, bei schlechten Rechnern, die Monate des Jahres rückwärts aufzusagen.

Bei den angesprochenen Krankheitsbildern findet eine **quantitative** Herabsetzung der Bewußtseinshelligkeit statt. Je nach Ausprägung der Störung unterscheidet man,

- leichte Verhangenheit, Dösigkeit
- Somnolenz, schläfrige Müdigkeit, der Patient wacht auf Ansprechen auf
- Sopor, stärkere Trübung der Wahrnehmung. Kurze Reaktion auf lautes Anrufen und starke Schmerzreize
- Koma. Bewußtlosigkeit. Wecken nicht mehr möglich, keine Reaktion auf Reize

Es kann jedoch auch eine **qualitative Bewußtseinsänderung** eintreten, bei der neben einer geringen Bewußtseinsstörung Halluzinationen oder Verfolgungswahn vorliegen.

Beispiele für die qualitative Bewußtseinsstörung

- **Verwirrtheit**

Mit inkohärentem Gedankengang, meist mit ängstlich agierter Grundstimmung.

- **Delir**

Ebenfalls meist ängstlich gefärbt, mit erheblicher motorischer Unruhe und oft optischen und akustischen Halluzinationen, häufig mit szenenhaftem Charakter.

- **Dämmerzustand**

Hier ist die Bewußtseinstrübung oft gar nicht richtig faßbar. Das Bewußtsein ist vielmehr eingeengt durch eine Einbuße an Besinnungs- und Steuerungsfähigkeit. Vorkommen bei Epilepsien, im pathologischen Rausch und gelegentlich bei Enzephalitiden. Auch die Hypnose kann beispielsweise als ein durch beabsichtigte Suggestion herbeigeführter Dämmerzustand bezeichnet werden.

18

18.1.2 Organische Psychosen ohne Bewußtseinsstörungen

Diese Psychosen werden auch als **Durchgangssyndrom** bezeichnet. Hier ist eine Reihe organisch begründbarer Psychosen, deren gemeinsames Merkmal die Reversibilität und das Fehlen der Bewußtseinsstörung sind, zusammengefaßt.

Es gibt prinzipiell drei Richtungen, in die sich die reversible Form der organischen Psychose entwickeln kann.

Die **akute symptomatische Psychose** heilt mit der Grunderkrankung aus.

Das **reversible Psychosyndrom** mündet in ein **irreversibles Psychosyndrom.**

Der Patient stirbt daran, beispielsweise im Alkoholentzugsdelir.

Als grobe Orientierung zur Ätiologie der organischen Psychosyndrome ist zu sagen, daß bei den akuten, reversiblen körperlich begründbaren Psychosyndromen primär hirnfremde (extrakranielle) Erkrankungen überwiegen, beispielsweise bei schweren Allgemeinerkrankungen („er spricht im Fieberwahn"), bei Stoffwechsel- und Kreislaufstörungen oder bei Intoxikationen.

Chronische, irreversible körperlich begründbare Psychosyndrome haben ihre Ursachen meist in diffusen, strukturellen Erkrankungen und Schäden des Gehirns.

An dieser Stelle soll kurz auf die Diagnostik der körperlich begründbaren Psychosen eingegangen werden, weil es nicht selten vorkommt, daß körperliche Veränderungen, die auf eine organische Psychose hinweisen, zuerst dem Pflegepersonal (z. B. diskrete Halbseitenschwäche beim Waschen) auffallen.

Da den organischen Psychosen eine

körperliche Erkrankung zugrunde liegt, ist eine gründliche Diagnostik die wichtigste Voraussetzung für eine sinnvolle Therapie.

Erster Schritt dabei ist die **ärztliche Untersuchung.** Je kompetenter sie vorgenommen wird, um so gezielter können später technische Untersuchungsverfahren eingesetzt werden.

Die ärztliche Untersuchung umfaßt neben einer genauen Analyse der psychischen Auffälligkeiten, beispielsweise die typische Bewußtseinsstörung, auch die körperliche Untersuchung, mit internistisch-neurologischem Schwerpunkt.

Hinweise auf die Grunderkrankung geben unter anderem Reflexdifferenzen, Gangunsicherheiten, Störungen der Hirnnerven oder andere allgemeine körperliche Symptome (Fieber).

Je nach Befund sollte die Routinediagnostik durch gezielte Diagnostik wie Speziallabor, Liquoranalyse, EEG, CCT oder auch Kernspintomographie ergänzt werden.

18.2 Chronische irreversible Formen der organischen Psychose

Das Leitsymptom der chronischen irreversiblen Form der organischen Psychose ist die organische, bleibende Persönlichkeitsveränderung.

18.2.1 Das pseudoneurasthenische Syndrom

Dabei kommt es zu einem nervösen Erschöpfungszustand bei organischen Erkrankungen. Zu den Symptomen gehören hauptsächlich Reizbarkeit, Erschöpfung, Konzentrations- und Schlafstörungen und ein subjektives Schwächegefühl, das sich in einer abnormen Ermüdbarkeit ausdrückt.

Pseudoneurasthenische Syndrome können auch im Vorfeld einer organischen Hirnerkrankung (Hirntumor, Hirnarterienverkalkung oder Hirnschrumpfungsprozesse) auftreten oder sich für einige Wochen an schwere Allgemeinerkrankungen (Infektionskrankheiten, operative Eingriffe) anschließen.

18.2.2 Dauerhafte Wesensänderungen

Es gibt eine isolierte, also nicht mit dementiellem Abbau einhergehende organische Persönlichkeitsveränderung, die häufig die Änderung der Dynamik der Persönlichkeit betrifft. Es können drei Typen unterschieden werden,

- der apathisch-antriebsarm-langsam-schwerfällige Typ
- der euphorisch-umständlich-distanzlos-geschwätzige Typ
- der reizbar-unbeherrscht-enthemmte Typ

Wichtig bei den dauerhaften Wesensänderungen ist, daß sich keine persönlichkeitsfremden Züge beim Patienten finden, sondern extreme Ausprägungen bestimmter Charaktereigenschaften.

Zu einer wirklichen Änderung des Wesens kommt es durch Hirnprozesse wie Hirntumoren oder Verletzungen im Bereich der Stirn- und Schläfenlappen, Großhirnentzündungen (Enzephalitiden), Pick-Erkrankung oder Creutzfeldt-Jakob-Erkrankung. Diese Patienten tun dann oft Dinge, die ihrem Grundcharakter fremd sind. So kann es beispielsweise zum Verlust von Anstand, Takt oder Schamgefühl, aber auch zu sexueller Enthemmung kommen.

18.2.3 Die ausgeprägten Demenzen

Demenzen sind erworbene Intelligenzdefekte infolge einer Hirnerkrankung. Sie gehen mit einem irreparablen, häufig langsam fortschreitenden Abbau der intellektuellen Fähigkeiten, vor allem der Erinnerungsfähigkeit, einher. Mehr dazu findet sich im Kapitel 22, Gerontopsychiatrie.

Der Begriff der Demenz darf nicht verwechselt werden mit dem Begriff der **Oligophrenie** (Schwachsinn oder Debilität), die definitionsgemäß ein angeborener oder frühkindlich erworbener **Intelligenzmangel** ist.

Die chronischen körperlich begründbaren Psychosen verlaufen in seltenen Fällen fortschreitend bis zu einer Demenz. In vielen Studien zeigte sich, daß auch die im Kern irreversiblen organischen Psychosyndrome in hohem Maße situativ beeinflußbar sind. Daraus ergeben sich natürlich auch Konsequenzen für den Umgang mit solchen Kranken und deren Therapie.

Bei körperlich begründbaren Psychosen muß zunächst die körperliche Grundkrankheit kuriert werden. In vielen Fällen folgt dann eine Besserung der seelischen Erkrankungen. So kann beispielsweise ein Hirntumor entfernt oder bei einer Unterfunktion der Schilddrüse das Schilddrüsenhormon ersetzt werden.

Ist eine Therapie des Grundleidens nicht möglich, so versucht man, die Symptome des organischen seelischen Leidens zu dämpfen oder zu eliminieren. Dem sehr erregten Patienten werden dann beispielsweise beruhigende Medikamente gegeben.

Auch bei den sogenannten irreversiblen organischen Psychosen ist eine unterstützende Therapie indiziert, selbst wenn die Hirnveränderung bleibt. So wurde festgestellt, daß auch bei pseudoneurasthenischen und dementiellen Syndromen das Ausmaß ihrer Ausprägung und die Progredienz von vielen Umständen abhängen, etwa der seelischen Belastung oder mangelnden Ansprache.

Im folgenden werden einzelne Krankheitsbilder, die häufig zu organisch begründbaren Psychosen führen, besprochen. Inwiefern sie im einzelnen zu den akuten reversiblen oder zu den chronisch irreversiblen Psychosen gehören, hängt von vielen Faktoren ab. Von besonderer Bedeutung ist dabei, wie lange der schädigende Einfluß auf das Gehirn gewirkt hat.

18.3 Psychosen bei schweren Allgemeinerkrankungen und körperlichen Streßsituationen

18.3.1 Psychosen bei Infektionskrankheiten

Bei allen Infektionskrankheiten kann es zur Mitbeteiligung des zentralen Nervensystems kommen. Dies geschieht entweder durch Direktschädigung oder durch Mitbeteiligung im Rahmen der Allgemeinsymptome (Fieber).

Relativ häufig sind organische Psychosen bei Sepsis, Grippe, Typhus abdominalis und Pneumonien zu beobachten. Ein Beispiel für die Beschreibung einer organischen Psychose und gleichzeitig ein schöner Fall für eine illusionäre Verkennung ist die bekannte Ballade vom Erlkönig, in der das Kind im Fieber Bäume als Menschen verkennt.

18.3.1.1 Psychosen bei Aids

Von besonderem Interesse ist eine Form der organischen Psychose, die erst seit wenigen Jahren bekannt ist, die hirnorganischen Veränderungen bei aidskranken Patienten. Aus neuropathologischen Untersuchungen ist bekannt, daß 80 Prozent aller Aids-Kranken eine Beteiligung des ZNS (zentrales Nervensystem) aufweisen. Weiter ließ sich ermitteln, daß mindestens jeder zweite Patient im Rahmen seiner HIV-Infektion unter einer der folgenden psychischen Veränderungen leidet.

Häufig kommt es bereits in sehr frühen Stadien zu einem zunächst leicht ausgeprägten **dementiellen Abbauprozeß** mit kognitiven Einbußen. Die Konzentrationsfähigkeit nimmt ab, die Patienten klagen über **Merkfähigkeitsstörungen.**

Es kommt, nicht nur durch die Schwere der Erkrankung und die infauste Prognose bedingt, in einem hohen Ausmaß zu **Depressionen.**

Delirante Syndrome oder paranoide Symptome sind selten.

An **neurologischen Symptomen** finden sich häufig Tremor, Koordinationsstörungen und Störungen der Feinmotorik.

Eine Therapie der seelischen Veränderungen durch die HIV-Infektion wird immer eine symptomatische sein.

Als wichtige Hilfe haben sich stützende Gespräche in einem die Kranken mittragendem Umfeld, auch mit ebenfalls Betroffenen, bewährt. Im Einzelfall kann auch die Gabe von sedierenden oder angstlösenden Medikamenten indiziert sein. In der Praxis begeben sich jedoch viele HIV-Infizierte wegen der schlechten Prognose gar nicht in psychiatrische Behandlung.

18.3.1.2 Psychosen bei Luesinfektionen

Bei der Geschlechtskrankheit Lues (Syphilis) handelt es sich um eine Infektion mit **Treponema pallidum,** die in verschiedenen Stadien verläuft (s. weiterführende Literatur). Im dritten und vierten Stadium kommt es, teilweise viele Jahre oder Jahrzehnte nach der Erstinfektion, zur Mitbeteiligung des ZNS. Dies wird als **Neurolues** bezeichnet.

Im Tertiärstadium sind häufig **mnestische Störungen** und Verflachungen des Persönlichkeitsprofiles zu beobachten.

Ein sehr beeindruckendes psychopathologisches Bild zeigt sich bei der sogenannten **progressiven Paralyse,** einer subakuten bis chronischen Meningoenzephalitis (Entzündung des Gehirns und der Gehirnhäute) im vierten Stadium der Syphilis. Dabei treten akute Psychosen auf mit ausgeprägtem, teilweise vollkommen unsinnigem Größenwahn in Verbindung mit erheblicher Antriebssteigerung. Aber auch depressive oder paranoide Psychosen werden beschrieben. Bei einem großen Teil der Patienten ist ein voranschreitender dementieller Abbau zu verzeichnen.

18.3.2 Psychosen bei Erkrankungen innerer Organe

Führt man sich vor Augen, daß das **Gehirn** das Organ mit dem höchsten Sauerstoffverbrauch bezogen auf seine Masse ist, so ist es leicht verständlich, daß jede größere Störung in dem Gefüge von Sauerstoffaufnahme (Lunge) und Sauerstofftransport (Herz und Gefäße) zu einer Minderung oder Fehlfunktion der Gehirntätigkeit und damit zu psychischen Veränderungen führen kann.

Ein weiteres Organ, das beim Auftreten organischer Psychosyndrome eine wichtige Rolle spielt, ist die Entgiftungszentrale des Körpers, die **Leber.** Ist sie geschädigt, etwa bei einer Leberzirrhose, so kommt es durch die Intoxikation zu psychischen Auffälligkeiten jeglicher Art, vor allem zu dementiellen Abbauprozessen.

Ungefähr 15 Prozent der Leberzirrhosepatienten haben ein irreversibles organisches Psychosyndrom.

18.3.3 Psychosen nach Operationen

Sie sind in ihrem Symptombild uneinheitlich, können in jedem Alter auftreten und zeigen eine Abhängigkeit von der Dauer und der Schwere des Eingriffs bzw. der Narkose.

18.3.4 Psychosen bei Vitaminmangel

Beim Vitamin-B_{12}-Mangel treten neben den typisch organischen Veränderungen auch Psychosyndrome auf, die den endogenen Psychosen täuschend ähnlich sind. Die seelischen Störungen gehen den somatischen Symptomen wie Anämie, Störungen der Tiefensensibilität und des Gefühls, Muskelschwäche, sensible Ataxie manchmal voraus. Die Therapie besteht in der parenteralen Gabe von Vitamin B_{12}.

Auch Vitamin-B_1-Mangel kann zu symptomatischen Psychosen führen.

18.4 Psychosen durch Störungen des Hormonhaushaltes

Die meisten Störungen des Hormonhaushaltes (Endokrinopathien) können zu Veränderungen von Antrieb und Stimmung führen. Dies soll an einzelnen Beispielen kurz verdeutlicht werden. Auch die nicht näher erläuterten Störungen der inneren Sekretion wie Morbus Addison, Hyperprolaktinämie oder das Phäochromozytom zählen zu den Psychoseverursachern.

18.4.1 Psychosen bei Funktionsstörungen der Schilddrüse

Die **Schilddrüsenunterfunktion** (Hypothyreose) führt zu leichter Ermüdbarkeit, psychomotorischer Hemmung, Antriebsverarmung, Apathie, und bei dauerhaft fehlenden Schilddrüsenhormonen zu einer Demenz.

Die **Überfunktion der Schilddrüse** (Hyperthyreose), mit der häufigsten Erscheinungsform, der Basedow-Erkrankung, führt zu Tachykardie, Tremor, vermehrter Schweißneigung, Nervosität, Schlafstörungen und zu einer deutlichen Antriebssteigerung, die teilweise sogar in maniformen und deliranten Symptomen gipfeln kann.

18.4.2 Psychosen bei erhöhtem Glukokortikoidspiegel (Cushing-Syndrom)

Bei einer Erhöhung der Blutkortikoide (Cortison oder Cortisol) aufgrund von krankheitsbedingter vermehrter Sekretion aus der Nebennierenrinde oder durch Medikamente verursacht, kommt es nicht nur zu den typisch körperlichen Symptomen, wie Gewichtszunahme mit der **klassischen Fettverteilung** (Mondgesicht, Stiernacken und Stammfettsucht), Hautveränderung, erhöhten Blutdruckwerten, Muskelschwäche und Osteoporose.

Bei 40 Prozent aller Cushing-Syndrome finden sich psychopathologische Auffälligkeiten im Sinne von vermehrter Irritabilität, Ängstlichkeit, Niedergeschlagenheit, leichter Ermüdbarkeit und schlechter Konzentrationsfähigkeit. Es können auch euphorische und manische Zustände auftreten.

18.4.3 Psychosen bei Störungen des Kalziumhaushaltes

Die Mehrzahl der Hyperkalziämien (Erhöhung des Kalziumwertes im Blut) wird durch Hyperparathyreoidismus (Überproduktion des Parathormons) bzw. bösartige Tumoren hervorgerufen. Typisch seelische Störungen sind vor allem Müdigkeit, Lethargie und depressive Verstimmungen.

In 10 Prozent der mit Lithium behandelten affektiv erkrankten Patienten kommt es zu einer Hyperkalziämie. Das Parathormon ist dabei erhöht.

Die **Hypokalziämie** (Erniedrigung des Blutkalziumwertes) ist wesentlich seltener als die Hyperkalziämie, kann jedoch ganz ähnliche Symptome wie diese zeigen.

18.4.4 Psychosen bei Diabetes mellitus

Ein bis drei Prozent der Gesamtbevölkerung in Deutschland leiden an Diabetes mellitus.

Studien belegen, daß die Häufigkeit von Depressionen bei Patienten mit Diabetes mellitus (sowohl Typ I als auch Typ II) größer ist als in einer nicht-diabetischen Vergleichsgruppe.

Umgekehrt findet man bei Patienten mit mittelschwerer oder schwerer Depression gelegentlich eine **Glukoseintoleranz** (erhöhte Blutzuckerwerte), die nach der Gesundung von der affektiven Erkrankung nicht mehr nachweisbar ist, und die vermutlich durch den bei solchen Patienten erhöhten Spiegel an Kortikoiden bedingt ist.

Kommt es bei der Zuckerkrankheit zur **Hypoglykämie** (Unterzucker), so kann dies in vielen Fällen zu **Panikattacken** führen. Symptome wie Angst, Zittern, Kaltschweißigkeit und Tachykardie stehen im Vordergrund.

18.4.5 Wochenbett- und Schwangerschaftspsychosen

Psychosen im Wochenbett und in der Laktationsperiode sowie die viel selteneren Psychosen in der Schwangerschaft werden vermutlich durch eine **Hormonumstellung** ausgelöst. Meist handelt es sich um depressive Krankheitsbilder, aber auch schizoaffektive und schizophrene Syndrome werden beobachtet.

18.5 Psychosen bei Vergiftungen (Intoxikationen)

Chronische Vergiftungen mit Blei, Quecksilber oder Schwefelwasserstoff gehen häufig mit **pseudoneurasthenischen Psychosyndromen** einher.

Bei akuten Intoxikationen mit Schwermetallen, Phosphor, Kohlenmonoxid oder Thallium, beispielsweise, kann es aufgrund einer **hämorrhagischen Pseudoenzephalitis** zu deliranten Symptomen kommen.

18.6 Psychosen bei Medikamenten- und Drogenmißbrauch

Bei vielen Formen von Ge- und Mißbrauch von Medikamenten und bei jedem Typ von Drogenabhängigkeit können bei der Anwendung oder beim Entzug der Mittel eine Vielzahl von symptomatischen, **drogeninduzierten** Psychosen auftreten. Diese sind meist reversibel.

In seltenen Fällen kann der Patient auch „auf einem Trip bleiben“, das heißt, die durch Drogen erworbene Psychose wird chronisch und therapieresistent. Dies ist besonders bei Halluzinogenen, wie LSD und Meskalin sowie vielen Designerdrogen (Beispiele: Exstasy, Angel dust) der Fall.

In Studien wurde nachgewiesen, daß ein jahrelanger Abusus von „harmlosem“ Haschisch (Canabis) in einem hohen Prozentsatz der Fälle zu einem pseudoneurasthenischen Syndrom und einem Aushöhlen der Persönlichkeit führt.

18.7 Psychosen bei traumatischen Hirnschädigungen

18.7.1 Psychosen bei Gehirnerschütterung (Commotio cerebri)

Die **Commotio cerebri** führt zu einer reversiblen Hirnschädigung ohne nachweisbares organisches Korrelat. Hält eine Bewußtlosigkeit länger an, besteht der Verdacht, daß eine **Contusio cerebri** (Gehirnprellung) vorliegt.

Nach der Bewußtlosigkeit folgt meist eine Bewußtseinstrübung und nicht selten ein Durchgangssyndrom (Kap. 18.1.2).

Die Patienten haben für den Zeitraum der Bewußtseinstrübung und Bewußtlosigkeit eine Erinnerungslücke, die **anterograde Amnesie**.

Ein Teil der Patienten kann sich auch an die vor dem Trauma liegenden Ereignisse und an das Trauma selbst nicht erinnern. Dies wird als **retrograde Amnesie** bezeichnet. Sie bildet sich nicht selten vollständig, manchmal auch nur partiell, zurück. Fehlende Rückbildungstendenzen und große Ausdehnung sprechen gegen eine reine Gehirnerschütterung, mehr für eine **Gehirnprellung bzw. -quetschung.**

Die von den Patienten am meisten geklagten Beschwerden entsprechen denen eines pseudoneurasthenischen Bildes, bei dem es in manchen Fällen auch zu einer reaktiven Fixierung auf die postkommotionellen Beschwerden kommt.

Therapeutisch wird strenge Bettruhe verordnet sowie eine Behandlung der vegetativen Dysregulationen.

18.7.2 Psychosen bei Hirnprellung (Contusio cerebri)

Bei der Contusio cerebri kommt es meist zur Bewußtlosigkeit für einige Stunden bis Tage, sowie einer Bewußtseinstrübung und schweren Durchgangssyndromen bis zu mehreren Wochen.

Bei manchen Patienten entwickelt sich eine deutlich produktive Symptomatik mit deliranten, maniformen oder paranoid halluzinatorischen Bildern (Kontusionspsychosen). In diesen Zuständen sind die Betroffenen in einem erheblichen Maße kritikgemindert und sehen die Ernsthaftigkeit der Erkrankung oft nicht ein. Sie wollen das Krankenhaus verlassen. Die Gefahr einer Eigengefährdung, die krankheitsbedingt in ihrer Tragweite nicht erkannt wird, muß bei einer Entscheidung über den Entlassungswunsch des Patienten sehr genau abgewogen werden.

Die Therapie umfaßt zunächst intensivmedizinische Maßnahmen, anschließend steht die Rehabilitation in Familie und Beruf im Vordergrund.

18.8 Psychosen bei gefäßbedingten Hirnprozessen und zerebralen Zirkulationsstörungen

18.8.1 Psychosen bei chronischen zerebralen Durchblutungsstörungen

Hier ist die Multiinfarktdemenz besonders hervorzuheben, die im Kapitel 22, Gerontopsychiatrie, ausführlich besprochen wird.

18.8.2 Psychosen bei akuten zerebralen Durchblutungsstörungen

Kommt es zu einem größeren **Hirninfarkt,** der beispielsweise die Sprachzentren des Gehirns betrifft, so wird das „Nicht-sprechen-Können“ und oft auch das „Nicht-verstehen-Können“ vom Patienten als sehr beängstigend empfunden. Dies führt meist zu Unruhe bzw. Agitiertheit und ist sehr oft mit **Affektlabilität** verbunden. Affektlabilität bedeutet, daß der Patient sehr schnell von einer Stimmung zur entgegengesetzten Affektlage wechselt. Daran ist vielfach eine **Affektinkontinenz,** also das scheinbar hemmungslose Zeigen von Gefühlen gekoppelt. So fangen die Patienten beispielsweise im Gespräch aus vollkommener Ausgeglichenheit heraus an, bitterlich zu weinen, wenn die Unterhaltung auf ein trauriges oder unangenehmes Thema kommt.

Treten zusätzlich im Rahmen von Hirninfarkten **apraktische Störungen** auf, so darf das oft hilflose Hantieren der Patienten nicht als psychomotorische Unruhe oder gar delirante Symptomatik fehlgedeutet werden.

Nach Hirninfarkten sind oft depressive Verstimmungen zu beobachten, die behandelt werden müssen.

18.8.3 Psychosen bei Hirnblutungen

Da auch Psychosen bei Hirnblutungen Ausfallerscheinungen wie Gefäßverschlüsse machen können, gilt für sie prinzipiell das im Abschnitt über akute zerebrale Durchblutungsstörungen Gesagte. Führen Hirnblutungen als Komplikation zur Hirndrucksteigerung, so machen sie die gleichen seelischen Veränderungen wie raumfordernde intrakranielle Prozesse (s. Kap. 18.9).

18.8.4 Degenerative Hirnprozesse

Im Rahmen von degenerativen Hirnprozessen wie Alzheimer-Krankheit, Pick-Erkrankung, Jakob-Creutzfeldt-Krankheit, aber auch Parkinson-Krankheit, kommt es meist zu **dementiellen Abbauprozessen,** die im Kapitel 22, Gerontopsychiatrie, ausführlich besprochen werden.

18.9 Psychosen bei raumfordernden intrakraniellen Prozessen

Zu den raumfordernden intrakraniellen (im Gehirnschädel gelegenen) Prozessen zählen Tumore, Blutungen und Hirnödeme (toxisch, vaskulär). Prinzipiell ist jede intrakranielle Raumforderung, unabhängig von der Ursache, eine primär bedrohliche Erkrankung. Fast jede Raumforderung macht direkt oder indirekt **Druck** auf das Gehirn und führt dadurch zu einer **Minderdurchblutung** und damit zu Schäden.

Klinisch sind die zwei Verlaufsformen bei einer Hirndrucksteigerung wichtig,

- **Akute intrakranielle Drucksteigerung**
  Rasch zunehmende Bewußtseinstrübung mit Benommenheit, Schläfrigkeit und schließlich Bewußtlosigkeit (Koma).
- **Allmähliche Hirndrucksteigerung**
  Verlangsamung aller psychischen Funktionen, mnestische Defizite, leichte Benommenheit und Verhangensein und ein häufig stumpfer Gesichtsausdruck.

Es ist wichtig, diesen Prozeß zu erkennen und ein solches Psychosyndrom nicht einfach dem „normalen Altersabbauprozeß“ zuzuordnen.

Wichtig sind in diesem Zusammenhang auch die neurologischen **Hirndruckzeichen** wie Kopfschmerz, Schwindel, breitbeiniger, unsicherer Gang, Stuhl- und Urininkontinenz, Erbrechen, Stauungspapille.

Therapeutisch steht eine **Druckentlastung** (neurochirurgisch) und, wenn möglich, die Sanierung des Grundleidens im Vordergrund.

18.10 Psychosen bei Epilepsien

Da die Epilepsie eine recht häufige Erkrankung ist und in vielen Fällen mit seelischen Veränderungen einhergeht, sollen sie an dieser Stelle ausführlich besprochen werden.

Bei den psychischen Veränderungen, die bei Epilepsien auftreten können, unterscheidet man ebenfalls zwischen reversiblen Psychosyndromen und irreversiblen, chronischen Psychosyndromen.

18.10.1 Reversible Psychosyndrome bei Epilepsien

- **Delirien oder Dämmerzustände**
  Der Patient hat ein delirantes Erleben mit Verkennung der Umgebung, Einengung des Bewußtseins und Kritikminderung, das teils mit erheblichen Aggressionsausbrüchen verbunden ist.
  Die Symptomatik kommt nach einem Anfall (postiktal), aber auch zwischen den Anfällen (interiktal) vor.

- **Schizophrene oder manisch oder depressiv aussehende Durchgangssyndrome**
  Sie treten unabhängig von Anfällen, in erster Linie bei psychomotorischen Epilepsien auf.

- **Aspontane Durchgangssyndrome** mit Tage bis Monate anhaltender Apathie.

- **Psychomotorische Anfälle;** dreamy states, Dämmerattacken

Sie sind geprägt durch oneiroide Erlebnisformen, Deja-vue-Erlebnisse, Dejavecu-Erlebnisse, aufsteigende Mißempfindungen mit Geruchs- und Geschmackssensationen, Sekunden bis Minuten andauernd.

18.10.2 Irreversible und chronische Psychosyndrome bei Epilepsien

Epileptische Wesensänderungen werden bei etwa 50 Prozent der Epilepsien gesehen und teilen sich grob in zwei Typen.

- **Enechetisch-hyperstabiler-hypersozialer Typ**
  Die Patienten sind im Gedankengang haftend, zähflüssig, umständlich und schwerfällig, kleben an Einzelheiten.

- **Pseudopsychopathisch-hyperlabiler-dissozialer Typ**
  Das Symptombild ist gekennzeichnet durch leichte Erregbarkeit und Verstimmtheit, Instabilität, Suggestibilität, Neigung zu Haltlosigkeit.

Die sichere Zuordnung eines bestimmten Typs von Wesensänderung zu einem Anfallstyp und/oder EEG-Typ ist bis heute durch die Unspezifität der Psychosyndrome noch nicht gelungen. Auch eine für die Epilepsie spezifische Wesensänderung existiert nicht. Die oben beschriebenen Phänomene kommen zwar gehäuft bei Patienten mit Epilepsien vor, können aber auch bei sehr vielen anderen Hirn- oder Allgemeinerkrankungen beobachtet werden.

In Untersuchungen fanden sich bei 3,8 Prozent der Epilepsiekranken schizophrene Psychosen. Diese Rate liegt deutlich über der Krankheitserwartung der Durchschnittsbevölkerung.

Noch in den 30er Jahren wurden bei über 75 Prozent der Anfallskranken Demenzen beobachtet. Sie ist durch die sachgerechte, sofort beginnende antikonvulsive Therapie fast vollkommen verschwunden. Mit Hilfe der modernen Antikonvulsiva erreicht man bei etwa 70 Prozent der Patienten eine Anfallsfreiheit.

19 Endogene Psychosen

Vorangestellt sei, daß der Ausdruck „endogen“ nicht ganz korrekt ist, denn es ist höchst unwahrscheinlich, daß eine Psychose rein endogen, also nur von innen heraus, völlig unabhängig von Körper und Umwelt, entsteht.

Ist eine Psychose körperlich nicht begründbar, das heißt nicht auf definierbare Krankheiten, die das Gehirn unmittelbar oder mittelbar betreffen, zurückzuführen, zählt man sie meist zu den Psychosen des **schizophrenen** oder **zyklothymen Formenkreises.** Bis heute sind die Krankheitsursachen (Ätiologie) der endogenen Psychosen nicht bekannt. Man weiß, daß es im Gehirn der Erkrankten Veränderungen gibt, die auch biochemisch erklärbar sind. Solche Veränderungen können an Dopaminrezeptoren bei schizophrenen Psychosen, oder im Serotonin-, Adrenalin- und Noradrenalinstoffwechsel bei den Depressiven sein. Die genauen Vorgänge sind jedoch noch nicht ausreichend erforscht.

Bei den endogenen Psychosen gibt es eine **Reihe von gemeinsamen Merkmalen.**

- Im Gegensatz zu den exogenen Psychosen ist keine somatische Ursache nachweisbar.
- Eine Zuordnung kann weder zu den körperlich begründbaren Psychosen, noch zu den Variationen seelischen Wesens erfolgen.
- Die Diagnose wird lediglich an Hand der Psychopathologie gestellt.
- Ergebnisse aus der Familienforschung der vergangenen fünfundzwanzig Jahre lassen auf eine vorwiegend erblich bedingte Ursache schließen. Es sind eindeutige **familiäre Häufungen** bekannt, allerdings ist daraus kein genauer Erbgang abzuleiten. Dies läßt auf eine multifaktorielle Entstehung schließen. Nach heutigem Wissensstand ist davon auszugehen, daß eine gewisse erbliche Vorbelastung (Prädisposition) besteht, die Krankheit aber erst auftritt, wenn schwerwiegende äußere Umstände hinzukommen.

Der **Verlauf** hat sicherlich Eigengesetzmäßigkeiten. Zusätzlich beeinflussen Umweltfaktoren und die Persönlichkeit vor Ausbruch der Psychose, die Entwicklung der Krankheit.

Neben den eindeutig schizophrenen oder zyklothymen Verlaufsformen werden die sogenannten **Mischpsychosen** beschrieben. Diese „Zwischen-Fälle“ zeigen sowohl schizophrene als auch zyklothyme Symptome.

19.1 Zyklothymien

Es gibt viele Synonyme für die Zyklothymie, das am häufigsten gebrauchte, die **„manisch-depressive Psychose“,** erklärt sich beinahe von selbst. Es handelt sich um eine krankhafte Gemütsverstimmung, die sich in zwei entgegengesetzten Formen, **Manie** und **Depression,** entwickeln kann.

Die Zyklothymien verlaufen in **Phasen.** Die Krankheit wiederholt sich nach mehr oder weniger regelmäßigen Intervallen. Daher auch die Begriffe „phasische“, „zirkuläre“ oder „zyklische“ Zyklothymie. Die Phasen verlaufen entweder **ausschließlich depressiv oder manisch** oder **bipolar depressiv und manisch.** Zwischen den einzelnen Perioden kommt es gewöhnlich zu einer völligen Ausheilung (Remission), also zur Normalisierung des Gemütszustandes.

Das vorherrschende Symptom zyklothymer Erkrankungen ist die Affektstörung (Gefühlsstörung).

In Tabelle 19-1 sind die Gefühlsstörungen und auch weitere manische und depressive Symptome zu Gegensatzpaaren zusammengestellt. Das heißt aber nicht, daß Depression und Manie gegensätzliche Zustände sind, jedoch ist durch diese Annahme ein leichteres Eindenken möglich.

Den depressiven Kleinheitswahn kann man dem manischen Größenwahn gegenüberstellen, ebenso die Denkhemmung des Depressiven dem flüchtigen Denken des Manikers.

Tab. 19-1 Gegenüberstellung zyklothymer Symptome

Manische Verstimmung	Depressive Verstimmung
Ideenflucht	Denkhemmung
Antriebssteigerung	Psychomotorische Hemmung
Gehobenes Vitalitätsgefühl	Vitales Darniederliegen
Manischer Größenwahn	Depressiver Kleinheitswahn

Die Prognose ist im allgemeinen recht gut, wird aber durch die **hohe Selbstmordrate** bei den Depressionen stark getrübt. Besonders zu Beginn einer depressiven Phase oder gegen Ende (in der Zeit der ersten Besserung) ist das Suizidrisiko hoch. Eine Ursache, warum gerade in der Zeit der Besserung die Selbsttötungsgefahr besteht, liegt darin, daß die depressive Antriebsstörung (-minderung) manchmal zurückgeht, bevor sich die Stimmung bessert. Die Stimmungsaufhellung „hinkt" hinterher, der Patient ist dann durch die wiedergewonnene Energie in der Lage, Selbsttötungsgedanken zu verwirklichen.

In Statistiken über die **Häufigkeit der Zyklothymie** wird ein Anteil unter einem Prozent an der Gesamtbevölkerung genannt. Diese Angaben fallen vermutlich zu gering aus, da sie sich auf klinische Untersuchungen stützen, und die leichteren Verlaufsformen, die von niedergelassenen Psychiatern behandelt werden, nicht berücksichtigt sind (Abb. 19-1).

Knapp zwei Drittel der Erkrankungen verlaufen rein depressiv (65 Prozent), ein Drittel entfällt auf die bipolaren Formen (28 Prozent). Nur sehr wenige Menschen erkranken monopolar-manisch (3 bis 6 Prozent).

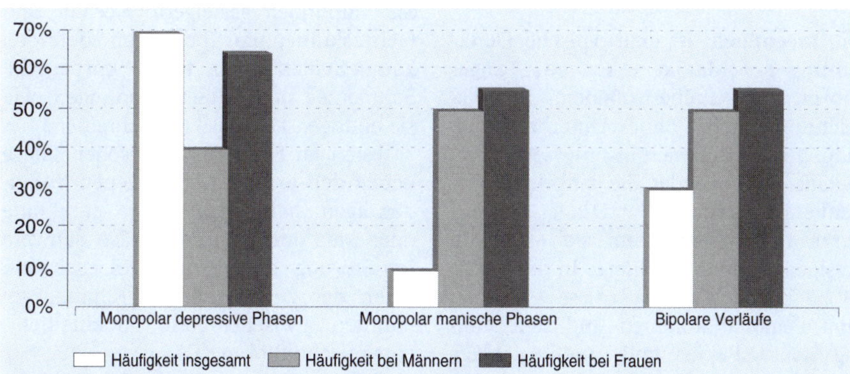

Abb. 19-1 Verlaufsformen der Zyklothymie und die Verteilung nach Geschlechtern

19.1.1 Monopolar manische Zyklothymien

Die **manische Verstimmtheit** zeigt sich in grundloser Heiterkeit, Übermut und einer oft ansteckenden gehobenen Stimmung. Ein übersteigertes Selbstwertgefühl, das häufig mit reduziertem Fremdwertgefühl einhergeht, empfinden die Patienten selten als ein Problem. Manische Menschen haben über ihre Eigenwahrnehmung, zumindest auf dem Höhepunkt der Manie, kaum eine Möglichkeit, ein Krankheitsgefühl oder eine Krankheitseinsicht zu entwickeln.

Im Gegensatz zum Depressiven verspürt ein manisch verstimmter Mensch nur selten einen so starken Leidensdruck, daß er psychiatrische Hilfe sucht.

Typen manischer Verstimmtheit,

- Heiter-fröhlich
- Gereizt-streitsüchtig
- Getrieben-tobsüchtig.

Der Maniker mit gehobener Stimmung und gesteigertem Antrieb ist in seinem Umfeld ein gern gesehener Alleinunterhalter. Steigert sich jedoch sein Antrieb und äußert sich in nicht endender Geschäftigkeit und erhöhter Aktivität, wird das dann oft als lästig empfunden.

Der schwerste Grad der Antriebssteigerung (psychomotorische Erregung) ist die Tobsucht.

Die **Ideenflucht** ist eine typische Denkstörung des Manikers. Er redet, angespornt von unübertroffenem Einfallsreichtum, meist ohne Unterbrechung. Häufig verliert er sich in unwesentlichen Details und beendet die einzelnen Gedankengänge nicht. Der Drang, sich anderen mitzuteilen, kann sich auch in emsigem Schreiben äußern. In der Praxis ist zu beobachten, daß diese Patienten zum Personal kommen und sich ständig neues Papier und Briefumschläge holen.

Eine fehlende Ideenflucht wird als **geordnete Manie** bezeichnet.

Ein charakteristisches Merkmal der manischen Antriebsstörung ist die **leichte Anregbarkeit.** Sehr gut erkennbar ist das an endlosen Briefen. Sie sind am Anfang ordentlich geschrieben, aber mit zunehmender Länge und neuen Einfällen wird das Schriftbild krakelig und die Sätze unvollständig.

In der akuten Phase ist der Patient nicht in der Lage, bei der Sache zu bleiben, er springt von einem Gesprächsstoff zum nächsten und läßt sich durch äußere Eindrücke ablenken. Der assoziative Zusammenhang der Themen (von „Hölzchen“ auf „Stöckchen“ und „Stöckelschuh“) ist in der Regel noch nachvollziehbar. Ist dies nicht mehr möglich, spricht man von einer **Denkzerfahrenheit.**

Die erheblichen Denkstörungen hindern den Maniker in den Krankheitsphasen, wirklich produktiv zu sein. So kann ein manischer Architekt beispielsweise trotz seinem geringen Schlafbedürfnis und der deutlichen Antriebssteigerung in drei Tagen kein ganzes Haus konstruieren, obwohl er pausenlos davon spricht.

Aus der gehobenen Stimmungslage resultieren **positive Vitalitätsgefühle.** Die manischen Patienten fühlen sich äußerst leistungsfähig, stark, gesund und potent. Sie empfinden gesteigerte Körper- und Geisteskräfte und benötigen dennoch kaum Schlaf. Ihnen fehlen körperliche Schmerzen oder Mißempfindungen, wie sie endogen Depressive beschreiben.

Treten im Hoch der manischen Phase neben den gerade beschriebenen Veränderungen halluzinatorische, paranoide oder katatone Symptome also schwere Ich-Störung auf, handelt es sich um einen der zu Beginn des Kapitels genannten „Zwischen-Fälle“ um eine Schizomanische Störung.

Menschen in manischen Hochphasen haben Gedanken mit wahnähnlichen Inhalten, die schnell wechseln und locker spielerisch geäußert werden. Der **manische Wahn** ist aus der überhöhten Grundstimmung ableitbar.

Ein Patient ist unverrückbar der Meinung, daß er nachts auf der Autobahn an seinem Auto kein Licht anschalten muß, da er mit seinen „hervorragenden Augen" nachts genausogut sehen kann wie am Tag.

Das Verhalten von manischen Patienten ist häufig von übermäßigem Kaufen gekennzeichnet (z.T. auch unverständlichem wie z. B. sieben Waschbecken).

19.1.2 Monopolar depressive Zyklothymien

Die **depressive Verstimmung** ist ein Leitsymptom der endogenen Depression. Sie kann sich in einer leichten Gedrücktheit bis hin zum Absterben jeglicher Gefühle, begleitet von schweren Insuffizienz- und Entwertungstendenzen der eigenen Person, ausdrücken. Depressive Verstimmtheit tritt häufig zusammen mit **Traurigkeit** auf. Der Gesichtsausdruck ist leidend, die Mimik verarmt, die Sprechweise eintönig und verlangsamt. Der Körper wirkt schlaff, und die Motorik reduziert.

Bei ausgeprägten Depressionen wird der eigene Zustand als aussichtslos, ein Weiterleben als unnütz empfunden. Der Schritt zur Selbsttötung als letztem Ausweg scheint unumgänglich.

Versiegt beim Weinen die Tränensekretion, spricht man vom **„tränenlosen Weinen"**.

Die Patienten empfinden den **plötzlichen Gefühlsverlust** als sehr quälend. Die Unfähigkeit, den nahen Bezugspersonen (Ehepartner, Geschwister, Kinder) Sympathie entgegenzubringen oder überhaupt etwas zu empfinden, beschreiben Betroffene als „Gefühl der Gefühllosigkeit". Daraus entsteht häufig ein Grund zur **Selbstanklage.**

In ihrer **tiefen Hoffnungslosigkeit** erklären Patienten oft, daß sie nur noch Wände um sich herum sehen, oder daß sie sich wie in einem tiefen Loch fühlen, aus dem sie das Tageslicht nicht einmal mehr erahnen können. Sie sehen alles negativ, glauben auch nicht, daß es überhaupt einmal besser werden kann. Ein erstes Ansprechen der Therapie ist daran erkennbar, daß es dem weiterhin schlechtgehenden Kranken möglich ist, sich eine Besserung vorstellen zu können.

Die Hemmung ist **psychomotorisch,** da sie die Bewegung und Entschluß- und Handlungsfähigkeit betrifft. In seltenen Fällen ist sie bis zum **depressiven Stupor,** einem Verharren in Bewegungslosigkeit, gesteigert. Diese Starre kann auch auf Aufforderung, manchmal sogar durch Schmerzreize, nicht unterbrochen werden.

Psychomotorisch gehemmte Menschen berichten, daß sie sich kaum zu einer Tätigkeit aufraffen können, und schon die einfachsten Alltagsverrichtungen unglaublich schwerfallen. Sie sind auch kaum fähig, angefangene Arbeiten zu Ende zu bringen.

Bei einem Großteil der Patienten mit stark ausgeprägten depressiven Phasen ist diese Hemmung morgens am stärksten. Der Tag steht nach dem Aufstehen wie ein unüberwindlicher Berg vor dem Betroffenen.

Durch das „Nicht-mehr-Schaffen" des Alltags und die depressive Verstimmung entsteht in vielen Fällen ein Teufelskreis. Die Patienten sehen, daß ihre Leistungsfähigkeit abnimmt, obwohl sie doch eigentlich nicht körperlich krank sind. Nicht selten gipfeln solche Insuffizienzgefühle dann in einer Selbsttötung.

Menschen mit einer ausgeprägten **Denkhemmung** wirken im Gespräch ein-

19

silbig, kurz gefaßt und fast stumm. Ihr Denken kreist um wenige, negativ besetzte Themen (Grübelzwänge).

Nachlassen der Konzentration und der Aufnahmefähigkeit führen öfter zu einer Fehldeutung der intellektuellen Fähigkeiten eines Patienten (depressive Pseudodemenz).

Gehemmtes Denken ist im Erleben ähnlich der neurotisch bedingten Verlegenheit und der allgemeinen Schüchtern- oder Selbstunsicherheit.

Eine häufige, vitale Verlaufsform der Depression ist die sogenannte **larvierte** (maskierte) **Depression.** Dabei stehen die leiblichen Mißempfindungen und vegetativen Störungen im Vordergrund. Der Patient klagt über Schmerz oder Druck im Brust-, Magen- oder Kopfbereich. Die Symptome des larviert depressiven Menschen führen ihn häufig über Umwege, die gelegentlich einer Odyssee von Arzt zu Arzt gleichen, zum Psychiater.

Die eigentliche Ursache, die Depression, versteckt sich hinter den körperlichen Symptomen. Sie sind nicht Ausdruck einer organischen Krankheit, sondern maskieren die vorhandenen seelischen Symptome.

Ganz eng verbunden mit den Vitalitätsstörungen sind die **vegetativen Symptome,** die bei fast allen Depressionen zu sehen sind. Besonders häufig sind Appetit- und Verdauungsstörungen, aber auch Mundtrockenheit, Herzrhythmusstörungen, Libido- und Potenzverlust, Gewichtsabnahme, Haarausfall und Absinken der Körpertemperatur zu beobachten. Schlafprobleme jeglicher Art gehören ebenfalls zu den Krankheitszeichen.

Wahnvorstellungen, wie Schuld-, Versündigungs-, Verarmungs-, hypochondrischer und nihilistischer Wahn sind bei Depressiven häufig. Die Inhalte der Gedanken sind negativ. Sie beinhalten beispielsweise das eigene Versagen, bedingt durch „vitales Darniederliegen", oder den festen Glauben, die Familie nicht mehr ernähren zu können, da die eigene Arbeitsfähigkeit scheinbar nie wieder zu erreichen ist.

Die absolute Gewißheit, Unkorrigierbarkeit und unerschütterliche Überzeugung (Kriterien des Wahns), sind hier ebenfalls Symptome.

Gegenstand der Selbstvorwürfe sind meist kleine Verfehlungen aus der Kindheit oder unangemessene moralische Schuldgefühle (Onanie, Diebstahl von Obst aus Nachbars Garten, Gedanken an die Frau eines Freundes etc.). Andere Patienten können die Ursache ihrer Schuldgefühle nicht konkretisieren („Ich bin an allem schuld, ich weiß nicht warum, aber es ist mit Sicherheit so").

Die Überzeugung, an Krebs, einer Geschlechtskrankheit oder Aids zu sterben, kann sich ebenfalls zur wahnhaften Gewißheit ausweiten (hypochondrischer Wahn).

Einige Patienten glauben auch, ihren Lebensunterhalt nicht mehr bestreiten zu können. Sie essen beispielsweise kaum noch etwas. Sie sind trotz vielfacher Beteuerungen und Erklärungen des Krankenhauspersonals davon überzeugt, daß die Krankenkasse den „teuren Aufenthalt" nicht bezahlt (Verarmungswahn).

Gelegentlich treten **hypomane Nachschwankungen** im Anschluß an eine depressive Phase auf. Die Stimmung und das Gefühl der Patienten treten über ihren normalen Level, sie sind „ein bißchen manisch". Diese Erscheinung klingt meist nach kurzer Zeit wieder ab.

19.1.3 Bipolar manisch-depressive Zyklothymien

Eine **bipolare Zyklothymie** liegt vor, wenn ein Patient sowohl manische als auch depressive Phasen durchlebt. Zwischen den Perioden kommt es zu einer Vollremission. Die Dauer der gesunden Zeit kann unterschiedlich lang sein, von Stunden bis Jahren. Die Richtung der folgenden Phase ist meist nicht voraussehbar. Es ist jede Variante möglich, chronisch Erkrankte beschreiben teilweise ihren individuellen Phasenzyklus.

Wenn bei einem Patienten die Phasen sehr schnell wechseln, wird er „**rapid cycler**" („Schnell-Wechsler") genannt. Therapeutisch ist dies oft nur sehr schwer beeinflußbar.

Hier kommen Medikamente zur Phasenprophylaxe wie Lithium, Carbamazepin oder Valproat zum Einsatz.

19.1.4 Pflege manischer Patienten

In der Psychopathologie wurden schon einige pflegerische Probleme genannt. Hier sollen noch ein paar Ergänzungen folgen.

Maniker verbreiten in den meisten Fällen Unruhe auf Station. Sie brauchen Bewegung und Abwechslung, können sich aber nicht dauerhaft auf eine Sache konzentrieren. Besonders störend wirkt sich dies aus, wenn manische Patienten an Spielen und anderen Tätigkeiten teilnehmen wollen, ihnen aber die Ausdauer fehlt, sie zu beenden.

Die übertriebene **manische Heiterkeit** kann für Pflegepersonal und Mitpatienten sehr belastend sein. Manche Maniker bereichern aber auch eine Abteilung, wenn sie durch ihren Ideenreichtum und die gehobene Stimmung andere mitreißen.

Die **Aktivitäten dieser Patienten** müssen unter Umständen gebremst werden, um sie selbst vor unnützen oder selbstschädigenden Handlungen zu bewahren. Beispiele sind ihre umfangreichen, aber unsinnigen Einkäufe und Bestellungen (ein Patient kauft beim Ausgang hundert verschiedenfarbige Handtücher), oder ihre Neigung, alles zu verschenken. Dies kann manische Patienten schnell in den finanziellen Ruin stürzen. Der Versuch, die Betroffenen mit Argumenten von ihrem Vorhaben abzubringen, ist meist erfolglos. Vorteilhafter sind Ablenkungsversuche, durch die sie, zumindest zeitweise, auf andere Ideen gebracht werden. In der Regel benötigen Maniker dämpfende Medikamente, um selbstschädigendes Verhalten zu verhindern. Die manischen Patienten können die Notwendigkeit einer Medikation nur selten nachvollziehen, da sie sich in ihrer durchweg guten Stimmung kaum krank fühlen.

Zeichnen und Schreiben ist bei manischen Patienten besonders beliebt. Durch Anwesenheit und die Teilnahme von Pflegepersonen an den Aktivitäten ist es möglich, die Ausdauer der Maniker zu verlängern und ihre Konzentrationsfähigkeit zu steigern. Ist der Betroffene ausreichend krankheitseinsichtig und verläßlich, helfen ihm körperliche Aktivitäten wie Sport oder Spazierengehen.

Die Antriebssteigerung des gereizten Manikers kann trotz stark sedierender Therapie so schwerwiegend sein, daß es selbst für erfahrenes, geschultes Personal äußerst schwierig ist, mit ihm umzugehen. Hier hat sich die **Bezugspflege** bewährt, in der eine Krankenschwester oder ein -pfleger als feste Bezugsperson während des Klinikaufenthalts eingeteilt ist. Im Idealfall gelingt es, eine tragfähige Beziehung zu dem Patienten aufzubauen.

Sind mehrere leicht reizbare Patienten auf Station, beispielsweise ein Maniker und ein hirnorganisch veränderter Kranker, so kann es auch einmal zu Handgreiflichkeiten kommen. Die Bezugsperson muß die **tätlichen Auseinandersetzungen** verhindern, indem sie zwischen den beiden Gegnern vermittelt. Erfahrungsgemäß arrangieren sich Maniker untereinander, so daß es bei ihrem Zusammenleben keine Schwierigkeiten gibt.

Maniker sind manchmal **distanzlos** und werden deshalb von der Umwelt als belastend empfunden. Es kann schon einmal vorkommen, daß ein manischer Patient dem Pflegepersonal oder den Ärzten um den Hals fällt oder nackt über den Flur läuft. In solchen Fällen ist es günstig, ihn ganz ruhig daran zu hindern. Viele Patienten sprechen nach dem Abklingen ihrer akuten Phase diese Vorfälle an und berichten, daß ihnen ihr Verhalten dann sehr unangenehm sei (wie das distanzlose anzügliche Verhalten männlicher Patienten gegenüber dem weiblichen Personal). Es ist wichtig, dem Maniker zu bestätigen, daß das Stationspersonal weiß, daß er während dieser Vorfälle krank war und sich nicht unter Kontrolle hatte.

Bei depressiven und manischen Patienten ist auf Stimmungswechsel und **Änderungen in der Antriebslage** besonders zu achten. Sie sollten umgehend dem Arzt berichtet werden. Er kann die Medikation anpassen, denn eine Beruhigung eines Manikers kann nicht nur ein Zeichen einer Besserung sein, sondern ebenso ein plötzliches Umkippen in eine Depression.

19.1.5 Pflege depressiver Patienten

Obwohl depressive Patienten durch ihre Krankheit teilnahmslos erscheinen, sind sie häufig sehr **sensibel und leicht verletzbar,** auch wenn sie es nicht sofort zeigen. Sie nehmen gut wahr, obwohl sie apathisch und zurückgezogen leben. In gesunden Phasen erinnern sie sich meist an Gegebenheiten aus der Depression. Registrieren sie die Vorgänge auf Station, so gilt ihre Aufmerksamkeit vor allem dem Negativen, beispielsweise Äußerungen über ihre Person. Manche Depressive sind sehr schockiert über die lange Aufenthaltsdauer anderer Patienten. Pflegende sollten die Gründe dafür erklären (ohne die Schweigepflicht zu verletzen) und dadurch dem Betroffenen etwas die Angst nehmen.

Auch wenn die Betroffenen desinteressiert wirken, müssen sie so ausführlich informiert werden wie jeder andere Patient auch.

Viele Depressive sind auf die Hilfe des Pflegepersonals bei der Körperpflege angewiesen. Jedoch muß die Selbständigkeit des Patienten schnell wieder aktiviert werden.

Es besteht die Gefahr, daß gehemmt Depressive überversorgt oder wie kleine Kinder behandelt werden.

Begleitend zu Antriebsarmut und -hemmung leiden viele depressive Patienten unter Appetitlosigkeit. Grund können auch wahnhafte Vorstellungen sein wie, „ich darf nichts essen, sonst komme ich in die Hölle – ich muß Buße tun" oder „wenn ich esse, verhungern die Kinder in Afrika". Deshalb ist es sehr wichtig, auf eine **ausreichende Ernährung und Flüssigkeitszufuhr** zu achten. Eine totale Nahrungsverweigerung kann auf Suizidabsichten hinweisen. Im Extremfall ist die Ernährung über eine Magensonde angezeigt.

Ein weiteres Pflegeproblem ist die Verdauung des Patienten. Depressive leiden sehr oft an Verstopfung, die als Nebenwirkung antidepressiver Medikamente auftritt oder primäres Krankheitszeichen sein kann.

Bei **Altersdepressionen** ist die Überwachung von Puls, Blutdruck, Atmung und Ausscheidung notwendig.

Enttäuschend und bedrückend beim Umgang mit depressiven Menschen ist, daß sie zwar oft nach **Trost** verlangen, letztendlich aber untröstlich sind. Gutgemeinte Tröstungsversuche und Gesten der Verbundenheit lindern ihr Leid nur für einen kurzen Augenblick. Selbst wenn die angebotene Anteilnahme überflüssig erscheint, ist es wichtig, den Patienten das Gefühl zu geben, daß sie in ihrem Leid ernstgenommen werden. Gleichzeitig ist zu vermitteln, daß die Depression nur eine Phase in ihrem Leben darstellt, aus der sie, auch wenn sie es jetzt nicht glauben, wieder herauskommen.

Gespräche und Zuhören sind wichtige Aufgaben in der Pflege depressiver Menschen. Viele Depressive berichten in der Phase der Besserung, wie gut es ihnen tat, daß „endlich" jemand zugehört hat, auf sie eingegangen ist und sie in ihrer Niedergeschlagenheit angenommen hat. Sie brauchen eine **tragfähige therapeutische Beziehung.** Eine aufgesetzte freundliche Miene oder gekünstelte Anteilnahme schadet nur (beispielsweise auf die Schulter zu klopfen mit dem Spruch „Das wird schon wieder“). Ebenso kann spontane Heiterkeit auf der Station auf Depressive eher bedrückend wirken. Es ist wichtig, für diese Menschen eine angenehme und persönliche Atmosphäre zu schaffen.

Das **Morgentief** ist ein häufiges depressives Symptom. Es ist für manchen Patienten schon hilfreich, wenn er im Bett liegenbleiben darf, bis sich seine Stimmung ein wenig gebessert hat. Dies ist ein Beispiel dafür, daß Regression (zurückgehen, sich gehen lassen) in der Psychiatrie durchaus therapeutischen Charakter haben kann. Der Patient darf aber nicht das Gefühl bekommen, daß er übersehen wurde oder den Stationsablauf störe. Nach einiger Zeit muß der Betroffene allerdings wieder aktiviert werden.

Es fällt oft schwer, depressive Patienten zu beschäftigen, besonders, wenn jegliches Interesse für die Umwelt fehlt. Sie zu **aktivieren,** erfordert viel Geduld und Einfühlungsvermögen, um vorhandene oder weckbare Interessen zu finden. Der eine findet Freude an kleinen, ihm gewohnten Alltagsarbeiten, wie Mithilfe in der Küche, der andere ist eher zum Malen, Tonarbeiten oder Seidenmalerei zu bewegen.

Bei depressiven Patienten mit einer epileptischen Wesensänderung kann der depressive Zustand sehr schnell in Gereiztheit und Aggressivität umschlagen. Das kann für sie und ihre Umwelt besonders gefährlich werden und ist zu berücksichtigen.

Einen Zugang zu den Mitpatienten finden Depressive nur schwer. Es dauert oft lange, bis sie mit anderen näheren Kontakt aufnehmen. Die Patienten sollten zu sämtlichen Unternehmungen der Station eingeladen werden. Oft halten sie sich noch für unfähig, an Gemeinschaftsveranstaltungen teilzunehmen. Je nach Schwere der Depression oder dem Stand der Besserung, können sie durchaus sanft gedrängt werden. Die depressiv Verstimmten können Teile der Festvorbereitung übernehmen, um ihr Selbstwertgefühl zu stärken. Diese Patienten sind meist besonders gewissenhaft. Ein **Lob** nach getaner Arbeit hilft immer.

Religiöse Gedanken spielen oft eine große Rolle bei depressiven Patienten. Gott wird nur als strenger Richter gesehen, von dem sie sich verlassen fühlen. Manchmal hindert der tiefe Glaube die Patienten auch vor Verzweiflungstaten. Klinikseelsorger können dem Menschen in seiner Depression Trost und Hoffnung spenden. Im Einzelfall sollten sich Pflegepersonal, Ärzte und Seelsorger über das gemeinsame Vorgehen absprechen.

19.1.6 Der Suizid

Depressive sind besonders suizidgefährdet. Die insgesamt gute Prognose der Zyklothymien wird durch die hohe Suizidrate bei der endogenen Depression, wie erwähnt, erheblich vermindert.

Seit einigen Jahren steigt die Zahl der Selbsttötungen kontinuierlich an. Besonders auffällig ist der Zuwachs bei den Heranwachsenden. Der Suizid steht heute an dritter Stelle der Todesursachen bei Männern dieser Altersgruppe. Die Zahl der Menschen, die sich selbst töten, lag in Deutschland in den neunziger Jahren bei durchschnittlich 13 000 pro Jahr.

Suizide kommen bei Schizophrenien, Zyklothymien, psychoreaktiven Störungen und Suchten vor, seltener bei organischen Psychosyndromen. Zu den gefährdeten Personen gehören sozial isolierte und existentiell bedrohte Menschen (beispielsweise religiös oder politisch Verfolgte), chronisch oder unheilbar Kranke sowie ältere Personen. Alleinstehende flüchten sich doppelt so häufig in einen Suizid wie Verheiratete.

Es sind verschiedene Ausprägungen der Selbsttötung zu unterscheiden. Den größten Anteil machen die **Kurzschlußreaktionen** aus, bei denen zwischen dem ersten Suizidgedanken und der Tat selten mehr als 24 Stunden liegen. Die sogenannten **Bilanzselbsttötungen,** die erst nach sorgfältiger Planung, dann aber konsequent vorgenommen werden, sind eher selten.

In statistischen Untersuchungen über die **Art der Selbsttötung** steht an erster Stelle die Medikamentenüberdosierung, meist mit Schlafmitteln, gefolgt von Pflanzenschutzmitteln (E 605) oder anderen Giften (sogenannte weiche Suizide). Pulsadereröffnung oder Erhängen (harte Suizide) sind ebenfalls häufig. Vor einen Zug werfen, den Sturz aus großer Höhe, Sich-Erschießen oder Ertränken, kommen seltener vor. Um die letzten Hemmungen und Ängste zu beseitigen, werden viele Selbsttötungsversuche unter Alkoholeinfluß begangen.

Ein altes Vorurteil lautet, „Leute, die vom Selbstmord sprechen, tun es nicht". Jedoch ist genau das Gegenteil der Fall. **Personen, die von Suizid sprechen, sind besonders gefährdet.** Der Selbsttötung geht, außer bei Psychotikern, ein **präsuizidales Syndrom** voraus. Erste Anzeichen sind starke Einsamkeitsgefühle, in die sich die Betroffenen hineinsteigern. Sie vernachlässigen mitmenschliche Kontakte. Der innere Rückzug führt nicht selten zu sozialer Isolierung. Aggressionen und Vorwürfe, die gegen die Mitmenschen oder die eigene Person gerichtet sind, folgen. Weitere Anzeichen sind schmerzliche Resignation und Ankündigung der Selbsttötungsabsicht. Phantasien über den eigenen Suizid und über die Leiden, die anderen Menschen durch den Suizid zugefügt werden, gehören zur Endphase.

Nicht selten ist ein Selbsttötungsversuch ein letzter, planloser **Hilferuf.** Manchmal ist eine mögliche Rettung einkalkuliert. Die Angehörigen oder Bekannten werden alarmiert, die Umwelt in Angst versetzt, um Aufmerksamkeit in einer bestimmten Situation zu erlangen.

Es gibt verschiedene **Hinweise auf eine bestehende Suizidgefahr,** dazu gehört eine schwere depressive Verstimmung, vorangegangene Suizidversuche, direkte oder indirekte Selbsttötungsdrohungen und konkrete Vorstellungen oder Vorbereitungen, wie der Suizid vollzogen werden soll. Allgemein gilt, daß das Risiko bei sehr konkreten Vorstellungen höher ist als bei unkonkreten, und daß Personen, denen sich die Selbsttötungsgedanken passiv aufdrängen, ohne daß sie sich dagegen wehren, besonders gefährdet sind.

Selbst für erfahrene Psychiater ist es nicht immer eindeutig zu erkennen, ob Selbsttötungsdrohungen ernstgemeint sind und einen realen Hintergrund haben, oder als Druckmittel eingesetzt werden. Der Ernst der Tötungsabsicht läßt sich weder an der verwendeten Substanz noch an der Dosis des eingenommenen Medikaments ablesen.

Jede Selbsttötungsdrohung oder jeder Suizidversuch ist ernst zu nehmen!

Ist die erste Schwelle einmal überschritten, steigt die Neigung, weitere Suizidversuche zu unternehmen. Selbst die plötzliche Verbesserung einer Depression kann ihre Ursache darin haben, daß ein Patient erleichtert ist, weil er den festen Entschluß zur Selbsttötung endlich gefaßt hat. Er hat für sich endlich eine Lösung gefunden.

Noch vor wenigen Jahren bestand die Auffassung, keine Fragen nach Suizidabsichten zu stellen, denn man befürchtete, durch **gezieltes Nachfragen** die Absicht bei latent Suizidalen zu verstärken. Heute gilt die einhellige Meinung Suizidgedanken oder Suizidabsichten offen anzusprechen. Patienten sind oft erleichtert, wenn sie ihre Suizidgedanken an- und aussprechen können.

Die Suizidgefährdung kann nach dem Fragenkatalog von Professor Dr. W. Pöldinger (Abb. 19-2) grob eingeschätzt werden. Besteht Unsicherheit über die Selbsttötungsgefährdung eines Meschen, sollten die Fragen in ein Gespräch eingebunden sein. Natürlich dürfen sie nicht nacheinander gestellt werden, sonst verweigert der Patient die Antworten, da er vermuten kann, daß es sich um einen Test handelt.

Das ganze therapeutische Team muß über die Suizidgedanken eines Patienten informiert sein, um eine Selbsttötung zu verhindern.

Allerdings kann es beim sogenannten **Raptus melancholicus,** durch den plötzlich einschießenden suizidalen Impuls mit unmittelbar folgender Suizidhandlung, trotz fachgerechter Psychopharmakatherapie und trotz aller Vorsicht des Pflegepersonals, zum erfolgreichen Suizid kommen.

19.2 Schizophrenien

Wie in der Einleitung erwähnt, gab es über die Entstehung der Schizophrenie in den letzten hundert Jahren eine Vielzahl von Vermutungen. Da letztlich keiner der diskutierten Gründe allein für den Ausbruch einer Schizophrenie verantwortlich ist, wird eine **multifaktorielle Genese** angenommen.

Nach heutigem Wissensstand gelten als Hauptfaktoren der Entstehung die erbliche Disposition, gekoppelt mit einer Störung im Transmittersystem. Sehr verkürzt gesagt scheint die entscheidende Störung in den dopaminergen Synapsen des mesolimbischen Systems („Gefühlszentrum des Gehirns“) zu liegen. Diese Störung im Überträgerstoffwechsel des Gehirns ist jedoch nur Folge der genetischen Disposition bzw. das nachweisbare Korrelat der Störung. Umwelteinflüsse und Belastungsreaktionen gelten als zusätzlich belastende Faktoren (Tab. 19-2).

Die Psychiater Kurt Schneider und Eugen Bleuler haben die Diagnostik der Schizophrenie wie folgt unterteilt.

Je mehr Fragen im Sinne der angegebenen Antwort beantwortet werden, um so höher muß das Suizidrisiko eingeschätzt werden.

	ja	nein
1. Haben Sie in letzter Zeit daran denken müssen, sich das Leben zu nehmen?	✗	
2. Häufig?	✗	
3. Haben Sie auch daran denken müssen, ohne es zu wollen? Haben sich Selbstmordgedanken aufgedrängt?	✗	
4. Haben Sie konkrete Ideen, wie Sie es machen würden?	✗	
5. Haben Sie Vorbereitungen getroffen?	✗	
6. Haben Sie schon zu jemandem über Ihre Selbstmordabsicht gesprochen?	✗	
7. Haben Sie einmal einen Selbstmordversuch unternommen?	✗	
8. Hat sich in Ihrer Familie oder in Ihrem Freundes- und Bekanntenkreis schon jemand das Leben genommen?	✗	
9. Halten Sie Ihre Situation für aussichts- und hoffnungslos?	✗	
10. Fällt es Ihnen schwer, an etwas anderes als an Ihre Probleme zu denken?	✗	
11. Haben Sie in letzter Zeit weniger Kontakte zu Ihren Verwandten, Bekannten und Freunden?	✗	
12. Haben Sie noch Interesse daran, was in Ihrem Beruf und in Ihrer Umgebung vorgeht?		✗
13. Haben Sie jemanden, mit dem Sie offen und vertraulich über ihre Probleme sprechen können?		✗
14. Wohnen Sie zusammen mit Familienmitgliedern oder Bekannten?		✗
15. Fühlen Sie sich unter starken familiären oder beruflichen Verpflichtungen stehend?		✗
16. Fühlen Sie sich einer religiösen bzw. weltanschaulichen Gemeinschaft verwurzelt?		✗

Anzahl der entsprechend beantworteten Fragen Endzahl maximal 16

Abb. 19-2 Fragenkatalog zur Abschätzung der Suizidalität nach Pöldinger

Tab. 19-2 Erkrankungsrisiko an Schizophrenie

Verwandtschaftsgrad	Erkrankungswahrscheinlichkeit in Prozenten	
Eltern	5–10	(6,3±0,3)
Kinder	9–16	(13,7±1,0)
Geschwister	8–14	(10,4±0,3)
Zweieiige Zwillinge	5–16	
Eineiige Zwillinge	20–75	
Kinder zweier erkrankter Eltern	40–68	
Halbgeschwister	1–7	(3,5±1,7)
Stiefgeschwister	1–8	
Enkel	2–8	(3,5±0,7)
Vettern und Basen	2–6	(3,5±0,4)
Neffen und Nichten	1–4	(2,6±0,3)
Onkel und Tanten	2–7	(3,6±0,3)
Großeltern	1–2	(1,6±0,5)
Durchschnitt	0,85	

Diagnostik nach Kurt Schneider
- Abnorme Ausdruckssymptome
- Symptome ersten Ranges
- Symptome zweiten Ranges

Diagnostik nach Eugen Bleuler
- Grundsymptome
- Akzessorische Symptome

Die **abnormen Ausdruckssymptome** (Kurt Schneider) entsprechen größtenteils den **Grundsymptomen** von Eugen Bleuler. Ihnen kommt eine besondere Bedeutung zu, führen sie doch meist zur richtigen Diagnose.

Das Auftreten von Wahn, Halluzinationen oder katatonen Störungen (Symptome ersten oder zweiten Ranges) läßt die Diagnose „Schizophrenie“ nicht zu.

• Zu den Grundsymptomen zählen,

– Denkstörungen

Zerfahrenes Denken als ausgeprägteste Denkstörung, inkohärentes Denken, bei dem die Beziehung zueinander fehlt, Sperrung des Denkens, Begriffszerfall des Denkens (Kontaminationen), Vorbeireden, Begriffsverschiebung, Symboldenken, Gedankenabreißen.

– Affektstörungen

Parathymien, Athymien mit nicht seltenen Gemütsverödungen.

– Antriebsstörungen

Zum einen die gesteigerten Formen wie Erregung, Befehlsautomatismen, Bewegungs- und Sprachstereotypien, zum anderen die Antriebsschwächen wie Stupor, Sperrung, Katalepsie (Bewegungsverharren).

– Ambivalenz

Doppelwertigkeit der Gefühle.

– Ambitendenz

Doppelwertigkeit der Triebe und Strebungen.

• Symptome ersten Ranges:

– Akustische Halluzinationen

Dialogisierende, kommentierende und imperative Stimmen, Gedankenlautwerden.

– Leibliche Halluzinationen

Beeinflussungen sexueller Natur, Stromstrahlen aus der Steckdose, die einen beeinträchtigen.

– Schizophrene Ich-Störungen

Sich von außen gelenkt fühlen, Persönlichkeitsspaltung („Ein Teil von mir bin ich, der andere Teil ein anderer“). Betreffen diese Ich-Störungen das Denken, so spricht man von Gedankenentzug, Gedankenenteignung, Gedankeneingebung und Gedankenausbreitung.

– Wahnwahrnehmungen

Das real Existierende wird Ich-bezogen fehlgedeutet.

- Symptome zweiten Ranges:

- Andere Halluzinationen

Optische, olfaktorische und gustatorische Halluzinationen.

- Andere akustische Halluzinationen

Kommen andere akustische Halluzinationen, als unter den Symptomen ersten Ranges aufgeführt, hinzu (Gesang, Maschinengeräusche etc.), spricht man ebenfalls von akustischen Halluzinationen, sie werden dann allerdings unter die Symptome zweiten Ranges eingeordnet.

- Zoenästhesien

Qualitativ eigenartige Leibmißempfindungen.

Die Diagnose wird heute anhand der ICD 10 gestellt. Erforderlich für die Diagnose Schizophrenie ist mindestens ein eindeutiges Symptom (zwei oder mehr, wenn weniger eindeutig) der untengenannten Gruppen 1 – 4 oder mindestens zwei Symptome der Gruppen 5 – 8. Diese Symptome müssen fast ständig während eines Monats oder länger deutlich vorhanden gewesen sein. Zustandsbilder mit den geforderten Symptomen, aber kürzer als einen Monat andauernd (ob behandelt oder nicht) sollen zunächst als akute schizophrenieforme psychotische Störung (F 23.2) diagnostiziert werden und als Schizophrenie erst dann, wenn die Symptome länger bestanden haben. Kriterium 9 der unten angegebenen Liste bezieht sich auf die Schizophrenia simplex, als Zeitkriterium wird dabei eine Dauer von mindestens einem Jahr gefordert.

Kern-Symptome (I):

1. Gedankenlautwerden, Gedankeneingebung oder Gedankenentzug, Gedankenausbreitung.
2. Kontrollwahn, Beeinflussungswahn, Gefühl des Gemachten, deutlich bezogen auf Körper- oder Gliederbewegungen oder bestimmte Gedanken, Tätigkeiten oder Empfindungen; Wahnwahrnehmungen.
3. Kommentierende oder dialogische Stimmen, die über den Patienten und sein Verhalten sprechen, oder andere Stimmen, die aus einem Teil des Körpers kommen.
4. Anhaltender, kulturell unangemessener oder völlig unrealistischer bizarrer Wahn, wie der, eine religiöse oder politische Persönlichkeit zu sein, übermenschliche Kräfte und Fähigkeiten zu besitzen (z. B. das Wetter kontrollieren zu können oder im Kontakt mit Außerirdischen zu sein).

Kern-Symptome (II):

5. Anhaltende Halluzinationen jeder Sinnesmodalität, begleitet entweder von flüchtigen oder undeutlich ausgebildeten Wahngedanken ohne deutliche affektive Beteiligung, oder begleitet von anhaltenden überwertigen Ideen, täglich über Wochen oder Monate auftretend.
6. Gedankenabreißen oder Einschiebungen in den Gedankenfluß, was zu Zerfahrenheit, Danebenreden oder Neologismen führt.
7. Katatone Symptome wie Erregung, Haltungsstereotypien oder wächserne Biegsamkeit (Flexibilitas cerea), Negativismus, Mutismus und Stupor.
8. „Negative“ Symptome wie auffällige Apathie, Sprachverarmung, verflachte oder inadäquate Affekte, zumeist mit sozialem Rückzug und verminderter sozialer Leistungsfähigkeit. Diese Symptome dürfen nicht durch eine Depression oder eine neuroleptische Medikation verursacht sein.

Eine eindeutige und durchgängige Veränderung bestimmter umfassender Aspekte des Verhaltens der betreffenden Person, die sich in Ziellosigkeit, Trägheit, einer in sich selbst verlorenen Haltung und sozialem Rückzug manifestiert.

19

Über die Häufigkeit und das Alter, in dem eine Erstmanifestation auftritt, gibt es einige, sich deckende Angaben. Männer und Frauen erkranken gleich häufig an Schizophrenie. Frauen erkranken aber durchschnittlich einige Jahre später als Männer.

19.2.1 Katatone Form der Schizophrenie

Der akute Schub einer katatonen Schizophrenie ist entweder durch einen **psychomotorischen Erregungszustand** (Hyperkinese) oder **Stupor** (Hypokinese) gekennzeichnet. Dazwischen liegen symptomfreie Intervalle. Maximale Gespanntheit bei stark erhöhtem Muskeltonus wird als „stille Erregung" bezeichnet. Weitere häufige Symptome sind Wahn und Halluzinationen, seltener treten Denk- und Affektstörungen auf. Die Prognose ist relativ günstig.

• Katatone Symptome:

– **Sperrung**

Der Patient hält inmitten eines Bewegungsablaufes inne.

– **Stupor, als Steigerung der Sperrung**

Der Patient liegt beinahe bewegungslos im Bett. Das Bewußtsein ist voll erhalten. Das Gesicht bleibt starr, der Blick ist ausdruckslos, häufig auch angstvoll. Spontane Reaktionen und Bewegungen sind unmöglich. Ein Beobachter kann keine psychische Aktivität erkennen. Nach Abklingen des katatonen Stupors erinnert sich der Betroffene in der Regel an alle Gespräche und Handlungen in seiner Nähe.

– **Mutismus**

Die Sprachproduktion ist maximal vermindert. Der Bewußtseinszustand entspricht dem während des Stupors.

– **Negativismus**

Der Kranke weigert sich ohne ersichtlichen Grund in adäquater Weise auf einen Reiz zu reagieren. Oftmals wird genau das Gegenteil ausgeführt. Beispielsweise wird ein Patient aufgefordert, sich zu setzen, er bleibt jedoch stehen. Wenn er dann stehenbleiben soll, setzt er sich.

– **Erregung** ist das Gegenteil von Sperrung und Stupor.

Sie äußert sich in psychomotorischer und sprachlicher Unruhe bis Erregung. Bei starker Erregung kann es kurzfristig zu Einbußen des Bewußtseins kommen.

– **Stereotypie, im Bewegungsablauf oder/und der Sprache.**

Unter Umständen werden tagelang die gleichen Bewegungen ausgeführt oder mit abgezählten Schritten ein bestimmter Weg abgegangen. Sprachliche Stereotypien haben zwanghaften Charakter, ständig murmelt der Patient ein und denselben Satz vor sich hin.

– **Befehlsautomatie**

Der Patient führt gegen seinen Willen alles aus, was ihm befohlen wird.

– **Echopraxie**

Nachahmung der Bewegungen anderer.

– **Echolalie**

Nachsprechen von Sätzen.

Katalepsie oder kataleptischer Dauerzustand (heute eher selten) liegt vor, wenn eine passiv gegebene, auch unbequeme Haltung über mehrere Stunden bis Tage beibehalten wird.

Einen besonderen und lebensbedrohlichen Verlauf kann die **perniziöse Katatonie** nehmen. Es kommt zu Fieber, Kreislaufstörungen, Zyanose, spontanen Hämatomen und tagelang anhaltender Tachykardie. Durch Muskelschädigungen kann es zur Myoglobinurie mit der Gefahr des akuten Nierenversagens kommen. Auf Grund der hochpotenten Neuroleptika (beispielsweise Glianimon® in Kombination mit Tavor® i. v.) ist der letale

Ausgang jedoch äußerst selten. Die perniziöse Katatonie stellt eine mögliche Indikation zur Elektrokrampftherapie dar.

Unter neuroleptischer Behandlung kann das **maligne neuroleptische Syndrom** (MNS) auftreten, das weitgehend die Symptome der Katatonie zeigt. Es kommt ebenfalls zur Erhöhung des Muskeltonus, einer Tachykardie und anderen vegetativen Störungen.

Mögliche Ursache ist die Einnahme von Neuroleptika auch in niedrigen therapeutischen Dosen. Ein MNS kann sich noch nach jahrelanger medikamentöser Therapie mit Neuroleptika entwickeln. Es tritt nach vollständigem Abklingen des Syndroms, bei erneuter Gabe von Neuroleptika nicht unbedingt wieder auf.

19.2.2 Hebephrene Form der Schizophrenie

Die **hebephrene Schizophrenie** beginnt meist nach der Pubertät. Die Menschen sind läppisch und enthemmt. Ihre Affektivität ist flach, sie erscheinen häufig unbeteiligt.

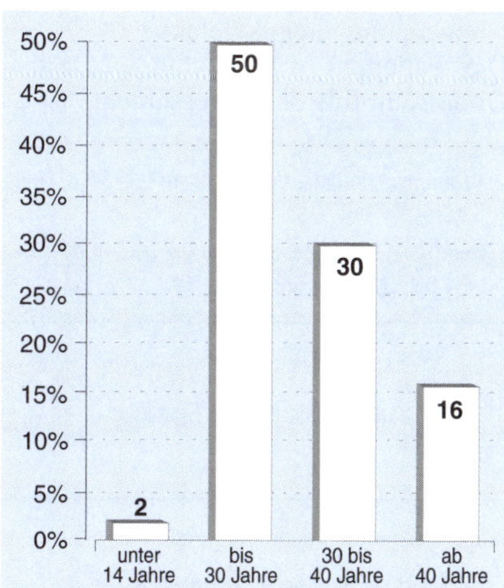

Abb. 19-3 Altersverteilung der Erstmanifestation der schizophrenen Psychosen

19.2.3 Schizophrenia simplex

Die **Schizophrenia simplex** wird von manchen Psychiatern als ein besonders symptomarmer (blander) Verlauf der Hebephrenie gesehen.

Der blande Verlauf verschleiert den Beginn dieser Form. Die Grundsymptome entstehen schleichend, sind zu Beginn kaum merklich, und die Symptome ersten und zweiten Ranges fehlen ganz. Es überwiegen Negativsymptome. Zu dem Zeitpunkt, an dem Schwunglosigkeit, verminderte Leistungsfähigkeit in Beruf oder Schule und das Unvermögen, Beziehungen aufzubauen, bemerkt werden, liegt der Erkrankungsbeginn schon um Jahre zurück. Trotz dem leichten und blanden Verlauf ist die **Schizophrenia simplex progredient** (fortschreitend) und führt nicht selten zu recht ausgeprägten Residuen (schizophrener Defekt).

Leichte Formen der Sch. simplex, man spricht auch von einer **latenten Schizophrenie,** finden sich unter nahen Angehörigen schizophrener Patienten mit einer ausgeprägteren Symptomatik. Sie fallen in aller Regel nicht als krank auf, sind eher als Sonderlinge und Einzelgänger bekannt.

19.2.4 Paranoid-halluzinatorische Form der Schizophrenie

Wie die Bezeichnung schon vermuten läßt, sind wahnhafte und halluzinatorische Erlebnisweisen beteiligt (böswillige Beeinträchtigung, Verfolgung, Größenwahn und Hypochondrie). Vorherrschend sind Mischformen, eine rein paranoid-halluzinatorische Symptomatik ist selten.

Der Krankheitsbeginn ist auch hier eher uncharakteristisch und schleichend, so daß die Patienten erst relativ spät einen Arzt aufsuchen. Der Persönlichkeitsverfall ist auch im späten Stadium kaum nachweisbar, daher wird die Prognose als günstig eingestuft.

19

Der Beginn der Krankheit (Abb. 19-3) liegt meist im vierten Lebensjahrzehnt. Bricht sie später aus, wird dies als **Spätschizophrenie** bezeichnet.

19.2.5 Zönästhetische Form der Schizophrenie

Bei diesem langsam und progredient verlaufenden **Prägnanztyp** (Unterform) der Schizophrenie stehen die halluzinatorischen Mißempfindungen im Vordergrund. Diese Form ist therapeutisch schwer zu beeinflussen und gegen die hypochondrischen Syndrome bei einer Hirnatrophie nur schlecht abzugrenzen. Die Symptome sind im Kapitel 12.5.10, Dermatozoenwahn, nachzulesen.

19.2.6 Schizo-affektive Psychose

Sind bei einer Erkrankung zeitgleich **sowohl eindeutige Symptome der Schizophrenie als auch der Depression oder Manie** zu finden, so spricht man von einer schizo-affektiven Psychose. Eine depressiv gefärbte Schizophrenie stellt sich nicht ganz wie eine Depression dar. So gibt es beispielsweise schwer depressive Patienten, die zusätzlich auch imperative Stimmen hören oder unter Gedankenlautwerden (mit meist negativem Inhalt) leiden.

Die Patienten zeigen gewöhnlich eine vollständige Remission und entwickeln nur selten ein Residuum.

19.2.7 Der chronisch Schizophrene

Schizophrenie ist nicht unheilbar und nicht dauerhaft progredient.

Am Ende des ersten schizophrenen Schubes ist eine Vielfalt von Verlaufsformen möglich und keinesfalls ein ungünstiger chronischer Ausgang vorprogrammiert. Bei etwa jedem dritten Patienten folgt kein zweiter Schub. Selbst mehrere Schübe können folgenlos abheilen, wobei sich der Patient zwischen den sogenannten schizophrenen Wellen völlig gesund fühlt.

In wenigen Fällen verläuft die Schizophrenie derart ungünstig, daß es bei jedem erneutem Schub zu fortschreitendem Persönlichkeitsverfall kommt.

Zur besseren Übersicht wird der psychopathologische Ausgang in drei Hauptgruppen eingeteilt.

- **Die Vollremittierten (Geheilten)**

Dazu zählen auch Patienten mit sehr leichten Residuen.

- **Die uncharakteristischen Residuen,** sogenannte „reine Defekte"

Die Patienten wirken minderbelastbar. Ohne Kenntnis der Vorgeschichte ist die

Tab. 19-3 Verteilung der psychopathologischen Ausgänge (durchschnittliche Verlaufsdauer von 22,4 Jahren bei 502 schizophrenen Kranken)

Vollremissionen	22,1%	22,1% Vollremissionen
Minimalresiduen	11,0%	43,2% uncharakteristische Residuen
Leichte reine Residuen	23,5%	
Erhebliche reine Defizienzsyndrome	5,8%	
Strukturverformungen ohne Psychose	3,0%	
Gemischte Residuen	16,6%	34,7% charakteristische Residuen
Typisch schizophrene Defektpsychosen	10,8%	
Chronisch reine Psychosen	4,2%	
Strukturverformungen mit Psychose	3,2%	

Diagnose einer Schizophrenie oder eines Residuums nicht zu stellen.

- **Die charakteristischen Residuen**

Sie zeigen die für die Schizophrenie typischen Veränderungen wie, Denkzerfahrenheit, Gemütsverödung (die sogenannte affektive Verflachung), Autismus und die Unfähigkeit, sich einzufühlen. Erstrang- und Zweitrangsymptome werden kaum beobachtet, kommen nur als akzessorische Symptome in Form von Wahnresten oder vereinzelten Symptomen der Katatonie hinzu.

Beim charakteristischen Residualzustand herrschen die Grundsymptome der Schizophrenie vor. Der Begriff „Endzustand“ ist möglichst zu vermeiden, denn er kann den Patienten verletzen. Außerdem erreichen etwa 75 Prozent aller schizophrenen Patienten selbst nach jahrzehntelangem Verlauf einen Zustand, in dem sie einigermaßen selbständig leben können.

Der Patient mit einem uncharakteristischen Residuum ist sich häufig seines „Defektes“ bewußt und leidet darunter, im Gegensatz zu Menschen im charakteristischen Residualzustand.

Tabelle 19-3 zeigt die Verteilung der **psychopathologischen Ausgänge** nach einer durchschnittlichen Verlaufsdauer von 22,4 Jahren bei 502 schizophrenen Kranken.

Obwohl eine Prognose zu Beginn der Erkrankung kaum möglich ist, gibt es dennoch eine Reihe von Merkmalen, die für einen günstigen oder ungünstigen Verlauf sprechen.

- **Symptome einer günstigen Prognose**
  - ein akuter Krankheitsbeginn
  - die gute Remission früherer Schübe
  - lange gesunde Zeiten zwischen den Schüben
  - stark ausgeprägte Begleitsymptome wie Wahn, Halluzinationen psychoreaktive Auslösefaktoren
  - pyknischer Körperbau
  - einfache Persönlichkeitsstruktur mit guter mitmenschlicher Beziehungsfähigkeit

- **Symptome einer ungünstigen Prognose**
  - schleichender Krankheitsbeginn
  - häufige Schübe mit kurzen Remissionsphasen
  - fehlende Begleitsymptome
  - asthenische, sensitive und schizoide Ausgangspersönlichkeit
  - zwischenmenschliche Kontaktstörungen

Zu den häufigsten Beschwerden und Störungen bei schizophrenen Patienten mit Residuen, zählen
- Kognitive Störungen
- Körperliche und geistige Erschöpfbarkeit
- Störungen des Allgemeinbefindens
- Leistungsinsuffizienz
- Zoenasthesien
- Erhöhte Erregbarkeit
- Intoleranz gegen Streß
- Schlafstörungen
- Vegetative Störungen

Inaktivität und Isolierung des Patienten werden von der modernen Psychiatrie als krankheitsbegünstigende Momente angesehen. Dies legt den Schluß nahe, daß ein Großteil der Residualsymptomatik durch lange Aufenthalte in einer Anstalt provoziert wird.

Die Maxime „einmal schizophren, immer schizophren“ entspricht nicht der Tatsache. Allein die Verinnerlichung dieser Erkenntnis kann zu einer wesentlich positiveren therapeutischen Haltung führen.

19.2.8 Pflege bei Schizophrenien

Um einen Eindruck davon zu geben, wie ein Patient seine Psychose erleben oder deuten kann, sollen an dieser Stelle einige aufgeführte Sprachbilder von Psychoseerfahrenen aus dem Buch „Stimmenreich, Mitteilungen über den Wahnsinn“ von Thomas Bock u.a. (Psychiatrie-Verlag, Bonn) dienen.

19

„Psychose ist für mich (wie):
- ... ein Fallschirm ohne Seil am Korb.
- ... ein Alptraum im Spinnennetz.
- ... müde und wach sein in einem.
- ... eine ständige Verschiebung der Normen und Wirklichkeiten.
- ... gespaltene Persönlichkeit, habe dann zwei Personen in mir. Bin dann von der Realität abgedriftet. Es ist ein Hineinspringen in Gedanken, die unbegründet sind. Abgeschottet sein, Rouleaus runter. Ich habe Leute beobachtet, die haben Zeichen gegeben, sehr unter Druck. Todesängste, daß mich jemand abschießt.
- ... ein Aufbruch innerer Impulse. Sich getrieben fühlen. Ich habe dann ein viel stärkeres Selbstbewußtsein, ein erhöhtes Lebensgefühl. Ich habe dann immer viel geschrieben. Ich spürte einen engeren Zusammenhang zum Ganzen als im normalen Zustand. Jetzt versuche ich, die inneren Impulse zu erhalten. Vielleicht habe ich das vernachlässigt.
- ... Ich habe dann niemandem mehr getraut. Nehme Gerüche und Geräusche gesteigert wahr. Steigere mich in Angst. Manchmal viele Tage und Nächte. Irgendwann wird es weniger; wahrscheinlich kann man irgendwann nicht mehr Angst haben.
- ... Treiben auf stürmischer See ohne Kompaß und mit unverständlichen Lauten aus dem Funkgerät“

Die meisten Psychoseerfahrenen stehen der medikamentösen Therapie skeptisch gegenüber. Sie akzeptieren Psychopharmaka als letzte Lösung, da sie das seelische Erleben unterdrücken, aber nicht helfen, es zu verstehen. Medikamente erscheinen ihnen nur hilfreich, wenn der Leidensdruck sehr groß ist, und das psychotische Erleben dadurch besser durchlebt werden kann.

In dem „Hamburger Psychose-Seminar“ trugen die Psychoseerfahrenen zusammen, was sie in einer Krankheitsphase brauchen und hilfreich empfinden. Dahinter stand der Gedanke, Angehörigen und Pflegenden den Umgang mit Psychosekranken zu erleichtern.

Der Wunsch nach **Geborgenheit** war allgemein sehr groß. **Ehrlichkeit, Zuwendung, Trost** und **Beständigkeit** wurden gewünscht, besonders in Zeiten, in denen paranoide Gedanken geäußert oder an Suizid gedacht wird. Diese Qualitäten vermitteln verläßliche Bezugspersonen, meist Eltern, gute Freunde oder ein anderer Mensch, der zuhört, einfach für den Betroffenen da ist, auch mit ihm schweigen kann. Die Bezugspersonen sollten „Persönlichkeiten“ sein, die auch Grenzen setzen und als Leitpersonen anerkannt werden können.

Ein **verläßliches** soziales oder familiäres **Umfeld** hilft den Patienten durch die Akutphase. Es wurde betont, wie wichtig es häufig ist, daß ein anderer alltägliche Aufgaben erledigt, die der Betroffene nicht mehr schafft, wie Tätigkeiten im Haushalt oder die Vorbereitung für einen Krankenhausaufenthalt. Neben den Hilfestellungen wurde die Reflexion des Erlebten in Kontakten und Gesprächen mit den nahen Personen nach Abklingen des akuten psychotischen Schubes herausgestellt.

Die **Erwartungen an den Erkrankten** sollten, vor allem im Anschluß an einen Krankheitsschub, zurückgestellt werden. Die Betroffenen sind häufig müde, wenig aktiv und zeigen vermindertes Interesse an ihrer Umwelt. Dies ist durch die Krankheit bedingt und kann bei einer psychischen Störung mehrere Monate andauern. In dieser Zeit sollte der psychisch kranke Mensch nicht überfordert, sondern in kleinen Fortschritten bestätigt werden, wenn er beispielsweise häusliche Arbeiten übernimmt oder sich um Kontakt zu alten Freunden oder Bekannten bemüht.

Überstimulation, aber auch Unterstimulation wirken ungünstig auf die Krankheitsentwicklung.

Überstimulierend wirken Kontakte zu Menschen, vielfältige Aufgaben und Verpflichtungen oder zuviel Arbeit. Die Betroffenen sind noch sehr empfindlich für solchen Streß, bei Überforderung besteht die Gefahr, daß sie mit einem Rückfall in die Erkrankung reagieren. Selbst positive Erlebnisse wie Familienfeiern sind oft zuviel. In solchen Situationen sollte der Erkrankte die Möglichkeit haben, sich zurückzuziehen, ohne daß die Umwelt verstimmt darauf reagiert.

Zur **Unterforderung** kommt es häufig, weil Mitmenschen dem Erkrankten nichts mehr zutrauen. In der akuten Krankheitsphase müssen die Angehörigen viele Aufgaben übernehmen, um den Betroffenen zu entlasten. In der Phase der Besserung ist es wichtig, daß er seine Aufgaben langsam wieder übernimmt, nicht überbetreut wird. Fehlende Beschäftigung oder fehlende Kontakte können die Krankheit negativ beeinflussen und zu Interesselosigkeit und Passivität führen. Wird dem Erkrankten alle Verantwortung für sein Leben abgenommen, ist er unterfordert und verliert eigene Fähigkeiten. Daher sollte er alle ihn betreffenden Entscheidungen, soweit möglich, selbst treffen.

Gerade in Zeiten, in denen ein Mensch besonders viel Fürsorge benötigt, sind klare Grenzen zwischen den anderen Familienmitgliedern notwendig und wirken positiv. Die **Intimsphäre** eines jeden ist wichtig und sollte respektiert werden (anklopfen, Geheimnisse zulassen, eigenes Zimmer). Damit jedes Familienmitglied Freiräume für sich hat, können Abmachungen getroffen werden, wann die Familie die Zeit gemeinsam verbringt (Essenszeiten). Dasselbe gilt für Aufgaben im Haushalt.

Kritik zu äußern und anzunehmen ist ein normales zwischenmenschliches Problem. Auch unter „Gesunden" ist es oft genug schwer, den richtigen Ton zu treffen. Psychisch Erkrankte sind häufig besonders empfindlich gegenüber Kritik, auch wenn sie nonverbal, beispielsweise durch ein verärgertes Gesicht oder abfällige Handbewegungen, geäußert wird. Ständige Kritik, wie Herumnörgeln und immer wieder dieselben Fehler oder Versäumnisse ansprechen, kann für psychisch Erkrankte schädlich sein. Im Umgang mit ihnen müssen die Mitmenschen oft viel Geduld und Toleranz aufbringen. Bei zu großer Gereiztheit ist es häufig besser, auseinanderzugehen, als endlose Gespräche zu führen. Es ist wichtig, bei Abbruch eines Gespräches klarzustellen, daß der Kontakt nicht grundsätzlich beendet ist, sondern die Wogen sich erst glätten müssen.

Während der akuten Phase ist es meist nötig und richtig, sich sehr um die erkrankte Person zu kümmern, anderen Beschäftigungen weniger regelmäßig nachzugehen und auch viel über die Krankheit zu sprechen. In der Besserungsphase sollte die Familie jedoch wieder zu ihrem gewohnten Rhythmus zurückkehren und die Krankheit nicht zum einzigen Gesprächsthema machen.

Die **Kontakte zu Freunden und Verwandten** dürfen nicht aus Scham oder Unsicherheit abgebrochen werden. Belastungen, die durch die psychische Erkrankung eines Angehörigen entstehen, werden erträglicher, wenn die Familie weiterhin persönliche Kontakte zu anderen Menschen pflegt. Dabei ist es sinnvoll, Freunde und Bekannte über die Erkrankung des Familienmitglieds offen zu informieren. So erfährt der Kranke auch, daß die Familie zu ihm und seiner psychischen Krankheit steht.

Zur **Ablenkung** wünschen sich viele Psychoseerfahrene Spiele, telefonieren,

Gespräche, lesen und Musik hören. Einfache Strukturen, in denen die Patienten sich leicht zurechtfinden, sind besonders beim stationären Aufenthalt wichtig. Schlaf wurde als erholsam betont. Weitere Stichworte, die häufig fielen, sind Ruhe, Rückzugsmöglichkeiten, frische Luft, Spaziergänge und geregelte Tagesabläufe.

Die innere Verunsicherung kann durch eine gewisse **äußere Stabilität** abgefangen werden. Aber auch Respekt und Wertschätzung sind notwendig, damit der Patient sich als Mensch angenommen fühlt.

Grundsätzlich ist mit dem Kranken zu reden und nicht über ihn.

19.2.9 Umgang mit chronisch Kranken

In der modernen Psychiatrie ist es üblich, mit der **Resozialisierung** des Patienten im Moment der Aufnahme in die Klinik zu beginnen.

Grundsätzlich wird versucht, die Patienten so lange irgend möglich, ambulant zu behandeln, um damit eine Einweisung in die Klinik hinauszuzögern oder zu verhindern. Die Aufenthaltsdauer in der psychiatrischen Abteilung selbst wird so kurz wie möglich gehalten. Es ist wünschenswert, daß diese Entwicklung, durch Aufklärung der Öffentlichkeit und durch Fördern des Verständnisses für psychisch Kranke, dazu führt, daß diese Menschen in Zukunft ihr Leben außerhalb der Klinik eigenständig weiterführen können.

Trotz der **Bemühungen, die Hospitalisierung zu vermeiden,** sind manche Kliniken mit chronisch Kranken überfüllt. Ihre Pflege wirft besondere Probleme auf.

Besonders junge Krankenschwestern und -pfleger erleben die Tragik einer Station mit chronisch kranken Patienten sehr tiefgreifend.

Eine große Zahl der dauerhaft psychisch Erkrankten sind schizophren. Mit der Persönlichkeitsveränderung der Patienten geht häufig eine mehr oder minder ausgeprägte Unfähigkeit einher, vorhandene Gefühle auszudrücken. Der Akutkranke realisiert seine eigenen Veränderungen, er leidet und verzweifelt daran, der chronisch Kranke im Residualzustand wirkt emotional nicht so stark beteiligt.

Es ist nachgewiesen, daß die Hospitalisierung die Persönlichkeitsveränderungen chronisch Schizophrener fördert. Deshalb benötigen diese Patienten eine besondere Unterstützung und eine aktivierende Zuwendung, um eine negative Entwicklung zu verhindern.

Eine **Wiedereingliederung** in die Gesellschaft ist für schizophrene Menschen nach einer langen Phase in einer Klinik, im günstigsten Falle möglich, sollte jedoch immer gründlich abgeschätzt werden. Für viele **Langzeitpatienten** ist die Klinik ihr Zuhause. In dem beschützten Raum brauchen sie für ihre Existenz nicht mehr zu kämpfen, und treffen auf Verständnis für ihre Lebensart. Sie arbeiten und leben auf ihre besondere, eigene Art und Weise, zu der sie die aktive Rolle in der Gesellschaft nicht mehr brauchen, um zufrieden zu sein. Würden diese Menschen aus ihrer vertrauten Umgebung gerissen, wären sie nicht glücklicher. Hier ist es die Aufgabe des therapeutischen Teams, zu entscheiden, welche Patienten beispielsweise in einer Außengruppe leben können, ohne zu vereinsamen.

In der Körperpflege muß auch bei chronisch Kranken die **Pflegebedürftigkeit** ermittelt werden. Dennoch muß bei Patienten, die sich noch ohne Hilfe waschen können, in Abständen kontrolliert werden, ob sie auch weiterhin keine Unterstützung benötigen. Ist der Kranke nicht mehr in der Lage, selbst seine Kleidung zu kaufen, sind die Pflegenden dafür verantwortlich. Die Wünsche des Patienten sind zu berücksichtigen, wenn möglich, sollte er beim Erwerb dabeisein. Alles, was die **Individualität und Eigeninitiative** der chronisch Kranken anspricht, bedarf der Förderung.

20 Abnorme Varianten seelischen Andersseins und die Struktur-Modelle der Psyche

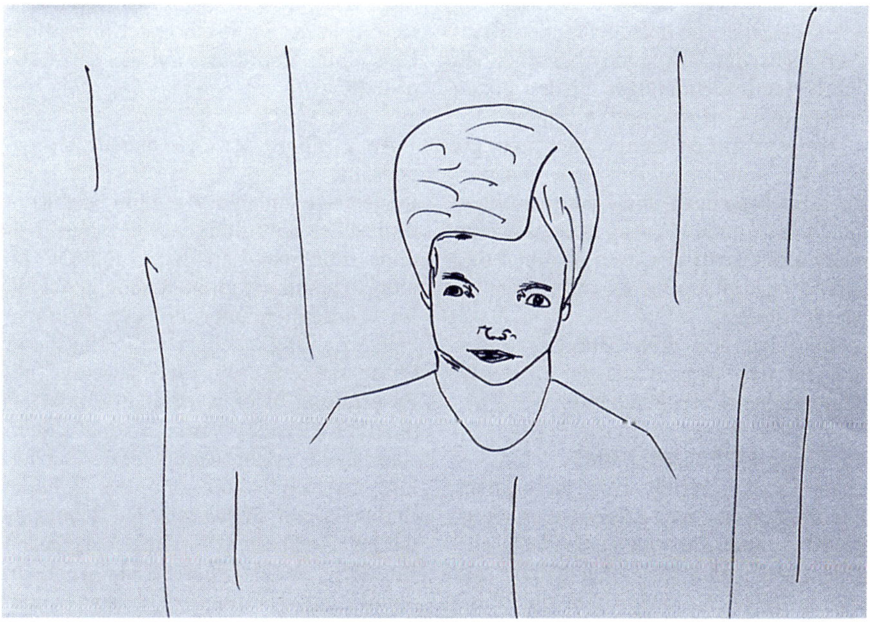

Klaus I.

In der klassischen Psychiatrie werden Neurosen, abnorme Persönlichkeiten, Abhängigkeiten und sexuelle Deviationen als Gruppe der **abnormen Variationen seelischen Wesens** zusammengefaßt.

Im Rahmen umfassender bio-psycho-sozialer Modelle werden bei diesen Störungen zur Zeit in Forschung und Behandlung biologische Modelle stärker gewichtet. In welcher Weise die Umwelt die Entwicklung solcher Störungen beeinflußt und fördert, versuchen die tiefenpsychologischen und lerntheoretischen Schulen zu erklären. Nachfolgend werden die wesentlichen Grundannahmen dieser Modelle dargestellt.

20.1 Das tiefenpsychologisch-psychoanalytische Modell

Die tiefenpsychologischen Schulen befassen sich mit dem Einfluß von unbewußten, dem Bewußtsein nicht zugänglichen (tiefen) Schichten auf das momentane seelische Erleben und Verhalten. Es wird von **dynamischen Wechselwirkungen** zwischen verschiedenen Persönlichkeitsanteilen eines Menschen ausgegangen. Zwischen diesen Anteilen einer Person kann es zu inneren Konflikten kommen.

Nach **Sigmund Freud** wird der Sexualität eine dominierende dynamische Funktion zugeschrieben. Unlustgefühle beispielsweise würden durch unerfüllte sexuelle Wünsche und Verlangen ausgelöst. Die tiefenpsychologischen Theorien werden deswegen oft als **psychodynamische Schulen** bezeichnet.

Diese beschriebene Annahme wird heute angezweifelt. Ebenso, daß die sogenannten **Abwehrmechanismen** immer Ausdruck einer gestörten Entwicklung seien, und daß die entscheidenden Ursachen seelischer Störungen ausschließlich durch Beeinträchtigungen in den ersten Lebensjahren hervorgerufen werden. Abwehrmechanismen dienen nach heutiger Meinung menschlichen Verhaltensweisen zum Beseitigen von Unlustgefühlen. Sie werden auch als **Anpassungsmechanismen** interpretiert, die in Kindheit und Jugend erlernt, und lebenslang angewandt werden.

Die folgenden drei Grundannahmen sind für das Verständnis der tiefenpsychologischen Theorie wichtig.

20.1.1 Libidoentwicklung

Unter Libido versteht man die **sexuelle Energie** aus der der Lustgewinn aus **erogenen Zonen** gewonnen wird. Als erogene Zone kann der ganze Körper dienen, insbesondere aber die Regionen um Mund, After und die Geschlechtsorgane. Ein Kind erfährt einen ersten Lustgewinn durch Reizung dieser Zonen. Im Laufe seiner Entwicklung erlebt es Lust in und durch die Beziehung zu Bezugspersonen oder wichtigen Objekten. Es kommt zu einer Objektbindung, Personen und Gegenstände werden libidinös besetzt. Das individuelle Quantum libidinöser Energie wird im Laufe der Zeit wechselnd auf bestimmte Körperregionen gerichtet, die phasentypisch im Vordergrund des Erlebens und des kindlichen Interesses stehen. Dabei sind folgende Phasen zu unterscheiden:

- **Orale Phase:** Erstes Lebensjahr

In der ersten frühkindlichen Entwicklungsphase ist die Quelle des Lusterlebens der Mund (oris). Die Libido richtet sich auf **Nahrung und Nahrungsquelle.** Im späten oralen Stadium kann das Kind durch die Entwicklung der Zähne die Tendenz zeigen, sich die Nahrung aggressiv zu holen, um die Trennung zum Spenderobjekt zu verhindern. Um die Nahrungsquelle, die mütterliche Brust, nicht zu verlieren, wird der erste Verzicht gelernt. Es ist ein erster Schritt der Umstellung vom **Lust- auf das Realitätsprinzip.**

- **Anale Phase:** Zweites und drittes Lebensjahr

In der zweiten Phase gewinnt die Kontrolle über die Stuhl- und Urinausscheidung zunehmend an Bedeutung. Die Libido wird auf die **anale Region** gerichtet. Im Zusammenhang mit der Reinlichkeitserziehung macht das Kind in dieser Phase die Erfahrung, daß Leistung mit **Zuwendung** belohnt wird. Bei nicht erbrachter Leistung kann erstmals Selbständigkeit erlebt werden. Die Einstellung zu Reinlichkeit und Besitz bildet sich in dieser Phase aus. Die Kontrolle der Harnentleerung wird meist erst gegen Ende der analen Phase wichtiger, denn damit steigt das Interesse an der Genitalregion.

- **Phallische Phase:** Viertes und fünftes Lebensjahr

Das lustbetonte Interesse wendet sich dem **Genitalbereich** zu, der als Lustquelle entdeckt und dessen Zurschaustellung auch lustvoll erlebt wird. Gegen Ende der phallischen Phase vermutet das Kind erstmals die Zusammenhänge zwischen diesem Körperbereich und sexuellen Vorgängen, es tritt dann die sogenannte **Ödipus-Problematik** auf. Das Kind bemerkt die anatomischen Unterschiede seiner Eltern und setzt sich mit seiner eigenen Geschlechterrolle auseinander. Es wird von einigen Psychiatern vermutet, daß Mädchen ihre Penislosigkeit als **Penisneid** erleben. Jungen befürchten in dieser Phase, gleichsam als Strafe, ihren Penis zu verlieren. Die **Kastrationsängste** werden häufiger beobachtet, wenn Masturbation von den Erziehern besonders beachtet wird.

In der **phallischen Phase** bemerken die Kinder die verschiedengeschlechtliche elterliche Gemeinschaft. Es werden erste, noch unspezifische sexuelle Wünsche von Mädchen auf den Vater und von Jungen auf die Mutter gerichtet. Nach der griechischen Ödipussage, in der Ödipus seine Mutter liebt und begehrt, werden diese Gefühle als **Ödipussituation** bezeichnet. Der Junge, der die Mutter als Liebesobjekt begehrt, geht in Opposition zu seinem Vater, seine Wünsche an die Mutter werden zurückgewiesen und steigern damit die Kastrationsangst. Mädchen erleben diese Situation meist nicht so intensiv.

Im vierten und fünften Lebensjahr werden grundlegende Einstellungen zur späteren Sexualität und Partnerwahl festgelegt.

Durchläuft ein Mensch in der Kindheit diese drei Phasen vollständig und ohne Schaden, dann kann er als Erwachsener eine **reife Sexualität** entwickeln. Dabei ist es üblich, daß die Körperregionen, auf die die Libido in den einzelnen Phasen gerichtet war (Oral-, Anal- und Genitalbereich) zu einem gewissen Teil libidinös besetzt bleiben. Bei einer gereiften Sexualität sind libidinöse Fixierungen auf andere Körperregionen den Genitalien untergeordnet. Sie können individuelles Verhalten beim Liebesspiel oder bestimmte Charakterzüge beeinflussen.

Bleiben größere Libidoanteile in einzelnen Entwicklungsphasen gebunden, kann dies die Grundlage für Verhaltensstörungen sein. Begründet durch frühkindliche Traumatisierung in einer bestimmten Phase kann das Libidoverhalten dort verharren. Ausgeprägte Versagensgefühle oder Verwöhnung können späte Störungen zur Folge haben. Fixierungen als Folge von Traumata in einer der beschriebenen Phasen ziehen Libido ab, der erwachsene Mensch hat bei Schwierigkeiten nicht mehr die ausreichende Menge an Energie zur Verfügung und ist daher bei der Bewältigung der Anforderungen nicht mehr erfolgreich. Abhängig von der Phase, in der die Fixierung erfolgte, tritt ein **typisches Störungsbild** auf. Da eine adäquate Bewältigung der Schwierigkeiten nun nicht mehr möglich ist, wird unbewußt auf die **prägenitalen Fixierungen** zurückgegriffen, der betroffene Mensch regrediert.

20.1.2 Theorie der Persönlichkeitsstruktur

Die tiefenpsychologischen Schulen unterscheiden drei Persönlichkeitsinstanzen:
- ES
- ICH
- ÜBER-ICH

Das **ES, das Unbewußte,** ist auf die Befriedigung der Triebe ausgerichtet. Es dominiert das **Lustprinzip.**

Das **ÜBER-ICH** enthält die moralischen und ethischen Forderungen, die im Laufe der Erziehung an den Menschen herangebracht werden. Die Wertnormen der Bezugspersonen werden angenommen, sie wirken als übergeordnete Instanzen. Bei deren Verletzung regt sich das schlechte Gewissen. Die Wertvorstellungen im ÜBER-ICH einer Person können bewußt oder auch unbewußt sein.

Das **ICH** steht zwischen den Polen ES und ÜBER-ICH. Es muß die Triebansprüche des ES der Realität anpassen und nach den Werten des ÜBER-ICH ausrichten. Die Arbeitsweise des ICH bedeutet Anpassung nach dem **Realitätsprinzip.** Das ICH zensiert die aus dem Unbewußten (dem ES) drängenden Triebregungen, die das ÜBER-ICH ablehnt. Im ICH sind die Vorgänge der

Realitätsbeurteilung bewußt, die zur Bewältigung von Konflikten nötigen Abwehrmechanismen laufen unbewußt ab.

Das ICH wird oftmals den Forderungen von ES, ÜBER-ICH und der Umwelt einer Person nicht gleichmäßig gerecht. Es entstehen Konflikte zwischen triebhaften Impulsen und den dagegenstehenden Forderungen des ÜBER-ICH. Als Signal dieses Konfliktes entsteht **Angst.** Diese zeigt eine Gefährdung des Gleichgewichtes zwischen den Forderungen aus dem ES und dem ÜBER-ICH an. Bleiben die Ansprüche unvereinbar, so werden die Situationen durch **Abwehrmechanismen** bewältigt, die sich Menschen in ihrer Kindheit angeeignet haben.

20.1.3 Abwehrmechanismen

Abwehrprozesse ermöglichen dem Individuum **seelische Stabilität,** sie dienen der Abwehr von Angst, die aus innerseelischen Konflikten zwischen ES und ÜBER-ICH resultieren. Im Laufe der individuellen Entwicklung können Menschen immer reifere realitätsgerechtere Abwehrformen und Anpassungshilfen erreichen.

Abwehrmechanismen laufen unbewußt ab.

Die Abwehrmechanismen werden nach entwicklungspsychologischen Aspekten eingeteilt:

- **Erste Stufe: Psychotische Mechanismen**
  - Verleugnung der äußeren Realität
  - Entstellung
  - Wahnhafte Projektion

Diese Mechanismen sind typisch bei Kindern unter fünf Jahren und in Träumen und Phantasien Erwachsener. Die Realitätswahrnehmung ist verändert. Psychotisch Erkrankte, Träumer oder zornige Zweijährige fühlen sich allmächtig. Bei Erwachsenen wirkt dies auf ihre Umwelt verrückt. Die Anpassung wird erreicht, indem die äußere Realität verkannt, verdreht oder entstellt wird.

Verleugnung der Realität, Entstellung und wahnhafte Projektion sind unentwickelte Formen der Abwehr oder Anpassung, die durch Psychotherapie oder Vernunftsargumente nicht abgelegt werden können. Nur durch äußere Veränderungen, beispielsweise der realen Umwelt, persönliche Reifung oder antipsychotische Substanzen, gelingt es, diese Mechanismen zu durchbrechen.

- **Zweite Stufe: Unreife Mechanismen**

Häufig bei schweren Depresssionen, Persönlichkeitsstörungen und in der Adoleszenz. Dazu zählen:

- Phantasie (Verleugnung durch Phantasie)
- Projektion
- Hypochondrie
- Passiv-aggressives Verhalten (Wendung gegen die eigene Person)
- Ausagieren (dissoziales Verhalten, Perversion)

Dies sind gebräuchliche Abwehrformen in Kindheit und Jugend. Erwachsene, die unter Depressionen, einer Charakterstörung oder Sucht leiden, benutzen unreife Abwehrmechanismen. Ebenso kann es bei körperlichen Erkrankungen oder bei Beeinträchtigung der Sinne (Taub- oder Blindheit) zum Rückgriff auf diese Abwehrformen kommen. Taube reagieren oft paranoid, Erblindete und Suchtkranke ziehen sich in ihre Phantasien zurück. Durch Klagen über Schmerzen stellen die Betroffenen Forderungen, die sie direkt nicht äußern können. Die Aufmerksamkeit der anderen wird durch albernes oder provozierendes Verhalten herbeigeführt. Kriminelles oder impulsives Ausagieren hilft, Spannungen zu vermeiden.

Unreife Mechanismen dienen dem Benutzer zum Abbau von Spannungen und dem Vermeiden von Ängsten.

Auf den Betrachter wirken die Bewältigungsversuche störend, oft sind sie sozial unerwünscht.

• **Dritte Stufe: Neurotische Mechanismen**
Kommen sehr häufig bei fast allen Menschen vor.
- Intellektualisierung (Isolierung, zwanghaftes Verhalten, Ungeschehenmachen, Rationalisieren)
- Verdrängung
- Reaktionsbildung
- Verschiebung (Konversion, Phobien, Witz)
- Dissoziation (Neurotische Leugnung)

Neurotische Mechanismen gebrauchen viele Menschen in seelischen Konfliktsituationen. Im Unterschied zu den unreifen Abwehrformen, die der Anpassung an zwischenmenschliche Schwierigkeiten dienen, helfen die neurotischen Mechanismen, aktuelle Konflikte oder akuten Streß zu meistern. Sie helfen bei der Bewältigung intrapersoneller Schwierigkeiten und Konflikten.

Bei der **Intellektualisierung** wird der Gegenstandswelt viel Beachtung geschenkt, um einer befürchteten Intimität zu entgehen oder Gefühlsäußerungen zu vermeiden.

Verdrängung zeigt sich in Naivität oder Vergessen. Das bewußte Wahrnehmen triebhafter Impulse wird blockiert.

Reaktionsbildung ist eine ambivalente, nicht akzeptierte Triebregung. Beispiele sind Sorgen um einen eigentlich ungeliebten Menschen oder Haßgefühle gegen einen geliebten Menschen.

Verschiebung bezeichnet die Wendung von Emotionen auf Objekte, die gefühlsmäßig neutraler besetzt sind als die Personen, denen das intensive Gefühl oder die triebhaften Wünsche entgegengebracht werden. Witze, Vorurteile oder Phobien sind dabei Lösungsmöglichkeiten.

Dissoziation meint die Bewältigung von emotionalen Schmerzen durch **hysterische Konversion** (Umwandlung). Diese Abwehrform zeigt sich in Bewußtseinslücken, übersteigerter Aktivität, theatralischem Verhalten oder Kompensation von Ängsten durch Überlegenheitsverhalten.

• **Vierte Stufe: Reife Mechanismen:**
Meist bei „gesunden“ Erwachsenen
- Sublimierung
- Altruismus
- Antizipation
- Humor
- Unterdrückung

Reife Mechanismen ermöglichen die Integration von Realität, zwischenmenschlichen Beziehungen, persönlichen Wünschen und Trieben.

Durch **Sublimierung** können aggressive Impulse zu ungefährlichen Handlungen umgewandelt werden. Triebregungen werden nicht wie bei den neurotischen Mechanismen zurückgedrängt, sondern in akzeptierte Bahnen, wie Spielen, Sport, Hobbys oder künstlerische Tätigkeiten, gelenkt.

Altruismus ist selbstloser Dienst am anderen. Im Gegensatz zur Projektion oder dem Ausagieren entsteht anderen ein Nutzen.

Bei der **Unterdrückung** wird die Ausführung eines triebhaft erlebten Impulses bewußt aufgeschoben, ohne ihn später durch einen anderen Abwehrmechanismus auszugleichen oder ihn zu vergessen.

Antizipation meint die realitätsgerechte Vorbereitung auf künftiges Unbehagen, das heißt, es besteht schon eine Vorbereitung auf ein Geschehen, ohne es jemals vorher erlebt zu haben.

Diese Einteilung macht deutlich, daß viele psychische Störungen auch als mißglückte oder unreife Anpassungsreaktion eines Menschen gesehen werden können.

Im Verlauf der Entwicklung entfalten sich die Abwehr- und Anpassungsmechanismen immer stärker. Ihre Differenzierung zeigt Parallelen zur biologischen und sozialen Entwicklung.

Je reifer die Abwehrform ist, desto arbeits-, leidens- und liebesfähiger, desto seelisch und körperlich gesünder ist der Benutzer.

20.2 Das lerntheoretische Modell

Die Lerntheoretiker nehmen an, daß sowohl angepaßtes als auch unangepaßtes Verhalten gelernt wird. Lernprozesse sind maßgeblich am Entstehen und Aufrechterhalten sowie der Lösung psychischer Störungen beteiligt. Die Lerntheorie wurde aus Gesetzmäßigkeiten von Beobachtungen und Experimenten abgeleitet. Nachfolgend werden die wichtigsten Lernprinzipien skizziert.

20.2.1 Das „klassische" Konditionieren

Dieses Lernprinzip beobachtete der russische Physiologe **Iwan Pawlow** erstmals an einem Hund.

Ein hungriger Hund sondert Speichel ab, wenn ihm Fleisch angeboten wird. Der Speichel ist eine **unbedingte (unkonditionierte) Reaktion** auf das Futter. Die Salivation (Speichelbildung) auf ein Futterangebot wird als **unbedingter Reflex** bezeichnet. Ertönt unmittelbar vor dem Darbieten des Futters ein neutrales Signal (Glocke) und wiederholt man diesen Vorgang (Futter und Glocke) mehrmals, so bildet sich ein **bedingter (konditionierter) Reflex** aus. Die Speichelsekretion wird dann durch das Signal allein ausgelöst. Der zunächst neutrale Reiz (Ton) wird durch wiederholte gemeinsame Darbietung mit dem Futter zu einem bedingten Reiz. Es ist eine **konditionierte Reaktion** entstanden, der Hund hat etwas gelernt.

20.2.2 Das „operante" Konditionieren

Bald nach Pawlows ersten Versuchen zeigte sich, daß beim Lernen Vorgänge ineinandergreifen, die nicht allein durch das Modell der klassischen Konditionierung erklärbar waren. Lernprinzipien, die aus der Erziehung bekannt waren, wurden experimentell untersucht, und die Erkenntnisse unter dem Begriff der **operanten Konditionierung** (Reaktion, die nicht von einem auslösenden Reiz abhängt, sondern von den Auswirkungen dieser Reaktion) zusammengefaßt.

Die meisten Theorien zum operanten Lernen wurden aus Tierversuchen abgeleitet, später hat sich bestätigt, daß dieselben Lernprinzipien auch beim Menschen gelten.

Sobald ein Lebewesen mit seiner Umwelt in Verbindung tritt, erlebt oder beobachtet es Konsequenzen auf sein Verhalten. Die Konsequenzen beeinflussen wiederum das weitere Verhalten. Die Folgen können angenehm oder unangenehm sein, entsprechend werden sie als **positiver oder negativer Verstärker** des weiteren Handelns bezeichnet. Das **Erfolgsgesetz** gibt die Beziehung zwischen Verhalten und Konsequenz wieder. Zufriedenstellende Folgen führen zur Bekräftigung eines Verhaltens, während unangenehme Reaktionen die Häufigkeit herabsetzen.

Folgt auf eine Reaktion ein negativer Verstärker (aversiver Reiz), kann daraus passives **Vermeidungsverhalten** resultieren. Auf dieser Theorie können phobische Verhaltensweisen erklärt werden. Erlebt ein Mensch wiederholt Angst, sobald er einen bestimmten Ort betritt, beispielsweise eine Brücke, und meidet er künftig diese Situation, so kann sich daraus eine **Phobie** entwickeln.

Zwanghafte Symptome können durch die Annahme erklärt werden, daß ein bestimmtes Verhalten (wie Waschen) angstreduzierend wirkt (Angst vor Anstekkung). Das zwanghafte Verhalten wird verstärkt gegen die Angst eingesetzt.

Das Modell der klassischen Konditionierung erklärt **unwillkürlich ablaufende Reaktionen.** Die Prinzipien des operanten Konditionierens erklären das **willkürliche Verhalten,** indem ein Individuum aktiv mit der Umwelt in Beziehung tritt.

Beide vorgestellten Struktur-Modelle haben Gemeinsamkeiten. Die **Tiefenpsychologie** bietet Erklärungen für alle **psychischen Störungen.** Durch die **Lerntheorie** können nicht alle **abnormen Verhaltensweisen** erklärt werden, sie eignet sich aber besonders dafür, bereits bestehende Störungen darzustellen. Die Lerntheorien sind im Experiment zuverlässig nachweisbar, während zur Überprüfung der tiefenpsychologischen Annahmen empirische Methoden weniger geeignet sind. Daher bevorzugt die (Schul-)Psychiatrie die Lerntheorien. Die gemeinsame Anwendung beider Theorien kann dazu beitragen, Phänomene besser zu beschreiben, mit denen sich die Tiefenpsychologen durch Deutungen und Einzelfallbeobachtungen bisher erst spekulativ befaßt haben.

20.3 Darstellung abnormer Variationen seelischen Wesens

In den nachfolgenden Abschnitten werden die sogenannten **Variationen des seelischen Wesens** behandelt, nach dem diesem Buch zugrundeliegenden triadischen System (vgl. Kapitel 5, Das triadische System). Die Störungen dieser Gruppe umfassen die Neurosen, Persönlichkeitsstörungen, Störungen der Sexualität und Minusvarianten der Intelligenz.

Die Einteilung psychischer Störungen in verschiedene abgrenzbare Gruppen wird unter Psychiatern und Nichtpsychiatern kontrovers diskutiert. Besonders umstritten ist die von der Schulpsychiatrie getroffene Unterscheidung in Neurosen und Psychosen.

Hauptkriterium einer Psychose ist seit Jaspers, daß die Erlebnisse und Vorstellungen, die eine betroffene Person erlebt, von Außenstehenden nicht nachvollzogen werden können, daß selbst das Eindenken und Nachfühlen schwerfällt. Neurotisches Verhalten dagegen gilt durchaus als nachvollzieh- und verstehbar.

Hinter dieser Vorstellung steht die Auffassung, daß die endogenen Psychosen körperlich, Neurosen dagegen rein seelisch bedingt sind. Neurotische und abnorme Zustände zeigen sich jedoch in vielen Ausprägungen. Neben körperlichen Beschwerden können Ängste, Zwänge, Schwierigkeiten in zwischenmenschlichen Beziehungen, Lern- oder Arbeitsstörungen, die Freiheit einer menschlichen Existenz erheblich einengen.

Die betroffenen Menschen gehen zum Arzt, weil sie Symptome spüren und diese Beschwerden als fremd erleben. Ärzte und Pflegepersonen nehmen beispielsweise körperliche Beschwerden bei hysteroiden Patienten durchaus ernst. Sie haben jedoch häufig Schwierigkeiten, die den Beschwerden zugrundeliegende Persönlichkeit („den hysterischen Charakter") ohne Vorurteile zu akzeptieren. Einzelne Symptome zu billigen, fällt vielfach leichter als die Ursache, die neurotische Charakterstruktur zu verstehen.

Zwischen neurotischen Symptomen und den Symptomen der zugrundeliegenden neurotischen Persönlichkeitsstruktur ist zwingend zu unterscheiden, um seelisches Anderssein möglichst umfassend verstehen zu können.

Die Persönlichkeit des Neurotikers ist so geworden, weil dauernde Abwehr nötig war, um eine Anpassung zu erreichen. Die innerseelischen Ängste, Schuldgefühle und Triebimpulse haben die Persönlichkeit geformt.

In der Arbeit mit neurotischen, psychopathischen und sexuell devianten Menschen darf man nicht vergessen, daß neben den Symptomen eine bestimmte Persönlichkeit sichtbar wird, die insbesondere in ihren zwischenmenschlichen Beziehungen ganz bestimmte Eigenarten („Manöver“) des Umgangs zeigt.

Besonders in Intim- oder Autoritätsbeziehungen erleben neurotische, psychopathische und deviante Menschen erhebliche Schwierigkeiten. Sie gelten bald als „schwierig“. Entwicklungsstörungen, (Trieb-)Konflikte und Defekte, Voraussetzungen für die Ausbildung neurotischer, psychopathischer oder devianter Symptome und Störungen, erschweren naturgemäß die Anpassung an die Realität. Psychotische Störungen, wie starke und nachhaltige Beeinträchtigung der Wahrnehmung und des Bewußtseins, unscharfe Grenzen zwischen Real- und Phantasiewelt erschweren nicht nur die Anpassung an die Umwelt, sie machen sie zeitweilig unmöglich.

Neurotiker und Menschen mit abnormen Persönlichkeiten sehen die Realität oftmals im Licht der eigenen Erwartungen und verkennen sie dadurch. Die Störungen der psychotischen Menschen sind jedoch intensiver, der **Realitätskontakt** kann tiefgreifend gestört sein.

Kriterien für das Vorliegen einer psychotischen Störung sind Bewußtseinsstörungen, unscharfe oder aufgehobene Grenzen zwischen der psychotisch erlebten und wirklichen Welt, Wahrnehmungsstörungen wie Halluzinationen und Verkennung der Umwelt.

Die neurotischen Störungen unterscheiden sich von den psychopathischen in zwei wesentlichen Aspekten:

Die **Reaktionsformen der Neurotiker** sind eher auf sich gerichtet **(autoplastisch)**, die der **psychopathischen Menschen** wirken nach außen gerichtet **(alloplastisch)**.

Bei **Neurotikern** finden sich immer Hinweise auf **Konflikte,** bei **psychopathischen Personen** werden von Klinikern eher **Defekte** beschrieben.

Der Defektbegriff deutet darauf hin, daß die Krankheit nicht zu behandeln ist. Aus therapeutischer Erfahrung ist dies jedoch falsch, denn auch eine rein psychogene Entstehung kann zu Defekten führen, besonders dann, wenn sehr junge Individuen betroffen werden. Die Behandlung von Defekten ist schwierig, sie verlangt Methoden und Techniken, die noch weniger ausgereift sind als die Behandlungsformen neurotischer Störungen.

In der klinischen Arbeit mit neurotischen, persönlichkeitsgestörten und devianten Patienten fällt die **Komorbidität** der Erscheinungsbilder auf. Komorbidität bedeutet, daß ein Mensch an mehr als einer, hier psychischen, Störung leidet. Viele Patienten mit hysteroiden Zügen wirken oft auch depressiv, viele depressiv Verstimmte haben auch zwanghafte Anteile.

Die Vorstellungen über die Entstehung psychopathischer Störungen differieren sehr stark. Es werden konstitutionelle Ursachen und Störungen in der frühen Kindheit diskutiert.

Wenn man akzeptiert, daß bei der Ausgestaltung von abnormen Persönlichkeitszügen ein Zusammenhang zwischen alloplastischen Reaktionsformen und den später auftretenden Defekten besteht, so kommt man zu einem fairen und sinnvollen Psychopathiebegriff:

Eine psychopathische Verformung liegt vor, wenn Menschen alloplastische Reaktionsformen zeigen, die sich in auffälligen sozialen Verhaltensweisen äußern.

In der Diagnostik und der Behandlung von Menschen mit abnormen Persönlichkeitszügen, Erlebnisreaktionen oder Entwicklungen ist immer die Frage zu stellen, ob die Störungen eher auf einen Defekt oder auf einen Konflikt zurückzuführen sind. Die Beantwortung dieser Frage erleichtert die diagnostische Zuordnung und damit die Planung der adäquaten therapeutischen und pflegerischen Möglichkeiten.

20.3.1 Formen der Minderbegabung (Oligophrenien)

Oligophrenie ist die ererbte, angeborene oder früh erworbene Minderung der allgemeinen geistigen Entwicklung. Andere Begriffe sind Schwachsinn, Geistesschwäche, Intelligenzdefekt oder geistige Behinderung (s. Kap. 17.1).

In der englischsprachigen Literatur wird **„mental deficiency“** als Oberbegriff benutzt.

Die veralteten Bezeichnungen Debilität, Imbezilität und Idiotie wurden in der Fachsprache sehr unterschiedlich besetzt, so daß heute keine Vergleichbarkeit mehr gegeben ist. In der Umgangssprache werden diese Begriffe in oft diskriminierender Weise verwendet.

Oligophren sind „Kinder, Jugendliche und Erwachsene, deren geistige Entwicklung durch angeborene oder frühkindlich erworbene Störungen vorübergehend oder auf Dauer hinter der altersgemäßen Norm zurückgeblieben ist, so daß sie für ihre Lebensführung besonderer Hilfe bedürfen“ (Abschlußbericht der Psychiatrie-Enquete 1975).

Die Diagnose Oligophrenie wird nach genauer Prüfung und Einschätzung der geistigen Entwicklung eines Menschen gestellt. Dabei sind die Einschätzung oder Messung des **Intelligenzquotienten (IQ)** und die Einschätzung der sozialen Anpassungsfähigkeit die Hauptkriterien, um die Position eines Betroffenen auf dem Kontinuum zwischen leichter Beeinträchtigung, wie einer geringen Lernschwäche, und dem Unvermögen zu selbständiger Lebensführung einzuordnen.

Die **Intelligenzbestimmung** wird heute mit diagnostisch gut abgesicherten Tests vorgenommen. Die Mehrzahl der gültigen Konzepte fassen Intelligenzstufen nach statistischen Häufigkeiten zusammen.

Intelligenzstufen sind als Bereiche definiert, die in einem bestimmten Abstand vom Mittelwert des verwendeten Tests liegen.

Die Tabelle 20-1 (nach Wechsler, 1964) zeigt die Intelligenzverteilung für Menschen zwischen zehn und sechzig Jahren.

Nur wenige der weit verbreiteten Intelligenztests sind für die unteren IQ-Be-

Tab. 20-1 Intelligenzverteilung für Menschen zwischen zehn und sechzig Jahren

Klassifikation	IQ-Grenzen	Relativer Anteil in der Bevölkerung
extrem niedrige Intelligenz (Schwachsinn)	62 und weniger	2,2
sehr niedrige Intelligenz	63–78	6,72
niedrige Intelligenz	79–90	16,13
durchschnittliche Intelligenz	91–109	50,00
hohe Intelligenz	110–117	16,13
sehr hohe Intelligenz	118–126	6,72
extrem hohe Intelligenz	127 und höher	2,2

reiche geeignet. Daher empfiehlt sich der Einsatz von speziellen Testverfahren, beispielsweise die **Testbatterie für geistig behinderte Kinder von Bondy** oder die **nicht-verbale Intelligenztestreihe von Sniders.**

Die soziale Anpassung testdiagnostisch zu messen, ist schwieriger. Die Entwicklung der sozialen Fähigkeiten wird über Angehörigenbefragung, durch direkte Beobachtung und mit Hilfe standardisierter Skalen beurteilt. Dabei muß sich die Einschätzung nach den gültigen Normen persönlicher Unabhängigkeit für die jeweilige Altersgruppe und dem Grad der zu erwartenden sozialen Verantwortung richten.

Die Ausprägung der Oligophrenie wird nach dem IQ zusammengefaßt (Tab. 20-2). Mehrere epidemiologische Untersuchungen haben gezeigt, daß etwa sechs Prozent der Kinder im Schulalter über eine geistige Leistungsfähigkeit von einem IQ unter 60 verfügen.

Nach den Ursachen der Oligophrenien lassen sich drei Gruppen zusammenfassen,
- die genetische Veranlagung
- organische, erworbene Intelligenzbeeinträchtigungen
- soziokulturelle Umstände.

Ein Beispiel einer **genetisch** bedingten Oligophrenie ist die **Trisomie 21** (Mongolismus oder Down-Syndrom).

Tab. 20-2 Ausprägung der Oligophrenie nach IQ

Sprache	Versorgung	Bildung	Arbeit	Partnerschaft
IQ 50–69 Leichte Oligophrenie, Leichte Intelligenzminderung				
Erwerb verzögert, im Alltagsleben meist ausreichend	meist unabhängig,	begrenzt, oft Probleme beim Lesen und Schreiben	begrenzt anlernbar	möglich
IQ 35–49 Mittelgradige Oligophrenie, Mittelgradige Intelligenzminderung				
Erwerb begrenzt	verzögert, oft Beaufsichtigung nötig	sehr begrenzt, nur Grundlagen	einfache Tätigkeiten bei guter Struktur	kaum möglich
IQ 20–34 Schwere Oligophrenie, Schwere Intelligenzminderung				
nur in Ansätzen, begrenzte Äußerungsmöglichkeiten	Aufsicht und Anleitung nötig	Einübung einfacher Gewohnheiten möglich	nicht möglich	nicht möglich
IQ < 20 Hochgradige Oligophrenie, Schwerste Intelligenzminderung				
nicht möglich	dauernde Aufsicht und Pflege nötig	nicht möglich	nicht möglich	nicht möglich

(nach dem WHO-Schema 1967 und ICD 10)

Beispiel einer vererbbaren **Stoffwechselerkrankung** ist die **Phenylketonurie.** Die enzymatische Umwandlung von Phenylalanin zu Tyrosin ist dabei gestört. Folge dieser Stoffwechselstörung ist eine geistige Retardierung der Kinder. Erhalten sie jedoch gleich nach der Geburt eine entsprechende Diät, kann der Intelligenzdefekt verhindert werden.

Ebenso zählen bleibende Schäden, die durch **ungenügende Sauerstoffversorgung** unter der Geburt oder durch peri- und postnatale Infektionen entstehen, zu den organischen, erworbenen Intelligenzstörungen.

Ein gutes Beispiel für die Bedeutung **soziokultureller Faktoren** ist die verlangsamte Entwicklung vernachlässigter Säuglinge und Kleinkinder (Deprivation) im Vergleich mit liebevoll betreuten und Zuwendung erhaltenden Kindern.

Nach der Zeit der Schädigung sind **Chromosomopathien** (beispielsweise Down-Syndrom), **Embryopathien** und **Fetopathien** (beispielsweise Folgen von Infektionskrankheiten) beschreibbar.

Mit einer schweren geistigen Behinderung geht häufig auch eine **körperliche Behinderung** einher. Diese Schäden können meist auf Ursachen vor oder kurz nach der Geburt (prä- oder postnatal) zurückgeführt werden.

Bisweilen zeigen sich die erworbenen Störungen nur in Teilbereichen oder in minimaler Ausprägung. Die leichten Beeinträchtigungen **(minimal brain dysfunction)** sind diagnostisch schwer abzugrenzen. Die nur wenig retardierten Menschen weisen häufig keine physiologisch nachweisbaren Schädigungen auf.

20.3.1.1 Verhaltenseigentümlichkeiten

Bei der Minderbegabung finden sich im Erleben und Verhalten der Menschen typische Auffälligkeiten, die entsprechend der jeweiligen Beeinträchtigung unterschiedlich stark ausgeprägt sind.

Das Denken ist **weitschweifig und umständlich.** Die Unfähigkeit, zu abstrahieren, zeigt sich im **gedanklichen Hängenbleiben** am Einmaligen und Konkreten. Oligophrene Menschen sind stark in ihrer Welt verhaftet. Auf äußere und innere Reize reagieren sie, bedingt durch die weniger ausgeprägte kortikale Kontrolle, ungebremster als andere Menschen.

Die Sprache ist durch **Artikulationsstörungen und Ausdrucksschwierigkeiten** geprägt.

Die Willensfunktionen sind teilweise durch die **geringe intellektuelle Steuerungsfähigkeit** beeinträchtigt. Aus der nur mäßigen Einsichtsfähigkeit in die Folgen des eigenen Handelns ergeben sich Konflikte mit der Umwelt. Mißverständnisse in sozialen Situationen sind zahlreich und verstärken die **Außenseiterrolle** dieser Menschen.

Einfallsarmut, Umständlichkeit und Rigidität im Denken, sowie abgeschwächte Kontrollfähigkeit, herabgesetztes Abstraktionsvermögen, mäßig ausgebildetes Kausalitätsdenken und verminderte Kritikfähigkeit erschweren die angemessene Beurteilung einer Situation und vorausschauendes Planen. Gewohnte Situationen können gut gemeistert werden, aber die Umstellung auf Neues bewältigen minderbegabte Menschen oft nur sehr langsam.

Durch ihre Beeinträchtigung sind diese Menschen in vielen Situationen überfordert. Darauf reagieren sie mit Zurückgreifen auf **Primitivschablonen** und zeigen erhöhtes **Konstanzverhalten.**

Temperamentstörungen, meist bei schweren Beeinträchtigungen, äußern sich in erhöhter **(erethischer)** oder verminderter **(torpider)** affektiver Anregbarkeit.

20.3.1.2 Pflege bei Oligophrenien

Oligophrene Menschen sind in einer zeitgemäßen Psychiatrie nur zur **Krisenintervention** unterzubringen. Bei längerdauernden Aufenthalten ist auf soziotherapeutische Interventionen und Angebote (Werktherapie, Familienpflege, beschütztes Wohnen und Arbeiten) besonderer Wert zu legen, um vorhandene Fähigkeiten zu fördern.

In der Arbeit mit Oligophrenen steht weniger der medizinische als der **heilpädagogische Ansatz** im Vordergrund. Eine herausragende Aufgabe der Pflegemitarbeiter ist die Koordination der Förderungsmöglichkeiten. Wichtig ist hierbei, Unter- oder Überforderungen zu bemerken und zu vermeiden.

Bei Krisen und Unruhezuständen müssen bisweilen sedierende Substanzen verabreicht werden.

20.3.2 Abnorme Persönlichkeiten

Abnorme Persönlichkeiten und Persönlichkeitsstörungen ersetzen heute den negativ belegten Begriff „Psychopathie" und das Etikett „Soziopathie", das zur Beschreibung der extrem ausgeprägten Persönlichkeitsstörung gebraucht wurde.

Als persönlichkeitsgestört werden Menschen bezeichnet, deren Verhalten und Erleben über eine lange Zeit außerhalb der üblichen menschlichen Reaktionen, der sogenannten Normalität, liegen.

Die Störungen im Beziehungs- und Sozialverhalten werden von dem Umfeld als **krankhaft** empfunden. Die Betroffenen leiden häufig unter den Folgen ihres Unvermögens zwischenmenschliche Beziehungen klar zu definieren und adäquat zu handeln. In vielen Fällen leidet somit ihre soziale Umwelt darunter. Konflikte mit der sozialen Umwelt entstehen, da persönlichkeitsgestörte Menschen oftmals die Regeln des sozialen Zusammenlebens mißachten (Dissozialität). Differentialdiagnostisch sind Dissozialität und Kriminalität, also krankhafte, von verantworteten Störungen im Sozial- und Beziehungsverhalten zu unterscheiden.

Etwa fünf Prozent der bundesrepublikanischen Bevölkerung sind von Persönlichkeitsstörungen betroffen.

In einer Gesellschaft sind die Grenzen zwischen akzeptierten und nicht mehr akzeptierten Verhaltensweisen fließend. Im Umgang mit ausländischen Patienten, die sich oftmals an anderen Werten orientieren, wird deutlich, daß unsere Normen für „normal" und „störend" nicht allgemeingültig sind, da sie sich kulturell und gesellschaftlich unterscheiden.

20.3.2.1 Persönlichkeitsstörungen

Die Komorbidität (das gleichzeitige Auftreten) von Persönlichkeitsstörungen und anderen psychiatrischen Syndromen wird in neuzeitlichen Diagnose- und Therapieansätzen zunehmend stärker beachtet.

Nachfolgend werden einige Prägnanztypen der Persönlichkeitsstörungen beschrieben.

- **Paranoide Persönlichkeitsstörung**

Diese Menschen erscheinen unbelehrbar, hegen Mißtrauen und Feindseligkeit gegen andere. Sie fallen durch eine rechthaberische Haltung und Streitsucht auf. Auf ihre eigene Person bezogen sind sie überempfindlich, können Kritik nicht dulden, empfinden sich ständig benachteiligt oder zurückgesetzt. In der Anamnese finden sich häufig Hinweise auf Auseinandersetzungen mit der Justiz.

Ursachen sind unbewältigte Aggressionen und gehäuftes Erleben von tatsächlichem oder vermeintlichem Unrecht, aber auch eine konstitutionelle Disposition. Mit dem Alter mildert sich das Störungsbild.

Therapeutisch wirksam sind stützende Psychotherapie, klientenzentrierte Gesprächstherapie und paradoxe Verfahren.

- **Schizoide Persönlichkeitsstörung**

Die betroffenen Personen sind äußerst kontaktscheu und distanziert, sie zeigen eine nur geringe emotionelle Anteilnahme. Ihr introvertiertes Verhalten geht häufig mit geringer sozialer Anpassung einher.

Durch ihre Verschrobenheit sind sie sozial isoliert und haben keine engen Beziehungen zu Freunden. Diesen Personen fehlt offenbar auch der Wunsch, Freundschaften einzugehen.

Häufige Ursache für eine schizoide Persönlichkeitsstörung sind spannungsgeladene familiäre Beziehungen und eine Kindheit mit wenig emotionaler Wärme, aber auch die konstitutionelle Disposition.

Die Therapie besteht vorwiegend aus Sozio- und Ergotherapie. Ein wichtiges Ziel ist es, daß die betroffenen Personen lernen, sich in eine stabile Lebensgemeinschaft, beispielsweise eine Wohngruppe, einzufügen und die geltenden Regeln zu achten. Wichtig sind wenige, aber feste Bezugspersonen.

- **Dissoziale Persönlichkeitsstörung**

Meist fallen diese Personen schon in Kindheit und Jugend dadurch auf, daß sie Konflikte im sozialen Zusammenleben haben und soziale Normen (Dissozialität) mißachten. Sie können sich nicht sozial einordnen.

Nach Straftaten verfügen sie nur über eine geringe Einsicht für das eigene Tun. Verantwortungsgefühl und Schuldbewußtsein sind schwach ausgeprägt. In den Biographien der Betroffenen fallen geringe elterliche Fürsorge und ein ungünstiges frühes Lernmilieu auf. Diese Faktoren können als Erklärung für die Defizite im Erlernen sozialer Regeln sprechen.

Es ist eine familiäre Häufung zu beobachten, so daß ursächlich eine Kombination von hereditären (erblichen) und biographischen Belastungen angenommen wird.

Die Therapie beginnt meist bei Jugendlichen mit erzieherischen Maßnahmen, und der Einbindung in feste Gruppen. Dissoziale Patienten sind häufig in den forensischen Abteilungen psychiatrischer Institutionen zu finden.

20

- **Emotional instabile Persönlichkeitsstörung**

Charakteristisch ist die deutliche Tendenz, impulsiv zu handeln, ohne die Konsequenzen zu beachten. Die emotionale Instabilität zeigt sich in Reizbarkeit und heftigen aggressiven Handlungen auf Kritik. Die Betroffenen können ihre Emotionen nicht kontrollieren und beherrschen. Ihre Frustrationstoleranz ist gering, das läßt sich an aggressiven Impulsen nach Mißerfolgen ablesen. Diese Menschen werden oft straffällig.

Im Erregungszustand sind sie zunächst durch Zureden, und wenn notwendig, durch Medikamente zu beruhigen. Langfristig werden Soziotherapie und die Einbindung in Gruppen angestrebt. Diese Menschen sind besonders anfällig für Alkohol und Stimulanzien. Abhängigkeiten müssen in der Therapie besonders beachtet werden.

- **Borderline-Syndrom**

Grundlage der Borderline-Störung ist eine Dysregulation (Fehlregulierung) des inneren Gleichgewichts, die sich in einer Instabilität der Gefühle, der Kognition und des Sozialverhaltens sowie ausgeprägten Stimmungsschwankungen zeigt.

Die Patienten zeigen starke Angst vor einem realen oder imaginären Verlassenwerden. Unbewusst versuchen sie in vielen Fällen durch impulsives Handeln zu verhindern. Parasuizidale (selbstschädigende Handlungen) dienen der Verringerung eines hohen Anspannungsniveaus. Davon unabhängig sehen Borderline-Patienten Suizid in manchen Situationen als Ausweg.

Durch ihre extremen Verhaltensweisen und ihre hohen Anforderungen an das Team werden die stets vorhandenen unterschiedlichen Umgangsstile der verschiedenen Teammitglieder viel offensichtlicher. Der Zusammenhalt im Team wird auf eine harte Probe gestellt (drohende Teamspaltung).

Neue Verfahren (z. B. die „Dialektisch-Behaviorale Psychotherapie“ nach M. LINEHAN) basieren auf störungsspezifischen Behandlungskonzepten.

• Histrionische Persönlichkeitsstörung
Auffällig ist ein demonstratives bis theatralisches Verhalten, mit dem diese Menschen die Aufmerksamkeit anderer suchen (Histrione: altrömisch Schauspieler). Sie leben sehr selbstbezogen (egozentrisch) und haben eine hohe Anspruchshaltung an andere. Sie manipulieren gerne ihre Mitmenschen. Auffällig ist auch die Suggestibilität, das heißt, sie lassen sich leicht beeinflussen.

Die Störungen nehmen mit höherem Lebensalter ab. Als Ursachen gelten ein mangelndes Realitätslernen in der Kindheit, Verdrängung ambivalenter Gefühle und dauernde Fixierung an das Elternhaus, ebenso konstitutionelle Faktoren.

In der Gruppentherapie lernen die Betroffenen die Wichtigkeit von Grenzen.

• Anankastische (zwanghafte) Persönlichkeitsstörung
Menschen mit anankastischer Persönlichkeitsstörung sind übergenau und perfektionistisch. Sie neigen zu Kontrolle und Pedanterie, versuchen, die Zukunft möglichst genau zu planen. Sehr häufig organisieren und planen sie. Sie sind kontaktscheu und rigide. Die Zwanghaftigkeit, mit der diese Menschen allem nachgehen, wird allgemein als Abwehr innerer Desorganisation interpretiert. Die Unterscheidung von arbeitssüchtigen Menschen (Workoholics) ist differentialdiagnostisch und therapeutisch wichtig.

Der Verlauf ist in den meisten Fällen chronisch. Als Therapien eignen sich kognitive Verhaltens- und Ergotherapie.

• Ängstliche (vermeidende) Persönlichkeitsstörung
Charakteristisch für selbstunsichere Personen sind Gehemmtheit, geringe Bindungsfähigkeit und ausgeprägte Risikovermeidung. Diese Menschen sind auf der Suche nach Akzeptanz, die sie oftmals nicht erlangen. Ihnen fehlt das Durchsetzungsvermögen und sie reagieren auf Kritik überempfindlich. Ursache dieser Persönlichkeitsstörung ist häufig eine überstarke Mutterbindung, frühe Selbstwertkrisen und unkorrigierte Negativerfahrungen.

Behandelt man diese Menschen früh durch Verhaltenstherapie, kreative Ergotherapie und Rollenspiele, können sie ihre sozialen Kompetenzen erheblich steigern. Gelingt es, beruflich und partnerschaftlich feste Beziehungen aufzubauen, so ist die Prognose sehr gut.

• Abhängige (asthenische) Persönlichkeitsstörung
Das Verhalten dieser Personen ist Ausdruck ihrer inneren Abhängigkeit. Sie übernehmen ungern Verantwortung und geben Entscheidungen lieber an andere ab. Das Selbstbewußtsein der Menschen ist wenig ausgebildet (ICH-Schwäche), sie leiden unter Leistungsschwäche. Aus Angst, verlassen oder weniger geliebt zu werden, stellen sie eigene, berechtigte Ansprüche zurück. Charakteristisch ist auch die Tendenz zu körperlichen Mißempfindungen. Abhängige Persönlichkeiten haben durch eine überbehütete Kindheit gelernt, sich hilflos zu verhalten. Eine besondere Umsorgung durch Eltern oder den Lebenspartner fördert das Hilflosigkeitsverhalten im Erwachsenenalter, gleichzeitig erhalten die Betroffenen dadurch einen Krankheitsgewinn.

Bei guter sozialer Einbindung und Akzeptanz ist der Verlauf als gut zu bezeichnen. Stützende Psychotherapie, Training des Körpers und der sozialen Kompetenzen haben sich bewährt.

• **Andere spezifische Persönlichkeitsstörungen**
In dieser Gruppe werden Persönlichkeitsstörungen zusammengefaßt, die keiner der genannten Gruppen zugeordnet werden können, wie die **narzißtische,** die **exzentrische,** die **haltlose** und die **passiv-aggressive Persönlichkeit.** Bei diesen Persönlichkeitsstörungen finden sich ausgeprägte Tendenzen zu Selbstüberschätzung, Wünsche nach Bewundertwerden. Lebhafte Temperamente mit Überaktivität und Umtriebigkeit. Aber auch Personen, die sich den üblichen Anforderungen entziehen.

20.3.2.2 Abnorme Gewohnheiten und Störungen der Impulskontrolle

Charakteristisch für diese Störungen ist, daß die Betroffenen ihre Impulse nicht kontrollieren können, die oft ohne vernünftige Motivation entstehen und zu Handlungen führen, die die Interessen der Person oder anderer schädigen. Die Reaktionen schaffen nur vorübergehend Befriedigung, sie binden die Betroffenen jedoch in negativer Weise, da sie die Freiheitsgrade erheblich einengen können.

Es scheint, daß sich aus jeder menschlichen Tätigkeit eine nicht stoffgebundene Abhängigkeit entwickeln kann. Um eine Abgrenzung zu den körperlichen Abhängigkeiten zu treffen, spricht man von **Süchtigkeit,** nicht von Sucht. In der Entwöhnungsbehandlung treten keine physischen Entzugssyndrome, aber Gereiztheit und Unruhe auf. Gemeinsames Merkmal des süchtigen Verhaltens sind Realitätsflucht, Betäubung und Ausgleich innerer Leere. Ähnlich wie bei der stoffgebundenen Sucht können die Betroffenen ihren süchtigen Impulsen nicht widerstehen. Es geht den Handlungen eine starke Anspannung voraus, die sich durch die Aktion dann abbaut.

• **Pathologisches Spielen**
Pathologisches Spielen oder Spielsucht ist zwanghaftes Glücksspiel oder Spielen an Automaten, das die Lebensführung der Betroffenen beherrscht und zum Verfall der sozialen, beruflichen und familiären Beziehungen führt. Konsequenzen sind Isolation und finanzielle Schwierigkeiten. Beim Spielen wird die starke innere Anspannung und Unruhe der Betroffenen für eine Zeit fixiert. Spielsüchtige Menschen sind meist selbstunsicher und unausgeglichen. Mit dem Spielen scheinen sie einen inneren Reizhunger zu stillen und der Realität zu entfliehen.

Die Prognose wird durch eine hohe Motivation und feste soziale Einbindung des Betroffenen verbessert. Sie ist bei längeren Verläufen und sozialem Abstieg ungünstig. Indiziert sind verhaltenstherapeutische Maßnahmen in der Gruppentherapie, Gesprächstherapie und die Teilnahme an einer Selbsthilfegruppe.

• **Pathologische Brandstiftung, Pyromanie**
Die Diagnose Pyromanie wird gestellt, wenn ein Mensch wiederholt für vollendete oder versuchte Brandstiftungen verantwortlich ist. Die Betroffenen interessieren sich sehr stark für Feuer und Brandbekämpfung. Sie haben eine übermäßige Vorliebe für Löschfahrzeuge, Gegenstände zur Feuerbekämpfung und Feuerwehren. In Situationen hoher innerer Gespanntheit können die unkontrollierten triebhaften Impulse zu einem weiteren Brandstiftungsversuch führen. Die Menschen sind meist stimmungslabil, selbstunsicher und schüchtern. Der Grund wiederholter Brandstiftung kann auch eine Minderbegabung sein.

Indiziert sind erziehende Maßnahmen in der Gruppe und Verhaltenstherapie.

• **Pathologisches Stehlen, Kleptomanie**
Kleptomanie ist zwanghaftes Stehlen nicht benötigter Gegenstände, die für den Betroffenen symbolhaften Charakter haben. Die oft willensschwachen Personen mit verminderter Hemmschwelle, erleben beim Stehlen eine hohe innere

Spannung. Nach dem Diebstahl breitet sich Befriedigung aus, die nach einiger Zeit abfällt und in Ratlosigkeit, Schuldgefühlen oder Depressivität mündet. Ursachen der Störung sind Affektentladungen in frustranen Situationen, hohe Intensität oraler Impulse, unbewußte Selbstbestrafung.

Therapeutisch sind konfliktzentrierte Verhaltens- und Familientherapie indiziert. Die Rückfallquote ist hoch.

- **Andere abnorme Gewohnheiten und Störungen der Impulskontrolle**

Dazu zählen die **Arbeitssüchtigkeit** (hoher täglicher Arbeitsaufwand, intensives Arbeiten bei nur kurzen Pausen, ständiger Beginn neuer Arbeiten) und die **Poriomanie** (plötzliches, dranghaftes Weglaufen). Wie die zuvor genannten abnormen Gewohnheiten sind auch Arbeitssüchtigkeit und Weglaufen als Ausweichmanöver vor innerer Leere und unbefriedigenden Lebenssituationen zu verstehen.

20.3.2.3 Pflege bei persönlichkeitsgestörten Menschen

Die Pflegenden sollen eine klare Grundhaltung zeigen, die für den Patienten durchschaubar ist. Dabei muß der Bezug zur Realität und aktuellen Situation stets erkennbar bleiben. Der Patient muß über mögliche Folgen seiner Handlungen aufgeklärt und sich seiner Verantwortung darüber bewußt werden. Ein weiterer Schwerpunkt in Pflege und Therapie ist das **Training sozialer Fertigkeiten und Erlernen neuer Verhaltensweisen,** um einer Impulshandlung entgegenzusteuern oder altes Verhalten zu verlernen.

Den Alltag einer allgemeinpsychiatrischen Station können persönlichkeitsgestörte Patienten, besonders wenn ihr soziales Verhalten kaum angepaßt ist, erheblich stören. Eine Gefahr liegt darin, daß diese Patienten häufig versuchen, das Team zu spalten, was meist nicht ihre bewusste Absicht ist, sondern aus ihrer beeinträchtigten Sozialkompetenz folgt. An genaue Absprachen muß man sich im Umgang mit diesen Menschen besonders genau halten. Es muß auf die Konstanz der **Bezugsperson** großen Wert gelegt werden.

Stationen, auf denen ständig persönlichkeitsgestörte Patienten behandelt werden, benötigen Entlastung durch regelmäßige Teamkonferenzen und Supervision.

20.4 Abnorme Erlebnisreaktionen und Entwicklungen (Neurosen)

Diese Gruppe umfaßt sehr verschiedene und uneinheitliche Störungen. Ihnen ist gemeinsam, daß sie auf eine bestimmte Auslösesituation zurückgeführt werden können. Die Unterteilung richtet sich nach eben diesen Situationen. Es werden nach dem zeitlichen Verlauf abnorme Erlebnisreaktionen, die auf einmalige traumatische Erlebnisse oder Stressoren hin entstehen, von abnormen Entwicklungen (Neurosen) abgegrenzt. Neurosen sind Verhaltensauffälligkeiten, die sich über einen langen Zeitraum hin entwickeln und festigen.

20.4.1 Abnorme Erlebnisreaktionen

Ein **außergewöhnliches Lebensereignis** („life event"), das eine akute Belastungssituation darstellt und bei fast jedem Menschen eine tiefe Verzweiflung hervorrufen würde, provoziert eine abnorme Reaktion. Diese **abnormen Reaktionen** können auch als Anpassungsstörungen auf außergewöhnliche Belastungen angesehen werden.

Die Anpassungsstörung verhindert erfolgreiche Bewältigungsmechanismen, dadurch sind die Betroffenen sozial weniger leistungsfähig.

Leitsymptome sind Angst, Panik, Unruhe und Erregtheit. Die Betroffenen sind schreckhafter als gewöhnlich, leiden unter depressiver Verstimmung und Schlafstörungen.

Die Symptome bilden sich bei Krisenintervention schnell zurück.

Es gibt verschiedene abnorme Erlebnisreaktionen:

- **Akute Belastungsreaktion**

Ein unerwartetes und vital bedrohliches Erlebnis wie Naturkatastrophen, Krieg oder Verlust durch aufeinanderfolgende Todesfälle im Verwandten- oder Bekanntenkreis, löst bei den Betroffenen motorische Erstarrung oder Unruhe, Desorientierung und ängstliche Gestimmtheit aus. Begleitend treten vegetative Symptome wie Schwitzen, Zittern, Erbrechen, gesteigerter Harn- oder Stuhldrang und Tachykardie auf. Die Initialsymptome dauern Stunden bis Tage an, die innere Unruhe und Anspannung bleiben häufig länger bestehen.

Die Prognose ist günstig, wenn unmittelbar geholfen wird. Der Patient wird zunächst beruhigt und gegen Außenreize abgeschirmt. Der enge Kontakt zu mindestens einer therapeutischen Bezugsperson wird angestrebt. Bestimmend in der Therapie sind konfliktbezogene Gespräche, die der Aufarbeitung des Geschehenen dienen.

- **Die posttraumatische Belastungsreaktion**

Diese Reaktion folgt dem Trauma verzögert nach einer Latenzzeit von Wochen oder Monaten. Als diagnostische Grenze gilt die Dauer von sechs Monaten. Bestehen nach dieser Zeit die Symptome weiter, so wird die Störung als **andauernde Persönlichkeitsänderung nach Extrembelastung** angesehen. Typisches Merkmal ist das wiederholte Durchleben des Traumas in Gedanken oder in Träumen. Depressive Symptome und Suizidgedanken sind häufig.

- **Psychogener Erregungszustand**

Die Reaktion auf eine extreme seelische Belastung kann sich durch motorische Unruhe (Schreien, Umherlaufen und Umsichschlagen etc., im Extremfall Amoklauf) zeigen.

Die Patienten verspüren eine starke innere Spannung. Sie nehmen teilweise Trugbilder wahr. Begleitend treten vegetative Reaktionen wie Zittern, Schwitzen oder Tachykardie auf. Nach der Erregung können sich die Betroffenen häufig nicht daran erinnern **(psychogene Amnesie).** Dieser Zustand, in dem die Suizidgefahr erhöht ist, dauert nur kurz an.

In der Krisenintervention haben sich Kontaktaufnahme zu und Kontakthalten mit dem Patienten bewährt. Es können sedierende Substanzen eingesetzt werden.

- **Die depressive Reaktion**

Dies ist die Folge auf ein extrem erlebtes Trauma durch Enttäuschung, Verlust, Trennung oder Kränkung. Die Patienten zeigen in zeitlichem Zusammenhang mit der auslösenden Situation eine depressive Symptomatik. Niedergeschlagenheit und Resignation können sich bis zum depressiven Stupor steigern.

Bei rechtzeitiger Krisenintervention klingt die depressive Reaktion rasch ab. Das therapeutische Handeln besteht vorwiegend in einfühlendem Kontakt und entlastenden Gesprächen im Sinne einer konfliktorientierten Psychotherapie. Die Gefahr eines Suizids und der Chronifizierung als depressive Neurose besteht.

Auch andere neurotische Symptome können als Folge einer akuten Traumatisierung eine abnorme Erlebnisreaktion beherrschen. Dabei stehen dann die jeweilig als typisch geltenden Symptome im Vordergrund. Die Auswahl der Krankheitszeichen ist persönlichkeitsbedingt, wobei die jeweilige individuelle Abwehrform die Symptome formiert.

Dazu zählen:
- **Angstreaktionen.** Die Angstsymptomatik vor der verletzenden Situation ist beherrschend.
- **Hysterische Reaktionen.** Traumatisierende Erlebnisse werden in funktionelle Körperstörungen wie Lähmungen, Zittern, Schmerzen, Blindheit oder Bewußtseinsstörungen umgesetzt. Das Verhalten wirkt demonstrativ theatralisch und appellativ.
- **Zweckreaktionen.** Damit soll ein bestimmtes Ziel erreicht werden. Die Betroffenen setzen ein ausdrucksstarkes Verhalten, besonders Mimik und Gestik ein.

20.4.2 Abnorme Entwicklungen (Neurosen)

Im Gegensatz zu den Erlebnisreaktionen bleibt die Störung auch nach Wegfall der auslösenden Situation bestehen. Sie zeigt sich in bestimmten neurotischen Symptomen oder als Störung der Persönlichkeit, die ihren Schwerpunkt sowohl in psychischen als auch in körperlichen Strukturen zeigen können. Je nach Manifestationsort spricht man von **psychoneurotischer oder psychosomatischer Störung.**

Auch bei den abnormen Entwicklungen sind verschiedene Typen bekannt:

- **Phobische Störungen**

Die Betroffenen spüren eine Angst in bestimmten, allgemein ungefährlichen Situationen, die sie daraufhin zu vermeiden suchen (Vermeidungsverhalten). Die Angst kann sich von einem leichten Unbehagen bis zur Panik ausbreiten. Allein die Vorstellung, die fragliche Situation könne eintreten, erzeugt Erwartungsangst. Die phobischen Ängste hemmen die Menschen in ihrem normalen Leben. Beispiele sind
- Raum- oder Platzangst (Agoraphobie)
- Höhenangst (Akrophobie)
- Angst vor Tieren (Zoophobie)
- Angst vor Öffentlichkeit oder davor, in der Öffentlichkeit etwas zu tun (Soziophobie).

In der phobischen Situation treten **vegetative Reaktionen** wie Schwitzen, Zittern, Mundtrockenheit und Herzklopfen auf. Patienten beschreiben Beschwerden in Brust und Magen, Erstickungsgefühle, daß sie sich einer Ohnmacht nahe fühlen oder die Angst, verrückt zu werden.

Laut Tiefenpsychologie werden triebhafte Impulse auf Objekte verschoben. In der Lerntheorie beschreibt man die Phobie als Konditionierung eines angsterzeugenden Reizes auf ein Neutralobjekt.

Bei zeitiger Behandlung durch aufdeckende Psycho- oder Verhaltenstherapie ist die Prognose günstig. Eine bewährte Methode ist beispielsweise die Angstexposition, d.h. das therapeutisch geleitete Hineingehen des Patienten in die Angstsituation. Besteht das Vermeidungsverhalten über Jahre, so ist die Gefahr einer Chronifizierung groß. Mit der Absicht, die Angstsymptomatik kurzfristig zu mildern, können begleitend trizyklische Antidepressiva, MAO-Hemmer, oder kurzzeitig Tranquilizer (Abhängigkeitsgefahr!) eingesetzt werden.

- **Angstneurose, Panikstörung**

Eine Panikattacke ist ein plötzlicher Angstanfall, der ohne Vorankündigung in einer Situation auftritt, in der Menschen normalerweise keine Angst haben. Die Betroffenen schildern Beklemmung, innere Spannung, Unruhe, und fühlen sich selbst als unwirklich (Entfremdung). Hinzu kommen vegetative Begleiterscheinungen wie Herzklopfen, Atemnot Benommenheitsgefühle, Schwitzen und Mundtrockenheit in der betreffenden Situation. Mit der Zeit wächst die Erwartung, daß sich die Angst einstellt, die Menschen haben **Angst vor der Angst.**

- **Paniksyndrom**

Plötzlich beginnende intensive Angstanfälle bis zu Todesangst.

Bei unzureichender Behandlung besteht die Gefahr der Chronifizierung. Als Behandlung empfehlen sich eine aufdeckende Psychotherapie und verhaltenstherapeutische Entspannungsmethoden.

Für die Entstehung von Angst gibt es mehrere Erklärungsmodelle.

Tiefenpsychologisch gesehen ist Angst die Abwehr verbotener sexueller Impulse und ödipaler Konflikte oder Kastrationsangst.

Lerntheoretiker gehen davon aus, daß es eine Verstärkung von früher geringen Ängsten durch Lernen der Beseitigung von Angst ist. Die Patienten erleben Hilflosigkeit bei der Nichtbewältigung.

Biographisch betrachtet entsteht die Angst durch fehlende oder übertriebene Fürsorge, mangelndes Urvertrauen und Klammern der Mutter.

- **Zwangsstörungen**

Zusammenfassung von Zwangsgedanken, Zwangsimpulsen und Zwangshandlungen. Der Betroffene kann sich willentlich nicht dagegen wehren. Die Person empfindet ihre **Zwangsgedanken** fast immer als quälend. Sie haben oft gewalttätigen oder obszönen Inhalt und werden als eigene Gedanken erlebt.

Zwangshandlungen sind Stereotypien, die sich ständig wiederholen. Sie dienen keinem nützlichen Zweck und werden als unangenehm empfunden. Patienten haben oft die Vorstellung, sie könnten durch die Zwangshandlungen ein unerwartetes Unheil abwenden. Unterlassen der Handlungen macht Angst.

Ein chronischer Krankheitsverlauf ist nicht ungewöhnlich, völlige Heilung wird oft nicht erreicht. Die besten Erfolge konnten bisher durch verhaltenstherapeutische Maßnahmen erzielt werden, bei intensiven Störungen ist psychopharmakologische Hilfe nötig.

Tiefenpsychologisch werden Zwänge als **Abwehr verdrängter sexueller und aggressiver Impulse,** die Folge überzogener Reinlichkeitserziehung sind, interpretiert. Zwang hilft bei der Abwehr von Gefahr und Bedrohung. Mit der Lerntheorie kann das Aufrechterhalten der Zwänge erklärt werden. Die betroffenen Personen haben gelernt, daß durch die Zwangshandlungen Angst gemindert wird. Die **Angstminderung** ist der Motor, um die Zwänge aufrechtzuerhalten.

- **Konversionsstörung, dissoziative Störung, hysterische Störung**

Die Betroffenen schildern vielfältige Körpersymptome wie Lähmungen, Sprechstörungen, Blind- oder Taubheit, Erbrechen, Schmerzen oder Dämmerzustände. Die Beschwerden sind auf psychische Ursachen zurückzuführen. Es lassen sich **keine organischen Störungen** nachweisen. Daher sind körperliche Ursachen vor Therapiebeginn unbedingt auszuschließen. Große Bedeutung in der Therapie hat die Aufklärung des Patienten, daß es sich nicht um eine organische Krankheit handelt, obwohl körperliche Symptome gespürt werden, und die folgende Aufarbeitung der wirklichen Ursachen. Dabei sollte der Vorwurf, der Patient simuliere, vermieden werden. Bei diagnostischer Unsicherheit und Eingehen auf die körperbetonten Erklärungen des Patienten besteht die Gefahr weiterer Progredienz.

Tiefenpsychologisch werden in den Konversionssymptomen unerfüllte Wünsche gesehen, die als Körperstörungen wahrgenommen werden und **Symbolcharakter** haben.

Das Aufrechterhalten der Symptome kann lerntheoretisch mit dem positiven Verstärker Krankheitsgewinn durch Zuwendung erklärt werden. Die Personen erhalten über ihre körperlichen Symptome Unterstützung und Aufmerksamkeit, die ihnen sonst nicht zuteil würde.

- **Somatoforme Störung**

Patienten mit einer somatoformen Störung sind trotz negativer medizinischer Befunde überzeugt, körperlich schwer krank zu sein. Der oft überdeutliche zeitliche Zusammenhang von Beginn der Symptomatik und einer schwierigen Lebenslage wird von den Betroffenen nicht zur Kenntnis genommen, sie fühlen sich häufig von den Ärzten verkannt.

- **Somatisierungsstörung**

Vordergründig ist dabei eine meist schon jahrelang bestehende, multiple Körperstörung. Die Symptome können in jeder Körperregion auftreten. Gastrointestinale Beschwerden, Hautempfindungen und Schmerzen werden als Präsentiersymptome geboten.

- **Hypochondrische Störung**

Hier steht die lange andauernde Beobachtung bestimmter körperlicher Beschwerden im Vordergrund. Normale oder allgemeine Empfindungen und Körpersignale werden von den betroffenen Menschen als auffällig und belastend interpretiert. Sie sind fest davon überzeugt, an einer ernsthaften körperlichen Erkrankung zu leiden, da sie die Symptome als Bestätigung dafür erleben. Diese Überzeugung kann wahnhafte Intensität erreichen.

- **Somatoforme autonome Funktionsstörungen**

Bei diesen Funktionsstörungen werden vegetative Symptome, die Störungen des autonomen Nervensystems anzeigen, angegeben. Beispiele sind die Herzneurose, psychogenes Aufstoßen oder Blähungen, psychogen gesteigerter Miktionsdrang und Hyperventilation.

- **Anhaltende psychogene Schmerzstörungen**

Diese Störungen äußern sich durch einen andauernden und quälenden Schmerz, der medizinisch nicht begründbar ist. Die Schmerzsymptomatik tritt in Verbindung mit seelischen Konflikten oder psychosozialen Problemen auf. Der Betroffene kann diesen Zusammenhang nicht nachvollziehen.

- **Andere neurotische Störungen**

Hier stehen entweder Klagen über gesteigerte Ermüdbarkeit nach Anstrengung, oder Schwäche und Erschöpfung schon nach geringen Anstrengungen im Vordergrund. Meist werden Muskelschmerzen, Schwindel, Spannungskopfschmerzen, Schlafstörungen oder Reizbarkeit genannt. Gleichartige Begriffe sind **Neurasthenie** oder **Erschöpfungssyndrom.**

20.4.3 Pflege bei Menschen mit veränderten Erlebnisreaktionen

Die Zahl der Patienten, die wegen einer veränderten Erlebnisreaktion oder neurotischen Störung in einer psychiatrischen Institution behandelt werden, ist eher gering. Die Mehrzahl dieser Menschen wird von niedergelassenen Psychiatern betreut. Wird eine Krisenintervention in einer Klinik, beispielsweise bei **Suizidgefahr** notwendig, gelten folgende Leitlinien.

Die Menschen sind durch ihre abnormen Erlebnisreaktionen häufig ängstlich und verunsichert. Im Umgang sind sie eher verschlossen. Zunächst muß man eine Umgebung schaffen, in der sie ruhig werden und Abstand von der traumatischen Erfahrung gewinnen können. Beruhigen, Zuhören und Abschirmen von beängstigenden Situationen erleichtert die Rückkehr zur Normalität. Das Modell einer ruhigen Krankenschwester oder eines besonnenen Krankenpflegers ist erfahrungsgemäß sehr wirksam. In der Bezugspflege muß man bei der Pflegeplanung diese Kompetenz einzelner Mitarbeiter berücksichtigen. Bei starker Erregung ist eine Beruhigung durch Medikamente notwendig und hilfreich.

Die zunehmende Einrichtung psychotherapeutisch orientierter Einheiten in psychiatrischen Krankenhäusern zeigt, daß auch von den pflegerischen Mitarbeitern spezielle Kenntnisse und Arbeitshaltungen erwartet werden. Für die spezielle Arbeit in diesen Stationen hat sich die Vermittlung von psychotherapeutischem Basisverhalten im Sinne der **klientenzentrierten Psychotherapie** als sehr wirksam erwiesen. Pflegerische Mitarbeiter übernehmen in diesen Psychotherapiestationen oftmals **Co-therapeutische Funktionen.** Wichtig sind besonders Kenntnisse über die neurotischen Symptome, Störungen und die Gruppendynamik. Da Neurosekranke immer auch Beziehungsschwierigkeiten haben, kommt einer effektiven Teamarbeit große Bedeutung zu. Ohne regelmäßige Teamsitzungen, Kommunikation mit allen an der Behandlung beteiligten Mitarbeitern und Supervision wird pflegerische Arbeit nicht effektiv.

Pflegerische Mitarbeiter kümmern sich um die Organisation regelmäßiger Zusammenkünfte von Patienten und Therapeuten. Sie achten auf Besprechung und Klärung aktueller Probleme einzelner Patienten. Sie sind ein Modell der üblichen Realitätsbearbeitung.

20.5 Abnorme Triebanlagen (Sexuelle Deviationen)

Der Begriff abnorme Triebanlagen faßt Variationen des sexuellen Erlebens und Verhaltens zusammen, die als pathologisch eingestuft werden.

Die Begriffe **Paraphilie, Parasexualität oder Perversion** benennen den gleichen Sachverhalt.

Sexualität ist ein eigenständiger Erlebensbereich, der für die Entwicklung und Verwirklichung eines Menschen bedeutsam ist. Störungen und Abweichungen im sexuellen Verhalten und Erleben haben häufig weitreichende persönliche, partnerschaftliche oder auch gesellschaftliche Folgen. Soziokulturelle Normen der Gesellschaft geben Maßstäbe vor, nach denen sexuelles Verhalten beurteilt wird. Es ist unmöglich, eine scharfe Grenze zwischen sexueller Norm und gestörtem Verhalten zu ziehen. Sexualität ist Ausdruck der Individualität. In einer Beziehung bestimmen die Partner den intimen Umgang miteinander. Zahlreiche Personen neigen zu sexuellen Vorlieben, die andere wiederum als abartig oder pervers empfinden. Menschen finden bestimmte erotische Phantasien erregend, verspüren homosexuelle Neigungen, sammeln Dinge einer geliebten oder begehrten Person, erfreuen sich an Nacktheit und werden in sexuellen Beziehungen aggressiv oder unterwürfig. Daraus ergibt sich, daß die sogenannten **Deviationen** und **Perversionen** keine Krankheiten, sondern eine besondere Ausprägung normaler Neigungen sind, wenn es dabei nicht zur Verletzung von Gefühlen anderer kommt.

Sexuelles Anderssein hat mehrere mögliche Wurzeln. Häufig berichten Betroffene über eine schon in der Kindheit beginnende seelische oder soziale Isolation, sexuelle Betätigung, (Sexual-)Ängste und ausgeprägte sexuelle Phantasien. Erfahrene Therapeuten berichten davon, daß Menschen mit sexuellen Deviationen meist unauffällig, angepaßt, korrekt und gehemmt sind.

Sexuelle Deviationen liegen vor, wenn ein Mensch **abnormes sexuelles Verhalten** und Erleben zeigt und sich nicht auf die übliche Weise befriedigen kann. Auffällig bei Menschen mit einer sexuellen Devianz ist ihre **abnorme Sexualpraktik.** Nur diese, häufig rituell und zwanghaft ausgeführten Praktiken vermitteln sexuelle Befriedigung.

Die Psychoanalyse spricht von abweichendem Sexualverhalten, wenn eine Abweichung hinsichtlich des Sexualziels oder des Sexualobjektes zu Schwierigkeiten führt. In dieser Situation bestimmen sogenannte Partialtriebe das

20

sexuelle Verhalten. Das heißt, Triebimpulse die sonst an der Sexualität nur untergeordnet beteiligt sind, dominieren.

Eine Devianz liegt dann vor, wenn Partialtriebe oder ungewöhnliche Sexualziele eine übliche sexuelle Befriedigung verhindern.

Aus der therapeutischen Arbeit mit sexuell devianten Menschen ist bekannt, daß die abweichende sexuelle Betätigung als Abwehr von Triebimpulsen oder Ängsten zu verstehen ist. So werden durch die Ausbildung abweichender Formen alte Kastrationsängste abgewehrt. Partialtriebe können beherrschend werden, weil erwachsene sexuelle Beziehungen zuviel Angst machen oder weil übliche Sexualobjekte tabuisiert sind.

Viele Deviationen sind den Neurosen eng verwandt, denn sowohl neurotische Symptome wie auch abweichendes Sexualverhalten formieren sich als Ergebnis der Abwehr.

Betroffene Personen sind im zwischenmenschlichen Bereich meist unauffällig. Ihre Devianz ist auf die Phantasie beschränkt, die soziale Anpassung gelingt. Bei vielen Menschen mit abweichenden Bedürfnissen merkt außer ihnen, ihrem Sexualpartner oder ihrem Therapeuten niemand die oft erlebnisbestimmende sexuelle Pathologie.

Eine zweite Gruppe von Menschen mit sexuellen Störungen zeigt ein eher der Psychopathie verwandtes Muster. Diese Personen agieren sexuell. Ihr krankhaftes und andere beeinträchtigendes Sexualverhalten stellt sich als Defekt infolge einer gestörten Entwicklung heraus. Diese Menschen werden in der Psychiatrie als **triebhaft extrem ausgeprägte Persönlichkeiten (triebhafte Psychopathen)** bezeichnet. Je nach Überwiegen der Abwehr (Konfliktdevianz) oder der Befriedigungssuche (Defektdevianz) ist die Zuordnung eines gestörten sexuellen Verhaltens oder Erlebens zur neurotischen oder persönlichkeitsgestörten Gruppe leicht vorzunehmen.

Besondere sexuelle Vorlieben sind behandlungsbedürftig, sofern die sexuelle Betätigung strafrechtliche Konsequenzen hat, oder ein Mensch selbst darunter leidet und professionelle Hilfe sucht.

20.5.1 Sexualstörungen

Zu den typischen Sexualstörungen (Störungen der Sexualpräferenz) zählen folgende Erscheinungen:

- **Fetischismus**

Die betroffenen Personen erreichen ihre Befriedigung durch einen Fetisch (Talisman, Gegenstand mit vermeintlicher Zauberkraft), beispielsweise ein Kleidungsstück des anderen Geschlechts. Der Fetisch ist für die sexuelle Befriedigung unerläßlich. Nicht selten wird der Sexualpartner durch einen Fetisch ersetzt. Besonders anfällig für den Fetischismus scheinen selbstunsichere Männer zu sein. Die betroffenen Personen können durch Sammeln von Kleidung und Wäsche sexuell erregt werden.

Es herrscht eine starke Prägung durch Fixierung früherer Sexualerlebnisse vor. Therapeutisch wirksam sind aufdeckende Verfahren und Verhaltenstherapie. In Krisen kann eine medikamentöse Behandlung notwendig werden. Je höher der Leidensdruck, desto besser die Prognose.

- **Fetischistischer Transvestitismus**

Eine sexuelle Erregung entsteht durch das Tragen der andersgeschlechtlichen Kleidung und Accessoires. Die Verkleidung ermöglicht ein Erleben illusionärer Doppelsexualität.

Die Personen sind mit ihrer eigenen Geschlechtsrolle unzufrieden, daher ist eine Heilung selten möglich. Die therapeutische Aufgabe ist es, den Patienten zu stützen.

• **Exhibitionismus**
Als Exhibitionisten werden Personen bezeichnet, die ihre Genitalien in der Öffentlichkeit entblößen, um andere Menschen damit zu konfrontieren. Das Zeigen ist meist von sexueller Erregung begleitet, häufig kommt es auch zur Masturbation. Der Körperkontakt zur konfrontierten Person wird vermieden. Exhibitionistische Handlungen kommen oft nur in persönlichen Krisen vor, der Drang dazu wird als fremd erlebt. Exhibitionistisch veranlagte Menschen sind meist selbstunsicher und kontaktscheu, nicht selten haben sie in ihrer frühen Biographie eine schwere Demütigung erfahren. Die Behandlung mit Verhaltenstherapie und aufdeckender Therapie zeigt gute Erfolge.

• **Voyeurismus**
Die betroffenen Menschen spüren einen Drang, anderen bei sexuellen Aktivitäten oder Intimitäten zuzusehen. Der Voyeur befriedigt dabei seine sexuelle Erregung durch Masturbation.

• **Pädophilie**
Dies ist eine meist aggressionslose Neigung zu sexueller Betätigung mit Kindern. Die Täter, in der Mehrzahl Männer, haben die Fähigkeit zu sexuellen Beziehungen mit Erwachsenen nicht erlernt. Es handelt sich dabei oft um selbstunsichere Menschen mit hohem Triebdruck und starken Frustrationen, oder auch um geistig Behinderte. Die Verhaltenstherapie und Einbindung der Betroffenen in feste soziale Gruppen haben gute Erfolge gezeigt, dennoch verläuft nicht jede Therapie positiv.

Sexuelle Handlungen an Kindern werden strafrechtlich verfolgt.

• **Sadomasochismus**
Sadomasochistisch veranlagte Menschen erlangen durch Zufügen oder Erleiden von Schmerzen und Erniedrigung sexuelle Befriedigung.

Wenn die betreffende Person Demütigung und Züchtigung lustvoll erlebt, handelt es sich um **Sadismus.** Empfindet sie Demütigung oder Qualen sexuell erregend, ist das **Masochismus.** Oft empfinden die Personen sowohl bei masochistischen wie auch bei sadistischen Handlungen Erregung.

Die Betroffenen haben ein erhöhtes Strafbedürfnis, viele hatten ähnliche Phantasien schon in der Kindheit. Nicht wenige sind selbst Inzestopfer.

Verspürt der Partner dieselben Bedürfnisse, tritt kein Krankheitsempfinden auf. Soll das Verhalten geändert werden, dann hat sich die konfliktzentrierte und stützende Therapie bewährt. Häufig ist die Aufarbeitung von spezifischen Kindheitserlebnissen notwendig.

• **Andere Störungen der Sexualpräferenz**
Unter erotischen Praktiken sind vielfältige Abweichungen möglich. Als Beispiele seien genannt:
- Pressen des Körpers an andere Menschen (Frotteurismus)
- Sexuelle Handlungen an Tieren (Sodomie)
- Obszöne Telefonanrufe
- Einführen von Gegenständen in Rektum oder Urethra
- Erregung durch sexuelle Betätigung an Leichen

20.5.2 Störungen der Geschlechtsidentität

Zu den Störungen der Geschlechtsidentität zählen,
- Transsexualismus
- Transvestitismus (beide Geschlechterrollen werden gelebt)
- Störungen der Geschlechtsidentität im Kindesalter

Bei diesen Störungen besteht eine starke Unsicherheit für das angeborene Geschlecht. Sie kann in der Überzeugung gipfeln, dem falschen Geschlecht anzugehören und im falschen Körper zu leben. Die Betroffenen haben den Wunsch, die andere Geschlechtsrolle zu übernehmen. Manche Personen versuchen, ihren Körper durch hormonelle und chirurgische Behandlungen zu verändern.

20.5.3 Gruppe der psychischen und Verhaltensstörungen in Verbindung mit der sexuellen Entwicklung und Orientierung

Dies sind Störungen, die bei einer krisenhaft verlaufenden Sexualentwicklung entstehen. Dazu zählen:
- Sexuelle Reifungskrise
- Ichdystone Sexualorientierung
- Sexuelle Beziehungsstörung
- Andere psychosexuelle Entwicklungsstörungen

Die meist jungen Menschen sind hinsichtlich ihrer sexuellen Orientierung unsicher, daraus können sexuelle Entwicklungs- und Orientierungskrisen folgen, in denen psychiatrische Behandlung notwendig wird. Aber auch Menschen, die längere Zeit in einer stabilen sexuellen Beziehung lebten, können schwerwiegende Zweifel über ihre sexuelle Orientierung bekommen.

20.5.4 Pflege bei Menschen mit Sexualstörungen

Menschen mit sexuellen Deviationen, Störungen der Geschlechtsidentität oder Entwicklungs- und Orientierungsstörungen kommen in Krisensituationen oder auf Druck durch rechtliche Instanzen in psychiatrische Einrichtungen oder Beratungsstellen. Vordringliche Aufgabe ist das Beruhigen der Betroffenen und das Aufzeigen von Perspektiven. Hilfreich ist auch die Vermittlung an Selbsthilfegruppen. Die eigentliche Behandlung dieser Störungen muß von spezialisierten Therapeuten übernommen werden. Für Patienten ist es wichtig, daß sie die **Toleranz** der Pflegenden spüren.

21 Suchten (Alkohol-, Medikamenten- und Drogenabhängigkeit)

21.1 Was ist Sucht?

Das Wort Sucht geht auf den Begriff Siechtum zurück. Kann die Krankheit nicht gestoppt werden, dann geht sie in ein chronisches Stadium über und endet im Siechtum.

In der heutigen Sprache wird Sucht im Sinne von **Abhängigkeit** oder **Verlangen** verwendet. In der Fachsprache wird im besonderen der Zustand körperlicher und/oder seelischer Abhängigkeit nach einer bestimmten Substanz beschrieben. Charakteristisch ist ein starker, übermächtiger Wunsch, diese Substanz zu konsumieren.

Ein derart starkes Verlangen kann bekannterweise durch **Alkohol** oder **Drogen** hervorgerufen werden. Untersuchungen haben gezeigt, daß unterschiedlichste Handlungen des Menschen ebenfalls Suchtcharakter annehmen können (Lechler 1983). Beispiele sind die Spielsucht und die Arbeitssucht. Man nimmt weiter an, daß jeder Mensch süchtig werden kann.

In diesem Kapitel wird nur auf die stoffgebundene Sucht eingegangen, also auf die Abhängigkeit von psychotropen Substanzen. Diese Stoffe nehmen auf die Funktionen des Körpers Einfluß, so daß Wahrnehmung, Denken und Handlungen beeinträchtigt werden können.

Es werden sowohl illegale Drogen wie Haschisch, LSD und Heroin als auch legale Drogen wie Alkohol, Nikotin und Tranquilizer beschrieben.

Die **Abhängigkeit** von einer Droge beginnt mit dem **Mißbrauch** (Abusus) und entwickelt sich über die **Gewöhnung** (Habituation).

Mißbrauch
Gewöhnung
Abhängigkeit

Von **Mißbrauch** spricht man bei übermäßigem Konsum einer Substanz, der kurz- oder langfristig zu körperlichen und/oder psychosozialen Schäden führt.

Wiederholt sich der Mißbrauch, treten in Körper und Psyche Gewöhnungsprozesse ein. Der Organismus gewinnt scheinbar die „Fähigkeit", immer größere Mengen zu vertragen.

Schließlich führt dieser Prozeß in die **Abhängigkeit**, die sich in körperlichen und seelischen Symptomen äußert.

Unter **physischer (körperlicher) Abhängigkeit** versteht man die zelluläre Gewöhnung des Organismus an die Substanz und damit einen Einbau in den Stoffwechsel des Körpers. Beim plötzlichen Absetzen der Droge kommt es zu Entzugssymptomen, wie innere Unruhe, Nervosität, Schlaflosigkeit, Unwohlsein, Erbrechen, Schwitzen, Blutdruckabfall, epileptischen Krämpfen und Halluzinationen.

Die **psychische (seelische) Abhängigkeit** ist durch das starke Verlangen (craving) gekennzeichnet, die Substanz einzunehmen, um ihre Wirkung zu spüren. Mit der Zeit verliert der Abhängige die willentliche Kontrolle über Menge und Dauer des Konsums. Um die Substanz zu beschaffen und/oder zu konsumieren, vernachlässigt er andere Verpflichtungen und Interessen.

21.1.1 Die Diagnose Suchterkrankung

In der Bundesrepublik Deutschland wurde erst **1968** der Süchtige, speziell der Alkoholiker, als Kranker im Sinne der **Reichsversicherungsordnung** (RVO) rechtlich anerkannt. Die Diagnose Suchterkrankung zu stellen ist oft schwer, weil viele Patienten im Anfangsstadium ihre Abhängigkeit verleugnen. Spricht man sie direkt auf die Krankheit an, reagieren die meisten Betroffenen beschämt oder verletzt.

Der Umgang mit Suchtkranken beschränkt sich nicht nur auf die Psychiatrie. In Schätzungen wird der Anteil der Suchterkrankungen auf internistischen Abteilungen mit bis zu dreißig Prozent angegeben.

Ursache vieler psychiatrischer Erkrankungen mit vielfältigen und oft unklaren Beschwerden, wie Schlafstörungen, depressiven Verstimmungen, Halluzinationen, nachlassender Vitalität, sexuellen Problemen, Gastritis, Durchfall und Tremor ist eine Suchterkrankung.

Einen pragmatischen Ansatz der Diagnosestellung stellen psychologische Testverfahren und die diagnostischen Kriterienkataloge zur Abhängigkeit von psychotropen Substanzen im DSM-III-R (Diagnostic and Statistic Manual of Mental Disorders, Revision von 1989) und ICD-10 (International Classification of Diseases, 10. Fassung) dar:

- **Abhängigkeit von psychotropen Substanzen**

Diagnostische Kriterien (Auszug aus dem DSM-III-R, 1989, S.159ff.)

A) Wenigstens drei der folgenden Kriterien müssen zutreffen:

(1) Die Substanz wird häufig in größeren Mengen oder länger als beabsichtigt eingenommen.

(2) Anhaltender Wunsch oder ein oder mehrere erfolglose Versuche, den Substanzgebrauch zu verringern oder zu kontrollieren.

(3) Viel Zeit für Aktivitäten, um die Substanz zu beschaffen (z. B. Diebstahl), sie zu sich zu nehmen (z. B. Kettenrauchen) oder sich von ihren Wirkungen zu erholen.

(4) Häufiges Auftreten von Intoxikations- oder Entzugssymptomen, wenn eigentlich die Erfüllung wichtiger Verpflichtungen bei der Arbeit, in der Schule und zu Hause erwartet wird (geht nicht zur Arbeit wegen eines Katers, erscheint „high" in der Schule oder bei der Arbeit, ist intoxikiert, während er auf seine Kinder aufpaßt) oder wenn die Einnahme einer Substanz zur körperlichen Gefährdung führt.

(5) Wichtige soziale, berufliche oder Freizeitaktivitäten werden aufgrund des Substanzmißbrauchs aufgegeben oder eingeschränkt.

(6) Fortgesetzter Substanzmißbrauch trotz Kenntnis eines anhaltenden oder wiederkehrenden sozialen, psychischen oder körperlichen Problems, das durch den Substanzmißbrauch verursacht oder verstärkt wurde (z. B. fortgesetzter Heroinmißbrauch trotz Vorwürfen seitens der Familie, kokaininduzierte Depressionen oder ein Magenulkus, das sich durch Alkoholkonsum verschleiert).

(7) Ausgeprägte Toleranzentwicklung: Verlangen nach ausgeprägter Dosissteigerung (wenigstens 50 Prozent Dosissteigerung), um einen Intoxikationszustand oder erwünschten Effekt herbeizuführen, oder eine deutlich verminderte Wirkung bei fortgesetzter Einnahme derselben Dosis.

Beachte:
Die folgenden Kriterien sind nicht unbedingt auf Cannabis, Halluzinogene oder Phencyclidin (PCP) anwendbar:
(8) Charakteristische Entzugssymptome (siehe spezifische Entzugssyndrome unter Kap. 18.6).

(9) Häufige Einnahme der Substanz, um Entzugssymptome zu bekämpfen oder zu vermeiden.

B) Einige Symptome der Störung bestehen seit mindestens einem Monat oder sind über eine längere Zeit hinweg wiederholt aufgetreten.

Infolge einer chronischen Suchterkrankung können zusätzliche psychische Störungen auftreten, die organisch bedingt sind. Hier sollen insbesondere die häufigsten alkoholbedingten Psychosen dargestellt werden. Dabei werden dem Leser Parallelen zu Störungsbildern auffallen, die in Kapitel 18, Organisch begründbare Psychosen, und Kapitel 22, Psychische Störungen im Alter, beschrieben sind.

• **Delirium tremens**
Leitsymptome:
- Bewußtseins- und Orientierungsstörungen,
- Angst,
- Halluzinationen (meist optische).

Das Delir ist eine lebensbedrohliche Erkrankung, die frühestens nach fünfjähriger Alkoholkrankheit auftritt. Der psychotische Zustand wird in vielen Fällen durch einen epileptischen Krampfanfall eingeleitet. Unbehandelt dauert das Delir etwa vier bis sieben Tage und endet in einem Terminalschlaf.

Nach Abklingen besteht für die psychotische Symptomatik eine Amnesie.

• **Alkoholhalluzinose**
Leitsymptome:
- Angst,
- überwiegend akustische Halluzinationen bei klarer Bewußtseinslage.

Die paranoid-halluzinatorische Symptomatik ähnelt oft der paranoiden Schizophrenie. Im Gegensatz zur Schizophrenie lassen sich aber meist keine Ich-Störungen nachweisen.

Die Alkoholhalluzinose kann als Reststörung nach Delir bestehenbleiben.

• **Wernicke-Enzephalopathie**
Leitsymptome:
- Somnolenz,
- Augenmuskellähmungen,
- Pupillenstörungen,
- Ataxie,
- Krampfanfälle.

Gelegentlich tritt dieses Krankheitsbild nach einem Delir auf, es kann zum Tode führen oder in ein Korsakow-Syndrom übergehen. Aber auch die folgenlose Ausheilung ist nicht selten.

• **Korsakow-Syndrom**
Leitsymptome:
- Ausgeprägte Störung der Merkfähigkeit,
- Desorientiertheit,
- Konfabulation.

Das Korsakow-Syndrom ist eine besonders schwere Form der hirnorganischen Veränderung nach chronischem Alkoholismus, es wird auch nach Vergiftungen mit Kohlenmonoxid (CO), schweren Infektionen und Hirnverletzungen beobachtet. Die schwerste Folge des Korsakow-Syndroms ist die Demenz.

21.1.2 Einteilung der Drogen

Psychotrope Substanzen werden nach unterschiedlichen Kriterien klassifiziert. Es gibt legale und illegale sowie leichte und harte Drogen. Die medizinische Klassifizierung bezieht sich auf die Wirkung der Stoffe auf die Bewußtseinslage. So kann unter dem Einfluß von Drogen das Bewußtsein quantitativ verengt oder erweitert sein. Das Bewußtsein kann aber auch qualitativ verändert sein, indem beispielsweise Umweltreize in bisher unbekannter Qualität und Vielfalt wahrgenommen werden.

Es sind die bekanntesten Vertreter angeführt:

• **I. Bewußtseinsaktivierende (anregende) Mittel**
- Legale Drogen, wie Alkohol, Nikotin, Koffein, Teein und Tabak.
- Aufputschmittel (Psychostimulanzien), wie Amphetamine, Captagon, Ritalin, Pervitin, Kokain, Ephedrin.
- Schnüffelstoffe, wie Äther, Chloroform, Nitro, Klebstoffe.

• **II. Bewußtseinseinengende (beruhigende) Mittel**
- Tranquilizer (Benzodiazepine und Carbamate), wie Valium, Librium, Tavor, Adumbran, Rohypnol, Lexotanil.
- Schlafmittel (Barbiturate und Hypnotika), wie Vesperax, Medinox, Methaqualon.
- Opiate, wie Morphium, Codein, Dolantin, Heroin.

• **III. Bewußtseinsverändernde (halluzinogene) Mittel**
- Cannabis als Haschisch (Harz) und Marihuana (Blüten/Blätter),
- Halluzinogene, wie LSD, Meskalin oder Psilocybin.

21.1.3 Entstehung der Suchterkrankungen

Ob ein Mensch abhängig werden kann, hängt wesentlich von den drei Faktoren „Persönlichkeit", „Droge" und „Soziales Milieu" ab (Abb. 21-1 aus Ladewig, D. et al. [1983], S.17).

Jeder Mensch kann abhängig werden. Eine charakteristische prämorbide Persönlichkeitsstruktur bei Suchtkranken ist bisher nicht bekannt. Einer besonderen Gefährdung sind offenbar Menschen ausgesetzt, die aus einer Familie mit suchtkranken Angehörigen stammen.

Abb. 21-1 Entstehung der Sucht

Bei schwerem Verlauf der Suchterkrankung lassen sich in der Kindheit der Patienten häufig „broken-home" Situationen mit drastischen Elternkonflikten aufzeigen. Die familiäre Rollenverteilung und die Kommunikation sind in den Familien fast immer schwer gestört. In den affektiven Beziehungen mangelt es an Urvertrauen und Selbstkompetenz. Derartige Anamnesen finden sich bei über der Hälfte der in klinischer Behandlung befindlichen Drogenpatienten.

In der Fachliteratur wird der Familie eine wichtige Funktion bei der Entstehung einer Suchterkrankung zugeschrieben. Es wird von „Mißbrauchskultur" und „Drogenaffinität" in der Familie gesprochen. Jugendliche, deren Eltern Tranquilizer oder andere Psychostimulanzien gebrauchen, finden offensichtlich leichter Zugang zu Drogen als Jugendliche, in deren Familien keine psychotropen Substanzen konsumiert werden.

Medikamentenabhängigkeit wird oftmals durch ärztliche Verschreibung erst ermöglicht. Gebrauch und Mißbrauch sind in vielen Fällen schwer zu trennen. Eine Benzodiazepinabhängigkeit kann sich fließend durch großzügige Bedarfsmedikation zum Einschlafen entwickeln. Unreflektierte Verschreibung durch den Arzt kann in eine Sucht führen.

Die Wahl der Droge wird weitgehend durch aktuelle Gegebenheiten bestimmt, wie Modeströmungen und Verfügbarkeit der Substanzen. In unserer Gesellschaft ist Alkohol die meistkonsumierte Droge. Dies läßt sich teilweise durch unsere Trinksitten erklären. Ebenso entscheidend ist sicher, daß Alkohol jedem Erwachsenen in unbegrenzter Menge zur Verfügung steht.

Vor dem Griff zur Droge steht oft der Wunsch nach Selbstveränderung. Dabei sind uns Mittel verfügbar, die die Aktivität steigern, Spannung reduzieren und betäuben, oder Schmerzen und Schlaflosigkeit lindern.

Neben diesen Faktoren, die den Beginn einer Suchterkrankung begünstigen, kommen später solche hinzu, die das Fortbestehen der Sucht fördern.

Den Abhängigen hindern gesundheitliche Begleiterscheinungen, sozialer, familiärer und beruflicher Abstieg, sowie eventuell Beschaffungskriminalität, aus der Sucht auszusteigen. Der Süchtige gerät in einen Teufelskreis.

Er braucht die Substanz, um die Folgeerscheinungen zu ertragen oder sie zu vergessen. Der Konsum steigt an und folgend verschlimmern sich die Begleiterscheinungen. Diesen Teufelskreis allein zu durchbrechen gelingt nur sehr wenigen. Die überwiegende Zahl der Abhängigen ist auf ärztliche, psychologische und sozialpädagogische Hilfe angewiesen.

21.1.4 Therapie der Suchterkrankungen

Oberstes Ziel aller Suchttherapien ist die **anhaltende Abstinenz.** Alle anderen Versuche, wie etwa den kontrollierten Genuß legaler Drogen zu üben, haben sich in der Praxis nicht bewährt. Entgegen dieser Erfahrung versuchen viele Patienten nach einer Therapie den kontrollierten Konsum ihrer Droge. Langfristig führt ihr Versuch meist in eine neue Phase der Abhängigkeit.

Da die Suchterkrankung, wie oben beschrieben, kein rein medizinisches Problem ist, gehen ihre Ursachen und Auswirkungen weit darüber hinaus. Sie erfordert eine Behandlung von kooperierenden Ärzten, Krankenschwestern und -pflegern, Psychologen und Sozialpädagogen.

Die Behandlung läßt sich in aufeinanderfolgende Phasen, im Sinne einer **„therapeutischen Kette“,** einteilen:
- Motivationsphase
- Entgiftungsphase
- Entwöhnungsphase
- Nachsorgephase

Die **Motivationsphase** erfolgt meist ambulant in psychosozialen Beratungsstellen, in ärztlichen oder psychotherapeutischen Praxen. Das Ziel in dieser Phase liegt darin, mit dem Abhängigen zu einer Krankheitseinsicht zu gelangen, diese zu stabilisieren und ihn zu einer Therapie zu motivieren.

Viele Abhängige versuchen in dieser Zeit, ihre Sucht zu verschleiern oder deren Bedeutung zu verdrängen. Wiederholt werden sie von Zweifeln an der Therapie geplagt und fühlen sich stark genug, ihren Entzug ohne Hilfe durchzustehen.

Die **Entgiftungsphase** erfolgt in der Regel stationär in einer Klinik. Sie dauert etwa ein bis zwei Wochen. Das Ziel der Entgiftung ist es, alle psychotropen Substanzen aus dem Körper zu entfernen. Unabhängig, von welcher Substanz entgiftet wird, ist der Entzug von starker Angst, innerer Unruhe und Unsicherheit begleitet, die die Versuchung, wieder zum Suchtmittel zu greifen, verstärken. Die Entgiftung findet sinnvollerweise auf einer geschlossenen Station statt, da nicht selten Entzugsdelirien und/oder schwere körperliche Komplikationen auftreten.

Die medikamentöse Therapie wird knapp gehalten. Nach Bedarf werden Medikamente zur Sedierung oder zur Anhebung der Krampfschwelle eingesetzt.

Entscheidend für die Patienten sind in dieser Phase Kontakte zu Menschen, die sie einfühlsam und stützend begleiten. Darin liegt die besondere Aufgabe des Pflegepersonals.

Die **Entwöhnungsphase** erfolgt für Drogen-, Alkohol- bzw. Medikamentenabhängige getrennt in speziellen Suchtkliniken. Je nach Institution und Therapiekonzept dauert sie bei Alkohol- und Medikamentenabhängigen zwischen sechs Wochen und einem halben Jahr, bei Drogenabhängigen bis zu zwölf Monaten. Die Behandlung ist eine Rehabilitationsmaßnahme, die weitgehend von den Rentenversicherungen finanziert wird. Im Gegensatz dazu wird die stationäre Entgiftung von den Krankenkassen bezahlt.

Die Suchtkliniken in Deutschland arbeiten mit unterschiedlichen Konzepten, aber das gemeinsame Ziel aller Therapien ist der **Aufbau einer neuen Identität** des Patienten. Sie ist die Alternative zum früheren Selbstverständnis als suchtkranker Außenseiter, und notwendige Voraussetzung für eine soziale und gesellschaftliche Rehabilitation und Reintegration.

Vorrangig werden psychotherapeutische Verfahren in Einzel- oder Gruppentherapie eingesetzt. Ausschlaggebend für den Behandlungserfolg ist jedoch weniger die gewählte Therapiemethode als das Können des therapeutischen Teams. Daher sollte eine **hohe Motivation,** sich auf die therapeutische Beziehung mit Suchtkranken einzulassen, als auch eine **therapeutische Zusatzqualifikation** im Behandlungsteam gegeben sein. Es ist von großer Bedeutung, daß es den Mitarbeitern gelingt, ein wechselseitiges Vertrauensverhältnis zum Patienten aufzubauen und seine Selbstkompetenz und Eigenverantwortlichkeit zu fördern. Zu den vertrauensfördernden Maßnahmen zählen auch die regelmäßige Alkoholprobe und das Drogenscreening der Patienten.

Zu Beginn der Entwöhnungsphase wird der Patient relativ stark geleitet und angewiesen, beispielsweise durch einen strukturierten Tagesablauf. Im Laufe der Behandlung wird er zu immer mehr Selbständigkeit geführt. Diese Entwicklung wird durch zunehmende Außenkontakte zu Freunden, zum Arbeitsplatz und zur Familie gestützt.

Mit der Entlassung aus der Entwöhnung ist der Behandlungsprozeß noch nicht beendet. Die Umsetzung der in der Therapie gewonnenen Einstellungs- und Verhaltensänderungen bedürfen einer stützenden Nachsorgephase.

Hierbei leisten die verschiedenen Selbsthilfegruppen sowie die psychosozialen Beratungsstellen einen entscheidenden Beitrag. Welche Selbsthilfegruppe (beispielsweise Anonyme Alkoholiker, Kreuzbund, Blaukreuz) der Patient auswählt, ist für die anhaltende Abstinenz unwichtig. Entscheidend ist die regelmäßige Teilnahme an den Gruppensitzungen.

21.2 Spezifische Probleme für Krankenschwestern und -pfleger beim Umgang mit Suchtkranken

Die Abhängigkeit von psychotropen Substanzen ist häufig Symptom einer **Realitätsflucht** mit nachfolgender Vereinsamung. Eine Krankenschwester oder ein -pfleger als Bezugsperson können vorübergehend zum **Drogenersatz** werden. Die Patienten zeigen ein Anlehnungsbedürfnis, das häufig im Gegensatz zur Abwehr eigener Gefühle und einer Verleugnungstendenz steht. In solchen

Fällen ist es schwer, ein wechselseitiges Vertrauensverhältnis aufzubauen. Ein ausgewogenes **Gleichgewicht von Nähe und Distanz** anzustreben, sollte daher ein Schwerpunkt in der therapeutischen Arbeit sein.

Regelmäßige, für alle Patienten verbindliche Drogenscreenings sowie Alkoholkontrollen fördern nicht ein Klima von Mißtrauen, wie oft angenommen wird. Sicherheit und Vertrauen werden in der therapeutischen Beziehung dadurch erst möglich. Wer den Patienten nur kontrollieren will, begibt sich in eine co-abhängige, nicht in eine partnerschaftlich stützende Position.

Da Suchtkranke innere Spannungen oft nur schwer ertragen und verarbeiten, neigen sie dazu, alltägliches und normales körperliches Unwohlsein mit anderen Mitteln (wie Medikamente) oder Verhaltensformen (beispielsweise Spielen) zu reduzieren. Daran kann das Pflegepersonal die Gefahr einer **Suchtverlagerung** erkennen. Eine sehr freizügige Ausgabe der Bedarfsmedikation birgt die Gefahr, daß sich daraus eine Medikamentenabhängigkeit entwickelt.

Rückfälle sind häufig, und das Wissen sollte darum therapeutisch umgesetzt werden. Sucht ist eine chronische Erkrankung mit hohem Rückfallrisiko. Nach katamnestischen Untersuchungen greifen etwa zwei Drittel der Patienten nach einer Therapie erneut zur Droge. Der Rückfall ist nicht nur ein Mißerfolg, sondern auch ein Teil dieser Krankheit. Wer diese Erkenntnis in seine Arbeit einbezieht, wird trotz hoher Rückfallquoten gerne mit Suchtkranken arbeiten.

Jeder, der therapeutisch mit Suchtkranken zusammen ist, sollte sich auch über seine eigenen süchtigen Strukturen und Verhaltensanteile bewußt sein. Er wird erkennen, daß Sucht nicht nur eine Frage des „eisernen Willens“ oder der „eigenen Schuld“ ist.

21.3 Pflegeplanung

Fallbeispiel: Günter L.

Aufnahmediagnose: Alkoholkrankheit

Aufnahmeprotokoll

Name: Günter L.
Geburtsdatum: 13. Juni 1942
Beruf: Maler- und Lackierermeister
Religion: Römisch-katholisch. Der Patient ist laut seiner Ehefrau streng gläubig. Fragen, ob er an der Messe teilnehmen will, die auf Station angeboten wird
Familienstand: Verheiratet
Zu benachrichtigen: Die Ehefrau
Erstaufnahme: Januar 1976
Letzte Aufnahme: Dezember 1992
Aktuelle Aufnahme: 12. März 2000
Aufnahmemodus: Freiwillig im Krankenwagen

Körperliche Selbstversorgung

Nahrungsaufnahme: Laut der Ehefrau ißt und trinkt Herr L. seit einiger Zeit wenig, da ihm oft schlecht wäre. Sogar, wenn er vorher nichts gegessen hätte, müsse er sich übergeben.
Körperpflege: Fällt ihm zur Zeit schwer, weil er sich sehr schwach fühlt. Die Ehefrau berichtet, daß das Schamgefühl ihres Mannes sehr ausgeprägt ist. Soll möglichst von einem Pfleger betreut werden
An-/Auskleiden: Braucht Hilfe.
Bewegen/Gehen: Ist gangunsicher
Ausscheidungen: Patient ist zur Zeit inkontinent

Verständigung/Kommunikation

Verständigung: o. B.
Sinnesorgane: o. B.
Sprache: spricht verwaschen
Orientierung: zeitlich und örtlich desorientiert
Bewußtseinslage: wach, dabei motorisch unruhig

Wertsachen: Kreditkarte, Personalausweis
Geld: 149 DM

Sozialkontakte/häusliche Versorgung
Besuch von Angehörigen: Seine Ehefrau will ihn oft besuchen. Seine Kinder, ein Sohn und eine Tochter, distanzieren sich seit zwei Jahren wegen seines Alkoholproblems von ihm.
Besuch von Freunden: Nein
Versorgung nach der Entlassung: Durch die Ehefrau im eigenen Haus sichergestellt.

Verhalten/Einstellung
Wie erlebt der Patient seine Krankheit: Keine Angaben möglich
Hat sich der Patient auf die Situation eingestellt: Keine Angaben möglich

Wünsche zum Wohlbefinden/Sonstiges
Seine Ehefrau erzählt, daß er schon immer mit Schlafproblemen zu kämpfen hatte, wir sollten darauf achten.

Vorgeschichte
Laut der Ehefrau trinkt Herr L. seit 1971 regelmäßig Alkohol, zuletzt eine Flasche Cognac am Tag und diverse Gläser Bier. Nach eigenen Angaben war sie schon immer dominierend in der Ehe. Er hat Probleme, sich durchzusetzen, leidet unter Minderwertigkeitsgefühlen, die er mit Alkohol bekämpft. Er ist der Meister in seinem eigenen Betrieb und nimmt die Arbeit sehr genau, ist aber aus Unflexibilität nicht in der Lage, innerbetriebliche Probleme zu lösen. Deshalb übernimmt Frau L., die auch die Buchführung macht, bei Problemen mit dem Personal oder den Kunden die Vermittlerrolle. Was bei Herrn L. dann wieder zu Unzufriedenheit und verstärktem Alkoholkonsum führt. So verdrängt er alle auftretenden Konflikte.

1976 war Herr L. zum ersten Entzug in der Klinik und hat eineinhalb Jahre nicht mehr getrunken. Er ist Mitglied im Stadtrat seines kleinen Wohnorts und wird bei Festen oder öffentlichen Veranstaltungen oft zum Trinken animiert, was ihn rückfällig werden ließ.
Seit 1978 war er wiederholt zum Entgiften in der Klinik. Die vergangenen drei Tage hat er selbst versucht, sich zu entgiften und keinen Alkohol mehr zu sich genommen.

Aufnahmebericht
Der Patient hat laut den Sanitätern im Krankenwagen einen Krampfanfall erlitten, dabei eingenäßt und sich in die Zunge gebissen. Herr L. wird bei der Aufnahme auf Station sofort in ein Bett gelegt.

Es ist kaum möglich, ein geordnetes Aufnahmegespräch zu führen. Der Patient ist tachykard (Puls 124 Schläge/Minute), hyperton (Blutdruck 190/110 mmHg) und fiebrig (rektal 38,2 °C). Größe 1,80 Meter, 70 Kilogramm Gewicht. Laut seiner Ehefrau hat Herr L. im letzten halben Jahr 15 Kilogramm abgenommen. Er zeigt typische Leberhautzeichen wie Spider naevi und gerötete Handflächen. Sein Gesicht ist aufgeschwemmt, rot-bläulich, fettig mit starken Tränensäcken und wirkt vorzeitig gealtert.

Herr L. hat einen massiven Tremor der Hände und konnte deshalb auch daheim nicht selbständig essen. Er leidet unter heftigen Schweißausbrüchen und nestelt an seiner Bettdecke. Den aufnehmenden Krankenpfleger hält er zeitweise für seinen Cousin. Da Herr L. psychomotorisch extrem unruhig ist, muß er diagonal fixiert werden.

Pflegeplan: Günter L. nach ATL

Probleme/Ressourcen	Ziele	Pflegemaßnahmen
1. **Wachsein und schlafen** • Patient leidet seit längerer Zeit unter Schlafstörungen	• **Nahziel:** Analysieren des Schlafproblems: – Einschlafstörungen? – Durchschlafstörungen? – frühes Erwachen? – Alpträume? • **Fernziel:** Patient findet ruhigen und erholsamen Schlaf	• genaue Schlafbeobachtung in den ersten Tagen • so bald wie möglich, gezielte Befragung des Patienten zum Schlafproblem • weitestgehendes Ausschalten von störenden Faktoren wie – Licht im Zimmer – Lärm auf der Station – ungewohnte Raumtemperatur • Zimmer vor dem Schlafen gut lüften • Bedarfsarznei auf ärztliche Anordnung • Patient soll tagsüber nicht schlafen
2. **Sich bewegen** • motorische Unruhe	• **Nahziel:** Patient verletzt sich nicht • **Fernziel:** Patient kann sich koordiniert und gezielt bewegen	• Patient wird auf ärztliche Anordnung diagonal fixiert • gepolsterte Bettgitter anbringen
• Gangunsicherheit		• nach Beendigung der Fixierung den Patienten beim Aufstehen und Gehen unterstützen
• Dekubitusgefahr durch Bewegungseinschränkung, bedingt durch Bettruhe und Fixierung	• Patient hat eine ausreichende Hautdurchblutung	• zweimal täglich einreiben die dekubitusgefährdeten Stellen mit Hautschutzcreme einreiben • kontinuierliche Beobachtung der dekubitusgefährdeten Körperstellen
3. **Sich waschen u. kleiden** • Patient ist zu schwach, um die Körperpflege selbständig vorzunehmen	• Patient übernimmt seine Körperpflege selbst	• Übernahme der Körperpflege in der akuten Phase vom Pflegepersonal • nach Abklingen der akuten Phase übernimmt der Patient Teilverrichtungen
• Patient hat ein ausgeprägtes Schamgefühl	• Schamgefühl des Patienten wird berücksichtigt	• Patient wird im Rahmen der Körperpflege und der Ausscheidungen von männlicher Pflegeperson versorgt
• Patient hat starke Schweißausbrüche	• Patient fühlt sich wohl	• Wechsel der Bettwäsche und der Schlafkleider nach Bedarf • mehrmalige kühle Abwaschungen
4. **Essen und trinken** • Patient ißt und trinkt wenig wegen ständiger Übelkeit	• **Nahziel:** Sicherstellung der Ernährung • **Fernziele:** Patient ernährt sich vollwertig	• parenterale Ernährung in der akuten Phase • nach Abklingen der akuten Phase Kostaufbau

21

Probleme/Ressourcen	Ziele	Pflegemaßnahmen
• Gewichtsverlust von 15 kg im letzten halben Jahr		• zweimal wöchentliche Gewichtskontrolle • dem Patienten mehrmals täglich etwas zu trinken anbieten
• Patient ist aufgrund eines Tremors der Hände nicht in der Lage, seine Mahlzeiten selbst einzunehmen	• Patient kann die Nahrung selbständig einnehmen	• nach der akuten Phase Hilfestellung bei der Nahrungsaufnahme
5. **Ausscheiden** • Gefahr einer Harnwegsinfektion aufgrund des notwendigen Blasenverweilkatheters • häufiges Erbrechen	• ausgeglichene Flüssigkeitsbilanz • Patient hat keine Übelkeit und keinen Brechreiz	• Legen eines Blasenverweilkatheters in der akuten Phase • effektive Flüssigkeitsbilanzierung • zweimal täglich Blasenkatheterpflege • Medikamente gegen Brechreiz auf ärztliche Anordnung • Hilfestellung beim Erbrechen • Nierenschale und Zellstoff bereitlegen
6. **Körpertemperatur regulieren** • Patient hat leichtes Fieber	• Patient ist fieberfrei	• dreimal täglich Temperaturkontrolle • Wadenwickel bei Temperaturen über 39 °C, und heißen Beinen anlegen • Medikamente auf ärztliche Anordnung verabreichen
7. **Atmen** • Gefahr der Atemdepression durch Distraneurin-Gabe	• frühzeitiges Erkennen einer Atemdepression • Patient atmet beschwerdefrei	• stündliche Kontrollen der Atmung mit genauer Dokumentation • leichte Oberkörperhochlagerung • Notfallkoffer bereitstellen • ausreichende Frischluftzufuhr • zweimal täglich Brust mit Tumarol einreiben
8. **Sich sicher fühlen und verhalten** • Patient ist zeitlich und örtlich desorientiert • Patient neigt zu Krampfanfällen • Patient hat eine Tachykardie • Patient hat eine Hypertonie • Patient hat Halluzinationen	• schnellstmögliche Entgiftung • Wiederherstellung des psychischen und physischen Normalzustandes • Vermeidung von Sekundärschäden	• Entgiftungstherapie nach ärztlicher Anordnung • regelmäßige Verabreichung der angeordneten Medikamente • stündliche Kontrollen von Puls, Blutdruck und Bewußtsein • Antithrombosestrümpfe, 24 Stunden am Tag • Heparingabe auf ärztliche Anordnung

Probleme/Ressourcen	Ziele	Pflegemaßnahmen
(Diese Symptomatik ist auf ein bestehendes Delirium tremens zurückzuführen.) • Infektionsgefahr der Einstichstelle des zentralen Zugangs (notwendig für die Entgiftungstherapie und eventuelle Notfälle)	• frühzeitiges Erkennen von Infektionszeichen	• einmal täglich Verbandwechsel des zentralen Zugangs und Kontrolle der Einstichstelle
9. **Raum und Zeit gestalten, arbeiten und spielen** Bedingt durch seine Funktion im Stadtrat kommt Herr L. in viele Situationen, die zum Alkoholkonsum animieren	• Patient soll die Gefährdung durch seine Funktion im Stadtrat erkennen	• nach Abklingen der akuten Phase klärende Gespräche mit Herrn L. und seiner Frau über dieses Problem führen
10. **Kommunizieren** • Patient hat eine „verwaschene" Sprache • Patient kann sich zur Zeit nicht verständigen	• bestmögliche Verständigung zwischen Herrn L. und dem Personal	• ständige Informationen über alle vorzunehmenden Maßnahmen • gezielle Fragestellungen, die der Patient mit „Ja" oder „Nein" beantworten kann • in einfachen und verständlichen Sätzen sprechen
11. **Kind, Frau oder Mann sein** • Patient leidet unter Minderwertigkeitsgefühlen	• Patient entwickelt ein gesundes Selbstbewußtsein	• informative Gespräche mit der Ehefrau führen (Ehefrau sieht sich als „Dominanz" in Familie und Beruf) • nach Abklingen der Akutphase dem Patienten Gespräch mit einem Psychologen anbieten
12. **Sinn finden im Werden–Sein–Vergehen** • Spider naevi und gerötete Handinnenflächen weisen auf eine bestehende Leberzirrhose hin, die meist zu Ösophagusvarizen führt, die wiederum bei Perforation zu einer lebensgefährlichen Blutung führen können	• Patient soll über die Gefährlichkeit dieser möglichen Komplikation aufgeklärt sein	• nach Abklingen der akuten Phase ein aufklärendes Gespräch zwischen Herrn L., seiner Ehefrau und dem Stationsarzt anbieten • da Patient streng gläubig ist, Herrn L. die Möglichkeit geben, sobald er dazu in der lage ist, an den Messen auf Station (später in der Kapelle) teilzunehmen

22 Psychische Störungen im Alter

Peter B.

Die Gerontopsychiatrie ist ein Teilgebiet der Gesamtpsychiatrie, das sich mit Problemen des Alterns und seelischen Krankheiten älterer Menschen beschäftigt.

Die Abgrenzung zwischen normalem „einfach nur älter werden" und ernsthaft erkrankt sein ist häufig sehr schwierig, da mit dem Älterwerden bis zu einem gewissen Maß häufig auch schwächer, kränklicher und vergeßlicher werden verbunden ist.

Diese Trennlinie zu ziehen ist um so schwieriger, als gerade eine der häufigen Krankheiten im Alter, nämlich die Demenz, oft einen sehr schleichenden Beginn hat.

Im folgenden werden typische psychiatrisch-neurologische Erkrankungen des alternden Menschen besprochen. Die Leiden werden teilweise zwar auch in der „allgemeinen Psychiatrie" beobachtet, haben im Alter jedoch meist eine besondere Variante und Färbung.

Es herrscht in der Literatur, und noch mehr im Klinikalltag, wie im Kapitel über die organischen Psychosen bereits angedeutet, ein unbeschreibliches Wirrwarr um den Begriff „Psychosyndrom". Demenz, hirnorganisches Psychosyndrom, amnestisches Syndrom, Senilität, Altersschwäche, Verkalkung, Durchgangssyndrom oder Hirnleistungsschwäche werden alle in einen Topf geworfen und bei Bedarf wahllos wieder hervorgezogen.

Um wenigstens in die Darstellung der seelischen Erkrankungen Ordnung zu bringen, sind hinter die einzelnen Diagnosen in Klammern die Erkrankungen eingefügt, die weitestgehend mit dem beschriebenen Krankheitsbild zusammengefaßt werden können.

22.1 Delir/Verwirrtheitszstand (akutes Psychosyndrom)

Ursachen:

- Prinzipiell kann fast jede **körperliche Funktionsstörung** einen Verwirrtheitszustand hervorrufen. Beispielsweise nach Operationen oder bei Hypoglykämien (Unterzuckerung).
- Bei **Demenzen** sowohl vom Alzheimer-Typ als auch bei der Multiinfarktdemenz werden Verwirrtheitszustände gehäuft beobachtet. Interessanterweise besteht ein überdurchschnittlich großes Risiko für Patienten, die erst kurze Zeit im Krankenhaus bzw. Altenheim sind. Ihnen sollte also besondere Beachtung geschenkt werden.
- Möglich sind auch **medikamenteninduzierte Verwirrtheitszustände.** Im gerontopsychiatrischen Bereich werden diese besonders häufig durch Antidepressiva oder Antiparkinsonmedikamente verursacht.
- Klassische Verwirrtheitszustände sind die sogenannten **Entzugsdelirien** (Entzug von Schlafmitteln oder Alkohol).

Ältere Patienten sind hier besonders gefährdet, denn nicht selten werden sie unerwartet in ein Krankenhaus eingewiesen und erhalten dort unwissentlich die bisher verabreichte Schlafmedikation nicht mehr. Wenige Tage später entwickeln die Patienten ein bisweilen lebensbedrohliches Delir.

Zu Beginn eines Verwirrtheitszustands werden bei vielen Patienten Unruhe, agitierte Ängstlichkeit und Verunsicherung bemerkt. Die Betroffenen wirken sehr oft fahrig, können aber auch völlig hilflos in der Ecke sitzen.

Ein Hauptsymptom ist die **Orientierungsstörung** und in engem Zusammenhang damit zeitlich begrenzte **Defizite in der Erinnerungsfähigkeit.** So wissen Patienten dann beispielsweise nicht mehr, daß sie im Krankenhaus sind. Sie behaupten vielleicht, zu Hause in der Küche zu sein und wundern sich darüber, was der Pfleger, der zum Arzneimittelschrank geht, am Küchenschrank zu suchen hat. Die Auffassungsgabe ist häufig gestört. Die Patienten finden sich plötzlich nicht mehr mit den Örtlichkeiten zurecht.

Häufig werden leichtere Stadien des Verwirrtheitszustandes mit Unruhe, Ängstlichkeit, Schlafstörungen und vermehrter Irritierbarkeit übersehen.

Ferner kommt es zu **situativen Verkennungen** sowie zu **Personenverkennungen.** So wird beispielsweise der Arzt vom Dienst vom Patienten als sein Neffe verkannt.

Meist beginnen Verwirrtheitszustände nicht plötzlich, sondern mit einem **Prodromalstadium** (Vorläuferstadium), das besonders häufig in den Abend- und Nachtstunden auftritt.

Es ist ganz wichtig zu wissen, daß Patienten für einen Verwirrtheitszustand meist eine **Erinnerungslücke** haben, im Gegensatz zu Menschen, die an einer Psychose leiden. Beispielsweise irren sie auf Station herum und wissen dies am nächsten Tag nicht mehr und bestreiten es auch häufig heftig.

Einen „chronischen" Verwirrtheitszustand bzw. ein chronisches Delir gibt es nicht. Man sollte dann lieber von einem organischen oder amnestischen Psychosyndrom oder von einer Demenz sprechen.

Therapeutisch ist die Suche nach den Ursachen, die den Verwirrtheitszuständen zugrunde liegen wichtig, da sie möglicherweise zu beheben sind. Das heißt insbesondere bei geriatrischen Patienten, daß Flüssigkeitszufuhr, Kreislaufverhältnisse, Blutzucker, Medikamentenverträglichkeit und situative Bedingungen überprüft und bewertet werden müssen.

Gegen die oft erhebliche Unruhe bewähren sich im akuten Fall sedierende Medikamente in zurückhaltender Dosierung.

22.2 Demenzen (chronische Psychosyndrome)

Zu unterscheiden sind **primäre und sekundäre Demenzen.** Während die primäre Form direkt auf einen Krankheitsprozeß im zentralen Nervensystem (ZNS) zurückzuführen ist, äußert sich die sekundäre Form als Folge einer anderen körperlichen Erkrankung oder eines Mangelsyndroms.

- **Primäre Demenzen**

a) häufige Demenzen
- degenerative Demenz vom Alzheimer-Typ
- präsenile Form
- senile Form
- Demenz vom vaskulären Typ (Multiinfarktdemenz)
- Mischformen

Die Häufigkeit primärer Demenzen bezogen auf alle Demenzformen im Alter ist der Tabelle 22-1 zu entnehmen.

b) seltene Demenzen
- Binswanger-Enzephalopathie
- Morbus Pick
- Jakob-Creutzfeldt-Erkrankung
- Chorea Huntington
- Hydrocephalus internus bei Liquorzirkulationsstörungen

- **Sekundäre Demenzen**

bei verschiedenen körperlichen Erkrankungen bzw. Mangelsyndromen s. Kap. 22.2.4.

22.2.1 Die beginnende Demenz

Der Übergang von der normalen Altersentwicklung zur beginnenden Demenz ist oft fließend. Die Linguistik liefert wertvolle Hinweise dafür. **Sprachstörungen** sind oft das erste Symptom für das Anfangsstadium eines dementiellen Abbauprozesses. Diese Störungen können mittels eines Tests erfaßt werden. Es ist jedoch von einem Überbewerten solcher Prüfsysteme zu warnen, besonders, weil die Sprachstörungen nicht spezifisch für die Demenz sind und auch bei Depressionen und bei Behandlung mit Sedativa (Beruhigungsmittel) auftreten.

Zum anderen reicht die diagnostische Wertigkeit nicht aus, um die Frage Demenz oder Nicht-Demenz zu beantworten. Sie gibt zwar Hinweise, Sicherheit über die Diagnose erhält man aber erst durch den Verlauf.

22.2.2 Demenz vom Alzheimer-Typ (DAT)

Die **Demenz vom Alzheimer-Typ** (DAT) hat ihren Namen von Alois Alzheimer, der zwischen 1906 und 1907 eine besonders früh auftretende Demenzform beschrieb, die sogenannte **„präsenile Demenz“.** Er differenzierte in hervorra-

Tab. 22-1 Häufigkeit primärer Demenzformen

Demenzform	Häufigkeit
DAT (Demenz vom Alzheimer-Typ)	60 bis 70 Prozent
MID (Multiinfarktdemenz)	20 bis 22 Prozent
Mischform	12 bis 18 Prozent

gender Weise die mikroskopischen Veränderungen bei der DAT im Gehirn.

Heute wird jedoch nicht nur diese frühe Form als Demenz vom Alzheimer-Typ bezeichnet, sondern sowohl die **Frühform** (präsenil) als auch eine **Spätform** (senile Demenz).

Beiden Formen sind eine Fülle von Charakteristika bzw. Ursachen gemeinsam.

Kaum eine andere Krankheit, außer Aids, hat in den letzten Jahren die Öffentlichkeit so beschäftigt wie die Alzheimer-Erkrankung. Deshalb, aber auch wegen ihrer Bedeutung für das Gesundheitssystem (es sind etwa fünf Prozent aller Menschen über 65 Jahre betroffen), soll etwas näher auf die Erklärungsmodelle der Erkrankung eingegangen werden.

In der Ursachenforschung der DAT wurde eine Reihe von verschiedenen Theorien entwickelt, von denen jede einzelne meist nur einen Aspekt bei der Entstehung berücksichtigt. Teilweise schließen sich diese Erklärungsmodelle nicht aus, sondern ergänzen sich sogar, sie beschreiben dabei möglicherweise jeweils nur eine Seite derselben Medaille. Die wichtigsten Theorien sollen hier stichwortartig Erwähnung finden.

Wer sich weiter dafür interessiert, kann beispielsweise im Lehrbuch von Klaus Östereich eine gute Zusammenfassung finden.

- **Infektionstheorie**

Hinweise für eine mögliche Übertragbarkeit der DAT von Individuum zu Individuum liefern das Jakob-Creutzfeldt-Syndrom oder die Kuru-Krankheit. Gleichartige Krankheiten findet man in der Tierwelt, beispielsweise die Skrapie bei Schafen und die BSE (Rinderseuche) bei Rindern, die mittlerweile auch auf den Menschen übertragen wurde. Wie diese Krankheiten auf den Menschen übertragen werden, wird aktuell diskutiert.

Es ist zwar bekannt, daß die genannten Erkrankungen das Gehirn befallen und zu einem zunehmenden Abbau führen, einen eigentlichen Erreger wie etwa Bakterien oder Viren fand man bisher jedoch nicht.

- **Autoimmuntheorie**

Bei älteren Menschen kommt es zu einer Verminderung der Produktion von Antikörpern und Vermehrung von Autoantikörpern. Dies ist ein möglicher ursächlicher Faktor für eine DAT.

- **Vaskuläre Theorie**

Beim Beginn der DAT wird eine deutliche **Verminderung des Glucoseverbrauchs im Gehirn** nachgewiesen. Bei der Multiinfarktdemenz ist die Glucoseaufnahme in diesem Stadium jedoch gesteigert.

- **Genetische Theorie**

Es gibt Berichte über eine familiäre Häufung der DAT in bestimmten Familien. Andere Untersucher fanden heraus, daß in Familien, in denen Menschen mit einem **Down-Syndrom** (dreifaches Chromosom 21) leben, in 25 Prozent der Fälle präsenile Alzheimer-Demenzen auftreten. In Gehirnen von verstorbenen Patienten mit Alzheimer-Demenz fand sich ein **Amyloid** (Eiweißstoff), das bei der Entstehung einer DAT eine wichtige Rolle spielt. Der genetische Code eines Vorläuferproteins dieses auffälligen Amyloids ist interessanterweise auf dem Chromoson 21 lokalisiert.

- **Entzündungstheorie**

Es gibt Hinweise, daß es im Rahmen der genannten Amyloidverwertung zu entzündlichen Reaktionen kommt, die dem Gehirn schaden. Man müßte also Entzündungen vermeiden, um den Abbau einzuschränken. Tatsächlich wurden in einigen Studien Hinweise auf eine Verminderung der DAT bei Patienten mit einer antientzündlichen Dauermedikation gefunden. Beispielsweise bei Menschen, die wegen Gelenkrheuma jahrelang mit antientzündlichen Präparaten behandelt wurden.

- **Toxizitätstheorie**
Bei vielen Patienten wurde Aluminium als **Aluminium-Silicat** in den sogenannten „Alzheimer-Fibrillen“ (krankhaften Eiweißkörpern im Gehirn Alzheimer-Kranker) gefunden. Norwegische Studien wiesen ein gehäuftes Auftreten von DAT in Regionen mit erhöhter Aluminiumbelastung nach.

- **Neurotransmitter-Theorie**
Es kommt zum **Verlust von cholinergen Neuronen** bei zerebralen Alterskrankheiten, dadurch ist die Azetylcholinbindung eingeschränkt. Dieses cholinerge System ist bevorzugt im Cortex, Nucleus caudatus und im limbischen System angesiedelt, die auch bei mnestischen und kognitiven Fähigkeiten eine wichtige Rolle spielen.

- **Biochemische Erklärung**
Es wurde festgestellt, daß bei Patienten mit DAT ein bestimmtes, pathologisches Eiweiß, das **Amyloid-Beta-A4-Protein,** gehäuft aus einem Amyloid-Vorläuferprotein synthetisiert wird und daß dieses Amyloid unmittelbar für den Zelluntergang der Nervenzellen verantwortlich ist.

Bei einer Demenz vom Alzheimer-Typ finden sich bereits in frühen Stadien folgende Symptome:

- Verarmung der Sprache, des Wortschatzes, Störungen des Sprach- bzw. Begriffsverständnisses
- Probleme bei der räumlichen Orientierung.
- Die Patienten finden sich, sobald sie in einer ungewohnten Umgebung sind, nicht mehr zurecht.
- Störungen im Kurzzeitgedächtnis

Zunehmend kommt es zu:
- Störungen im Langzeitgedächtnis
- Verlust von Initiative, Interessen und Spontaneität, die Patienten wirken „stumpf“
- Umständliches Denken und Handeln. Den Patienten fällt es schwer, die Dinge „auf den Punkt“ zu bringen. Sie wissen im Gespräch oft nicht mehr, was sie eigentlich sagen wollten.
- Stereotypes Handeln und Reden. Damit gelingt es meist recht gut, eine Fassade aufrechtzuerhalten.

Es kommt immer dieselbe Antwort, etwa auf die Frage: „Wie geht es Ihnen?“ „Ja, wie soll's schon gehen, wie's halt so geht.“ Wenn man dann aber genauer nachfrägt, ist schnell klar, daß die lockere Floskel einfach noch ein letzter Rest von Fassade ist und daß der Patient nicht einmal mehr in der Lage ist, drei und drei zusammenzuzählen.

In schweren Stadien kommt es dann zu
- Apraxien
Die Patienten wissen nicht mehr, wie man sich die Hose hochzieht, wie man eine Tür aufmacht, wie man ißt.
- Verlust der Sprache
- Zwangsweinen – Zwangslachen
- Inkontinenz

Diagnostisches Vorgehen:
- Psychiatrische Untersuchung, insbesondere Gedächtnis- und Hirnwerkzeugprüfungen
- Neurologische Untersuchung. Es können diskrete extrapyramidale Zeichen wie Rigor oder Akinese und Primitivreflexe auftreten
- Internistische Untersuchung (einschließlich Labor)
- EEG (Messen der Hirnströme). Allgemeine Verlangsamung des Grundrhythmus
- CCT oder Kernspin (Schichtaufnahmen des Schädels). Es kann sich eventuell eine globale Hirnatrophie zeigen. Es ist immer zu bedenken, daß es hochintelligente Leute gibt, mit einer deutlichen Hirnatrophie im CCT.
- Liquorpunktion (Untersuchung des

Hirnwassers), um eine mögliche chronische Entzündung im ZNS (zentrales Nervensystem) auszuschließen.

Die Therapie der Demenz soll hier kurz dargestellt werden. Nähere Erläuterungen finden sich im Kapitel 22.6, in dem es um die Pflege als Teil der Therapie geht.

• **Psychologische und psychosoziale Therapien**

Therapie bedeutet in der Gerontopsychiatrie immer ein sogenanntes **mehrdimensionales Konzept.** Nicht nur die seelische Situation des Patienten wird betrachtet, sondern auch seine körperliche und soziale Lage. Diese Behandlung zielt auf eine Aktivierung und auf den Erwerb von Kompetenz ab. Sie möchte den alten Menschen motivieren und in seinen intellektuellen und sozialen Fähigkeiten stimulieren und fördern. Es stehen hierfür verschiedene Therapiemöglichkeiten zur Verfügung, wie das kognitive Training, das sogenannte „Gehirnjogging“, das körperliche Training, Ergotherapie (Beschäftigungstherapie), Musik-, Gestaltungs- und Bewegungstherapie.

Eine wichtige Rolle spielt dabei die Zusammenarbeit mit den Angehörigen und betreuenden Personen. Es ist sehr wichtig, alle Gruppen über die Erkrankung und Therapiemöglichkeiten aufzuklären.

• **Nootropika**

Es gibt eine ganze Reihe von hirnstoffwechsel- und vasoaktiven Substanzen, die bei der Multiinfarktdemenz und bei der Alzheimer-Demenz mit mehr oder weniger großem Erfolg eingesetzt werden. Beispielsweise:

- ASS; Azetylsalizylsäure (Aspirin®, Colfarit®, Godamed®). Sie verhindert nachweislich die Aggregation (Verklumpung) von Thrombozyten (Blutplättchen) und ermöglicht so bei aktivierten Fließeigenschaften des Blutes eine bessere Durchblutung.
- Tiklopidin (Tiklyd®). Diese relativ neue Substanz kann die zerebralen Durchblutungsstörungen verhindern.
- Piracetam (Nootrop®, Normabrain®) verbessert den Hirnstoffwechsel.
- Nimodipin (Nimotop®) ist ein mit Verapamil (Isoptin®) und Nifedipin (Adalat®) verwandter Calciumantagonist. Das Wirkungsprinzip ist hier die Verhinderung von Gefäßspasmen (Gefäßkrämpfen).
- Pentoxifyllin (Trental®, Rentylin®) bewirkt ebenfalls eine Thrombozytenaggregationshemmung. Die Verformbarkeit der Erythrozyten wird erhöht.
- Naftidrofuryl (Dusodril®) verbessert die zerebrale Sauerstoffversorgung und Verformbarkeit der Erythrozyten.
- Extr. Fol. Gingk., Gingkopflanzenextrakt (Tebonin) verbessert die Sauerstoffverwertung.
- Donepezil (Aricept®), Acetylcholinesterase (AChE)-Hemmer; hat seine Wirksamkeit bei der Alzheimer-Demenz bewiesen, ist relativ teuer.

22.2.3 Demenzen vom vaskulären Typ (DVT)/Multiinfarktdemenz (MID)

Vaskuläre Demenz bedeutet, daß eine Schädigung der Blutgefäße bei der Entstehung dieses Typs die Hauptrolle spielt. Dabei kommt es zu **Durchblutungsstörungen** in den kleinsten Gefäßen des Gehirnes, zu **Ablagerungen** in der Gefäßwand und häufig durch diese Prozesse zum **Verschluß des Gefäßes** und damit zum Absterben der normalerweise dadurch versorgten Nervenzellen. Ursache dieser Gefäßveränderungen ist häufig ein jahrelang bestehender Bluthochdruck.

Neben der Symptomatik des dementiellen Abbauprozesses, wie sie in dem Abschnitt über die Demenz vom Alzheimer-Typ beschrieben ist, gibt es einige Besonderheiten, die mehr oder weniger stark ausgeprägt, eine Differenzierung zwischen DAT und MID erleichtern.

22

- In der Vorgeschichte bei Patienten mit einer MID finden sich häufig **neurologische Ausfälle** im Sinne einer transitorischen (kurzzeitigen) ischämischen Attacke (TIA), eines prolongierten (verlängerten) reversiblen ischämisch-neurologischen Defizites (PRIND) oder eines apoplektischen Insults (Schlaganfall).
- Im Gegensatz zum DAT findet sich bei der MID ein **schubförmiger Verlauf.** Die Angehörigen berichten häufig, daß der Patient bereits früher solche „Phasen hatte, in denen er ganz durcheinander war". Zwischen den Schüben kann die Symptomatik des letzten Schubes zum Teil weitgehend rückläufig sein. Oft wird der Patient erst bei gehäuft auftretenden Verwirrtheitszuständen oder deutlichem dementiellem Abbau auffällig.
- Es kommt gehäuft zur **Affektinkontinenz** und depressiven Verstimmungen.
- Die Fassade, also das nach außen intakte Erscheinungsbild, ist bei den MID- im Gegensatz zu den DAT-Patienten meist weniger gut erhalten.

Die 1894 von Binswanger beschriebene **Encephalopathia subcorticalis chronica progressiva** (SAE; subkortikale arteriosklerotische Enzephalopathie) ist eine Unterform der DVT mit Durchblutungsstörungen in bestimmten Hirnarealen (periventrikulär und in der weißen Substanz). Sie bietet symptomatisch das gleiche Bild wie die DVT, kann jedoch auch mit neurologischen Symptomen wie Ataxie, Rigor, Akinese, extrapyramidalen Störungen und pseudobulbären Sprachstörungen verbunden sein.

Die Therapie der DVT/MID ist, ähnlich wie bei der Therapie der Demenz vom Alzheimer-Typ, eine mehrdimensionale, mit den dort genannten Grundsätzen.

Es ist jedoch bei der MID besonders wichtig, alle gefäßschädigenden Prozesse zu unterdrücken. Es empfehlen sich deshalb die Einstellung des Bluthochdruckes, Behandlung von Herzrhythmusstörungen oder Diabetes mellitus.

22.2.4 Weitere primäre Demenzformen

- **Pick-Erkrankung**

Sie beginnt langsam im **mittleren Lebensalter** mit Prodromi (Vorläuferstadien) wie Nervosität, leichte Erschöpfbarkeit, Reduktion von Interessen, Verlust von Taktgefühl, häufig zunehmende Triebhaftigkeit bis zur sexuellen Enthemmung und fortschreitendem dementiellem Abbauprozeß.

Der Verlauf geht über Jahre. Es ist keine wirksame Therapie bekannt. Bei der Untersuchung des Gehirns findet sich eine Hirnatrophie (Gehirnschwund), besonders im frontalen Bereich.

- **Jakob-Creutzfeldt-Syndrom (Creutzfeldt-Jakob-Krankheit)**

Dementieller Abbau in Kombination mit **affektiven Störungen.** Dabei kommt es häufig zu Gleichgewichtsstörungen, Muskelzuckungen und epileptischen Anfällen.

- **NVCJK (Neue Variante der Creutzfeldt-Jakob-Krankheit)**

Bisher seltene (ca. 90 Fälle) Form der Creutzfeld-Jakob-Krankheit, die durch Auftreten in früheren Lebensjahren, langsameren Verlauf, stärkere Kleinhirnsymptomatik sowie Fehlen von typischen EEG-Veränderungen gekennzeichnet ist. Ursache: Durch Prionen (infektiöse Eiweißmoleküle) von BSE (Bovine Spongiforme Enzephalopathie) -erkrankten Rindern übertragen.

- **Chorea Huntington**

Hier handelt es sich um eine Erkrankung mit **dominantem Erbgang,** deren Beginn meist um das **40. bis 50. Lebensjahr** liegt. Sie ist charakterisiert durch choreatische Bewegungsstörungen (regellose, unsymmetrische, plötzlich einschießende, kurzdauernde, distalbetonte unwillkürliche Bewegungen) und einem zunehmenden geistigen Abbau.

- **Normal-Druck-Hydrocephalus**

Ein Hydrocephalus communicans beruht auf einer Abfluß- bzw. Resorptionsstörung des Liquors im Subarachnoidalraum aufgrund von Blutungen, Entzündungen, mechanischen Beeinträchtigungen oder ungeklärten Ursachen (idiopathisch).

Neben der Demenz kommt es zu folgenden Leitsymptomen:
- Interesselosigkeit, Verlangsamung und Apathie
- Gangstörung; der Gang ist meist breitbeinig, kleinschrittig, unsicher
- Harnblasenstörung; die Patienten können das Wasser nicht mehr halten

Als Therapie sind liquorableitende Maßnahmen (Shunt-Operationen) angezeigt.

Es wäre noch eine Reihe von neurologischen, seltenen Syndromen zu erwähnen, die mit einer zunehmenden Demenz einhergehen. Dies würde jedoch den Rahmen dieses Lehrbuches sprengen. Weitere Informationen sind in speziellen Fachbüchern zu finden.

22.2.5 Sekundäre Demenzen

Im Unterschied zur primären Demenz, deren Krankheitsursachen sich im Gehirn (primär) finden, liegen die der sekundären Demenz an einer anderen Stelle im Körper (sekundär) und führen von dort zu einem Abbau im Gehirn.

Entsprechend umfangreich sind die möglichen Ursachen für die Hirnschädigung. Wichtig ist es dabei jedoch, daß der Verlauf der Demenz eng mit der entsprechenden Ursache zusammenhängt.

Zum besseren Verständnis soll das Beispiel eines 56jährigen Patienten dienen, bei dem über mehrere Jahre zunehmender Interessenverlust, sozialer Rückzug, Konzentrationsschwächen, Störungen im Bereich des Kurzzeitgedächtnisses und Langzeitgedächtnisses aufgefallen waren. Er war auch deshalb berentet worden, konnte seine Pension, auf die er sich gefreut hatte, jedoch wegen der oben genannten Symptomatik keineswegs genießen. Bei seinem Hausarzt war immer wieder eine Bradykardie (Verlangsamung des Herzschlages) von 42 bis 55 Schlägen/Minute aufgefallen, der jedoch niemand so recht Beachtung schenkte. Erst als auf Drängen eines befreundeten Arztes ein Herzschrittmacher implantiert wurde und der Patient danach bei normaler Pulsschlagfrequenz eine gute Hirndurchblutung hatte, kam es zur fast vollkommenen Gesundung.

Zu sekundären Demenzen kann es beispielsweise bei folgenden Erkrankungen kommen:
- Herz-Kreislauf-Erkrankungen wie Herzinsuffizienz oder Rhythmusstörungen
- Endokrine Erkrankungen wie Hypothyreose (Unterfunktion der Schilddrüse) oder Tumoren der Nebennierenrinde
- Schweren Entzündungen, besonders wenn diese mit Fieber einhergehen
- Vergiftungen, beispielsweise durch Blei, Quecksilber, organische Lösungsmittel, Alkohol, Psychopharmaka
- Vitamin-B_{12}- oder Folsäuremangel
- Elektrolytstörungen

22.3 Depressives Syndrom

Darunter werden die verschiedenen Arten von Depressionen, die bereits in den einzelnen Kapiteln der allgemeinen Psychiatrie besprochen wurden, zusammengefaßt. Also von der endogenen Depression über die neurotische bis zur reaktiven.

Besonders erwähnt werden soll an dieser Stelle die sogenannte **Spätdepression** (oder Altersdepression, Involutionsdepression, Involutionsmelancholie). Hierbei handelt es sich um eine im höheren Lebensalter (ab dem 50. Lebensjahr) erstmals auftretende monopolare, endogene Depression. Sie verläuft oft längerfristig als andere Depressionen und ist besonders oft mit depressiven Wahninhalten verbunden. So kommt es hierbei sehr häufig zu Verarmungs-, Verschuldungs- und nihilistischem Wahn. Bei der Spätdepression wurde ein besonders hohes Suizidrisiko nachgewiesen.

Die Hauptsymptome der depressiven Störung sind:

- Angst, Hoffnungslosigkeit, vermindertes Selbstwertgefühl, pathologisches Stimmungstief, Weinerlichkeit, innere Leere.
- Depersonalisation und Derealisation
- Agitiertheit, Gehemmtheit, Verlangsamung
- Regression, somatische und hypochondrische Beschwerden.

Die Therapie besteht aus
- Adäquater Medikamentengabe
- Psychotherapie
- Sozialtraining

22.3.1 Trauer

Im Alter kommt es häufig zum Verlust eines geliebten Menschen. Geschwister, Freunde oder Ehepartner sterben.

Als Reaktion auf solche Verluste kommt es zur **Trauer.** Der Trauernde ist still, die Mimik ist oft versteinert oder leidend, die Sprache leise, er weint oft, klagt über Appetit- und Schlaflosigkeit. Dieses Erscheinungsbild läßt sich oft nicht von einer depressiven Erkrankung unterscheiden. Umgekehrt ist es aber auch nicht selten, daß der Verlust eines Menschen und die damit entstehende Trauer, der Anstoß, quasi der erste Schritt in eine Depression ist.

Bei der normalen, sogenannten „gesunden Trauerreaktion" unterscheidet man folgende Phasen:

- **Schockphase**
Ausgelöst durch den unmittelbaren Verlust. Der Trauernde ist wie **versteinert,** zeigt eine allgemeine Starre. Dieser Zustand dauert einige Stunden.

- **Kontrollierte Phase**
Der Trauernde gewinnt wieder Kontrolle über sich und **wirkt gefaßt.** Dies dauert meist einige Tage.

- **Regressive Phase**
Zusammenbruch der (bisherigen) Daseinswelt. Der Trauernde zieht sich in sich selbst zurück und wird apathisch, empfindlich, verletzbar und mißtrauisch gegenüber der Umwelt. Dieser Zustand dauert einige Wochen bis Monate.

- **Adaptive Phase**
Der Trauernde baut den Verstorbenen in sich auf (**„Inkorporation"**), er rekonstruiert seine Daseinswelt und überprüft seine psychische Organisation. Er wendet sich wieder der Umwelt zu und beginnt seine Trauerreaktion abzuschließen. Die Dauer dieser Phase ist individuell unterschiedlich, kann aber bis zu einem Jahr betragen.

Mit Abschluß der Trauerarbeit ordnet der Trauernde seine Erlebniswelt neu und es gelingt ihm, nach Trennung und Ablösung eine neue Daseinswelt aufzubauen.

Unter **pathologischer Trauerreaktion** versteht man Fehlreaktionen, wie Fremd- und Selbstaggression, abnorm lange Trauerarbeit, ausgeprägter sozialer Rückzug oder hysterische überlagerte Reaktionen.

Begünstigt werden solche Fehlentwicklungen durch Entbehren eines Gesprächspartners und dadurch, daß Traueräußerungen in unserem Kulturkreis häufig als nicht angemessen, als störend oder peinlich gelten.

Auch das Verhältnis, das der Trauernde zum Verstorbenen hatte, spielt eine große Rolle. Der Betroffene glaubt häufig, dem Toten gegenüber etwas versäumt zu haben oder er gesteht sich sein ambivalentes Verhältnis zu ihm, auch Aggressionen, nicht ein.

Im Rahmen einer solchen pathologischen Trauerreaktion kann es zu einer **Idealisierung des Verstorbenen** kommen.

Es versteht sich von selbst, daß eine normale Trauerreaktion keiner Therapie bedarf. Jeder sollte sich bemühen, den Trauernden in seinen Empfindungen zu akzeptieren und zu unterstützen.

Bei pathologischen Trauerreaktionen ist eine **fokale psychotherapeutische Kurzintervention** angezeigt. Inhalt der Gespräche sollte die Beziehung zum Verstorbenen und die Bedeutung des Verlustes sein.

Trauerreaktionen kommen keinesfalls nur durch den Tod eines geliebten Menschen zustande. Auch nach einer Trennung oder Scheidung von einem Partner oder Freund sind pathologische Reaktionen zu beobachten.

22.3.2 Selbsttötungsgefährdung (Suizidalität)

Wir vermeiden in diesem Buch bewußt den Begriff Selbstmord, da der Begriff „Mord" immer einen moralisch abwertenden Beigeschmack („niedere Motive, hinterlistig") hat und der Notlage der Suizidalen keineswegs gerecht wird.

Es gibt eine Vielzahl von Motiven für Suizidalität im Alter, wie Krankheit, Isolation oder (erzwungener) Wohnungswechsel. Nicht immer ist Suizidalität Folge einer depressiven Störung. Gerade im höheren Lebensalter kommt es, wie verschiedene Studien belegen, zu einem **Anstieg der Selbsttötungsversuche** sowie zu einer Zunahme von harten Methoden (Erschießen, Herabstürzen von hohen Gebäuden oder Brücken, Erhängen).

Einer der Hauptgründe für einen Suizidversuch im Alter ist neben einer depressiven Erkrankung sicherlich die sogenannte **Bilanzselbsttötung.** Der Betroffene kommt bei Betrachtung seiner Lebensumstände zu dem Ergebnis, daß das Leben für ihn nicht mehr „lebenswert" ist und meint, sich umbringen zu müssen.

22.4 Paranoide Syndrome

Paranoide Syndrome, die nicht zu Psychosen aus dem schizophrenen Formenkreis gehören, sind im Alter relativ häufig zu beobachten. Zwei typische paranoide Entwicklungen des Alters sollen hier beschrieben werden.

- Bei **schwerhörigen oder blinden Menschen** ist der Kontakt mit der Umwelt erheblich erschwert. Der Betroffene hört vielfach nur Wortfetzen oder Teile von Sätzen, die er oft falsch interpretiert. Er wittert abfällige Bemerkungen und Ablehnung. Daraus entwickelt sich nicht selten ein Beeinträchtigungswahn, der sich bis zum Verfolgungswahn steigern kann. Häufig tragen äußere Umstände wie Isolation oder Kränkungen zu einer solchen Entwicklung bei.
- Im Rahmen von **Merk- und Gedächtnisstörungen** bei dementiellen Abbauprozessen kommt es vor, daß Patienten Dinge verlegen und sie nicht mehr finden. Viele ältere Menschen reagieren auf die „vielen verschwundenen Gegenstände" paranoid. Sie verdächtigen meist nach und nach andere Personen, diese Dinge weggenommen zu haben. Bisweilen kann sich zu einem solchen **Beeinträchtigungswahn** auch noch ein **Verarmungswahn** hinzugesellen, wenn der Patient meint, wegen der „Diebstähle" bald nichts mehr zu besitzen.

Wichtig für die Therapie solcher paranoider Entwicklungen ist, sie als solche zu erkennen und nicht etwa als Schizophrenie einzuordnen, denn hier hilft die Neurolepttherapie meist nur wenig. Ein Umgebungswechsel bringt ebenfalls in der Regel nur kurzzeitige Erfolge.

Paranoide Syndrome müssen mit den Angehörigen besprochen werden. Es sollte ein möglichst toleranter Umgang mit dem Patienten gepflegt werden, ohne daß seinen Wahnvorstellungen zugestimmt wird. Sinnvoll ist es ebenfalls, den Betroffenen nicht zu isolieren, sondern ihn aus seiner meist selbstgewählten Isolation zu befreien, so daß er wieder Vertrauen in seine Umwelt fassen kann.

22.5 Rechtliche Fragen in der Gerontopsychiatrie

Eine 76jährige Patientin wird mit einem mäßiggradig ausgeprägten dementiellen Syndrom in ein Krankenhaus eingeliefert. In den Abendstunden, als die Verwandten gegangen sind, wird die Patientin, die wegen eines Hirninfarktes vor zwei Jahren noch unsicher auf den Beinen ist, sehr unruhig. Sie will sich durch nichts davon abhalten lassen, auf der Stelle zu ihrem (bereits verstorbenen) Bruder zu gehen, der nach ihrer Vorstellung zwei Häuser weiter wohnt.

Die Reaktion des Pflegepersonals sieht in der Regel wohl so aus:

Die diensttuende Pflegeperson kann die Patientin nicht einfach im Nachthemd alleine durch die Nacht laufen lassen. Ihr beharrliches Zureden ändert wahrscheinlich nichts an der Situation. Sie verabreicht auf Anordnung der Patientin, mit mehr oder weniger großem Erfolg, eine sedierende (beruhigende) Medikation.

Zusätzlich wird der ärztliche Dienst über das Problem informiert. In einem solchen Fall kann es nötig sein, die Patientin (fachgerecht) zu fixieren. Die Anweisung dazu muß jedoch vom Arzt kommen, der sich die **Fixation** vom für die Klinik zuständigen **Amtsgericht** genehmigen lassen muß. Jede Einschränkung der Bewegungsfreiheit von Patienten erfüllt den Tatbestand der **Freiheitsberaubung** (§ 239 StGB). Dies gilt, bei konsequentem Überlegen, natürlich nicht nur für das körperliche Festbinden, sondern auch schon für Bettgitter, die für manche Patienten ein unüberwindbares Hindernis darstellen.

Gleiches kann für erheblich sedierende Medikamente gelten, die den Kranken so müde machen, daß er sich nicht mehr rühren kann, selbst wenn er es wollte.

Ist abzusehen, daß sich der krankhafte seelische Zustand eines Patienten auf Dauer nicht bessert und daß er deshalb die Dinge des täglichen Lebens nicht mehr selbständig regeln kann, so gibt es die Möglichkeit beim Amtsgericht, das für den Wohnort des Patienten zuständig ist, eine Betreuung nach dem **Betreuungsgesetz** vom 1. Januar 1992 (§§ 1896 ff. BGB) einrichten zu lassen. Dieses Gesetz hat die früher übliche Pflegschaft (§ 1919 BGB) und Entmündigung (§ 6 BGB) abgelöst.

Durch das neue Betreuungsgesetz wird die Position des Betroffenen deutlich gestärkt. So soll der Betreute an ihn betreffenden Entscheidungen mitwirken. Er hat jederzeit ein **Einspruchsrecht** gegen diese Beschlüsse. Er kann eine Betreuung oder einen bestimmten Betreuer ablehnen. Im Betreuungsgesetz ist eine zurückhaltende Handhabung von freiheitsentziehenden Maßnahmen vorgeschrieben. Ferner sollte die Betreuung beendet werden, wenn die Grundlagen für ihre Einrichtung entfallen.

Bei der Behandlung von Patienten, die unter Betreuung stehen, ist bei allen wichtigen diagnostischen und therapeutischen Maßnahmen der Betreuer zu informieren und sein **Einverständnis** einzuholen. Dies gilt von der Aufklärung bei Gabe von Kontrastmitteln, die normalerweise vom Patienten unterschrieben wird, bis zur Aufnahme auf einer geschlossenen Station.

Es ist auch zu bedenken, daß der Betreuer bei wichtigen Entscheidungen das zuständige Amtsgericht unterrichten und um Zustimmung bitten muß. Er ist verpflichtet, sein Tun (zum Schutz des Betreuten) vor dem Amtsgericht zu rechtfertigen.

Einen besonderen Fall stellt die sogenannte **Behandlungspflegschaft** dar. Sie wird sehr kurzfristig eingerichtet und gilt nur für die Dauer einer bestimmten Therapie oder diagnostischen Maßnahme. Ein typisches Beispiel dafür ist ein sehr dementer oder schwer depressiver Patient, der sich einen Oberschenkelhalsbruch zugezogen hat und sofort operiert werden muß, aber aufgrund seines seelischen Zustandes nicht in der Lage ist, eine rechtsgültige Einverständniserklärung zu unterschreiben. Hier kann das Amtsgericht sofort einen Betreuer bestimmen, der das Einverständnis für eine Operation gibt.

Ein weiterer, in diesem Zusammenhang immer wieder verwandter Begriff, ist die **Geschäftsunfähigkeit** (nicht zu verwechseln mit dem Begriff der Schuldunfähigkeit aus dem Strafrecht). Sie wird in § 104 BGB (Bürgerliches Gesetzbuch) geregelt. Dort heißt es,

Geschäftsunfähig ist:
- (1) wer nicht das siebte Lebensjahr vollendet hat
- (2) wer sich in einem die freie Willensbestimmung ausschließendem Zustande krankhafter Störung der Geistestätigkeit befindet, sofern nicht der Zustand seiner Natur nach ein vorübergehender ist
- (3) wer wegen Geisteskrankheit entmündigt ist.

Ein Sonderfall der Geschäftsunfähigkeit ist die Testierunfähigkeit. Sie bezieht sich auf die Unfähigkeit, Testamente und Erbverträge zu errichten. Im § 2229, Abs. 3, 4 BGB heißt es dazu:
- (3) Wer entmündigt ist, kann ein Testament nicht errichten.
- (4) Wer wegen krankhafter Störung der Geistestätigkeit, wegen Geistesschwäche oder wegen Bewußtseinsstörung nicht in der Lage ist, die Bedeutung einer von ihm abgegebenen Willenserklärung einzusehen und nach dieser Erklärung zu handeln, kann ein Testament nicht errichten.

Bedenkt man, welche Milliardenwerte in den nächsten Jahren und Jahrzehnten in Deutschland vererbt werden, so ist zu erwarten, daß es zur Auslegung dieses Paragraphen noch einige höchstrichterliche Entscheidungen geben wird.

22.6 Pflege bei psychiatrischen Störungen im Alter

Um ältere Patienten besser zu verstehen, werden hier einige ihrer Eigenheiten angesprochen, die zum „normalen Altern“ gehören, im Umgang mit geriatrischen oder gerontopsychiatrischen Patienten jedoch erhebliche Schwierigkeiten machen können. Die Kenntnis solcher Vorgänge kann helfen, Mißverständnisse zu vermeiden.

Im Alter kommt es häufig zu einer **Persönlichkeitszuspitzung,** zur **Karikierung der Grundpersönlichkeit.** Dabei nehmen Charakterzüge, die dem Betroffenen auch in jüngeren Jahren schon eigen waren, deutlich zu. Leute, die schon immer sparsam waren, werden beispielsweise extrem geizig, und Menschen, die sich in früheren Zeiten bemühten, ihr Leben an sittlichen oder religiösen Grundlagen zu orientieren, können zu fanatischen, intoleranten Moralaposteln werden.

Der Umgang mit diesen Menschen ist sicherlich nicht einfach, besonders, wenn eine **Toleranzminderung** im Vordergrund steht. Allein das Wissen um einen solchen „normalen“ Wandel in einer Persönlichkeit stellt für Pflegende eine Hilfe dar.

Ein weiterer natürlicher Prozeß ist die **verminderte geistige Flexibilität,** eine erschwerte Umstellungsfähigkeit. Ein Beispiel dafür ist die Tatsache, daß bisher fast alle (dokumentierten) Bemühungen von älteren Menschen, in freien Wohngemeinschaften zu leben, gescheitert sind. Unter anderem auch deshalb, weil sie trotz guter Vorsätze nicht ausreichend kompromiß- und umstellungsfähig waren.

Im Zusammenhang damit wurden die Begriffe der fluiden und der kristallisierten Intelligenz geprägt.

- Die **fluide Intelligenz** ist Bestandteil der kognitiven Informationsverarbeitung. Sie erfordert schnelles Erfassen neuer Mitteilungen und den sofortigen Umgang damit. Im Alter nimmt diese Art der Intelligenz ab.
- Die **kristallisierte Intelligenz** bestimmt die inhaltliche Gestaltung des Denkens, des bereits vorhandenen Wissens und der Ausdrucksfähigkeit. Sie schließt das Vermögen ein, sich Lebenserfahrung und Weisheit anzueignen.

So ist es nicht verwunderlich, daß es sehr wohl beispielsweise in den Forschungsgebieten wie Romanistik, Theologie oder Anatomie viele ältere Professoren mit sehr gutem Ruf gibt. Bei den Naturwissenschaften, besonders bei denen in den letzten Jahren rasante Fortschritte und Umdenkprozesse zu verzeichnen (Immunologie, Informatik) waren, sind durchweg jüngere Professoren führend.

Gerontopsychiatrische Therapie bedeutet immer auch Umgang mit häufig multimorbiden Patienten.

Bei diesen Menschen muß noch stärker als bei anderen psychiatrischen Patienten auf das Auftreten von körperlichen Symptomen und Krankheiten geachtet werden. Denn sehr häufig bilden somatisch krankhafte Erscheinungen die Grundlage für seelische Probleme und Auffälligkeiten.

Die **Multimorbidität** der Patienten ist auch bei der Gabe von Medikamenten, besonders bei Sedativa (Beruhigungsmittel) zu beachten. Der Abbau der Medikamente ist häufig verzögert (Pharmakokinetik), Ausscheidungs- und Verstoffwechslungsvorgänge in Leber und Niere sind verändert, so daß sich Nebenwirkungen deutlich erhöhen.

Nach statistischen Angaben steigen die Nebenwirkungen um das Fünf- bis Siebenfache im Vergleich zu jüngeren Patienten. Dies um so stärker, da viele Patienten eine Vielzahl von Medikamenten einnehmen, die sich gegenseitig beeinflussen. Als Dosierungsrichtlinie kann gelten, daß der psychisch Alterskranke etwa mit zwei Dritteln oder sogar nur der Hälfte der Vergleichsdosis des gesunden jüngeren Erwachsenen auskommt.

Das **veränderte Trinkverhalten** alter Menschen ist in der Gerontopsychiatrie nicht zu unterschätzen. Im Alter nimmt das natürliche Durstgefühl ab. Die Patienten haben einfach **kein Trinkbedürfnis,** obwohl sie viel zuwenig Flüssigkeit zu sich nehmen. Gleichzeitig verhindert bei fortgeschrittener Demenz die Apraxie häufig das ausreichende Trinken.

Für jeden, der in der Gerontopsychiatrie arbeitet, ist es ein eindrucksvolles Erlebnis, wie „ausgetrocknete" Patienten, die zu Beginn der Therapie vollkommen verwirrt erschienen, nach wenigen Tagen Infusionstherapie aufblühen und bisweilen vollkommen geheilt sind.

Auf eine ausreichende und ausgewogene **Ernährung** ist bei den gerontopsychiatrischen Patienten besonders zu achten. Das kann im Rahmen einer ausgeprägten Demenz oder durch eine sehr depressive Symptomatik zum Problem werden, da solche Menschen häufig die Nahrungsaufnahme verweigern. Wenn trotz ausreichender Flüssigkeitszufuhr (durch Infusionen) und Behandlung der Grundsymptomatik keine Besserung erreicht wird, ist das Legen einer Magensonde angebracht. Falls dauerhaft nicht mit einer ausreichenden Nahrungs- und Flüssigkeitszufuhr gerechnet werden kann, so ist die Anlage einer **PEG** (perkutane endoskopische Gastrostomie) indiziert. Der Patient wird dabei durch einen kleinen Schlauch, der durch die Bauchdecke in den Magen führt, mit hochkalorischer Flüssigkeit vollkommen ernährt.

Um eine Kontrolle über Flüssigkeits- und Nahrungszufuhr zu haben, sollte bei besonders gefährdeten Patieten eine Ein- und Ausfuhrbilanz erstellt werden. Die regelmäßige **Gewichtskontrolle** ist selbstverständlich auch nicht zu vergessen.

Aufgrund der körperlichen Erkrankungen kommt es stärker als in anderen Bereichen der Psychiatrie zu **Abhängigkeiten des Patienten** vom Pflegepersonal. Der Kranke muß beispielsweise gewaschen oder zur Toilette geführt werden. Nicht selten wird diese Abhängigkeit sowohl vom Pflegenden als auch vom Patienten, manchmal auch unbewußt, mit Aggressionen beantwortet.

Mangelnde Krankheitseinsicht und fehlender Leidensdruck, häufig in Verbindung mit einer Persönlichkeitszuspitzung, führen unter Umständen zu aggressivem oder forderndem Verhalten. So kommt beispielsweise bei manchen Patienten auf die Frage nach der örtlichen Orientierung die falsche Antwort mit beeindruckendem Selbstvertrauen und übergroßem Selbstverständnis. Bisweilen bekommt der Fragende noch einen Rüffel nach dem Motto: „Junger Mann/junge Frau, was glauben Sie eigentlich, wer Sie sind? Natürlich haben wir jetzt 1914". Wenn man mit einer solchen Reaktion rechnet und weiß, daß sie aufgrund der mangelnden Krankheitseinsicht zustande kommt, ist der Umgang damit leichter.

In der Gerontopsychiatrie braucht der Kranke in jeder Schicht eine **feste Bezugsperson.** Über die Grundpflege hinaus müssen die Pflegenden den alten Menschen bei den Dingen des täglichen Lebens anleiten. Die Anweisungen sollten besonders bei dementen Patienten kontinuierlich wiederholt werden, damit diese sich damit wieder vertraut machen können. Die Betroffenen sollten zu einer möglichst großen **Selbständigkeit, Selbstverantwortung** und **Unabhängigkeit** angehalten werden. Es geht darum, die Kompetenz des alten Menschen zu erhalten. Regressionstendenzen müssen erkannt und dürfen nicht gefördert werden. **Regression** (das Zurückgehen) bedeutet, daß sich der Mensch zu sehr auf die Rolle des Kranken zurückzieht und meint, das Pflegepersonal und die Ärzte seien dazu da, ihn zu verwöhnen und von selbstverständlichen Pflichten des täglichen Lebens fernzuhalten. Etwas überspitzt formuliert: „Mir ist so warm Schwester, legen Sie mir mal den Arm aus der Sonne."

Es gibt in der Psychiatrie bestimmte Situationen, in denen die Regression eine heilende Wirkung hat, sozusagen als ein Zwischenstadium. Dies ist jedoch die große Ausnahme.

Ziel ist immer der Patient, der die Verantwortung für sein Tun und Handeln selbst übernimmt.

Ansprüche an den Kranken zu stellen, entspricht nicht immer den Vorstellungen von „guten" Schwestern/Pflegern. Die Patienten, oft aber auch die Angehörigen, erwarten immer noch ein dienendes „Sich-Aufopfern". Solchen Erwartungen muß jede Krankenschwester/jeder Krankenpfleger bewußt entgegentreten und offen über diese Ansprüche mit den Patienten und Angehörigen reden.

Um es noch einmal deutlich hervorzuheben, **Pflege** bedeutet in der Gerontopsychiatrie auch immer gleichzeitig einen **Teil der Therapie.** Der Umgang und die Behandlung sind immer entscheidend für das psychische Wohlbefinden und damit für die Besserung der seelischen Leiden des Patienten.

Der Pflege, also Teil der Therapie, sollte immer ein **mehrdimensionales Konzept** zugrunde liegen. Der Patient muß in seinen seelischen, körperlichen und sozialen Bedingungen gesehen werden. Die

22

besten Medikamente und die umfangreichste (körperliche) Pflege nützen nichts, wenn der Betroffene nach seiner Entlassung beispielsweise wieder in ein desolates soziales Umfeld entlassen wird, wo er ohne Hilfe sofort überfordert ist oder seine Medikamente (aufgrund der Demenz) nicht regelmäßig einnimmt.

Für Pflegende selbst ist es wichtig, die eigenen Fähigkeiten, die Stärken und die Schwächen zu kennen und das persönliche Verhalten immer wieder bei Supervisionen oder in Balint-Gruppen zu reflektieren. Entfällt dieser bewußte Umgang mit den täglich durchlebten Gefühlen, so kommt es nicht selten zum sogenannten **„Burn-out-Syndrom"**, wörtlich übersetzt „Ausgebranntsein-Syndrom". Krankenschwestern und -pfleger, die diese Angebote der Selbsthilfe nicht haben, werden durch ständige Frustration dann zynisch, bitter und aggressiv.

Hier noch einige Tips, wie der Stationsalltag im Sinne der oben genannten Ziele bereichert werden kann.

Gespräche sind anregend für den Patienten und schaffen Vertrauen. Bei der oft sehr aufwendigen körperlichen Pflege gerontopsychiatrischer Patienten ergibt sich eine gute Gelegenheit, sich zu unterhalten. Viele Kranke blühen auf, wenn sie von alten Zeiten erzählen können.

Eine andere Möglichkeit, mit dem Patienten in ein Gespräch zu kommen, ist das **Vorlesen** aus einer Zeitung oder eines Buches.

Auch das **Singen** ist eine beliebte Beschäftigung. Das Repertoire an Volks- oder Kirchenliedern ist bei den Älteren meist erstaunlich groß.

Ebenso aktivierend können **Spiele** sein, die entweder im Rahmen der Beschäftigungstherapie ablaufen, oder vom Pflegepersonal initiiert werden.

Gemeinsame **Ausgänge** in den Park der Klinik begeistern die meisten alten Menschen. Auch regelmäßige **Gymnastikübungen** sind zu erwähnen.

Besonders wichtig ist eine **wohnliche Umgebung** für die Patienten. Dies beginnt mit Bildern und Blumen auf Station, einem Aquarium im Aufenthaltsraum und persönlichen Gegenständen in den Krankenzimmern.

22.7 Pflegeplanung

Fallbeispiel: Eva-Maria B.

Aufnahmediagnose: Verwirrtheitszustände

Aufnahmeprotokoll

Name: Eva-Maria B.
Geburtsdatum: 17. Mai 1915
Beruf: Oberstudienrätin a. D.
Religion: Römisch-katholisch
Familienstand: Verwitwet
Zu benachrichtigen: Tochter, die Anschrift ist aber Frau B. nicht bekannt
Erstaufnahme: –
Letzte Aufnahme: –
Aktuelle Aufnahme: 12. Juni 2000
Aufnahmemodus: Polizeiordnungsgesetz (POG)

Körperliche Selbstversorgung

Nahrungsaufnahme: Seit einer Woche sehr wenig
Körperpflege: Seit einer Woche kaum
An-/Auskleiden: Mit Hilfe
Bewegen/Gehen: Sehr beschwerlich, da beidseitiger Hüftgelenksverschleiß
Ausscheidungen: Brennen beim Wasserlassen

Verständigung/Kommunikation

Verständigung: Schwierig, da Frau B. sich unklar ausdrückt
Sinnesorgane: Hat eine Fern- und eine Lesebrille, aber keine dabei
Sprache: o. B.
Orientierung: Nur zur eigenen Person
Bewußtseinslage: Klar
Wertsachen: Goldene Uhr
Geld: 4220 DM

Sozialkontakte/häusliche Versorgung
Besuch von Angehörigen: Tochter muß verständigt werden
Besuch von Freunden: Unwahrscheinlich
Versorgung nach der Entlassung: Noch nicht absehbar

Verhalten/Einstellung
Wie erlebt die Patientin ihre Krankheit: Weiß nicht, was man von ihr will
Hat sich die Patientin auf die Situation eingestellt: Nein, Frau B. kommt nur mit einer Handtasche

Wünsche zum Wohlbefinden/Sonstiges
Will nach Hause. Möchte, daß ihre Schwester informiert wird. Diese lebt allerdings schon lange nicht mehr.

Vorgeschichte
Aus dem Polizeibericht auszugsweise entnommen:

Frau B. wurde an der Kasse eines Supermarkts auffällig, als sie sich weigerte, zwei Weinflaschen, die in ihrem Einkaufswagen lagen, zu zahlen. Die Kassiererin forderte sie auf, die Ware auf das Band zu legen. Frau B. behauptete aber, den Wein schon vor zwei Tagen bezahlt zu haben. Da es zu einer lautstarken Auseinandersetzung kam, wurde die Polizei gerufen. Da Frau B. völlig verwirrt war, wurde sie über das POG in die Landesklinik eingewiesen.

Aufnahmebericht
Frau B. beklagt sich über die Behandlung durch die Polizei. Sie sei schließlich Oberstudienrätin und keine Kriminelle. Außerdem soll sofort der Ehemann ihrer Schwester, ein frischgebackener Anwalt und Duz-Freund von Feldmarschall von Hoppenstett, benachrichtigt werden.

Frau B. ist zeitlich desorientiert und lebt in Gedanken offensichtlich in den 30er Jahren. Sie ist äußerst gereizt. Erst nach längerem Zureden ist ein Aufnahmegespräch möglich.

Auf die Frage, ob sie ausreichend trinke, antwortet Frau B.: „Selbstverständlich, junger Mann.“ Nach Aufforderung zeigt sie bereitwillig ihre sehr trockene Zunge. Am Unterarm bleiben beim Überprüfen des Fettgewebes deutliche Hautfalten stehen.

Auf die große Geldmenge in ihrer Handtasche angesprochen, erklärt Frau B., daß in ihrer Wohnung in letzter Zeit immer wieder Dinge auf unerklärliche Weise verschwinden und sie deshalb ihr Barvermögen mit sich führe.

Pflegeplan: Eva-Maria B.

Probleme/Ressourcen	Ziele	Pflegemaßnahmen
1. • Verwirrtheitszustände: – zeitliche und örtliche Desorientiertheit – Gereiztheit	• für Sicherheitsgefühl und Wohlbefinden sorgen	• Zimmer im Aufnahmebereich • ruhiger, sachlicher und geduldiger Umgang mit der Patientin • Bezugsperson anbieten • Überwachung der medikamentösen Therapie • Stationsablauf und Räumlichkeiten erklären • Begleitung zu diagnostischen Maßnahmen

22

Probleme/Ressourcen	Ziele	Pflegemaßnahmen
2. • Patientin benötigt Hilfe bei der Körperpflege **Ressource:** Patientin kann Teilverrichtungen der Körperpflege übernehmen	• Körperhygiene gewährleisten • Selbständigkeit fördern	• Hilfestellungen bei der Körperpflege • Patientin dazu anhalten, Teilverrichtungen zu übernehmen • Kleidung vorübergehend von der Station stellen
3. • ungenügende orale Nahrungsaufnahme, exsikkierter Zustand	• ausreichende Nahrungs- und Flüssigkeitszufuhr	• vollwertige, ballaststoffreiche Ernährung – ca. 2000 kcal/Tag – mindestens 2 Liter Flüssigkeit/Tag • Mahlzeiten appetitanregend herrichten • bei Bedarf parenteraler Aufbau des Allgemein- und Ernährungszustandes
4. • Obstipationsgefahr	• ausreichende Darmtätigkeit erhalten	• auf regelmäßige Verdauung achten • soviel Bewegung wie möglich • abführende Maßnahmen auf ärztliche Anordnung
5. • Bewegungseinschränkung aufgrund beidseitigem Hüftgelenksverschleiß – Thrombosegefahr – Kontrakturgefahr	• Sturzgefahr minimieren • vorhandene Beweglichkeit erhalten • Sekundärerkrankungen vermeiden	• Hilfestellung beim Aufstehen und Gehen • zweimal täglich Bewegungsübungen mit Krankengymnasten oder mit Pflegepersonal • Heparinisierung nach ärztlicher Anordnung • wenn Patientin im Bett liegt, Lagerung der Gelenke in physiologischer Mittelstellung
6. • Fehlen von persönlichen Gegenständen, einschließlich Hilfsmittel (Brille)	• Wohlbefinden fördern	• Organisation von: – fehlenden persönlichen Gegenständen – Brillen – Lesematerial (Zeitschriften, Bücher) durch Einschalten des Sozialdienstes, der Kontakt zur Tochter herstellen soll (Anschrift der Tochter ist Frau B. nicht bekannt)
7. • Brennen beim Wasserlassen	• schnelles Abklingen der möglichen Harnwegsinfektion	• Beobachtung des Urins auf Menge, Farbe und Trübung • tägliches Erfragen der Miktionsbeschwerden (Brennen, Schmerzen) • Laboruntersuchungen des Urins veranlassen • genaue Inspektion der äußeren Genitale bei der Körperpflege • Medikamente nach ärztlicher Anordnung verabreichen

23 Forensische Psychiatrie

Die forensische Psychiatrie bestimmt in der Öffentlichkeit das Bild des psychisch Kranken besonders. Wenn seelisch kranke Menschen beispielsweise im Fernsehen oder Kino gezeigt werden, dann geschieht dies in den wenigsten Fällen sachlich-dokumentierend. Meist stellen sie eiskalte Mörder oder blutrünstige Ungeheuer dar. Mehrere wissenschaftlich anerkannte Studien haben jedoch bewiesen, daß seelisch Kranke nicht häufiger straffällig werden als die sogenannte Normalbevölkerung.

Das folgende Fallbeispiel soll einen kleinen Einblick in die forensische Psychiatrie ermöglichen:

„Heute endlich soll alles vorbei sein, heute endlich werde ich der ganzen Sache ein Ende machen", dachte sich der 32jährige Fliesenleger Stefan S. in den frühen Morgenstunden des 14. November 1992. Seine Ehefrau Renate würde ihn nicht mehr mit anderen Männern betrügen, immer wenn sie wie sie sagte, zum Einkaufen nach Hannover fuhr. Er hatte seit Wochen nicht mehr schlafen können, mußte immer wieder daran denken wie sie ihn hinterging, diese Hure.

Was war nur aus ihr geworden? Sie hatte sich so verändert. Er wußte es seit diesem Anruf vor drei Wochen, als der Mann am anderen Ende der Leitung nur hämisch sagte: „Entschuldigen Sie, da habe ich mich wohl verwählt". Auch der Nachbar hatte ihn in den letzten Wochen immer so mitleidig-wissend angesehen. Der wußte sicherlich auch von dem Doppelleben seiner Frau. Seit heute morgen nun war da die Stimme in seinem Kopf, die ihn seit Stunden begleitete, so nah und so eindringlich. Sie beschrieb alles, was er tat, sie verhöhnte ihn, redete in seine Gedanken hinein, die schon wirr genug waren. Und irgendwann sagte sie: „Besser, wenn ihr alle tot seid, töte sie, töte sie!"

Am Vormittag dieses Tages erstach Stefan S. seine achtjährige Tochter und verletzte seine Ehefrau lebensgefährlich. Die von Nachbarn alarmierte Polizei hinderte Stefan S. buchstäblich in letzter Minute daran, sich am Treppengeländer seines Einfamilienhauses zu erhängen.

Dies ist ein Fall, an dem deutlich werden soll, worum es in der forensischen Psychiatrie geht. Es handelt sich um

psychisch kranke Rechtsbrecher.

23.1 Das Problem der Schuldfähigkeit

In dem genannten Fallbeispiel bietet der Patient unzweifelhaft Symptome einer Psychose aus dem schizophrenen Formenkreis. Doch welche anderen Situationen oder Krankheiten gibt es, die einen Straftäter oder Rechtsbrecher im Zustand der Schuldunfähigkeit handeln lassen? Ob jemand vor Gericht verurteilt wird, die Tat im Zustand der **Schuldunfähigkeit** (oder verminderten Schuldfähigkeit) begangen zu haben oder nicht, hängt nicht vom Einfühlungsvermögen des Richters ab, sondern ist an bestimmte Bedingungen gebunden, die in den Paragraphen 20, 21 StGB festgelegt sind.

Die Paragraphen 20, 21 StGB nennen zwei Bedingungen für eine Schuldunfähigkeit oder verminderte Schuldfähigkeit während der Tat:

Es muß eine der **folgenden Krankheiten** oder (Ausnahme-)**Zustände** zur Tatzeit vorgelegen haben:

• Der Täter leidet an einer krankhaften seelischen Störung, einer **exogenen oder endogenen Psychose.**

Zur Gruppe der **exogenen Psychosen** zählen Patienten, die beispielsweise durch eine Hirnverletzung (eventuell durch eine Entzündung oder Hirnquetschung) danach ein hirnorganisches Psychosyndrom entwickeln. Die Betroffenen sind oft reizbar, haben bisweilen aggressive Impulsdurchbrüche oder sogar Kontrollverluste.

Zu dieser Gruppe gehören aber auch Rechtsbrecher, die während der Tat sehr stark unter Einfluß von Alkohol oder Drogen stehen.

Bei den **endogenen Psychosen** spielt die Gruppe der Psychosen aus dem schizophrenen Formenkreis die herausragende Rolle. Hier kommt es unter dem Einfluß von imperativen (befehlenden) Stimmen oder aus der Verzweiflung im Verfolgungswahn zu den Straftaten.

Manische Patienten, besonders mit einer gereizt-manischen Erkrankung, neigen zu gewalttätigen Ausbrüchen, die bisweilen strafrechtliche Konsequenzen haben. Auch ist ihr Unrechtsbewußtsein durch die geminderte Kritikfähigkeit in der Erkrankung häufig deutlich herabgesetzt.

Endogen depressive Erkrankte werden sehr selten als Folge ihres Leidens straffällig. Bei Straftaten von Depressiven handelt es sich nicht selten um einen sogenannten **„erweiterten Suizid“,** bei dem der Kranke bewußt versucht, andere Menschen mit in den Tod zu ziehen. Überlebt er, so wird er vor Gericht zur Verantwortung gezogen. Diese Straftaten haben meist dramatischen Charakter, beispielsweise das Töten des Ehepartners oder absichtliches Geisterfahren auf der Autobahn.

• Der Straffällige befindet sich zur Tatzeit in einem **Zustand tiefgreifender Bewußtseinsstörung.** Zu diesen Straftaten zählen die Handlungen im Affekt.

• Der Täter ist wegen Oligophrenie nicht fähig, das Unrecht der Tat einzusehen. Häufige Delikte bei oligophrenen Straftätern sind sexuelle Handlungen mit Kindern (Pädophilie) und Brandstiftung.

• Die letzte Gruppe mit exkulpierenden (von Schuld befreienden) Umständen umfaßt die sogenannten **„schweren anderen seelischen Abartigkeiten“** mit vielzähligen Untergruppen. Hiermit sind beispielsweise Psychopathien und Neurosen, aber auch Straftäter mit sexuellen Triebabweichungen gemeint. Letztgenannte machen ebenfalls einen relativ großen Anteil an Straftätern in der forensischen Psychiatrie aus.

Nun ist es aus nachvollziehbaren Gründen nicht so, daß jeder Straftäter mit den oben genannten Krankheiten oder Ausnahmezuständen automatisch für schuldunfähig oder vermindert schuldfähig angesehen wird. Ein zweiter wesentlicher Umstand ist ausschlaggebend: Beim Täter muß während der Straftat die **Einsichts- und/oder Steuerungsfähigkeit** aufgehoben oder gemindert gewesen sein.

Um es noch einmal hervorzuheben, nicht jeder psychisch Kranke hat, wie der Volksmund sagt, einen „Freifahrtschein“ für Straftaten. Es müssen zum Zeitpunkt der Tat die beiden oben genannten Voraussetzungen erfüllt sein.

Auch psychisch Kranke können Straftaten in einsicht- und steuerungsfähigem Zustand verüben. In diesem Fall werden sie wie jeder andere auch, unter Umständen mit langjährigen Haftstrafen belegt.

23.2 Einweisung und Therapieverlauf

Anhand des oben genannten Falls von Herrn S. sollen der Verlauf und die Möglichkeiten des Maßregelvollzuges erläutert werden. Das geschilderte Beispiel stellt einen idealen, jedoch nicht einzigartigen Verlauf dar.

Stefan S. wurde, nachdem er im Wahn seine Tochter getötet und seine Frau verletzt hatte, von der Polizei festgenommen. Den Polizisten fiel sofort auf, daß mit Herrn S. etwas nicht stimmte, er redete ganz verworren und benahm sich merkwürdig. Deshalb wurde schon zur ersten Vernehmung ein auch mit forensischen (gerichtsmedizinischen) Problemen erfahrener Psychiater hinzugezogen. Dieser stellte in seiner ausführlichen Untersuchung fest, daß Stefan S. unter einer Psychose aus dem schizophrenen Formenkreis litt und mit sehr hoher Wahrscheinlichkeit die Tat im Zustand stark eingeschränkter Einsichts- und Steuerungsfähigkeit verübt hatte.

Herr S. wurde deshalb nicht in die normale Untersuchungshaft in ein Gefängnis eingewiesen. Mutmaßliche Straftäter wie er werden nach § 126a StPO (Strafprozeßordnung) in einem psychiatrischen Krankenhaus, meist in speziell gesicherten, forensischen Abteilungen, untergebracht.

§ 126a StPO besagt, daß ein Täter, bei dem der dringende Verdacht besteht, die Tat im Zustand der Schuldunfähigkeit (oder der verminderten Schuldfähigkeit) begangen zu haben, vom Gericht in ein psychiatrisches Krankenhaus oder eine Entziehungsanstalt eingewiesen werden kann, wenn die öffentliche Sicherheit dies erfordert.

Stefan S. wurde am 15. November 1992 in einer forensischen Abteilung eines Landeskrankenhauses aufgenommen. Noch einmal fand eine ausführliche psychiatrisch und neurologisch-internistische Untersuchung statt.

Er litt immer noch an dem „Durcheinanderlaufen der Gedanken", an dieser unsäglichen Eifersucht, einer furchtbaren inneren Unruhe und den Stimmen, die sein Handeln kommentieren und ihm bisweilen Befehle gaben.

Er spürte nach den langen Gesprächen mit den Ärzten, daß er krank war, daß man ihm helfen konnte, und so war er mit einer medikamentösen und psychotherapeutischen Behandlung einverstanden. Er wurde auf eine Kombinationstherapie mit hoch- und niederpotenten Neuroleptika eingestellt (s. Kap. 25.1.1).

Nach etwa zwei Wochen ging es Herrn S. schon bedeutend besser. Er konnte nachts wieder schlafen und fühlte sich ruhiger und klarer.

In dieser Zeit gelang es ihm, sich langsam von seiner wahnhaften Eifersucht und der Vorstellung, seine Frau hätte ein Doppelleben geführt und ihn mit vielen Männern hintergangen, zu distanzieren.

Nach und nach kam ihm zu Bewußtsein, daß er, der ganz normale Fliesenleger aus Hannover, dessen Leben bisher so glatt und durchschnittlich verlaufen war, seine Tochter umgebracht und seine Frau schwer verletzt hatte.

Es bedurfte vieler Gespräche mit seinen Bezugspersonen und medikamentöser Unterstützung, bis Stefan S. einigermaßen mit dem Geschehenen zurecht kam. Phasenweise war er tief depressiv, selbsttötungsgefährdet, und bedurfte besonderer Überwachung.

Einen schweren Rückschlag erlitt

Herr S. während der Gerichtsverhandlung vor dem Landgericht Hannover, als er seine inzwischen weitgehend genesene Frau wiedersah und ihm der ganze Tathergang erneut vor Augen geführt wurde. In seinem Gutachten erläuterte der Sachverständige, daß Herr S. zum Tatzeitpunkt nicht schuldfähig gewesen sei.

Das Gericht verurteilte den Angeklagten wegen Totschlags und schwerer Körperverletzung. Der Richter verhängte jedoch keine Haftstrafe, sondern ordnete aufgrund der Schuldunfähigkeit eine Unterbringung nach § 63 StGB (Strafgesetzbuch) in einem psychiatrischen Krankenhaus an.

Der § 63 StGB (Strafgesetzbuch), als ein Teil der „Maßregeln zur Sicherung und Besserung", regelt die Unterbringung in einem psychiatrischen Krankenhaus wie folgt:

- Hat jemand eine rechtswidrige Tat im Zustand der Schuldunfähigkeit (§ 20) oder der verminderten Schuldfähigkeit begangen (§ 21), so ordnet das Gericht die Unterbringung in einem psychiatrischen Krankenhaus an, wenn die Gesamtwürdigung des Täters und seiner Tat ergibt, daß von ihm infolge seines Zustandes erhebliche weitere rechtswidrige Taten zu erwarten sind und er deshalb für die Allgemeinheit gefährlich ist.

Ein Team von Ärzten, Krankenschwestern und -pflegern, Psychologen, Sozialarbeitern, Lehrern und Arbeitstherapeuten erstellte einen sogenannten „Maßregelvollzugsplan" für Stefan S. Es wurden Behandlungsmöglichkeiten und Therapieziele erarbeitet, die zur Heilung, Rehabilitation und Resozialisation führen sollten. Dieser Plan wurde mit dem Patienten besprochen.

Nachdem sich die Psychose des Patienten gebessert hatte und er seelisch stabilisiert war, konnte er am Alltagsleben in der forensischen Psychiatrie teilnehmen. Dies brachte einen festen Tages- und Wochenrhythmus mit sich.

Es ist keinesfalls so, daß psychisch kranke Rechtsbrecher einfach eingesperrt werden. Vielmehr gibt es in den entsprechenden Kliniken eine ganze Reihe von verschiedensten Beschäftigungs- und Arbeitsangeboten durch qualifiziertes Fachpersonal.

Herr S. nahm an der täglichen Arbeitstherapie teil.

Bei den arbeitstherapeutischen Maßnahmen werden häufig an die Klinik übertragene Industrieaufträge ausgeführt. Es handelt sich selten um anspruchsvolle Tätigkeiten, aber es werden Anforderungen an das Arbeitsverhalten gestellt, wie sie in einem Betrieb üblich sind. Die Patienten üben, genau und konzentriert zu arbeiten, pünktlich zu erscheinen und eine Aufgabe über einen bestimmten Zeitraum durchzuhalten.

Im Rahmen der Arbeitstherapie sind besonders für junge Patienten Ausbildungsangebote interessant. In fast allen forensisch-psychiatrischen Abteilungen gibt es Möglichkeiten, einen Schulabschluß nachzuholen oder eine Lehre als Schreiner oder Werkzeugmacher abzuschließen.

Herr S. nahm regelmäßig an Gesprächen mit Psychologen und Ärzten teil. Dieses Angebot stand ihm immer offen.

Er beteiligte sich auch am Sport. Eine Vielzahl von sportlichen Aktivitäten, vom Volleyballspiel bis zum Einzelfitneßtraining, war möglich.

Ein- bis zweimal pro Woche fanden

Besprechungen statt, bei denen Probleme auf der Station von Patienten und allen Berufsgruppen besprochen wurden. Dies war auch das Forum, wo Freigänge oder sonstige Erleichterungen des Maßregelvollzugs angesprochen werden konnten.

Die endgültige Entscheidung, ob dem Wunsch nach Lockerungen entsprochen werden kann, obliegt, in Absprache mit den Ärzten, der zuständigen Staatsanwaltschaft.

Stefan S. wurde nach etwa neun Monaten von der besonders gesicherten forensisch-psychiatrischen Abteilung auf eine weniger streng bewachte Station übernommen. Dort konnte er zunächst Gartenarbeiten außerhalb des Klinikgebäudes übernehmen. Eine Sozialarbeiterin war ihm bei der Suche nach einer Arbeitsstelle behilflich. Es wurde ihm dann ermöglicht, eine Stelle in einem Betieb im Nachbarort anzunehmen.

Einmal im Jahr fand eine Überprüfung statt, bei der das Gericht in Absprache mit den behandelnden Ärzten darüber entschied, ob seine Unterbringung zur Bewährung ausgesetzt werden konnte.

Diese Überprüfungen sind im § 67e StGB festgeschrieben, in dem es heißt, daß diese Kontrollen bei im Maßregelvollzug Untergebrachten mindestens einmal im Jahr stattfinden müssen.

Nach dreieinhalb Jahren Maßregelvollzug wurde die weitere Vollstreckung der Unterbringung für Stefan S. zur Bewährung ausgesetzt.

Die Bewährung war an Bedingungen geknüpft. In dieser Zeit mußte Herr S. fest in eine medizinische und sozialtherapeutische Betreuung integriert sein. Neben den ständigen Kontakten mit seinem Bewährungshelfer mußte er sich auch regelmäßig alle zwei Wochen bei einem niedergelassenen Nerven- oder Amtsarzt vorstellen. Die pünktliche Verabreichung seiner neuroleptischen Depotmedikamente und die Entwicklung seiner seelischen Verfassung wurden noch über Jahre gerichtlich erfaßt.

Im Fall des Herrn S. war die Behandlung erfolgreich und es kam bis heute weder zu einem Rückfall in seine Erkrankung noch zu weiteren Konflikten mit der Justiz.

Dieses Fallbeispiel ist sicher, wie bereits erwähnt, ein „Idealfall“. Ideal, aber nicht außergewöhnlich.

Es ist deshalb ein sehr gutes Beispiel, da hier eine Behandlung mit vorrangig medizinischen Mitteln möglich war.

Bei den beiden anderen Hauptgruppen von Patienten in der forensischen Psychiatrie, den Oligophrenen und Persönlichkeitsgestörten, sind die Behandlungsmöglichkeiten um ein Vielfaches schlechter.

Bei **oligophrenen Patienten** ist an der Grunderkrankung, nämlich dem Schwachsinn oder der Minderbegabung, kaum etwas zu ändern. Es wird jedoch mit verhaltenstherapeutischen Konzepten versucht, auf die Patienten Einfluß zu nehmen.

Ebenfalls schwierig ist die Situation bei den **Persönlichkeitsstörungen.** Die extrem ausgeprägten Persönlichkeiten, sogenannte Psychopathen, zeichnen sich häufig dadurch aus, daß sie nicht an sich leiden, sondern, daß nur die Umwelt an ihren Abnormitäten Anstoß nimmt. Da sie wenig Leidensdruck und Krankheitseinsicht haben, ist die Therapiemotivation gering.

Besonders diese Gruppe von Patienten hat in der Vergangenheit das Bild des psychisch kranken Rechtsbrechers in

23

der Öffentlichkeit geprägt. Hochabnorme, häufig sexuell motivierte, sadistische Tötungshandlungen liefern immer noch die größten Schlagzeilen.

Im Gegensatz zur extrem ausgeprägten Persönlichkeit (sog. Psychopathen) ist beim Neurotiker der subjektive Leidensdruck meist deutlich ausgeprägt.

Eine weitere, sehr große Gruppe von Patienten der forensischen Psychiatrie sind Straftäter, die ihre Taten unter **Drogen- oder Alkoholeinfluß** (Rausch) oder wegen der **Abhängigkeit** (Hang) von entsprechenden Mitteln im Zustand der Schuldunfähigkeit begangen haben. Dies trifft beispielsweise für denjenigen zu, der im Vollrausch seine Frau gewürgt hat, oder auf einen Drogenabhängigen, der um seine Sucht zu finanzieren, eine Straftat begeht (sogenannte Beschaffungskriminalität). Ihre Unterbringung erfolgt nach § 64 StGB (Strafgesetzbuch) in Entziehungsanstalten, speziellen Abteilungen von psychiatrischen Krankenhäusern.

Paragraph 64 StGB regelt die **Unterbringung in einer Entziehungsanstalt:**

(1) Hat jemand den Hang, alkoholische Getränke oder andere berauschende Mittel im Übermaß zu sich zu nehmen, und wird er wegen einer rechtswidrigen Tat, die er im Rausch begangen hat oder die auf seinen Hang zurückgeht, verurteilt oder nur deshalb nicht verurteilt, weil seine Schuldunfähigkeit erwiesen oder nicht auszuschließen ist, so ordnet das Gericht die Unterbringung in einer Entziehungsanstalt an, wenn die Gefahr besteht, daß er infolge seines Hanges erhebliche rechtswidrige Taten begehen wird.

(2) Die Anordnung unterbleibt, wenn eine Entziehungskur von vornherein aussichtslos erscheint.

Im Gegensatz zur Unterbringung in einem psychiatrischen Krankenhaus (§ 63 StGB), die primär unbegrenzt ist, regelt § 67d StGB die Dauer der Unterbringung in einer Entziehungsanstalt (§ 64 StGB) auf eine Höchstdauer von maximal zwei Jahren.

Bei Unterbringung in einer Entziehungsanstalt muß mindestens alle sechs Monate geprüft werden, ob die Unterbringung zur Bewährung auszusetzen ist (§ 67e).

23.3 Pflege in der forensischen Psychiatrie

Das zentrale Problem vieler Pflegenden im gesamten Maßregelvollzug ist der Zwiespalt, den Kranken helfen zu wollen, gleichzeitig die Gesellschaft vor diesen Menschen schützen zu müssen (Aufgabe der Sicherung).

Dieser Konflikt stellt sich für das Pflegepersonal täglich. Wie in jeder anderen Abteilung sind die Krankenschwestern und -pfleger für die Umsetzung der ärztlichen Anordnungen zuständig. Sie **beobachten und pflegen** die Kranken und sind **Co-Therapeuten.** Gleichzeitig müssen sie **Bewacher und Aufpasser** sein, die Fluchtversuche verhindern und im Stationsalltag für eine feste Struktur sorgen.

Die **Vielfalt der Erkrankungen** stellt dabei eine besondere Belastung dar. Überspitzt dargestellt liegt da der Schizophrene neben der extrem ausgeprägten Persönlichkeit, der minderbegabte Sexualdeviant neben dem neurotischen Stotterer. Dabei stehen alle unter dem gleichen Druck. Da ist das Problem des Freiheitsentzugs, und alle müssen auf relativ engem Raum miteinander auskommen. Hier haben Krankenschwestern und -pfleger auch die Aufgabe, Schwächere zu schützen und Stärkere in die Schranken zu weisen. Im Maßregelvollzug entwickelt sich häufig, wie im Strafvollzug auch, eine **typische Rangordnung** unter den Patienten. Am unteren Ende der Skala stehen die Personen, die sexuell motivierte Straftaten mit Kindern begangen haben. Genau wie in Justizvollzugsanstalten werden solche Verbrechen im Ehrenkodex der Gefangenen zutiefst verachtet, während ein kaltblütiger Raubmörder in der sozialen Rangskala eher einen der vorderen Plätze belegt.

Für die soziale und medizinische Prognose des Patienten, aber auch für die Motivation des Pflegepersonals, ihn zu unterstützen, ist die **Therapiemotivation des Erkrankten ausschlaggebend.**

Nur eine geringe Motivation zeigen schwer persönlichkeitsgestörte Patienten. Wenn manche von ihnen beispielsweise in jedem dritten Satz den „Götz von Berlichingen" zitieren, ist das sicherlich prognostisch eher ein ungünstiges Zeichen und fördert keinesfalls problemlos die Gesprächsbereitschaft der betreuenden Personen.

Bei der Betreuung forensischer Patienten stehen drei Aufgaben im Vordergrund,

- Die Überwindung der seelischen Erkrankung oder Störung
- Die Sicherung des Patienten und Schutz der Öffentlichkeit vor seiner potentiellen kriminellen Energie
- Die Resozialisierung, also die Rückführung des Patienten in das Alltagsleben.

Der letztgenannte Punkt ist dabei besonders problematisch, da der Patient durch seine Einweisung zunächst fast jeglicher Verantwortung für sein Leben enthoben wird.

Genau dieser Mensch soll später jedoch wieder in mühevoller Arbeit lernen, sich im Alltag zurechtzufinden und Verantwortung für sich und andere zu übernehmen. Dieses soziale Verantwortungsbewußtsein muß sogar eine höhere Stufe als vor der Einweisung erreichen, da der Betreute ja nach seiner Entlassung straffrei bleiben soll.

Führt man sich die Vielzahl der teilweise divergierenden Aufgaben des Maßregelvollzugs vor Augen, so wird deutlich, daß für alle Beteiligten Teamarbeit und Reflexion des eigenen Fühlens und Handelns von eminenter Bedeutung sind.

Ziel der Teamarbeit ist es, ein **individuelles Behandlungskonzept** für jeden Patienten gemeinsam zu erarbeiten und umzusetzen. So ist beispielsweise von allen darauf zu achten, daß ein Patient mit einem antriebsarmen, schizophrenen Residualsyndrom eher in seinen Aktivitäten gefördert wird, während bei einem überaktiven, hyperthymen Menschen die überschüssige Energie in die „richtigen" Bahnen gelenkt werden muß. Für die Umsetzung des Behandlungskonzeptes ist der **Informationsfluß** über den Patienten **im Team** entscheidend.

Beispielsweise sollte der Sportlehrer wissen, wann ein hyperaktiver Patient sedierende Medikamente erhalten hat, damit er die „Schlappheit" des Patienten richtig deuten kann.

Die Reflexion des eigenen Fühlens und Handelns ist in der gesamten psychiatrischen Medizin von Vorrang, und gerade in der Forensik ein absolutes Muß. Die genannten Probleme führen häufig zu Spannungen, Aggressionen und bisweilen zu Gewalt. Wenn sich ein Mitarbeiter in einen Strudel solcher Gefühle hineinreißen läßt, wird er die von ihm geforderte Aufgabe sicherlich nicht mehr erfüllen können. Die Gefahr, selbst seelischen Schaden zu nehmen, ist sehr groß. Balintgruppen und **professionelle Supervisionen** bieten Hilfen an beim Zurechtkommen mit den beruflichen Problemen.

„Gute" forensische Psychiatrie zu gestalten, ist eine äußerst schwierige Aufgabe. Um so unverständlicher ist die bisweilen fast hysterische Reaktion der Öffentlichkeit, wenn der Maßregelvollzug einmal versagt und ein Patient flüchtet oder gar wieder straffällig wird.

24 Angst und Aggressionen

Manfred W.

Der Begriff **Aggression** beschreibt das zielstrebige, tatkräftige, oftmals angriffslustige Herangehen an Menschen oder Dinge. Die Bereitschaft zu dieser Form von Aggressivität ist bei jedem Menschen zu finden. Sie ist erforderlich, um sich im Leben durchzusetzen, Probleme und Widerstände zu bewältigen. Ein Angriffsverhalten zeigt ein Mensch auch, um auf eine von ihm als bedrohlich empfundene Situation zu reagieren. Die Aggression kann sich gegen fremde Personen, die eigene Person, Gegenstände oder Institutionen richten. Im Alltag werden solche aggressiven Impulse zum größten Teil unterdrückt oder in andere Bahnen gelenkt (beispielsweise durch vermehrtes Arbeiten oder Sport). Viele Menschen verdrängen ihre Aggressionen, da sie gelernt haben, daß die Gesellschaft diese nicht akzeptiert. Dieses Nicht-abreagieren-Können manifestiert sich dann teilweise in psychosomatischen Krankheiten.

Die Fähigkeit, den eigenen Aggressionstrieb zu steuern, ist bei psychisch gestörten Menschen stark eingeschränkt.

Eine angriffslustige Stimmung kann sich durch Mimik, Gestik, Haltung oder durch verbale Äußerungen ausdrücken.

Aggressionen treten in allen zwischenmenschlichen Beziehungen auf und werden daher auch im psychiatrischen Klinikalltag von Patienten und vom Personal empfunden (Abb. 24-1).

24

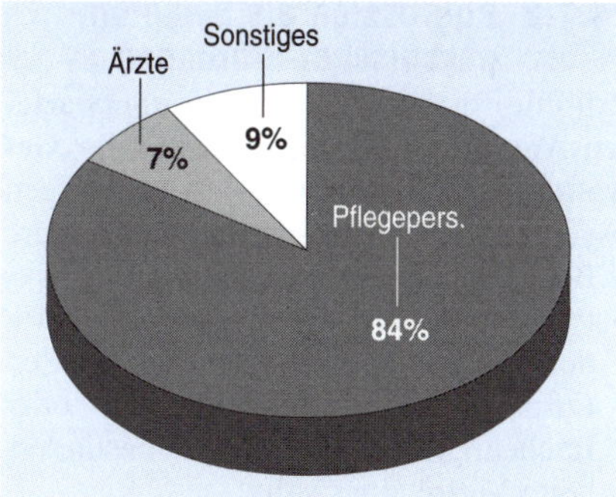

Abb. 24-1 Von aggressiven Handlungen betroffene Berufsgruppen (nach einer Untersuchung an vier psychiatrischen Landeskrankenhäusern in Baden-Württemberg, 1991)

In der Psychiatrie sind bisweilen **Angriffe** zu beobachten. Oftmals werden sie zur Bedrohung für das Pflegepersonal. Aggressionen können die Folge von **freiheitsentziehenden Maßnahmen** sein, die zeitweilig notwendig sein können, um Patienten vor sich bzw. andere vor ihm zu schützen (Fremd- oder Eigengefährdung). Dies ist besonders auf Akutstationen der Fall.

24.1 Ursachen der Aggressionen

Der Umgang mit aggressiven Menschen ist für das betroffene Personal schwierig und häufig von Unbehagen und Angst begleitet. Eine eigene starke Gefühlsbeteiligung kann das ruhige und sachliche Handeln erschweren. Um negative Empfindungen gegenüber dem Patienten aufzufangen, ist es hilfreich, mögliche Ursachen zu analysieren. Folgende Fragen unterstützen dabei:

„Aus welchen Gründen ist dieser Mensch aggressiv" und „was hat ihn/sie zu diesem Zeitpunkt provoziert?"

Häufig lösen ganz bestimmte Situationen wiederholt aggressives Verhalten aus.

Herr H., als aggressiv und massiv gewalttätig angekündigt, kommt zur Aufnahme auf die geschlossene Männerstation. Er lebt alleine und fühlt sich seit längerer Zeit von verschiedenen Personen, unter anderem seinen Nachbarn, verfolgt. Da er deshalb auch unter Angstzuständen leidet, hat er seit zwei Wochen das Haus nicht mehr verlassen. Nachbarn, die an Herrn H. eine zunehmende Verwahrlosung beobachtet hatten, versuchten ihn vergeblich von einer psychiatrischen Behandlung zu überzeugen.

Als sich sein Zustand weiter verschlechterte, wurde eine Zwangseinweisung notwendig. Herr H. griff mehrere Polizisten, die ihn aus seiner Wohnung holten, tätlich an.

In der Klinik setzt sich dieses Verhalten zunächst fort, so daß er die erste Zeit fixiert und medikamentös behandelt werden muß.

Nach dem Abklingen der Akutphase schildert er seine Aufnahme wie folgt:

„Ich habe die ganze Zeit große Angst gehabt und den Grund der Einweisung nicht verstanden. Psychiatrie verband ich nur mit Begriffen wie Zwang, Eingesperrtsein und Nicht-mehr-Herauskommen. Ich habe auch geglaubt, daß man dort Medikamentenversuche an mir vornimmt. Deshalb habe ich mich auch gewehrt, ich wollte lediglich meine Haut retten, um nicht abgeschoben und ausgegrenzt zu werden. Auch auf der Station habe ich mich anfangs nicht ernstgenommen und bevormundet gefühlt."

An diesem Beispiel wird deutlich, daß Aggression, ohne Kenntnis der sozialen und psychischen Bedingungen, oft nur unzureichend beurteilt werden kann. Für Herrn H. war sein aggressives Verhalten begründet, er versuchte sich aus einer ausweglosen Situation zu retten. Somit ist die Reaktion auch nachvollziehbar.

24

Aggressivem Verhalten liegen verschiedene Motive zugrunde. Häufig sind sie Ausdruck einer **verborgenen Störung.** Ebenso können äußere Bedingungen, wie die Institution Psychiatrie, das dortige soziale Umfeld (Mitpatienten, Personal) oder der Umgang mit der eigenen Krankheit, der Grund dafür sein. Nur selten ist das Verhalten auf einzelne Ursachen zurückzuführen, es entsteht meist im Zusammenwirken von Situation, Persönlichkeit und Krankheit.

24.1.1 Aggression als Folge äußerer Faktoren

Die häufigste Aggressionsquelle ist die Frustration, die beispielsweise durch Verzicht oder die Unlösbarkeit einer bestimmten Situation (beispielsweise kein Ausgang) hervorgerufen wird. Aggressives Reagieren kann aber auch dadurch entstehen, wenn Menschen gelernt haben, daß sie durch Gewalt ihren Willen durchsetzen oder ihr Selbstwertgefühl aufwerten können.

Beispiele:
- Zorn über den Freiheitsentzug und die damit oftmals verbundene Gabe von Medikamenten (Injektionen, Infusionen) oder Fixierung
- Ärger über Minderwertigkeitsgefühle, bedingt durch die eigene Erkrankung, die Behinderung, das Schicksal
- Rache an der Gesellschaft, wegen fehlender Akzeptanz
- Mangel an Zuwendung, Aufmerksamkeit und Liebe
- Reaktion auf die Aggression anderer
- Begründete oder unbegründete Angst
- Reaktion auf eine extreme Lebenssituation. Beispiel dafür ist der „Zuchthausknall“. Wut, Angst und Verbitterung wandeln sich in Gewalt.

24.1.2 Aggression als Symptom psychischer Störungen

Erhöhte Aggressivität, die zu **unerwarteten Angriffen, Zerstörungswut** oder **Gewalttätigkeit** führen kann, ist bei einigen psychischen Störungen gehäuft zu finden:
- Bei manischen Menschen
- Bei der Schizophrenie in der katatonen Erregung. Bei der paranoiden Form kann es zu Verteidigungs- oder Racheangriffen kommen, besonders beim Verfolgungswahn.
- Bei organischen Psychosen, beispielsweise im Alkoholrausch, bei Demenz, im epileptischen Dämmerzustand oder nach einem Schädel-Hirn-Trauma.
- Bei neurotischer Unausgeglichenheit, wie bei narzißtischen Persönlichkeitsstörungen in schwierigen Beziehungen.
- Bei einer verhaltensgestörten Persönlichkeit (sog. erregbarer Psychopath). Alkohol kann die Aggressionsbereitschaft dabei noch erhöhen.
- Bei Borderline-Persönlichkeitsstörungen.

Bei folgenden Krankheitsbildern ist ein autoaggressives, gegen die eigene Person gerichtetes Verhalten, zu beobachten:
- Schizophrenien (Stimmen befehlen eine Selbstverletzung)
- Oligophrenien (Haare ausreißen oder sich selbst ins Gesicht schlagen)
- „Raptus melancholicus“ (eventuell unkontrollierte, selbstmörderische Handlungen)
- depressiver Schmerz
- Personen, die sich körperlich selbst schädigen, um einen längeren oder erneuten Krankenhausaufenthalt zu erreichen (Münchhausen-Syndrom).
- Bei Borderline-Persönlichkeitsstörungen

24.1.3 Gehemmte Aggressionen

Wie zu Anfang dieses Kapitels schon beschrieben, ist ein gewisses Maß an Aggressivität nötig, um sich im Leben durchzusetzen. Genauso wie es eine erhöhte

Bereitschaft gibt, treten auch Fälle mit **verminderter bzw. gehemmter Aggressivität** auf. Betroffene Menschen erscheinen träge, passiv und energielos. Oftmals ist es schwer, diese Hemmung von der **Autoaggressivität** zu unterscheiden.

Einige Beispiele:
- Depressionen
- schwächende, körperliche Leiden, Sorgen und seelischer Schmerz
- neurotische Persönlichkeiten
- chronische Schizophrenien

24.2 Umgang mit aggressiven Patienten

Der Umgang mit aggressiven Patienten ist schwer. Nicht nur „Psychiatrie-Neulinge“ müssen der Angst vor einem Angriff durch einen Patienten begegnen.

Aggressives Verhalten läßt sich medikamentös nur unbefriedigend beeinflussen. Diziplinarische oder einfache verhaltenstherapeutische Maßnahmen greifen ebenfalls schwer und bergen die Gefahr, daß sie neue Aggressionen auslösen.

Ein weiteres Pflegeproblem ist die Unberechenbarkeit mancher Patienten. Diese Menschen scheinen freundlich, können jedoch im nächsten Moment gewalttätig werden. Plötzliche Gefühlsausbrüche folgen scheinbarer Gelassenheit. Ihre Stimmungen lassen sich nicht von ihrer Mimik oder Gestik ableiten. Der Gesichtsausdruck kann maskenhaft erstarrt sein, und den Augen fehlt jeglicher Ausdruck. Es bedarf einiger Erfahrung, die momentane Stimmung eines Patienten zu erkennen.

Wichtig ist es, die Ursachen für den aggressiven Ausbruch zu analysieren.

Auf dieser Basis kann das Team aus Pflegenden, Ärzten, Therapeuten und Psychologen ein gemeinsames, patientenorientiertes Behandlungskonzept entwickeln. Der psychisch gestörte Mensch ist nicht grundsätzlich unverantwortlich für sein Handeln, nur weil er krank ist. Im Interesse dieser Personen sollte man ihm diese **Selbstverantwortung** nicht abnehmen, ihn nicht bevormunden.

Herr M. zerschmettert im Zorn mehrere Gläser. Nach einigen Stunden ist er einsichtig und reumütig. Er bietet der Station an, den Schaden zu ersetzen.

Herr M. fühlt sich für sein Verhalten verantwortlich. Wird er gleichwertig behandelt und sein Angebot akzeptiert, stärkt dies seine Persönlichkeit mehr als die Beruhigung, daß die Klinik die Kosten für den Schaden übernimmt.

Die Wahrscheinlichkeit, daß sich aggressives Verhalten wiederholt, ist hoch. War Aggression für den Patienten schon einmal ein Notausgang aus einer persönlichen Krise, wird er diesen vielleicht wieder benutzen. Je öfter dies geschieht, desto leichter überwindet er seine Hemmschwelle.

Werden Aggressionen vermutet oder erkannt, müssen diese offen angesprochen werden. Im Team ebenso wie mit dem Patienten.

Die meisten psychisch Erkrankten waren vor ihrer Behandlung in der Psychiatrie völlig selbständig, haben Eigenheiten entwickelt und ihren Tagesablauf strukturiert. Diese Autonomie wird durch einen Klinikaufenthalt stark eingeschränkt. Für einen Menschen, der ohnehin schon eine erhöhte Aggressionsbereitschaft hat, kann das der Anlaß zu neuen Gewaltausbrüchen sein.

Wer reagiert nicht aggressiv, wenn ihn sein Gegenüber respektlos behandelt?

Deshalb ist es wichtig, dem Patienten zu zeigen, daß er ernstgenommen und die **erforderliche Distanz** gewahrt wird. Dazu gehört, persönliche Wünsche, beispielsweise die Körperpflege oder Kleidung, in den stationären Alltag zu integrieren und nicht starr einer Stationsordnung zu folgen. Wenn ein Patient nicht jeden Tag duschen will, ist es zu tolerieren, solange er nicht völlig verwahrlost und die anderen durch seinen Geruch stört.

In der Psychiatrie Beschäftigte neigen manchmal dazu, hilflose, verwirrte oder distanzlose Patienten zu duzen. Dieses **„Du"** setzt aber eine Vertrautheit voraus, die oftmals nicht vorhanden ist. Eine solche Anrede kann einen Patienten zu Recht aggressiv machen und muß **grundsätzlich unterbleiben.**

Alle therapeutischen Maßnahmen müssen dem Patienten und den behandelnden Personen bekannt sein. Informationen über den Patienten sind im Behandlungsteam gewissenhaft weiterzugeben. Diese Absprachen sind angebracht, um zu verhindern, daß der Patient seine Aggression als Instrument benutzt, um seinen Willen durchzusetzen.

Aggressive Ausbrüche sollten im Team und mit dem Patienten besprochen und reflektiert werden. Eine anschließende Aufarbeitung der Problematik in einer Team-Supervision ist sehr empfehlenswert.

Die Struktur einer Station kann Aggressionen fördern oder hemmen. Auf einer kleinen, personell gut besetzten Abteilung treten meist weniger gewalttätige Zwischenfälle auf als auf einer großen, unruhigen mit wenig Personal. In der Sozialpsychiatrie gibt es dazu einige interessante Modelle, wie das **„Herner Modell"**, das hier kurz erklärt werden soll:

Das gemeindepsychiatrische Hospital in Herne verzichtet auf Aufnahmestationen. Junge und alte Patienten mit verschiedenen Krankheitsbildern sind gemeinsam auf einer Station untergebracht. Geschlossene Abteilungen sind in dem Konzept nicht vorgesehen. Es stehen im Gegenteil überall alle Türen offen.

Durch diese Strukturen sind dort gewalttätige Übergriffe seltener zu beobachten.

24.3 Angst bei Patienten und Personal

Durch Angst entsteht Beklemmung, Unsicherheit und unruhige Spannung, manchmal von körperlichen Symptomen wie Zittern, Schwitzen oder Blässe begleitet.

Angst ist im Umgang mit aggressiven Patienten in den meisten Fällen begründet. Daher nehmen erfahrene Ärzte die Angst des Personals meist als Maß für die Gefährlichkeit eines Patienten. Diese Angst ist ein wichtiges Symptom, das die spätere Handlung beeinflußt. Das Gefühl kann zu einem vorsichtigen Vorgehen veranlassen, hemmend wirken oder auch zu falschen Einschätzungen führen. Erfahrungen und Ängste können emotional und gedanklich einengen, so daß in Krisensituationen kein freies Handeln mehr möglich ist. Um eine solche Ohnmacht auszuschließen, gilt es, die Ursachen für die Angst zu analysieren.

Die Auffassung, Patienten dürften diese Angst nicht spüren und sie müsse durch Autorität überspielt werden, ist verbreitet. Bei einer **Krisenintervention** kann dies dazu führen, daß der Patient nebensächlich wird. Bei ihm löst das wiederum Angst aus, weil er sich bedroht fühlt. Um sich zu verteidigen, reagiert er noch aggressiver. Die Situation schaukelt sich auf und droht zu eskalieren.

Soweit möglich, sollten alle notwendigen Maßnahmen in einer solchen Krise schon vorab mit allen Beteiligten und dem Patienten klar besprochen werden. Dabei kann man auch zugeben, daß man vor seinen Aggressionen Angst hat, aber auch davor, selbst „zu hart anzupacken". Offenheit und Ehrlichkeit können die Situation entspannen. Eine spätere **gemeinsame Reflektion** ist auch hierbei sehr wichtig.

24.4 Krisenintervention

Die nachfolgend aufgeführten Maßnahmen stellen immer eine bedeutende **Einschränkung der Persönlichkeit** des Patienten dar. **Zwangsmaßnahmen** sollten immer das letzte Mittel sein, denn sie werden von den meisten Patienten als traumatisch erlebt, wobei sie sich ohnmächtig und hilflos fühlen. Solche Sanktionen sind nur im Interesse des Patienten und seiner Umwelt, wenn er ernsthaft fremd- oder eigengefährdend ist. Aus diziplinarischen Gründen sind sie grundsätzlich abzulehnen.

Sind Zwangsmaßnahmen nicht zu umgehen, muß ausreichend Personal vorhanden und der Ablauf klar besprochen und gut vorbereitet sein, um die Krisensituation entschärfen zu können.

Der betroffene Patient muß, wie schon erwähnt, über Sinn und Zweck des Ganzen informiert sein. Eine **intensive Betreuung** während und nach den Zwangsmaßnahmen ist notwendig, denn sie sind extrem belastend und sollten so schnell wie möglich beendet werden. Isolierung kann beispielsweise Halluzinationen hervorrufen. Der Kranke muß wissen, daß er nicht abgeschoben oder gequält, sondern dadurch geschützt wird.

- **Die Fixation**

Die Fixierung, aber auch die Defixierung, als therapeutisches Mittel, muß im Team möglichst genau besprochen und vom Arzt angeordnet werden. Beim Fixieren gilt die Regel, „lieber zu viele Helfer, als zu wenige". Der aggressive Patient läßt sich in vielen Fällen angesichts einer „Übermacht" fixieren, ohne daß es zu Handgreiflichkeiten kommt.

Die Fixiergurte sollten vorher am Bett befestigt sein, um die Fixierung ruhig und schnell vornehmen zu können.

Die Durchführung der Fixierung soll in regelmäßigen Abständen geübt werden.

Der betroffene Patient legt sich selbständig auf das Bett oder wird von mehreren Helfern hineingelegt. Dann wird zunächst der Bauchgurt geschlossen und anschließend Hände und Beine fixiert.

Von einer **Vollfixierung** spricht man, wenn der Patient an allen Extremitäten und am Bauch fixiert ist. Je nach Schwere des Unruhezustandes ist eine **Teilfixierung** angebracht. Dabei ist zu beachten, daß der Patient sich nicht verletzen kann (aus dem Bett fallen, Autoaggression). Eine **diagonale Fixation,** entweder linkes Bein und rechter Arm oder umgekehrt, hilft Unfälle zu vermeiden. Gleichzeitig ist zu überlegen, ob **Bettgitter** sinnvoll sind.

Ein fixierter Patient ist nicht mehr in der Lage, sich zu wehren und zu schützen. Er muß engmaschig überwacht und seine Fixierungen regelmäßig kontrolliert und dokumentiert (Fixierprotokoll) werden. Es ist sinnvoll, den Betroffenen zu beschäftigen und abzulenken (lesen, schreiben oder malen).

- **Die Isolierung**

Eine Isolierung ist therapeutisch nur sinnvoll, wenn von dem Patienten keine autoaggressiven Impulse oder andere tätliche Aktionen zu erwarten sind. Zu seinem eigenen Schutz wird der Patient in einem Zimmer eingeschlossen, wenn sein Verhalten in der Gemeinschaft zu aggressivem Verhalten anderer führt oder er selber tätlich wird.

Die Isolierung scheint humaner als die Fixierung, weil der Betroffene sich im abgeschlossenen Raum frei bewegen kann.

24 Eine Isolierung setzt voraus, daß der Patient bestens bekannt ist.

• **Die Zwangsmedikation**
Auch die Gabe von Injektionen oder Infusionen gegen den Willen des Patienten zählt zu den Zwangsmaßnahmen. Hier ist sehr genau darauf zu achten, daß der Patient sich nicht verletzt (beispielsweise durch die Kanüle bei motorischer Unruhe).

Zwangsmedikationen werden meist kurz vor oder nach erfolgter Fixierung verabreicht.

Die Buchautorin Lili Feldman drückte ihre Gedanken über Angst und Aggression einmal wie folgt aus: „Zorn und Widerstand des Kranken werden von uns auch zu leichtfertig zu dem Bild eines unangepaßten, uneinsichtigen, sogar undankbaren und bösen Menschen zusammengefügt. Dies geschieht besonders schnell, wenn wir auf ein wohlwollendes Echo für unsere Bemühungen warten. Selten wird dieses Aufbäumen als Leistung des Intellekts gewertet, als verständlicher, berechtigter Ausdruck der Persönlichkeit, die leidet, die sich gegen Mißhandlung wehrt und Angst vor dem Ausgeliefertsein hat."

25 Therapiemöglichkeiten

Die psychiatrische Therapie ist mehr als in den übrigen klinischen Fächern an Gesprächen und sozialtherapeutischen Maßnahmen ausgerichtet.

Grundlage bildet in vielen Fällen, besonders für die Psychosen, immer noch die medikamentöse Therapie. Deshalb sind umfassende Kenntnisse in diesem Bereich auch für die Pflegenden von großer Bedeutung.

Bei psychischen Erkrankungen haben sich überdies folgende Behandlungsmöglichkeiten bewährt:

- Medikamentöse Behandlung
- Psychotherapeutische Behandlungsverfahren (Psychoedukation, Gesprächstherapie, Verhaltenstherapie, tiefenpsychologisch fundierte Psychotherapie)
- Soziotherapeutische Maßnahmen (Beeinflussung der Alltagssituation durch lebenspraktische Maßnahmen aus den Bereichen Arbeit, Freizeitgestaltung usw.)
- Ergotherapie (s. Kap. 4.3 und 4.4)
- Sporttherapie (s. Kap. 4.6)

Alle Therapieformen umfaßt als zentraler Begriff die **Authentizität.**

Die Echtheit, das heißt die **Authentizität** aller an der Therapie beteiligten Personen, ist neben der fachlichen Kompetenz eine der wichtigsten Eigenschaften bei der Behandlung psychisch Kranker.

In Abhängigkeit von der Erkrankung und dem Krankheitsverlauf kann der Schwerpunkt der Therapie verschieden sein. In zahlreichen Studien hat sich jedoch weltweit herausgestellt, daß bei Psychosen aus dem schizophrenen Formenkreis die Behandlung mit Neuroleptika in Kombination mit Psychotherapie und Familientherapie allen anderen Therapien überlegen ist.

Im weiteren Verlauf können sich die Bedürfnisse des Patienten jedoch ändern, deshalb muß auch die Behandlung flexibel sein.

Die **Dauer der Therapie** ist **individuell verschieden.** Es ist oft nicht abzusehen, ob der Krankheitszustand eines Patienten nach Ablauf einer bestimmten Frist eine Entlassung zuläßt. Feste Daten sollten deshalb im floriden Stadium der Erkrankung nicht genannt werden, da dies bei einer Nichteinhaltung unter Umständen einen Vertrauensbruch bewirkt, der die **Compliance** (Mitarbeit) des Patienten erheblich stören kann.

25.1 Medikamentöse Therapie

Erstmals beschrieb 1952 der französische Psychiater Delay den Einsatz des **Neuroleptikums** Megaphen® (Chlorpromazin) als Therapieform bei Psychosen. Durch die Einführung dieses Medikaments in der psychiatrischen Behandlung hat sich eine stille Revolution vollzogen.

Während früher in der Psychiatrie sehr viele Patienten gewaltsam fixiert, in Zwangsjacken oder Dauerbädern ruhiggestellt wurden, sind heute die Zwangsmaßnahmen nur in Ausnahmefällen und meist während sehr kurzer Zeit erforderlich.

Die Zahlen der stationären und ambulanten Behandlungen haben sich durch die Einführung der Neuroleptika verändert.

In der ersten Hälfte des 20. Jahrhunderts waren 75 Prozent der Kranken in stationärer und 25 Prozent in ambulanter Behandlung. Heute, am Beginn des neuen Jahrhunderts verhält es sich genau umgekehrt. Auch die Verweildauer in der Klinik verkürzte sich von durchschnittlich drei Jahren auf durchschnittlich 30 Tage. Das ist neben den medizinischen Fortschritten mit der gemeindenahen Versorgung und der besseren Anbindung an die weiterbetreuenden Einrichtungen zu erklären. Hier sind zum Beispiel Tageskliniken, Tagesstätten oder betreute Wohnformen zu nennen.

Die Behandlung mit Psychopharmaka stellt also eine der **Haupttherapieformen** für psychisch Kranke dar. Dies hat auch seine Berechtigung, doch Medikamente sind kein Allheilmittel. In der modernen Psychiatrie gibt es Ansätze, die Medikamentengabe auf das nötigste zu beschränken, oder auch ohne auszukommen. Nicht zuletzt die an anderer Stelle erwähnte Hamburger Initiative „Bundesverband Psychoseerfahrener“ (s. Kap. 19.2.8) plädiert dafür, dem Patienten die Möglichkeit zu geben, seine Psychose ohne unterdrückende Wirkungen von Medikamenten leben zu lassen. An dieser Stelle sei auch auf das Soteria-Projekt verwiesen.

Psychopharmaka sind alle Substanzen, die wegen ihrer Wirkung zur Behandlung psychischer Erkrankungen eingesetzt werden. Nach ihren Hauptwirkungen lassen sich Psychopharmaka einteilen in,
- Neuroleptika (bei Psychosen)
- Antidepressiva (bei Depressionen)
- Sedativa (zur Entspannung und bei Schlafstörungen)

Lassen sich nun mit einem Medikament psychische Störungen verändern, liegt der Schluß nahe, daß dies aufgrund der durch das Medikament bedingten körperlichen Veränderungen geschieht. Da psychische Veränderungen aber sicher nicht die Folge einer einzelnen biologischen Störung sind und man das Erleben des betroffenen Patienten nicht außer acht lassen kann, sollte man sich davor hüten, die Gefühle eines Menschen nur noch als gestörte Transmitter-Funktionen oder Rezeptoren-Anomalien zu interpretieren.

Allein mit Psychopharmaka sind psychische Erkrankungen nicht zu behandeln. Begleitend braucht der Patient **Gespräche, Verständnis** und **Unterstützung** in seinem sozialen Leben (Arbeit, Wohnung).

Vor einer Behandlung mit Psychopharmaka ist auf jeden Fall eine eingehende Erhebung der Anamnese und eine allgemein-körperliche und neurologische Untersuchung erforderlich, um organische Ursachen weitgehend auszuschließen

25.1.1 Neuroleptika

Neuroleptika sind Medikamente zur Behandlung psychotischer Symptome aus chemisch unterschiedlichen Substanzgruppen, die alle eine antipsychotische Wirkung haben und deshalb teilweise untereinander austauschbar sind. Beispielsweise wenn das zuvor verwandte Präparat nicht die gewünschte Wirkung oder zu starke unerwünschte Wirkungen zeigte, kann man sich meist ohne großes Risiko für ein anderes Neuroleptikum entscheiden.

Die Einteilung der Neuroleptika erfolgt nach **Wirkungsart** und **Wirkungsstärke,** z. B. nach sog. „typischem“ (auch „klassischem“) bzw. „atypischem“ Wirkprofil. Die **niederpotenten Neuroleptika** zeigen eine stark sedierende, aber eine schwache antipsychotische Wirkung, die **hochpotenten** hingegen sind schwach sedierend und stark antipsychotisch. Antipsychotische und sedierende Wirkung verhalten sich bei der Klasse der klassischen Neuroleptika umgekehrt proportional zueinander.

- **Schwache Neuroleptika wirken**
- stark sedierend
- wenig antipsychotisch
- antriebshemmend
- gering extrapyramidal motorisch
- eine schwach antidepressive Wirkung wird bei einzelnen Neuroleptika dieser Klasse diskutiert.

- **Starke Neuroleptika wirken**
- kaum sedierend
- stark antipsychotisch (sie wirken gegen den Wahn aber auch ordnend auf den formalen Gedankengang)
- nur leicht antriebshemmend
- stark extrapyramidal motorisch (Hierbei muß jedoch zwischen „typischen" (auch „klassischem") und „atypischen" Neuroleptika unterschieden werden, da die atypischen Neuroleptika die Nebenwirkung der extrapyramidal motorischen Störung in deutlich geringerem Maße aufweisen.)

Als **neuroleptische Potenz** bezeichnet man die antipsychotische Wirksamkeit.

Als erstes Neuroleptikum wurde 1952 das Chlorpromazin (Megaphen®, das heute nicht mehr im Handel ist) in die psychiatrische Therapie eingeführt. Diese Substanz bekam als neuroleptische Potenz den Wert 1. Die übrigen Neuroleptika wurden nach ihrer Stärke in vier Gruppen eingeteilt.

Gruppe I	Neuroleptika mit schwacher neuroleptischer Potenz
Gruppe II	Neuroleptika mit mittelstarker neuroleptischer Potenz
Gruppe III	Neuroleptika mit starker neuroleptischer Potenz
Gruppe IV	Neuroleptika mit sehr starker neuroleptischer Potenz

Je höher die neuroleptische Potenz, desto größer ist die antipsychotische Wirkung und um so geringer die sedierende.

- **Vorteile vieler schwacher bis mittelstarker Neuroleptika**
- Dämpfung bzw. Lösung innerer Erregung
- Förderung des Nachtschlafes

- **Nachteile vieler schwacher bis mittelstarker Neuroleptika**
- Beeinträchtigung der Straßenverkehrstauglichkeit und Arbeitsfähigkeit
- eventuell starke Müdigkeit
- subjektiv störende vegetative Wirkungen wie Mundtrockenheit, Schwitzen, Obstipation

- **Vorteile vieler starker bis sehr starker Neuroleptika**
- affektive Dämpfung und Ausgleich affektiver Spannungen ohne müdemachenden Effekt (mit zunehmender neuroleptischer Potenz)
- relativ wenig störende vegetative Nebensymptome
- kaum Müdigkeit und damit weniger Beeinträchtigung der Arbeitsfähigkeit

- **Nachteile vieler starker bis sehr starker Neuroleptika**
- extrapyramidal, dyskinetische Störungen (EPS)
- Depressionen (bei langfristiger Einnahme)

Tabelle 25-1 gibt eine Übersicht einiger Neuroleptika, eingeteilt nach der Stärke ihrer antipsychotischen Wirkung.

Es gibt bisher nur wenige Studien über die minimal wirksame Dosis von Neuroleptika. Die erforderliche Dosis ist unter anderem abhängig von Körpergröße, Gewicht, Geschlecht und Alter.

Jeder Patient braucht also eine **individuelle Dosis.** Diese wird in enger Zusammenarbeit zwischen dem betreuenden Arzt und dem Patienten, gefunden. Mit der neuroleptischen Schwellendosis wird die „ideale Dosis" bezeichnet, die der Patient braucht, um relativ symptomarm und ohne störende unerwünschte Wirkungen zu leben.

25

Tab. 25-1 Neuroleptika, eingeteilt nach der Stärke der antipsychotischen Wirkung

Gruppe	Handelsname (als Beispiel)	Generic name (Inhaltsstoffe)
Gruppe IV	Risperdal®	Risperidon
	Zyprexa®	Olanzapin
	Solian®	Amisulprid
	Leponex®	Clozapin
	Seroquel®	Quetiapin
	Triperidol®	Trifluperidol
	Glianimon®	Benperidol
	Impromen®, Tesoprel®	Bromperidol
	Dapotum®, Lyogen®, Omca®	Fluphenazin
	Haldol®	Haloperidol
	Fluanxol®	Flupentixol
	Orap®	Pimozid
Gruppe III	Jatroneural®	Trifluoperazin
	Decentan®	Perphenazin
Gruppe II	Psyquil®	Triflupromazin
	Ciatyl®	Clopenthixol
	Megaphen®	Chlorpromazin (nicht mehr im Handel)
	Eunerpan®	Melperon
	Dogmatil®, Neogama®	Sulpirid
	Nipolept®	Zotepin
Gruppe I	Melleril®	Thioridazin
	Truxal®, Taractan®	Chlorprothixen
	Neurocil®	Levomepromazin
	Dominal®	Prothipendyl
	Dipiperon®	Pipamperon
	Taxilan®	Perazin
	Protactyl®	Promazin
	Theralene®	Alimemazin
	Atosil®	Promethazin

Die erste beruhigende Wirkung macht sich bei ausreichender Dosierung, je nach Verabreichungsart, bereits innerhalb von Minuten bis Stunden bemerkbar. Der antipsychotische Effekt kann Wochen dauern. In der Regel erzielt man bei etwa zwei Drittel der mit Neuroleptika behandelten Patienten innerhalb der ersten Wochen eine befriedigende Wirkung.

Ausgehend von einer mittleren Dosierung, beispielsweise von Haldol® mit 10 mg/Tag, kann nach einem Zeitraum von zwei bis vier Wochen die Dosis um das Doppelte erhöht werden. Bei einer ausbleibenden Wirkung ist versuchsweise dieselbe Substanz parenteral (durch Infusionen oder intravenös) zu verabreichen (in manchen Fällen gibt es möglicherweise eine übermäßig hohe Abbaurate im Magen-Darm-Trakt). Sollte auch das nicht den gewünschten Erfolg geben, ist in der Regel die Umstellung auf eine andere Wirkstoffgruppe angezeigt. Bei den zur Verfügung stehenden „atypischen" Neuroleptika hat man heutzutage allerdings schon in früheren Krankheitsstadien die Möglichkeit, mit dieser Neuroleptikaklasse zu beginnen. Das Nebenwirkungsprofil ist deutlich geringer. Diese Substanzklasse sollte daher – auch und gerade – Patienten mit akutem psychotischen Schub nicht vorenthalten werden.

25.1.1.1 Langzeitneuroleptika

Wie schon beschrieben, kommt es bei einem hohen Prozentsatz der schizophrenen Erkrankungen zu mehr als einem Schub. Um dies zu verhindern, ist bei allen Psychosen aus dem schizophrenen Formenkreis eine Langzeitbehandlung angezeigt, die Psycho- und Soziotherapie ebenso beinhalten sollte wie eine neuroleptische Pharmakotherapie.

Hierzu eignen sich besonders die Depot-Neuroleptika, die als intramuskuläre Injektion verabreicht, je nach Präparat, zwischen ein bis vier Wochen wirksam sind.

- **Vorteile der Langzeitneuroleptika**
  - im allgemeinen gut verträglich
  - Möglichkeit einer minimalen Erhaltungsdosis
  - unerwünschte Wirkungen treten manchmal nach längerer Anwendung infolge Adaption in den Hintergrund
  - der soziale Kontakt wird gefördert und somit die Rehabilitation erleichtert
  - die Rezidivgefahr wird herabgesetzt, da die ständige Überwachung der Medikamenteneinnahme eher gewährleistet ist
  - die Therapiebereitschaft (Compliance) ist durch die Medikamentenverabreichung in größeren Zeitabständen oftmals höher

- **Nachteile der Langzeitneuroleptika**
  - Überdosierungen und unerwünschte Wirkungen können nicht unterbrochen werden
  - eine optimal genaue, dem Krankheitsbild entsprechende und individuelle Dosierung ist nur schwer möglich
  - der Arzt-Patient-Kontakt wird reduziert

Grundsätzlich kann die Langzeitbehandlung mit der Depotform des Neuroleptikums (s. Tab. 25-2) erfolgen, das zur Akutbehandlung verwendet wurde. Bei der Entscheidung für ein bestimmtes Medikament richtet sich der Arzt häufig nach der Frage, ob es sedieren oder aktivieren soll. In diesem Zusammenhang sei auch hier noch mal an die Möglichkeit der Fortführung der oralen Medikation mit atypischen Neuroleptika erinnert. Die wichtigsten Vertreter dieser Klasse sind in Tab. 25-3 zusammengefaßt.

Tab. 25-2 Depotformen der Neuroleptika

Handelsname (Beispiele)	Generic name (Inhaltsstoffe)	Verabreichungszeitraum
Ciatyl Z-Depot®	Zuclopenthixol-Decanoat	zwei bis drei Wochen
Decentan-Depot®	Perphenazin-Enantat	zwei bis drei Wochen
Dapotum D®, Lyogen-Dep®	Fluphenazin-Decanoat	drei bis vier Wochen
Haldol-Decanoat®	Haloperidol-Decanoat	drei bis vier Wochen
Fluanxol-Depot®	Flupentixol-Decanoat	zwei bis drei Wochen
Imap®	Fluspirilen	eine Woche

25

- **Vorteile der atypischen Neuroleptika**
- deutlich weniger Parkinsonoid, Akathisie und Frühdyskinesien
- die Prolaktinspiegel steigen weniger stark bzw. gar nicht.

- **Nachteile der atypischen Neuroleptika**
- sind nicht als Depotform zu erhalten.
- Sie sind nicht intravenös bzw. intramuskulär zu applizieren
- sind in der Regel erheblich teurer als klassische Neuroleptika
- bei einigen kommt es zum Teil zu starker Gewichtszunahme.

Tab. 25-3 Atypische Neuroleptika

Handelsname (Beispiele)	Generic name (Inhaltsstoffe)
Risperdal®	Risperidon
Zyprexa®	Olanzapin
Solian®	Amisulprid
Leponex®	Clozapin
Seroquel®	Quetiapin

25.1.1.2 Indikationen und Kontraindikationen

Neuroleptika werden beispielsweise auch in der Neurologie zur Behandlung von hyperkinetischen Syndromen (Chorea), in der Anästhesie als Analgetika oder zur Prämedikation, sowie als Antihistaminikum und gegen Erbrechen eingesetzt. Die Hauptindikationen liegen aber in der Psychiatrie zur Behandlung endogener Psychosen, wie
- schizophrene und schizoaffektive Psychosen
- Manien
- Erregungszustände jeglicher Genese
- organische Psychosyndrome
- Delirien
- Rückfallprophylaxe und Erhaltungstherapie bei chronisch verlaufenden Psychosen

Neuroleptika dürfen bei den folgenden Erkrankungen nur sehr vorsichtig gegeben werden, sind unter Umständen sogar kontraindiziert. Bei Verdacht auf eines dieser Leiden ist vor einer Behandlung mit Neuroleptika eine genaue Untersuchung durch einen Facharzt angezeigt.
- Glaukom
- Prostatahypertrophie
- Harnverhalt
- Pylorusstenose
- hirnorganische Vorschädigung
- Morbus Parkinson
- zerebrale Krampfanfälle
- Leberfunktionsstörungen
- allergische Diathese
- bestehende Schäden des hämatopoetischen (blutbildenden) Systems
- Einnahme von Barbituraten, Alkohol, Opiaten, Analgetika

Bei hirnorganischen Schäden ist bei der Dosierung der Neuroleptika besondere Vorsicht geboten.

25.1.1.3 Unerwünschte Wirkungen der Neuroleptika-Therapie

Wie bereits mehrfach angesprochen, sind Neuroleptika immer wieder in der Diskussion. Sie können erhebliche unerwünschte Wirkungen mit zum Teil nicht reversiblen Schäden hinterlassen, verkürzen andererseits aber nachweislich oft die akute Erkrankungsphase und verlängern die gesunden Intervalle. Ein Beispiel für eine typische – wenn auch nicht sehr häufig auftretende unerwünschte Wirkung – ist die Agranulozytose bei Clozapin (Leponex®). Diese Gefahr kann durch regelmäßige Differenzialblutbildkontrollen, insbesondere während der anfänglichen Therapie, minimiert werden. Aus diesem Grund ist vor einer Behandlung mit Neuroleptika genau abzuwägen, ob das Risiko, eine unerwünschte Wirkung zu erleiden, größer ist, als die Gefahr, die die psychotische Erkrankung birgt.

- **Extrapyramidal-motorische Nebenwirkungen**
  - Frühdyskinesien

Zu Beginn einer Neuroleptikabehandlung treten manchmal **Frühdyskinesien** mit unwillkürlichen Bewegungen, Zungen-, Schlund- und Blickkrämpfen, Verkrampfungen der Kiefermuskulatur (Trismus), Schiefhals und andere Störungen, wie ein starker Bewegungsdrang mit Unfähigkeit, dauerhaft zu sitzen oder zu stehen (Akathisie), auf. Dadurch fühlt sich der Patient irritiert und beunruhigt, so daß durchaus der erwünschte dämpfende neuroleptische Effekt, psychoreaktiv bedingt, aufgehoben werden kann. Hier steht nun die Beruhigung und Aufklärung des Patienten an erster Stelle.

– Medikamentöses Parkinson-Syndrom

Bei der Therapie mit hochpotenten Neuroleptika tritt häufig ein **neuroleptisch bedingtes Parkinson-Syndrom** auf. Gekennzeichnet ist das Parkinsonoid vor allem durch Bewegungsarmut (Hypokinesie), Rigor (Muskelstarre) und Tremor. Häufig findet sich eine Amimie (Verlust an Mimik) und verstärkter Speichelfluß. Ähnlich dem Morbus Parkinson wird der Gang kleinschrittig und das Mitbewegen der Arme beim Gehen versiegt (Robotergang). Der Patient ist motorisch eingebunden.

– Spätdyskinesie (tardive oder terminale Dyskinesie)

Nach Monaten oder Jahren andauernder Neuroleptikatherapie können **Spätdyskinesien** auftreten. Die Patienten leiden unter spontanen und unkontrollierten Bewegungen der Mund- und Gesichtsmuskulatur (Schmatzbewegungen, Herausstrecken der Zunge). Die Erscheinungen sind bei etwa zehn Prozent therapieresistent (bilden sich also trotz Gabe von Gegenmedikamenten nicht zurück) und führen zu Dauerschäden.

Die Behandlung der frühen motorischen Nebenwirkungen, also der Frühdyskinesien und des medikamentös bedingten Parkinson-Syndroms erfolgt mit Antiparkinsonmitteln. Das heute am häufigsten verwendete ist das anticholinerg wirksame Biperiden (Akineton®). Durch die Verabreichung von Akineton® wird ein medikamentös bedingtes Parkinson-Syndrom häufig gelindert, wenn nicht sogar ganz beseitigt. Die leicht euphorisierende Nebenwirkung beinhaltet allerdings auch eine Suchtgefahr. Deshalb ist eine Dauermedikation mit Biperiden zu vermeiden. Es soll insbesondere nicht als Prophylaxe gegeben werden, sondern erst dann, wenn der Patient Symptome zeigt. Manchmal hilft es, die Dosis des Neuroleptikums zu senken, zu erhöhen oder auf ein anderes umzusteigen.

- **Vegetative Nebenwirkungen**
  - Blutdrucksenkung
  - Tachykardie
  - Mundtrockenheit
  - Speichelfluß
  - Obstipation oder Diarrhoe
  - Harnsperre oder Harninkontinenz
  - Hitzewallungen oder Frösteln

- **Endokrine Nebenwirkungen**
  - Amenorrhoe
  - Herabsetzung der Libido und Potenz
  - Gynäkomastie und Galaktorrhoe

- **Weitere unerwünschte Wirkungen**
  - Blutbildveränderungen
  - EKG-Veränderungen und Arrhythmien
  - Medikamentenexantheme
  - Pigmentablagerungen in der Haut und damit verbunden eine Sensibilisierung der Haut für Sonnenstrahlen
  - Störungen des Leber-Galle-Systems
  - Thrombosen
  - Krampfanfälle
  - delirante Syndrome
  - depressive Syndrome
  - Gewichtszunahme

Einige unerwünschte Wirkungen bessern sich durch Dosisreduktion oder Wechsel des Neuroleptikums. Andere müssen toleriert werden. Inwieweit der Patient dem zustimmt, hängt stark von seiner Information ab. Ausführliche Gespräche und klare Aussagen sind unabdingbar, um die Therapiebereitschaft zu erhalten.

• **Das maligne neuroleptische Syndrom**
Eine seltene, jedoch akut lebensbedrohliche Komplikation bei der Behandlung mit Neuroleptika ist das maligne neuroleptische Syndrom. Die Symptome sind denen eines stuporösen Patienten mit einer perniziösen Katatonie sehr ähnlich:
- Fieber, Akinesie, Rigor
- schnell wechselnde Bewußtseinslage bis hin zu komatösen Zuständen
- vegetative Fehlfunktionen (Hypo- oder Hypertonie)
- Tachypnoe
- starkes Schwitzen

Bei Auftreten des malignen neuroleptischen Syndroms ist ein sofortiges Absetzen der neuroleptischen Medikation erforderlich, sowie die Kontrolle und Stabilisierung der Vitalfunktionen.

25.1.1.4 Regeln bei der Neuroleptika-Therapie

Bei der Dosierung gilt grundsätzlich die Richtlinie,
Soviel wie nötig, sowenig wie möglich.

Wie in Kapitel 25.1.1 schon erwähnt, ist es sehr schwierig, die richtige Dosierung zu finden. Wenn möglich, sollte bei akut Erkrankten eine einschleichende Dosierung bevorzugt werden. Dies ist erfahrungsgemäß aber nur sinnvoll, wenn die Erkrankung nicht mit erheblichem Leidensdruck des Patienten oder Erregungszuständen und Aggressionen einhergeht. In einem Notfall ist es daher sinnvoller, sofort höher zu dosieren. Auch nach Eintritt des erwünschten therapeutischen Effektes ist die neuroleptische Behandlung fortzuführen. Eine Reduzierung des Medikaments hat unter Beobachtung der zielführenden Symptome zu erfolgen. Vorsicht ist vor einem zu schnellen Absetzen der Medikamente geboten.

Nur in den seltensten Fällen werden Neuroleptika ganz abgesetzt. Die Gabe für mindestens zwei Jahre ist bei schweren schizophrenen Psychosen empfehlenswert, dann kann ein Auslaßversuch gewagt werden.

Da die Behandlung mit Neuroleptika mit den oben beschriebenen unerwünschten Wirkungen einhergehen kann, sind in regelmäßigen Abständen folgende Routineuntersuchungen unter ärztlicher Überwachung sinnvoll:
- Laboruntersuchungen (Blutbild, GOT, GPT, γ-GT; Kreatinin, Harnstoff)
- EKG
- EEG
- Vitalwerte (Blutdruck, Puls, Temperatur)

Erweisen sich die üblichen Neuroleptika als unwirksam, vor allem aber, wenn sie zu starke und beeinträchtigende motorische Nebenwirkungen zeigen, ist das Mittel der Wahl oftmals ein modernes atypisches Neuroleptikum oder Clozapin (Leponex®). Es ist ein mittel- bis hochpotentes Neuroleptikum, das sich von allen anderen Neuroleptika dadurch unterscheidet, daß es keine extrapyramidalen Wirkungen verursacht. Leider ist es nicht das ideale Medikament. Ende der 70er Jahre gab es in Finnland unter Einnahme von Leponex® gehäuft Blutbildveränderungen mit Todesfällen, so daß heute die Anwendung sehr strengen Auflagen unterworfen ist. So müssen in den ersten 18 Behandlungswochen wöchentliche Blutbildkontrollen erfolgen, danach mindestens einmal monatlich. Clozapin dürfen nur Psychiater einsetzen, die beim Hersteller registriert sind und von diesem über die besonderen Anwendungsvorschriften unterrichtet wurden. Der verabreichende Arzt muß dies durch Unterschrift dokumentieren.

25.1.2 Antidepressiva

Antidepressiva, auch Thymoleptika genannt, sind Medikamente, die zur Behandlung von Depressionen eingesetzt werden. Seit 1957 das erste Antidepressivum Imipramin (Tofranil®) eingeführt wurde, hat die Anzahl an Substanzen auf dem Markt sehr stark zugenommen.

Zu den zu beeinflussenden Symptomen gehören:
- depressive Verstimmung
- Antriebsarmut
- Angstzustände
- gelegentlich aber auch Schlafstörungen und chronische Schmerzsyndrome.

Die in den neunziger Jahren hinzugekommene Klasse der Serotoninwiederaufnahmehemmer (SSRI) eignet sich auch gut zur Therapie der Zwangserkrankungen. Nahezu alle Antidepressiva wirken stimmungsaufhellend. Bei der Beeinflussung von Angst und des Antriebs zeigen die verschiedenen Präparate aber unterschiedliche Wirkungen.

Antidepressiva werden auch nach ihrer **chemischen Zusammensetzung** eingeteilt (Tab. 25-4), in

Gruppe I	trizyklische Antidepressiva
Gruppe II	tetrazyklische Antidepressiva
Gruppe III	MAO-Hemmer
Gruppe IV	selektive Serotoninwiederaufnahmehemmer (SSRI)
Gruppe V	noradrenerg und spezifisch serotonerg wirkende Antidepressiva (NaSSA)
Gruppe VI	selektive Serotonin – Noradrenalin Wiederaufnahmehemmer (SNRI)
Gruppe VII	unterschiedliche Substanzen

Mitunter kommen auch niederpotente Neuroleptika (Neuro-Thymoleptika) bei der Behandlung von Depressionen zum Einsatz. Sie eignen sich besonders bei starker Unruhe und großem Suizidrisiko zur Dämpfung (wie Melleril®, Truxal®, Neurocil®).

Die Gruppe der **tri- und tetrazyklischen Antidepressiva** machen den größten Anteil aus, sind jedoch aufgrund der guten Wirksamkeit und Verträglichkeit der Medikamente aus den Gruppen IV bis VI in der Verschreibungshäufigkeit rückläufig. Sie wirken in Abhängigkeit des Präparates und der Dosierung:
- initial sedierend
- antriebssteigernd
- stimmungsaufhellend
- dämpfend

Eine besondere Gruppe mit anderem chemischem Wirkungsprinzip stellen die **Monoaminooxidase-Hemmer** (MAO-Hemmer) dar. Sie wirken,
- stark antriebssteigernd
- stimmungsaufhellend

Sie haben keine sedierende, dämpfende Wirkung. Die Behandlung mit MAO-Hemmern der ersten Generation (Parnate®) war noch mit der Einhaltung einer speziellen thyraminarmen Diät verbunden, weil das Risiko von hypertensiven Krisen sonst erhöht war. Neuere MAO-Hemmer, wie Aurorix® (MAO-B-Hemmer) haben diese Nebenwirkung nicht mehr.

Bedingt durch die Antriebssteigerung kann bei MAO-Hemmern ein erhöhtes Suizidrisiko bestehen. Vor allem dann, wenn der Antrieb schneller steigt als sich die Stimmung bessert. Daher ist die Kombination mit Benzodiazepinen oder niederpotenten Neuroleptika sinnvoll.

25.1.2.1 Indikationen und Kontraindikationen

Thymoleptika werden meist oral verabreicht. Bei akuten depressiven Syndromen mit starkem Leidensdruck hat sich die parenterale Therapie bewährt.

Welches Präparat verwendet wird,

25

Tab. 25-4 Antidepressiva nach ihrer chemischen Zusammensetzung

Gruppe	Handelsname (Beispiele)	Generic name (Inhaltsstoffe)
Gruppe I	Tofranil®	Imipramin
	Anafranil®	Clomipramin
	Pertofran®	Desipramin
	Gamonil®	Lofepramin
	Saroten®, Laroxyl®, Amineurin®	Amitriptylin
	Equilibrin®	Amitriptylinoxid
	Nortrilen®	Nortriptylin
	Noveril®	Dibenzepin
	Idom®	Dosulepin
	Aponal®, Sinquan®	Doxepin
	Insidon®	Opipramol
	Stangyl®	Trimipramin
Gruppe II	Ludiomil®, Deprilept®	Maprotilin
	Tolvin®	Mianserin
Gruppe III	Parnate®, Jatrosom N®	Tranylcypromin
	Aurorix®	Moclobemid
Gruppe IV	Cipramil®, Sepram®	Citalopram
	Zoloft®, Gladem®	Sertalin
	Fevarin®	Fluvoxamin
	Seroxat®, Tagonis®	Paroxetin
Gruppe V	Remergil®	Mitrazapin
Gruppe VI	Trevilor®	Venlaflaxin
Gruppe VII	Thombran®	Trazodon
	Vivalan®	Viloxazin
	Levothym®	Oxitriptan
	Dogmatil®	Sulpirid

hängt auch davon ab, ob der Patient eher agitiert oder gehemmt ist.

Grundsätzlich kommen Antidepressiva, oft parallel zu einer Psychotherapie, bei allen depressiven Syndromen in Frage. Dauer und Dosierung sind je nach Schweregrad unterschiedlich. Bei einer schwer gehemmten chronischen Verlaufsform kann der Einsatz eines MAO-Hemmers erwogen werden.

Bei Vorliegen einer oder mehrerer der folgenden Erkrankungen sind trizyklische und teilweise tetrazyklische Antidepressiva **kontraindiziert,** oder es ist zumindest Vorsicht geboten:
- Bewußtseinsstörung unklarer Genese
- Glaukom
- Harnverhaltung, Schädigung der Nierenfunktion

- hirnorganische Schädigung (Tumor, Infarkt)
- kardial-pulmonale Vorschädigung
- Leberfunktionsstörungen
- Intoxikationen und Kombination mit Barbituraten, Alkohol, Opiaten, Analgetika

Bei einer Therapie mit stark antriebssteigernden Präparaten, besonders MAO-Hemmern, kann es bei Suizidalität zu einer Selbsttötung kommen. Durch die Steigerung des Antriebs bei noch bestehender depressiver Verstimmung wird der Suizid meist erst möglich.

25.1.2.2 Unerwünschte Wirkungen der Antidepressiva-Therapie

Unter der Behandlung mit Antidepressiva kann es zu **unerwünschten Wirkungen** kommen, über die der Patient vorher aufgeklärt sein muß. Am häufigsten ist zu rechnen mit:
- Kreislaufstörungen (Blutdruckabfall), Kollapsneigung
- Mundtrockenheit
- Obstipation
- starkem Schwitzen, Tachykardie
- Sehstörungen
- Miktionsstörungen
- Müdigkeit
- Unruhe, Schlafstörungen

Das Ausmaß und die Stärke der unerwünschten Wirkungen hängen mit der Höhe der Dosis eng zusammen. Einige Symptome verschwinden nach kurzer Zeit wieder. Mundtrockenheit kann mit Bonbons oder zur Anregung der Salviation durch die Gabe von Mucinol® gelindert werden, bei Obstipation sind eventuell Laxanzien erforderlich. Antihypotonika (Etilefrin®) stabilisieren den Blutdruck. Verschwinden diese Wirkungen nicht, ist eine Dosisreduktion oder die Umstellung auf ein anderes Präparat zu erwägen.

Die Mehrzahl der unerwünschten Wirkungen läßt sich positiv beeinflussen, und ein Absetzen des Medikamentes ist selten erforderlich.

Bei der neueren Klasse der SSRI sind insbesondere Übelkeit, vermehrtes Schwitzen und Kopfschmerzen als unerwünschte Wirkungen zu nennen. Diese treten besonders in den ersten Wochen der Behandlung auf, sind jedoch im Regelfall wieder rückläufig.

25.1.2.3 Regeln bei der Antidepressiva-Therapie

Grundsätzlich sollte auch die antidepressive Behandlung mit einschleichender Dosierung beginnen. Berücksichtigt werden müssen aber auch hier die individuellen Bedürfnisse des Patienten. So ist Vorsicht geboten bei älteren und körperlich kranken Menschen. Bei diesen Patienten bieten sich aufgrund der geringeren kardiovaskulären (auf Herz und Kreislauf bezogen) Nebenwirkungen die Antidepressiva aus der Gruppe der SSRI, der NaSSA oder der SNRI an.

Zur Besserung des depressiven Syndroms ist die Einnahme des jeweiligen Antidepressivums über einige Tage notwendig, da die volle Wirkung je nach Präparat oftmals erst in der zweiten bis dritten Behandlungswoche einsetzt. Auch nach Abklingen der depressiven Symptomatik sollte die medikamentöse Behandlung noch weiter, eventuell in reduzierter Dosierung, fortgeführt werden.

Um Schlafstörungen zu vermeiden, sollten antriebssteigernde Thymoleptika nicht am Abend verabreicht werden.

Auch Antidepressiva stellen wie die meisten Medikamente eine Belastung für den gesamten Organismus dar. Deshalb sind neben der **Blutdruck- und Pulskontrolle,** besonders bei längerer Anwendung, regelmäßig Überprüfungen des **Blutbildes** sowie der **Nieren- und Leberwerte** erforderlich.

Antidepressiva wirken beim psychisch Gesunden paradox. Die Stimmung sinkt und die Müdigkeit nimmt zu.

25.1.3 Lithiumprophylaxe

Zeichnet sich ein Krankheitsverlauf durch wiederholte depressive und manische Phasen aus, kommt eine Langzeitprophylaxe mit Lithium in Betracht. Die Lithiumprophylaxe geht über Jahre oder sogar Jahrzehnte und erfordert deshalb, aber auch wegen der geringen therapeutischen Breite, eine gute Compliance des Patienten. Lithium kann die Häufigkeit und/oder den Schweregrad manischer und depressiver Krankheitsphasen verringern.

Lithiumsalze werden oral in Form von Tabletten verabreicht. Die tägliche Dosis richtet sich nach dem **Serum-Lithiumspiegel,** der wenige Tage nach Beginn der Behandlung wöchentlich bestimmt wird (möglichst immer zur gleichen Zeit, etwa zwölf Stunden nach der letzten Lithiumeinnahme).

Wirksam ist Lithium, individuell verschieden, bei einem Serum-Lithiumspiegel von etwa 0,6 bis 1,0 mmol/l. Treten während der Behandlung keine Komplikationen auf, ist später eine Serumspiegelkontrolle in Abständen von vier bis maximal zwölf Wochen ausreichend.

Außer der Serumspiegel- und Blutbildkontrolle ist auch regelmäßig die Herz-, Schilddrüsen-, Nieren- und Leberfunktion zu überprüfen.

Kontraindiziert ist Lithium besonders bei Nierenfunktionsstörungen und bei Schilddrüsenfunktionsstörungen. Deshalb ist vor der Behandlung eine genaue körperliche Untersuchung notwendig.

Bei der Lithiumgabe wird die Krampfschwelle gesenkt und somit die Krampfneigung erhöht.

Unerwünschte Wirkungen unter einer Lithiumbehandlung

- feinschlägiger Tremor
- Störungen des Magen-Darm-Traktes (Übelkeit, Durchfall, Magenschmerzen)
- Verlangsamung, Antriebsmangel, Irritierbarkeit
- Müdigkeit, Schwindel
- Ödeme und dadurch bedingte Gewichtszunahme
- zerebrale Krampfanfälle
- Schilddrüsenfunktionsstörungen

Sämtliche Veränderungen des Mineralhaushaltes (Fieber oder Durchfall) beeinflussen den Lithiumspiegel, der eventuell durch Dosisänderung angepaßt werden muß. Hierbei ist die Gefahr einer Lithiumintoxikation groß, je nach Konstitution des Patienten schon ab 1,5 bis 2,0 mmol/l.

Anzeichen einer Lithiumintoxikation sind:

- Oligurie
- Erbrechen, Durchfall
- grobschlägiger Tremor, später Rigor und Ataxie
- Bewußtseinsstörung bis zum Koma

Alternativ zur Lithiumprophylaxe kann die vorbeugende Langzeittherapie mit **Carbamazepin** erwogen werden. Hierbei ist die Vorgehensweise ähnlich der Lithiumtherapie. Der therapeutische Spiegel liegt bei 4 bis 9 µg/l.

Tabelle 25-5 gibt eine Übersicht über einige im Handel erhältliche Lithium- und Carbamazepinpräparate.

In den letzten Jahren hat als dritte Substanz die **Valproinsäure** – wie Carbamazepin ein Medikament aus der Klasse der Antikonvulsiava (gegen epileptische Anfälle) – ein zunehmendes Gewicht neben Lithium und Carbamazepin als Phasenpropylaxe erhalten.

Ein Problem dabei ist, daß dieser Stoff in Deutschland noch nicht für diese Indikation zugelassen ist. Aufgrund der guten Erfahrungen, die man mit Valproinsäure in den USA als Phasenprophy-

Tab. 25-5 Übersicht über einige im Handel erhältliche Phasenprophylaktika

Handelsname (Beispiele)	Generic name (Inhaltsstoffe)
Quilonum®	Lithiumacetat
Hypnorex retard®, Quilonum retard®, Leukominerase®	Lithiumcarbonat
Lithium-Duriles®	Lithiumsulfat
Tegretal®, Timonil®	Carbamazepin
Orfiril®, Ergenyl®	Valproinsäure

laktikum gemacht hat, wird es allerdings nur noch eine Frage der Zeit sein, bis in diese Substanz auch hier in Deutschland die Zulassung für diese Indikation erhalten wird. Im Rahmen der ärztlichen Behandlungsfreiheit wird es heute schon vielmals eingesetzt.

25.1.4 Sedativa

Unter dem Begriff Sedativa sind alle Medikamente zusammengefaßt, die allgemein beruhigend auf das Nervensystem wirken.

Den größten Anteil der Sedativa machen die **Tranquilizer** aus. Es sind Beruhigungsmittel, die vorwiegend zur Gruppe der Benzodiazepine gehören. Zur Lösung von Angst- und Spannungszuständen kamen bis zu den 50er Jahren vorwiegend Opium, Bromide und Barbiturate zum Einsatz. Der erste Tranquilizer (Meprobomat) wurde 1950 entdeckt. Er ist zwar noch im Handel, hat aber ein noch höheres Abhängigkeitsrisiko als die neueren Benzodiazepine. 1960 kam als erster Benzodiazepin-Tranquilizer das Librium® auf den Markt, seitdem spielten sie bei der Behandlung psychischer Beschwerden eine immer größere Rolle. Zeitweilig als Allheilmittel gepriesen, wurden sie zu oft unreflektiert verordnet und neben dem Alkohol zu einer weiteren potentiellen Droge. Heute versucht man, sie so selten wie möglich zu verordnen und so kurz es geht, da die **Suchtgefahr** sehr hoch ist.

Die verschiedenen Wirkstoffe der Tranquilizer wirken je nach Präparat wie folgt,

- angstreduzierend (anxiolytisch)
- muskelrelaxierend
- antikonvulsiv (gegen epileptische Anfälle)
- hypnotisch (Schlaf herbeiführend)
- entspannend
- sedierend (müdemachend, beruhigend)

Unter einem Tranquilizer-Effekt versteht man die angstlösenden, beruhigenden und emotional entspannenden Wirkungen.

Wann Sedativa nur allgemein beruhigend, schlafanstoßend oder in den Schlaf versetzend wirken, ist abhängig von der Art des Präparates und der Dosierung.

Tabelle 25-6 zeigt häufig eingesetzte Sedativa, eingeteilt nach ihrer chemischen Zusammensetzung.

Gruppe I	Benzodiazepin-Tranquilizer
Gruppe Ia	Benzodiazepin-Hypnotika
Gruppe II	Non-Benzodiazepin-Tranquilizer
Gruppe III	Neuroleptika

Die wichtigste und größte Gruppe der Sedativa sind die **Benzodiazepine.** Sie sind hochwirksam, emotional ausglei-

Tab. 25-6 Häufig eingesetzte Sedativa, eingeteilt nach ihrer chemischen Zusammensetzung

Gruppe	Handelsname (Beispiele)	Generic name (Inhaltsstoffe)
Gruppe I	Adumbran®, Praxiten®	Oxazepam
	Librium®, Multum®	Chlordiazepoxid
	Valium®, Tranquase®	Diazepam
	Demetrin®	Prazepam
	Lexotanil®, Normoc®	Bromazepam
	Tavor®	Lorazepam
	Frisium®	Clobazam
	Tranxilium®	Dikaliumclorazepat
	Trecalmo®	Clotiazepam
	Tafil®	Alprazolam
	Talis®	Metaclazepam
Gruppe Ia	Mogadan®, Imeson®	Nitrazepam
	Rohypnol®	Flunitrazepam
	Halcion®	Triazolam
	Dalmadorm®	Flurazepam
	Noctamid®	Lormetazepam
Gruppe II	Ximovan®	Zopiclon
	Bikalm®, Stilnox®	Zolpidem
	Sonata®	Zaleplon
Gruppe III	Bespar®	Buspiron
	Insidon®	Opipramol
	Melleril®	Thioridazin
	Atosil®	Promethazin
	Neurocil®	Levomepromazin
	Truxal®	Chlorprothixen

chend, angstlösend und „angenehm dämpfend". Diese Eigenschaften machen sie jedoch auch so gefährlich, denn manche Patienten wollen diese angenehmen Gefühle immer wieder auch ohne seelische Not erleben, und es kann sich daraus eine **körperliche und seelische Abhängigkeit** entwickeln.

Wie schon erwähnt, läßt sich mit einigen niederpotenten Neuroleptika (beispielsweise Melleril®) und mit Antidepressiva ebenfalls eine Reduzierung der Angst und eine Dämpfung bewirken. Ein Vorteil der Medikamente der Gruppe II und Gruppe III ist, daß sie **keine Suchtgefahr** bergen.

Es gibt viele weitere Medikamente, die als Sedativa benutzt werden können, deshalb erhebt die Tabelle 25-6 keinen Anspruch auf Vollständigkeit. Einige wichtige andere Präparate werden nachfolgend kurz beschrieben.

Das wohl älteste, seit mehr als hundert Jahren eingesetzte Schlafmittel, ist das **Chloralhydrat** (Chloraldurat®). Es birgt wegen der geringen therapeutischen Breite die Gefahr der Überdosierung. Seit Anfang der neunziger Jahre sind zur

Behandlung von Schlafstörungen zunehmend Substanzen wie Zopiclon (Ximovan®) und Zolpidem (z. B. Stilnox®) im Gebrauch. Seit einigen Jahren ist zu diesen Klassen ein dritter Vertreter Zaleplon (Sonata®) hinzugekommen. Der Vorteil dieser Substanzen liegt in der guten Steuerbarkeit und dem geringen Abhängigkeitspotential.

Barbiturate und Bromide sind heute wegen der hohen Suchtgefahr und des Intoxikationsrisikos weniger als Beruhigungs- oder Schlafmittel im Gebrauch. Ihr Einsatzgebiet liegt vorwiegend in der Behandlung von Epilepsien und zur Narkoseeinleitung.

Zu erwähnen ist noch das **Clomethiazol** (Distraneurin®). Hauptindikationen sind das Delir aus verschiedenen Ursachen (besonders das Alkoholentzugsdelir), andere nichtdelirante Erregungszustände und Schlafstörungen im höheren Lebensalter. Clomethiazol kann lebensbedrohliche unerwünschte Wirkungen haben, dazu gehören Atemdepression, Blutdruckabfall, schon nach kurzer Therapie erhebliche Suchtgefahr, und deshalb sollte es nur mit strenger Indikation und genauer Verlaufskontrolle eingesetzt werden.

Bei leichter ausgeprägten Symptomen kommt noch eine Behandlung mit **pflanzlichen Sedativa,** wie Baldrian, Hopfen oder Johanniskraut in Betracht. Dabei ist aber zu bedenken, daß diese Präparate, als Tropfen verabreicht, oft Alkohol enthalten.

25.1.4.1 Indikationen und Kontraindikationen

Die Einsatzgebiete von Sedativa sind vielfältig. Bei allen Erkrankungen, bei denen eine oder mehrere der oben genannten Wirkungen erwünscht sind, finden sie Anwendung. Sie eignen sich zur Behandlung von Angst und Spannungszuständen, oftmals zusätzlich zu einer neuroleptischen oder antidepressiven Medikation bei innerer Unruhe. Durch die Lösungen der inneren Spannungen können sie das Suizidrisiko senken.

In höherer Dosierung wirken Sedativa **hypnotisch.** Einige wirken hauptsächlich schlaffördernd und werden deshalb vorwiegend bei Schlafstörungen eingesetzt.

Auch zum Anheben der Krampfschwelle bei Epilepsien (wie Rivotril®; Clonazepam) oder als Prämedikation vor Narkosen (wie Dormicum®; Midazolam) werden sie eingesetzt.

Die meisten Sedativa sind bei richtiger Anwendung gut verträglich. Kontraindikationen ergeben sich aus den unerwünschten Wirkungen.

25.1.4.2 Unerwünschte Wirkungen der Sedativa

Benzodiazepine bergen ein großes Abhängigkeitsrisiko.

Für den Umgang mit Benzodiazepinen ist es wichtig zu wissen, daß sie eine relativ große therapeutische Breite haben. Lebensbedrohliche Nebenwirkungen treten erst bei Einnahme von großen Mengen auf. Hier sei die Atemdepression erwähnt.

Verglichen mit anderen Psychopharmaka sind die Nebenwirkungen bei den meisten heute üblichen Sedativa relativ gering und werden meist als wenig störend empfunden. Dazu gehören unter anderem:

- verlangsamte Reaktion
- Müdigkeit
- Schwindel
- Obstipation
- paradoxe Reaktionen mit Erregung und Schlaflosigkeit treten relativ selten auf
- Verwirrtheit (paradoxe Reaktionen) kommen hauptsächlich bei geriatrischen Patienten vor
- Depressionen und Apathie bei längerer Einnahme

25.1.4.3 Regeln bei der Sedativa-Therapie

Beim Einsatz von Sedativa gilt die Regel:

Sowenig wie möglich und soviel wie nötig und das über einen möglichst kurzen Zeitraum.

25

Schon während der Behandlung mit Tranquilizern sollte, falls nötig, mit anderen Therapieformen, beispielsweise Psychotherapie, begonnen werden. Wichtig sind der gezielte Einsatz und die zeitliche Begrenzung der Einnahme des Medikaments.

Wegen des Mißbrauchrisikos ist die **Beurteilung der Suchtgefährdung** des Patienten sehr bedeutend. Neigt er zur Entwicklung von Abhängigkeiten? Hat er vorher schon einmal Tranquilizer genommen? Trinkt er zusätzlich Alkohol?

Benzodiazepine dürfen nicht abrupt abgesetzt werden, besonders bei einer Therapie über einen längeren Zeitraum. Sie müssen langsam ausgeschlichen werden, da dem Patient zerebrale Anfälle und/oder ein Delir drohen.

Besonders zu warnen ist auch vor der Kombination von mehreren Tranquilizern und vor der Kombination mit Alkohol. Hier addieren sich die Wirkungen nicht, sondern sie potenzieren sich und sind kaum noch berechenbar.

25.2 Gesprächstherapie

Die Gesprächstherapie (GT), auch klientenzentrierte oder personenzentrierte Psychotherapie genannt, hat neben der tiefenpsychologisch fundierten Psychotherapie, die sich von der Psychoanalyse ableitet und der Verhaltenstherapie in den letzten Jahrzehnten eine weite Verbreitung erfahren.

Sie ist in ihrer Entstehung und Entwicklung ganz eng mit **Carl Rogers** verbunden. Er ist der Begründer der Gesprächstherapie. Carl Rogers hat die psychologischen Vorgänge erforscht, bei denen ein Gespräch als Therapie wirkungsvoll erscheint.

Seine Erfahrungen zeigten, daß die klassischen psychotherapeutischen Techniken für die Bewältigung von aktuellen Krisen in Beratungssituationen für den Klienten manchmal nicht optimal sind. Dabei spielten die Gedanken des **Tiefenpsychologen O. Rank** eine wesentliche Rolle. Rank hat die psychotherapeutische Entwicklung besonders in den USA stark beeinflußt. Er war überzeugt, daß die Bearbeitung der aktuellen Situation des Patienten (Klienten) entscheidend sei und nicht die Hinwendung zur Vergangenheit. Entscheidend sei das Bearbeiten und Aufdecken des aktuellen Erlebens, der subjektiven Wahrheit. Denn zu dieser Aktualität habe der Klient Zugang. Der Therapeut habe bei der Bearbeitung der aktuellen Schwierigkeiten dafür Sorge zu tragen, daß dem Klienten ein bewußter Zugang zu den emotionellen, kognitiven und willensmäßigen Elementen der momentanen Störung im Sinne eines unmittelbaren Erlebens ermöglicht werde. Dazu ist es auch nötig und hilfreich, wenn der Therapeut dem Klienten nicht als Experte, sondern als gleichwertiger Partner gegenübertritt. Dies erleichtert es dem leidenden Menschen, den ihm eigenen Weg zu gehen und in eigener Autorität und Verantwortlichkeit sein Leben in die Hand zu nehmen.

Auch Ideen aus der **Existenzphilosophie** und der **Begegnungsphilosophie** von M. Buber beeinflußten Carl Rogers.

In Verbindung mit der **empirischen Universitätspsychologie** haben sich Rogers und seine Therapeuten sehr um eine objektive Sichtweise des psychotherapeutischen Geschehens bemüht. Von Tonband- und Videoaufnahmen wurden und werden Behandlungsverläufe minutiös studiert, deren Dialoge analysiert, um emotionale und kognitive Besonderheiten im Therapieverlauf faßbar zu machen. In bewundernswürdiger Kleinarbeit arbeiteten sie so wesentliche Aspekte von Gesprächsverläufen heraus und stellten ihre Veränderungen im Therapieprozeß dar.

Mehrmals hat Carl Rogers den Stand seines Wissens und seiner Erfahrung theoretisch aufgearbeitet und publiziert. Damit sollten die therapeutischen Erfahrungen geordnet und zur Grundlage weiterer Hypothesen gemacht werden, die dann wieder empirisch überprüfbar waren.

In Deutschland hat sich insbesondere **Reinhard Tausch** um die Einführung dieser therapeutischen Richtung und Haltung verdient gemacht. Er hat den Namen „Gesprächstherapie" eingeführt. Die in dieser Methode ausgebildeten Psychotherapeuten sind in der „Gesellschaft für wissenschaftliche Gesprächstherapie" (GwG), einem Fachverband für Psychotherapie und Beratung, organisiert.

In der Geprächstherapie gehen die Therapeuten von einigen Grundannahmen über die Persönlichkeit des Klienten aus.

– Jeder Mensch hat ein **Bedürfnis nach positiver Auseinandersetzung** mit sich und seiner Umwelt. Häufig ist aber gerade dieses Bedürfnis nach einer liebevollen und fürsorglichen Beziehung verdrängt oder verschüttet. Durch geeignete therapeutische Maßnahmen sollen diese Bedürfnisse wieder erlebbar werden.

– Jeder psychisch beeinträchtigte Mensch trägt die **Kräfte der Heilung in sich,** jeder Mensch hat eine natürliche Tendenz zur Entfaltung seines eigentlichen Wesens. Diese **Verwirklichungstendenz** entspricht der Heilung. Aufgabe des Therapeuten ist es daher, diese natürliche Tendenz weiterzuentwickeln.

– In der Gesprächstherapie stehen die **emotionalen Aspekte im Vordergrund.** Verleugnete Emotionen und verzerrte Wahrnehmung sollen bewußt werden.

– Die **gegenwärtige Lebenssituation** hat größere Bedeutung als die Vergangenheit, denn nur das gegenwärtige Erleben ist unmittelbar zu bearbeiten und gänzlich zu erfahren.

– Die **gegenwärtige Beziehung zwischen Klient und Therapeut** vermittelt die änderungssensitiven therapeutischen Erfahrungen. Das reale Zusammentreffen von Therapeut und Klient ermöglicht korrigierende Erfahrungen und Wahrnehmungsänderungen.

In der Theorie der Gesprächstherapie sind Kernpunkte der sogenannten **humanistischen Psychologie** zu sehen, die das Primat des augenblicklichen Erlebens, das Streben nach Lebenssinn und ein ganzheitliches Menschenbild beinhalten.

Carl Rogers beschreibt das Ziel einer vollfunktionierenden Persönlichkeit mit folgenden Eigenschaften: Offenheit gegenüber Erfahrungen, Übereinstimmung zwischen Selbststruktur und Erfahrungen, Flexibilität des Selbst, positive Wertschätzung der eigenen Person, kreative Anpassung an neue Situationen, unverzerrte Wahrnehmung der Realität, Fähigkeit zur Korrektur von Fehlentscheidungen, befriedigende soziale Interaktion.

Fehlhaltungen und Neurosen entstehen durch das Ausblenden bestimmter Erfahrungen, die nicht zum Selbstbild passen. Dieses Selbstbild entsteht aus der Übernahme bestimmter Normen. Aus Angst werden problematische Lebensinhalte vermieden, dies führt zu einer Reduktion der Selbstakzeptanz, da die verzerrte Wahrnehmung eine Änderung des Selbstbildes nicht möglich macht. Die Gespräche mit dem Therapeuten sollen zu einer Korrektur des Selbstbildes beitragen.

25.2.1 Therapeutische Qualitäten der Gesprächstherapie nach Rogers

Aus vielen Untersuchungen ist bekannt, daß therapeutische Gespräche vor allem dann effektiv sind, wenn der Therapeut die nachfolgenden Haltungen in einem förderlichen Ausmaß verwirklicht.

- **Einfühlung, Empathie, Verstehen, Verbalisierung emotioneller Erlebnisinhalte**

Der Therapeut ist gehalten, die gefühlsmäßige, innere Erlebniswelt des Klienten möglichst genau nachzuempfinden und ihm dies zurückzumelden. Einfühlung, Empathie zeigt sich in der Fähigkeit des Therapeuten, die von ihm verstandenen emotionalen Erlebnisse des Klienten in geeigneter Form zu verbalisieren. Dadurch ermöglicht er, daß der Betroffene mit seinen Problemen in Kontakt kommt und sie nicht weiter verzerrt wahrnimmt.

Der Klient fühlt sich durch die adäquate Rückmeldung tief verstanden, er wird sich dann mit weniger Angst aktiv mit seinen Problemen auseinandersetzen und kann sich dadurch selbst besser verstehen. Diese Erfahrung fördert die Selbstexploration und trägt so zu einer konstruktiven Persönlichkeitsänderung bei.

- **Wärme, Akzeptanz, Wertschätzung, Achtung**

Da emotionale Probleme, Konflikte und schwierige Aufgaben unter belastenden Bedingungen nur schlecht oder nicht gelöst werden können, muß der Therapeut bemüht sein, eine möglichst angstfreie Gesprächssituation zu arrangieren. Das Risiko einer Veränderung geht ein Klient nur dann ein, wenn er die Gewißheit hat, daß er als Mensch vom Therapeuten akzeptiert wird. Therapeuten verschiedenster Richtungen machen immer wieder die Erfahrung, daß bei ihrer intensiven Bemühung um einen Menschen sich fast immer Sympathie entwickelt. Der Therapeut zeigt durch sein Verhalten, daß er seinen Klienten achtet. Sollte ihm dies nicht möglich sein, so wird er dies mit dem Klienten bearbeiten oder in der Supervision klären.

Die Realisierung dieser Haltung ermöglicht es dem Klienten, angstbesetzte Inhalte besser zu bearbeiten. In der so entspannten Gesprächssituation können dadurch Annäherungen an bedrohliche Inhalte gewagt werden.

- **Echtheit, Kongruenz, reales Zugegensein**

Die Fähigkeit des Therapeuten, dem Patienten ehrlich gegenüberzutreten, ist grundlegend für die Therapie. Der Therapeut soll in der professionellen Situation als der Mensch, der er ist, mit all seinen persönlichen Schwächen und Fehlern, in Erscheinung treten und auf eine professionelle Fassade verzichten.

Diese Fähigkeit gilt als wichtige Moderatorvariable. Damit ist gemeint, daß Wärme und Einfühlung erst dann effektiv werden, wenn der Therapeut echt ist. Dann kann der Klient Vertrauen fassen und in seiner Selbstexploration weiterkommen. Wichtig ist das Einfühlen, das Verbalisieren emotionaler Erlebnisinhalte. Diese therapeutischen Aktivitäten wirken aber erst effektiv, wenn Wärme und Echtheit des Therapeuten eine angenehme und angstfreie Therapiesituation möglich machen. Dann erst ist die Bedingung für ein Erforschen und Verstehen der problembesetzten Inhalte möglich.

Das einfühlende Verständnis kann zu einem gewissen Grade eingeübt und trainiert werden. Wärme und Echtheit ist nicht zu lernen. Diese Haltungen kann der Therapeut während der Aus- und Weiterbildung zum (Gesprächs-)Therapeuten in der Selbsterfahrung und in Gruppensituationen kennenlernen.

Über dieses Basisverhalten hinaus sind auch noch weitere Interventionen des Therapeuten für den Fortgang des Therapieprozesses von Belang: Selbsteinbringung, Konfrontation, Interpretationen und Zentrieren auf aktuelle Gefühle.

25.2.2 Der Therapieprozeß

Wenn die drei genannten Variablen in einem ausreichenden Ausmaß vom Therapeuten angeboten und gelebt werden, kommt es zu einem charakteristischen Prozeß. Dieser ist anhand einer **„Prozeßskala“** zu verfolgen, deren Aspekte sind beispielsweise: Beziehung zu Gefühlen, Verhältnis zum eigenen Erleben, offensichtliche Inkongruenz, Mitteilung über das Selbst, Strukturierung des Erlebnisfeldes, Beziehung zu Problemen und Personen.

Die Untersuchung von effektiv verlaufenden Therapien mit Hilfe dieser Prozeßskala zeigt, daß zu Beginn einer Therapie die Beziehung zu Gefühlen, zum eigenen Erleben auf einer eher niedrigen Stufe steht. Bei Fortdauer der Therapie werden die Gefühle dann gegenwärtig erlebt und fließend erfahrbar, das Selbst weniger als Objekt und statisch empfunden, die aktuellen Erfahrungen modifiziert, die eigene Verantwortung für Probleme wird klarer, die Beziehungsfähigkeit effektiver.

Die unteren Stufen der Prozeßskala stehen für eher statisch-starre Zustände, Gefühlsrigidität und undifferenzierte Reaktionen. In den oberen Stufen gewinnt das augenblickliche Erlebenkönnen mehr an Bedeutung, die Anpassungsfähigkeit ist flexibler, da der Ausgleich zwischen den individuellen Bedürfnissen und der jeweiligen Situation besser gelingt.

Die Reaktionen des Patienten können sein,

- **Selbstexploration**

Im Verlauf der Gespräche setzt sich der Klient zunehmend aktiver mit seinen Gefühlen und seiner Person auseinander. Er konfrontiert und vergleicht sich mit früher. Seine Wahrnehmungen werden offener und weniger verzerrt. Auch gelingt es ihm immer besser, ungeliebte Seiten zu akzeptieren. Die therapeutische Beziehung ermöglicht eine Auseinandersetzung mit dem oft starren idealen Selbstbild. Mit Hilfe von Skalen kann die Entwicklung der Selbstexploration im Therapieverlauf gemessen werden.

- **Erlebnisaktivierung**

Im Laufe der Entwicklung der Gesprächstherapie hat sich auch die Haltung des Therapeuten geändert. Zu Beginn der klientenzentrierten Behandlung lag viel Wert auf einer nicht-direktiven Therapeutenhaltung. Später wurde die Wichtigkeit seiner Aktivität in der Therapiebeziehung offensichtlich. Da das menschliche Erleben ein ganzheitlicher Prozeß ist, bei dem neben den kognitiven besonders die emotionalen Aspekte eine große Rolle spielen, wird mit dem Klienten an einer Reaktivierung seiner Gefühle gearbeitet. Da Worte meist nur einen Teilbereich der Erlebnisse treffen, soll der Klient wieder mit allen Erfahrungen in Kontakt kommen. In der Therapie bietet der Therapeut dem Klienten einen derartigen Zugang mit Hilfe sogenannter erlebnisaktivierender Methoden an. Dabei wird versucht, Inhalte mit den dazugehörigen gefühlten Erlebnissen zugänglich und erlebbar zu machen. Der Einsatz dieser Erlebnisaktivierung führt immer dann weiter, wenn der Therapieprozeß stockt oder wenn der Klient die Arbeit an wichtigen Inhalten meidet. Mit Hilfe dieser Angebote ist es möglich, neue Erfahrungen zu machen. Die Anleitung zur Erlebnisaktivierung verlangt vom Therapeuten direkte Hinweise, Forcierungen, Konfrontationen und Beachtung nonverbaler Signale.

25.2.3 Effektivität und Indikation der Gesprächstherapie

Zahlreiche Untersuchungen zur Effektivität der Gesprächstherapie liegen vor. Die Ergebnisse sind nicht ganz einheitlich. Als generelle Aussage kann gelten, daß Klienten, deren Therapeuten ein hohes Ausmaß an förderlichem Verhalten aufweisen, meist positive Therapieeffekte zeigen. In Wirksamkeitsstudien haben Grawe et al. 1994 die Effektivität der Gesprächstherapie mit der der klassischen Psychotherapieverfahren (Verhaltenstherapie und tiefenpsychologisch fundierte Psychotherapie) verglichen. Er kam zu dem Ergebnis, daß man der Gesprächstherapie eine „sehr überzeugende nachgewiesene Wirksamkeit bescheinigen“ müsse. Einschränkend

25

kommt er aber zu dem Schluß, daß die Gesprächstherapie ein sehr wirksames Verfahren für ein weites Spektrum an psychischen Störungen sei, daß die kognitiv-behaviorale Verhaltenstherapie im Regelfall jedoch noch bessere Wirkung zeige.

Seitens der Klienten sind Wunsch nach Therapie und Freiwilligkeit für einen positiven Therapieeffekt entscheidend. Schlechte Prognosen fand man bei Klienten mit geringer Gefühlsansprechbarkeit. Extrovertierte Personen scheinen auf eine Gesprächstherapie besser anzusprechen als introvertierte.

Unabdingbare Voraussetzung ist eine ausreichende Fähigkeit zur Verbalisation des Klienten.

Erfolge der gesprächspsychotherapeutischen Behandlung wurden nachgewiesen bei neurotischen Störungen (Angst, Unsicherheit, Verstimmungen, berufliche Probleme, Arbeitsstörungen, sexuelle Störungen, soziale Kontaktschwierigkeiten), bei Suchterkrankungen und psychosomatischen Störungen.

Weniger geeignet scheint die Gesprächstherapie bei Klienten mit reduzierter Impulsivität und niedriger Gefühlsansprechbarkeit (Zwänge), bei Blockierungen der Wahrnehmung innerpsychischer Vorgänge (somatoforme Störungen) und Verlust der Selbstkontrolle (psychotische Zustände, chronifizierte psychotische Störungen, intensive depressive Syndrome, langandauernde Suchterkrankungen) zu sein.

Die klientenzentrierten Prinzipien fanden auch Anwendung in anderen sozialen und therapeutischen Arbeitsfeldern wie in der Spiel-, Partner- und Familientherapie und in Encounter-Gruppen, in der Seelsorge, Sozialarbeit und in der Pädagogik.

25.2.4 Gestaltung der Gesprächstherapie

Gesprächspsychotherapie ist in Einzel- wie auch in Gruppensitzungen möglich. Üblicherweise wird in der Einzelpsychotherapie mit einem Kontakt pro Woche gearbeitet.

Die Kontrolle des Therapeutenverhaltens wird über Tonbandaufnahmen gewährleistet, die gerade in der Supervision eine Beurteilung der Angemessenheit des Therapeutenverhaltens erlauben.

Die durchschnittliche Behandlungsdauer umfaßt zwanzig bis vierzig Therapiestunden. Die Anzahl der notwendigen therapeutischen Kontakte ist von der Problemintensität des Klienten abhängig. Bei situationsbedingten Schwierigkeiten sind kurzfristige therapeutische Maßnahmen nötig, Persönlichkeitsprobleme bedürfen längerdauernder therapeutischer Arbeit.

25.3 Soziotherapie

Wie schon mehrfach erwähnt, ist eine psychische Erkrankung nicht nur ein medizinisches Problem. Das psychosoziale Umfeld des Patienten ist für die Entstehung, den Verlauf und die Behandlung von großer Bedeutung. Deshalb ist es wichtig, die persönlichen Umstände des Patienten, die eventuell zur Krankenhauseinweisung geführt haben, zu berücksichtigen. Dazu gehört beispielsweise,

- War der Patient in letzter Zeit starken Belastungen oder Krisen ausgesetzt? Wie ist er damit fertiggeworden?
- Wie ist die berufliche und finanzielle Situation zu bewerten?
- Hat der Patient Angehörige?
- Gibt es Menschen, die bei Krisen helfen?
- Ist die Situation zu Hause förderlich für seine Genesung oder auslösend für seine Erkrankung?

Menschen in Krisen reagieren verschieden. Alltagsprobleme, die für den einen nicht zu bewältigen sind, werden von einem anderen leicht gemeistert. Diese unterschiedliche Verletzlichkeit (Vulnerabilität) kann ein Mitauslöser bei der Entstehung psychischer Krankheiten sein.

• **Vulnerabilitäts-Streß-Modell**
Es beschreibt die Tatsache, daß das Nervenkostüm der Menschen untereinander nicht gleich stabil ist. Einige Personen sind verletzbarer und haben eine höhere innere Krankheitsbereitschaft als andere. Treffen nun viele Belastungen aufeinander, wie berufliche und finanzielle Probleme, Partnerschaftskonflikte (akuter Streß) oder ist ein Mensch chronischem Streß ausgesetzt, kann die Grenze der nervlichen Belastbarkeit erreicht sein und es zu einer psychischen Erkrankung kommen.

Aber auch besonders **tief bewegende Erlebnisse und Eindrücke,** die gar nicht als sehr negativ oder unangenehm erlebt werden müssen, können mitauslösend, besonders bei Psychosen, sein.

So kann es bei intensiven Meditationen, aber auch bei einem Heraustreten aus der bisherigen Kultur- und Erlebenswelt, zum Schwanken bzw. Verschieben der „ICH-Grenzen" kommen und der Patient kann in eine Psychose „hineinkippen".

Die **Umgebung** (das Milieu) kann entscheidend für das seelische Befinden eines Menschen sein. Psychisch Kranke reagieren besonders empfindlich auf Störungen des Milieus, das heißt Krankheitssymptome können sich durch Veränderung der äußeren Umgebung (Familie, Wohnung) verbessern oder verschlechtern. Nicht zuletzt deshalb ist eine Einbeziehung der Angehörigen des erkrankten Menschen in die Therapie von großer Bedeutung. In **Angehörigengruppen** werden Informationen über die Erkrankung des Patienten und Erfahrungen ausgetauscht. Dadurch wird Verständnis geweckt, was für den Betroffenen oftmals weniger Belastung bedeutet. Angehörige lernen, wie sie dem Patienten helfen können, unnötigen Streß zu vermeiden und nicht vermeidbaren besser bewältigen zu können. Dabei kann auch ein Familientherapeut hilfreich sein.

Ein Ziel der Soziotherapie ist, die **Selbständigkeit und die Eigenverantwortlichkeit des Patienten** weitestgehend zu stärken, eventuell wiederherzustellen. Dazu ist es notwendig, eine Umgebung zu schaffen, in der sich der Mensch wohlfühlt. Er hat seine Freiheit und akzeptiert die Grenzen.

Dies beginnt mit Selbstverständlichkeiten, wie,
- die Einrichtung des Patientenzimmers
- Rückzugsmöglichkeiten für den Patienten
- ein eigenes Zimmer, ein eigener Schrank und ähnliches
- gutes Essen
- Verständnis des Personals
- Beziehung zu Mitpatienten
- Fernsehen, Radio, Tageszeitung
- ungestörtes Telefonieren

Grundlage sollte ein den persönlichen Bedürfnissen des Patienten angepaßtes Konzept sein. Ein Wochenplan, bei dem der Betroffene seine Freizeit und seine Pflichten hat gibt dem Patienten Struktur vor und kann somit die Grundlage für eine gute Compliance sein. Es muß genau festgelegt sein, wann Visite, Therapien, Sport oder Küchendienst anstehen und wann frei ist. Dazu ist es erforderlich, daß auf der Station eine für alle zugängliche Uhr und ein Kalender vorhanden sind.

Wichtig ist, die aufgestellten Regeln auch einzuhalten. Das heißt, alle Mitglieder des therapeutischen Teams müssen das gleiche Ziel sehen. Der eine kann nicht etwas erlauben, was der andere verbietet, deshalb sind regelmäßige Besprechungen (mit und ohne Patienten) angezeigt. Alle Maßnahmen sollen nach Möglichkeit pünktlich begonnen und beendet werden.

Der Patient soll sich weitestgehend selbst versorgen. Dazu gehören alle Aufgaben, die er zu Hause auch erledigen müßte (Körperpflege usw.). Die Entwicklung von Selbstachtung und persönlichem Wert, sowie die Förderung des Umgangs mit anderen und die Selbständigkeit sind herausragende Ziele.

Alle Maßnahmen gelten grundsätzlich für die gesamte Behandlung.

Wenn die Entlassung naht, ist es wichtig, für den Patienten, der nicht wieder nach Hause gehen kann, geeignete Einrichtungen zu finden, um die Therapie fortzuführen. Dazu gehören beispielsweise Tageskliniken, beschützende Wohngruppen oder Übergangswohnheime (s. Kap. 26).

25.4 Elektrokrampftherapie

Der Einsatz der Elektrokrampftherapie ist in Deutschland im Vergleich zu skandinavischen Ländern, Großbritannien oder den USA selten (BRD ungefähr 600, Großbritannien etwa 30000 pro Jahr).

Durch ihre negative Darstellung in der Vergangenheit ist die Akzeptanz dafür in der Gesellschaft sehr gering. Deshalb ist heute eine besonders gute Aufklärung erforderlich.

- **Indikationen**

Eine Elektrokrampfbehandlung ist nur dann indiziert, wenn alle anderen Möglichkeiten ausgeschöpft wurden. Dies kann zum Beispiel sein bei
- lebensbedrohlicher perniziöser Katatonie (primäre Indikation)
- schweren Depressionen, die auf Medikamente nicht ansprechen
- therapieresistenten Schizophrenien

- **Kontraindikationen**
- arterielles Aneurysma
- vorausgegangener zerebraler Insult
- frischer Myokardinfarkt

Die elektrische Auslösung großer epileptischer Anfälle ist das Prinzip dieser Therapie. Die Elektrokrampfbehandlung darf nur in Zusammenarbeit mit einem Anästhesisten und nur in einer Fachklinik vorgenommen werden. In der Regel bekommt der Patient vier bis neun Elektrokrampfbehandlungen. Die Wirkung ist aber leider meist nicht von großer Dauer. Es ist möglich, durch die Therapie die Ansprechbarkeit auf Neuroleptika zu steigern und so ihre Dosis zu reduzieren.

Immer wird die Heilkrampfbehandlung in **Kurznarkose** und unter dem Schutz eines nur kurze Zeit wirksamen **Muskelrelaxans** vorgenommen. Früher waren Frakturen (Kompressionsfraktur im unteren Teil der Brustwirbelsäule, Oberarm- und Oberschenkelfrakturen) und Luxationen keine Seltenheit. Durch die Gabe des Muskelrelaxans ist dies vermeidbar. Der Patient wird meist kurzfristig mit einer Maske beatmet und muß wie bei jeder Narkose wegen der Gefahr des Erbrechens nüchtern bleiben.

Ist der Patient nach Gabe des Narkotikums eingeschlafen, wird das Muskelrelaxans injiziert und etwa eine halbe bis eine Minute später der Krampfanfall ausgelöst.

Durch künstliche Beatmung wird die den Anfall bis zu einigen Minuten überdauernde periphere Atemlähmung ausgeglichen. Nach der Behandlung muß der Patient überwacht werden, weil eine Bewußtseinstrübung oder ein Durchgangssyndrom bestehen kann. Früher wurden beide Gehirnhälften mit Strom durchflutet, heute liegen beide Elektroden auf der nicht dominanten Hemisphäre. Appliziert werden Gleichstromimpulse, wobei die Stromstärke durchschnittlich 500 mA beträgt. Bei dieser unilateralen Methode sind auch die unerwünschten Wirkungen geringer. Zu diesen Nebenwirkungen gehören kognitive Störungen, vor allem Störungen der Merkfähigkeit, die jedoch nur Stunden bis Tage anhalten. Als weitere typische Komplikationen sind Kopfschmerzen erwähnenswert. Die Gefahr von ernsthaften, lebensbedrohlichen

Komplikationen ist deutlich geringer als beispielsweise bei einer Geburt.

25.5 Schlafentzug oder Wachtherapie

Es gibt drei Arten des Schlafentzugs
- **kompletter Schlafentzug** (eine ganze Nacht)
- **partieller Schlafentzug** (zweite Hälfte der Nacht), die Patienten werden um z. B. 1.30 Uhr geweckt
- **selektiver Schlafentzug** (Entziehung des REM-Schlafes)

Ein solcher Eingriff in den 24-Stunden-Rhythmus kann antidepressiv wirken. Leider hält die Wirkung dieser Therapie oft nur einen Tag an. Deshalb wird ein Schlafentzug mehrmals wiederholt, unter Umständen in Kombination mit einer medikamentösen antidepressiven Therapie.

Bei dem selektiven Schlafentzug werden dem Patienten ungefähr drei Wochen lang die REM-Schlafphasen entzogen. Da dies aber einen hohen technischen und personellen Aufwand verlangt, ist es in der Praxis nur schlecht umsetzbar.

Leiden die Patienten an Tagesschwankungen mit abendlicher Aufhellung (hier verhindert der Schlafentzug den nächtlichen Rückfall in die Depression) oder sind Schlaf- oder Vitalstörungen vorhanden, ist diese Art der Therapie indiziert. Auch bei psychomotorischer Hemmung und Angst oder bei depressiven Wahngedanken bei zyklothymen Depressionen (wenn sie mit Tagesschwankungen einhergehen) ist ein Schlafentzug sehr erfolgreich. Wenn die Besserung nicht anhält, muß er in wöchentlichen Abständen wiederholt werden.

25.6 Lichttherapie

Treten die Phasen einer endogenen Depression nur im Winter auf („seasonal affective disorder"), kann eine **Lichttherapie** (Phototherapie) den stimmungsaufhellenden Effekt von Antidepressiva verstärken. Die Phasen beginnen meist im Spätherbst und verschwinden nach durchschnittlich vier Monaten.

25

Möglicherweise wird durch die Lichttherapie die „innere" Uhr der Patienten korrigiert. Bei Menschen, die an dieser Winter-Depression leiden, treten häufig **zentral-vegetative Symptome** auf, wie erhöhte Kälteempfindlichkeit, Appetitsteigerung einhergehend mit einem Heißhunger auf Süßigkeiten und ein größeres Schlafbedürfnis. Sie werden täglich zweimal je ein bis zwei Stunden einem hellen Speziallampen-Licht, das dem Tageslichtspektrum entspricht, ausgesetzt. Mit dieser Therapie können gleichzeitig mehrere Personen in einem Raum behandelt werden. Die antidepressive Wirkung ist vermutlich auf einen durch das Licht veränderten Melatoninstoffwechsel zurückzuführen.

25.7 Familientherapie

Im Gegensatz zur Psychoanalyse, deren therapeutisches Ziel die Entwicklung der Persönlichkeit einer einzelnen Person ist, wird in der Familientherapie versucht, das **pathologische oder pathogen wirkende Interaktionsmuster zu korrigieren.** Das pathologische familiäre Beziehungssystem, das zur Erkrankung meist eines Familienmitgliedes führt, soll geändert werden. Der neurotisch, psychosomatisch, psychotisch Erkrankte wird als „Delegierter" einer neurotischen, psychosomatisch, psychotischen Familie betrachtet. Lebensvorgänge werden nicht isoliert, sondern als miteinander verbundene und in Wechselwirkung stehende biologische, physikalische, individuelle, psychische, gesellschaftliche und systemische Begebenheiten gesehen (systemorientierte Familientherapie).

Zur Anwendung kommt die Familientherapie bei psychosomatischen Störungen, Ängsten, bei verschiedenen Suchten (Alkohol- und Drogenmißbrauch) und psychotischen Störungen. Als weitere Erkrankungen, die aus psychodynamischer Sicht einer Familientherapie bedarf, ist die Anorexia nervosa zu nennen. Hier wird die erkrankte Patientin als Symptomträger einer pathologischen Familiendynamik gesehen, so daß ihr nur unter einem systemischen Blickwinkel geholfen werden kann. Die große Schwierigkeit liegt häufig in der Motivation der Familie. Angst und Sorge der Angehörigen, selbst etwas verändern zu müssen, bzw. in der Therapie sogar für die Symptomatik der erkrankten Tochter „angeklagt" zu werden, verhindern oft eine Familientherapie. Hier ist die motivierende Arbeit des Therapeuten gefragt.

25.8 Verhaltenstherapie

Die Verhaltenstherapie geht davon aus, daß ein „erlerntes" gestörtes Verhalten wieder „umgelernt" bzw. „neu gelernt" werden kann. Zuerst wird das Verhalten sehr gründlich **analysiert.** Die Reize, die zu bestimmten Reaktionen führen, müssen herausgefunden werden. Zahlreiche verhaltenstherapeutische Techniken, wie Desensibilisierung, Aversionstherapie, Token-Verstärkungssystem, Selbstsicherheitstraining, Reizüberflutung, Gedankenstopp, lösen dann einen Umlernprozeß aus. Nur das am Patienten beobachtbare gestörte Verhalten wird behandelt und bei komplexen Zuständen sukzessiv eine Störung nach der anderen.

25.9 Psychoanalyse

Die klassische Psychoanalyse nach Sigmund Freud ist durch die Frage nach dem **psychodynamischen Geschehen,** aus dem das Symptom erwächst, gekennzeichnet. Bei wöchentlich drei bis fünf Behandlungsstunden dauert die klassische Psychoanalyse mehrere Jahre. Ziel ist es, unbewußte, verdrängte Erlebnisse wieder ins Bewußtsein zu bringen. Ungelöste Konflikte sollen durch die Introspektion und Deutung unbewußter Vorgänge aufgedeckt, bearbeitet und gelöst werden, um die Struktur der Persönlichkeit zu verändern. Das Wiederbewußtmachen von verdrängten Konflikten kann über freies Assoziieren, Verwerten von Fehlleistungen, Bearbeiten der Träume und durch Herstellen von für den Patienten unbewußten Bedeutungszusammenhängen erfolgen.

25.10 Gestalttherapie

Abgeleitet aus der Gestaltpsychologie begründet sich die Gestalttherapie auf eine **psychotherapeutische Methode.** Das Fundament für eine Veränderung ist die **Selbstannahme:** „Akzeptiere Dich, wie Du bist, nur dies wird Dich ändern". Konflikthaftes Blockieren soll überwunden und die Anteile des Selbst integriert werden.

Einer allgemeinen Theorie zufolge, kann ein Neurotiker sein „Selbst" nicht wahrnehmen und seine Figur vom Hintergrund trennen, er reagiert daher aspontan und in immer gleicher Weise. Der Patient wird in der Therapie immer wieder ins „Hier und Jetzt" zurückgeführt, wobei die Persönlichkeit in ihrer wahren Gestalt wiederhergestellt und zur vollen Wahrnehmung ihrer selbst gebracht werden soll.

Wirksam ist die Gestalttherapie vor allem bei neurotischen und psychosomatischen Störungen Erwachsener, Jugendlicher und Kinder als Einzel-, Gruppen-, Paar- und Familientherapie.

25.11 Kunsttherapie

Kunsttherapie ist vereinfacht ausgedrückt der **Gebrauch von visuellen Medien** in einem therapeutischen Rahmen. Durch die Kunst ist ein Mensch in der Lage, sich sowohl bewußt wie auch unbewußt Ausdruck zu verschaffen. Sie bietet die Möglichkeit, konfuse, kaum verständliche Gefühle deutlich werden zu lassen und sie sogar zu ordnen. Die Kunsttherapie beruht auf der Erkenntnis, daß grundlegende Gedanken und Gefühle der Menschen, die sich aus dem Unterbewußtsein ableiten, in Bildern besser als in Worten zum Ausdruck gebracht werden können. Künstlerische Aktivität fördert die Kommunikationsfähigkeit. Ist das Sprechvermögen unterentwickelt oder wird es aus sonst einem Grund als normales Kommunikationsmittel abgelehnt, kann Kunst hier besonders therapeutisch wirken.

Wortgewandte Menschen benützen sie unter Umständen als **Symbolsprache.** Beim anschließenden Gespräch mit dem Kunsttherapeuten kann eine Person sowohl intellektuell als auch emotional Einsicht gewinnen, wenn man die Bedeutung des gezeichneten Bildes mit der jeweiligen Lebenssituation verknüpft.

Viele vorher verdeckte Aspekte des Menschen werden sichtbar. Der Betroffene wird aktiv und physisch engagiert. Die Therapie ist spontan, eigenmotiviert und autark (unabhängig), der Therapeut leitet die Aktivität nur ein. Gegenwehr und Barrieren bauen sich durch das Malen ab und geben so starken Emotionen die Möglichkeit zum Ausdruck.

Die Kunsttherapeutin Edith Kramer, die lange Jahre in den Vereinigten Staaten von Amerika mit Kindern arbeitete, sagte dazu: „Kunst ist ein Mittel zur Erweiterung des menschlichen Erfahrungsbereiches, indem sie Äquivalente für solche Erfahrungen schafft. Sie stellt den Bereich dar, in dem Erfahrungen nach Belieben ausgewählt, variiert und wiederholt werden können. Während der schöpferischen Handlung werden Konflikte erneut durchlebt, gelöst und integriert".

25

Kunsttherapeutische Sitzungen gliedern sich in zwei Phasen.

Die erste Hälfte der Zeit malt der Patient oder beschäftigt sich in anderer Weise kreativ. Anschließend folgt eine Diskussion, mit dem Schwerpunkt, welche Gefühle das Kunstwerk in dem Menschen auslöst, wie es die Gefühle widerspiegelt und inwieweit sich der Prozeß der Herstellung des Bildes auf die Situation des Patienten bezieht.

25.12 Tanztherapie

Tanztherapie ist eine seit etwa 50 Jahren in den USA praktizierte Therapieform. In Deutschland wird sie erst seit einigen Jahren gelehrt und angewandt.

Tanz ist eines der ältesten therapeutischen und künstlerischen Medien der Menschheit. Die moderne Tanztherapie begann, als Anfang des 20. Jahrhunderts die Tänzerin Isadora Duncan eine Veränderung in der Auffassung des Tanzes bewirkte. Psychoanalytiker versuchten durch ständiges Durcharbeiten Zugang zum Unterbewußten zu finden, Tänzer entwickelten Methoden zum Beobachten und Verwenden von Bewegung, um sich das Unterbewußte zu erschließen. Tanzen und sich bewegen, sich ausdrücken über Körper, Musik und Sprache, ist etwas, was viele Menschen sich erst nicht zutrauen, weil sie oft das Selbstvertrauen verloren haben. Da Patienten in der Psychiatrie durch die in ihren Grundfesten erschütterte Identität handlungsunfähig sind, ist es ihnen meistens nicht mehr möglich, sich den Forderungen der Welt zu stellen und diese für sich anzunehmen oder abzulehnen. Der Körper mit all seinen Funktionen und Organtätigkeiten ist jedoch intakt. Durch die integrative Tanztherapie werden hier Wege gefunden, aufgezeigt und beschritten, die den psychisch erkrankten Menschen seine Identität wiederfinden lassen. Ein Ziel ist es, die Erhaltung und den Gewinn von Grundvertrauen, die Identitätsförderung und nicht zuletzt die Förderung der Fähigkeiten, das Leben wieder selbst in die Hand nehmen zu können.

25.13 Musiktherapie

Die Musiktherapie, die den psychotherapeutischen Behandlungsverfahren zuzuordnen ist, bedient sich der nonverbalen Kommunikation mittels Musik.

Einzeln und in Gruppen versuchen die Beteiligten sich durch Musizieren (Nachspielen oder freies Improvisieren) und Musikhören, die vielfältige Wirkung der Klänge (emotionale Umstimmung, Aktivierung schöpferischen Gestaltens, Erweiterung der Erlebnisfähigkeit) nutzbar zu machen.

Vier Ziele sind bei der Therapie zu erreichen:

- Das Aktivieren emotioneller Prozesse
- Das Aktivieren sozial-kommunikativer Prozesse
- Das Wiedergewinnen von Interessen und ästhetischer Erlebnisfähigkeit
- Das Regulieren psychovegetativer Fehlsteuerungen

Vor einem großen Irrtum soll hier gewarnt werden. Stimmungen, wie Depressionen, sind nicht mit gegenteiliger, also lustiger Musik zu therapieren. Der depressive Patient ist in der Regel für derartige Töne nicht zugänglich. Da er nicht „mitgehen“ kann, wertet er sein Unvermögen eventuell als Niederlage, die seine Depression verstärkt.

26 Der Weg aus einer psychiatrischen Klinik

1975 untersuchte eine Expertenkommission, die sogenannte **Psychiatrie-Enquete,** erstmals die Lage der Psychiatrie in Deutschland. Obwohl für durchgreifende, bauliche und personelle Maßnahmen zwar oft die finanziellen Mittel fehlen, brachte diese Enquete etwas in Bewegung.

Durch die unterschiedlichen Grade des Gestörtseins sind auch differente Maßnahmen notwendig. Angefangen von den Menschen, die gelegentlich oder sogar nur einmalig ambulante Hilfe brauchen, bis hin zu den Patienten, die dauerhaft stationäre Betreuung benötigen, gibt es alle möglichen Schweregrade, die berücksichtigt werden müssen. Hilfestellung vor Ort ist hierbei am wichtigsten, also dort, wo die Störung entstanden ist. Eine gemeindenahe Hilfe ist sinnvoller als die Unterbringung in Landeskrankenhäusern, die für ein sehr großes Einzugsgebiet zuständig sind.

Für die Zukunft ist es unerläßlich, daß alle sozial tätigen Berufsgruppen, wie Seelsorger, Lehrer, Juristen, Polizeibeamte, Ärzte und Pflegekräfte in Allgemeinkrankenhäusern an psychiatrischen Fortbildungen teilnehmen.

In der Bundesrepublik Deutschland sind die im weitesten Sinne psychotherapeutisch tätigen Beratungsstellen so weit gefächert, daß Laien und selbst Profis nur schwer den Überblick behalten.

Die meisten Beratungsstellen werden von kirchlichen Trägern finanziert, wie

Ehe-, Erziehungs- und Familienberatungsstellen, schulpsychologische Dienste, Beratungsstellen der Arbeitsämter und der Sozialversicherungsträger, psychosoziale Dienste und Suchtberatungsstellen.

Im ambulanten Bereich könnte das Teamprinzip, wie es in vielen psychiatrischen Kliniken schon Eingang gefunden hat, zu einer besseren Versorgung führen. Dies bedingt allerdings eine engere Zusammenarbeit der unterschiedlichen Berufsgruppen.

Durch die verbesserte und vervollständigte psychiatrische Versorgung ergeben sich aber auch Risiken für den Patienten. Je perfekter ein Versorgungssystem ist, um so schwerer fällt es, dieses wieder zu verlassen. Um dieses zu erleichtern, müssen auch Möglichkeiten der anschließenden Betreuung geplant werden. Die erwähnten Beratungsstellen und ambulante Dienste, aber auch die Selbsthilfegruppen zählen dazu.

26.1 Teilstationäre Versorgung

26.1.1 Tagesklinik

Indikationen zur Aufnahme in eine **Tagesklinik** sind Psychosen und Persönlichkeitsstörungen. Kontraindiziert ist ein Aufenthalt von Patienten mit primärer Suchterkrankung, akuter psychotischer Symptomatik und mit akuter Suizidalität.

Die Tagesklinik stellt eine **betreute Form** zwischen Klinikaufenthalt und dem Leben zu Hause dar. Ideal ist es für Menschen, die daheim und im Beruf noch nicht völlig allein zurechtkommen oder wenn ihnen dadurch ein stationärer Aufenthalt erspart bleibt. Die Mitarbeiter unterstützen die Klienten ihren Schwächen und Stärken entsprechend. Durch eine Weiterbehandlung in der Tagesklinik kann auch der stationäre Aufenthalt verkürzt werden.

In der **teilstationären Behandlung** bleibt der Kontakt der Patienten zu ihrem gewohnten Milieu bestehen. Sie übernachten in der eigenen Wohnung, das Wochenende steht zu ihrer freien Verfügung. Für Personen, die nach einem langen Klinikaufenthalt entlassen werden, bietet die Tagesklinik die Möglichkeit, daß sie sich Stück für Stück wieder an ihr soziales Umfeld und die volle Verantwortung für ihr Leben gewöhnen.

Voraussetzung für die erfolgreiche Behandlung in einer Tagesklinik ist, daß die Einrichtung für die Patienten gut erreichbar ist und diese motiviert sind, den täglichen Weg in die Klinik zu bewältigen. Wenig belastbare Betroffene sind unter Umständen in dieser Institution durch den straff **strukturierten Tagesablauf** überfordert.

Aus diesen Gründen sind in diesen Kliniken Mütter mit kleinen Kindern und Hausfrauen eher unterrepräsentiert, da sie auch die häuslichen und familiären Anforderungen erfüllen müssen.

Die Angebote für die Patienten gleichen denen auf einer offenen Station. Das Ziel in der Tagesklinik ist es, dem psychisch wieder genesenen Menschen den Eintritt in den Berufsalltag und die Bewältigung der Arbeiten im eigenen Haushalt zu erleichtern. Die Therapie kann beispielsweise Folgendes umfassen,

- die medikamentöse Behandlung und Beratung
- Einzel- und Gruppengespräche
- Beschäftigungs- und Arbeitstherapie
- Sport
- Erlernen von lebenspraktischen Dingen wie Kochen, Backen oder Haushaltsführung
- psychosoziale Außenkontakte
- Freizeitgestaltung
- Hilfe bei Arbeits-, Versicherungs- und Rentenfragen
- Selbstsicherheitstraining

Im **Team einer Tagesklinik** arbeiten meist Pflegepersonen mit einer Zusatzausbildung als Fachkrankenschwester/-pfleger für Psychiatrie, Ergotherapeuten in der Beschäftigungs- und der Arbeitstherapie, Psychologen und Sozialarbeiter.

In der Bundesrepublik Deutschland hat der Auf- und Ausbau von Tageskliniken in den letzten dreißig Jahren einen erfreulichen Aufschwung genommen. Im Jahre 1962 wurde in Frankfurt die erste deutsche Tagesklinik eröffnet, 1972 waren es erst zehn aber 1982 bereits sechzig. 1991 gab es über hundert Tageskliniken in der gesamten Bundesrepublik.

Die Entwicklung geht dahin, daß in Zukunft wahrscheinlich alle psychiatrischen Kliniken und Abteilungen an Allgemeinkrankenhäusern über Tageskliniken verfügen. Es gibt bereits auch gut funktionierende Tageskliniken, die selbständig und unabhängig von einer Klinik arbeiten.

26.1.2 Nachtklinik

In **Nachtkliniken** verbringen die Patienten nur die Nächte, tagsüber sind die meisten beruflich eingegliedert. Nach der Arbeit kehrt der Klient in die Nachtklinik zurück, oft schließt sich ein begrenztes therapeutisches Programm an. Hier besteht die Möglichkeit, die über Tag aufgetretenen Probleme zu besprechen und neue Strategien zu erarbeiten oder gegebenenfalls zu erproben.

Nachtkliniken sind oft in stationäre Behandlungseinrichtungen integriert und sind **keine selbständigen Institutionen.** Sie können bei ungünstigen familiären Verhältnissen einem Patienten Halt geben und eventuell auch seine Arbeitsfähigkeit erhalten. Langzeitpatienten erleichtert die Unterbringung in der Nachtklinik den Prozeß der Wiedereingliederung in die Gesellschaft. Hauptsächlich Alleinstehende, die über einen Arbeitsplatz verfügen, nutzen diese Einrichtungen.

Für Suchtkranke bietet sich diese Therapievariante ebenfalls an, sofern sie noch Arbeit haben.

Auch für Patienten, die nicht ins Heim möchten oder bei denen klar ist, daß sie wieder selbständig leben können, ist die Nachtklinik eine Möglichkeit der Integration.

Da in den letzten Jahren der Wohnheimbereich erheblich ausgebaut wurde, haben viele Nachtkliniken Schwierigkeiten, ihre Plätze zu belegen. Viele mußten aus diesem Grund schließen.

26.2 Komplementäre Versorgung

26.2.1 Übergangs- und Dauerwohnheime

Übergangswohnheime sind **sozialpsychiatrische Rehabilitationseinrichtungen,** in denen Menschen wohnen können, deren psychischer Zustand weitgehend stabil ist und die nur noch minimale Betreuung benötigen. Die Wohnzeit ist auf zwei bis drei Jahre begrenzt, in denen die Bewohner Zeit haben, sich gesundheitlich zu stabilisieren und soziale Bindungen aufzubauen, so daß sie nach dieser Phase unabhängig leben können.

Die Bewohner leben in **Wohngruppen** mit maximal zwölf Personen. Zusammen bilden sie eine soziale Einheit. Alle Gruppenmitglieder arbeiten außerhalb der Einrichtung in einer beschützten Werkstätte oder befinden sich in einem Arbeitstraining. Den Haushalt versorgen die Bewohner unter Anleitung einer Hauswirtschafterin. Die hauptamtlichen Mitarbeiter bieten mögliche Freizeitgestaltungen an, gleichzeitig wird die Eigeninitiative der einzelnen gefördert.

Die medizinische Betreuung erfolgt durch einen niedergelassenen Allgemeinarzt oder Psychiater.

Interessiert sich ein Patient für ein Übergangswohnheim, so muß er sich dort persönlich mit einem Lebenslauf, einem Arzt- und einem Sozialbericht vorstellen. Ausschlußkriterien sind häufig akuter Mißbrauch von Alkohol, Drogen oder Medikamenten, ein bekanntes Anfallsleiden oder erhebliche Minderbegabung.

Nach der Aufnahme wird für jeden Bewohner ein **individueller Rehabilitationsplan** erstellt und die jeweiligen Hilfsmöglichkeiten besprochen, die den Aufenthalt begleiten.

Es ist notwendig, die Bewohner bei der Wohnraum- und Arbeitsbeschaffung zu unterstützen. Denkbar sind hier Trägervereine, die Wohnraum mieten und dann an die Patienten vergeben, da immer noch Vermieter psychisch Kranke als Mieter ablehnen. Auch die Arbeitsplatzsuche gestaltet sich meist schwierig. Dabei ist Arbeit die beste Motivation zur gesellschaftlichen Wiedereingliederung und wenn die ehemaligen Patienten von selbst erwirtschaftetem Geld statt von Sozialhilfe leben können.

Nach dem Bundessozialhilfegesetz gibt es finanzielle Hilfen für sogenannte **Übergangswohnheime,** die von einem therapeutischen Team begleitet werden. Dies sind nichtmedizinische Einrichtungen, die zwischen rein ambulanter und stationärer Versorgung stehen.

Die Wohnheime sollten möglichst einem normalen Wohnhaus gleichen und keinen klinikähnlichen Charakter mehr haben. Die Patienten lernen so weit es geht, eigenverantwortlich zu leben, dennoch muß ein Minimum an Kontrolle und Beratungsmöglichkeiten gegeben sein.

Nach der Aufnahme wird die sehr weit gefaßte Zielsetzung der Einrichtung für den Bewohner konkretisiert. Dazu werden **individuelle Rehabilitationspläne** erstellt, auf der Grundlage einer umfassenden psychologischen und sozialen Diagnostik. Hier werden individuelle Rehabilitationsziele formuliert und die Hilfsmöglichkeiten mit dem Bewohner für den Bewohner bestimmt.

Während sich bei der Erhebung der Anamnese und bei der daraus resultierenden sozialen Diagnose feststehende Größen herausbilden, muß das soziale Handeln der Bewohner einer ständigen Reflexion unterworfen sein. Dies geschieht beispielsweise in wöchentlich stattfindenden Fallbesprechungen. Die besondere Situation des Bewohners wird hierbei in fünf Aspekte gegliedert:

- der medizinische Bereich
- der persönlich-emotionale Bereich
- der Bereich der sozialen Bezüge
- der Bereich der kognitiven, kommunikativen und sozialen Fertigkeiten
- der Arbeitsbereich.

Zur Vertiefung des gewonnenen Bildes können Sozialberichte, psychologische und ärztliche Gutachten beitragen. Die berufliche Situation des Bewohners wird durch Einblick in die persönlichen Unterlagen, wie Zeugnisse oder Bescheinigungen, eruiert.

Vor allem nach dem persönlichen Eindruck, aber auch nach Würdigung der oben genannten Unterlagen wird die soziale Diagnose erstellt, die die Grundlage für den Rehabilitationsplan bildet. Bei der Formulierung der einzelnen Teilziele wird darauf geachtet, daß sie in ihrer Gesamtheit den Bewohner weder unter- noch überfordern.

Maßnahmen im **persönlich-emotionalen Bereich** sind die soziale Gruppenarbeit, Einzelgespräche, Aufbau eines persönlichen Bezuges zu Mitbewohnern und psychologisch-therapeutische Einzelgespräche. Das neue soziale Bezugsfeld wird durch Lerngruppen, kreative Gruppen (beispielsweise Holz-, Hausbegrünungs-, Instrumental-, Sing-, Foto-, Fahrradreparatur-, Mal-, Bastel-, Spiel- und Tongruppen, Literaturkreise und Teeabende) aufgebaut. Die Integration in die Hausgruppe, Kontakt zu dem früheren sozialen Umfeld und die Teilnahme an sozialbildenden Freizeiten und Veranstaltungen unterstützen dabei.

Die **medizinisch-soziale Rehabilitation** wird durch die Vermittlung lebenspraktischer Inhalte sowie durch das Training kognitiver (Aufmerksamkeits-, Konzentrations-, Denk- und Gedächtnisstörungen sind die sogenannten kognitiven Basisstörungen), kommunikativer und sozialer Fertigkeiten sichergestellt.

Die **Eingliederung** oder Wiedereingliederung in den Beruf erfolgt durch Arbeitstrainings der Werkstatt für berufliche Eingliederung, in beschützenden Arbeitsstellen und auch in der freien Wirtschaft. Begleitend werden Kurse zur Verbesserung der Allgemeinbildung angeboten.

Dauerwohnheime nehmen chronisch psychisch Kranke sowie seelisch Behinderte auf unbestimmte Dauer auf. Die Bewohner benötigen zwar keine intensive medizinische Behandlung, sind aber auf Grund ihrer begrenzten oder fehlenden Selbständigkeit oder schwerer sozialer Anpassungsschwierigkeiten nicht in der Lage, selbständig zu wohnen oder mit Angehörigen zusammenzuleben.

Sie bedürfen besonderer **soziotherapeutischer, pädagogischer** und **pflegerischer** und gegebenenfalls spezieller medizinischer Betreuung. Ziel ist es, die Fähigkeiten und Neigungen dieser Patienten durch verschiedene Formen der Beschäftigungs- und Arbeitstherapie wieder zu wecken. Die Heimbewohner müssen vor allem **aktiviert** werden, um Teile der Persönlichkeit, die durch die Krankheit noch nicht gestört sind, besonders zu stabilisieren.

Besonders wichtig ist, daß bei einer Verschlechterung des Gesundheitszustandes oder bei Auftreten eines erneuten Schubs eine kurzfristige stationäre Aufnahme gewährleistet ist. Auf diese Weise wird der Hospitalisierung vorgebeugt. Erfahrungen in Heimen für psychisch Langzeitkranke haben gezeigt, daß diese Personen zum Teil in Werkstätten für Behinderte übernommen werden oder in ihre häusliche Umgebung zurückkönnen.

Beschützende Werkstätten unterstützen psychisch Kranke, wenn Arbeitslosigkeit droht und die Stellensuche zum Problem wird. Diese Betriebe schaffen Arbeitsbedingungen, die auch für Patienten mit den unterschiedlichsten Behinderungsgraden tragbar sind. Es müssen aber auch verstärkt Einrichtungen geschaffen werden, in denen eine Umschulung oder ein Arbeitstraining möglich ist.

26.2.2 Betreute Wohngemeinschaften

Heute gilt die Auffassung, daß **kleine Wohngemeinschaften** mitten in der Gesellschaft die optimalen Möglichkeiten eröffnen, in denen selbst schwer regrediente Patienten sich resozialisieren können. Vielen Patienten fällt der Schritt vom Heim in eine solche Wohngemeinschaft schwer. Sie haben Angst, ohne Betreuung zu leben, ebenfalls ist die Finanzierung oft noch nicht sichergestellt. Dies ist der Fall, wenn neben dem Wohnen noch für eine Therapie oder Betreuung gesorgt werden muß. Die Finanzierung ist bei dieser Form von Wohnen, **„Therapeutische Gemeinschaft"** oder „Betreutes Wohnen" genannt, problematisch. Einzelne Krankenkassen sind aber bereit dazu, diese Einrichtungen zu unterstützen, da Klinikaufenthalte bei Rückfällen sehr viel teurer sind.

26.2.3 Werkstätten für Behinderte

In diesen Werkstätten sind verschiedene Personen mit körperlicher, geistiger oder seelischer Behinderung gemeinsam beschäftigt. Da dies nicht immer erfolgreich ist, werden chronisch seelisch Kranke meist in eigenen Werkstätten betreut. Die Produktivität dieser Einrichtungen ist eher gering, die Kosten sehr hoch. Da chronisch psychisch Kranke oft unter einer **Antriebsminderung** leiden, sind sie nur schwer zur Arbeit zu motivieren. Die Werkstätten bieten meist abgestufte Programme an, von der Eingangs- über die Trainings- bis hin zur Leistungsgruppe. Ziel ist es, dem Patienten eine auf Dauer beschützte Arbeits- und Beschäftigungsmöglichkeit zu bieten, die individuell auf seine eingeschränkten Fähigkeiten abgestimmt ist, also Rücksicht nimmt auf seine mangelhafte Konzentration, sein Durchhaltevermögen, Geschick und sein ganz persönliches Tempo.

Im **Eingangs- bzw. Trainingsbereich** (er kann von drei Monaten bis zu zwei Jahren in Anspruch genommen werden) ist bei Arbeitslosen das Arbeitsamt und bei Erwerbsunfähigkeitsrentnern die LVA (Landesversicherungsanstalt) oder die BfA (Bundesversicherungsanstalt für Angestellte) für die Kosten zuständig. Für den Arbeitsbereich ist dies der Sozialhilfeträger. Der Verdienst in einer Werkstatt für Behinderte liegt im Schnitt zwischen fünfhundert und sechshundert DM monatlich. Die Löhne sind für jede Einrichtung speziell geregelt.

26.2.4 Tagesstätten

Tagesstätten entwickeln sich meist aus Patientenclubs. Oft ergreifen aber auch Mitarbeiter des sozialpsychiatrischen Dienstes oder der Kliniken dafür die Initiative. Auch freigemeinnützige oder kirchliche Verbände bauen solche Einrichtungen auf. Für Tagesstätten bieten sich die Räume von bereits vorhandenen Bürgerhäusern oder sonstigen Kommunikationszentren an. Hier werden **Tagesstrukturen** aufgebaut, in denen sich die ehemaligen Patienten in der Freizeit treffen, ohne als Sonderlinge betrachtet zu werden. Neben der Freizeitgestaltung arbeiten die Betroffenen in der Küche, Cafeteria oder der Nähstube der Tagesstätte. Problematisch ist oft die Finanzierung solcher Stätten, teilweise sind sie mit dem Sozialamt über die Pflegesätze abrechenbar. Daraus entsteht die Konsequenz, genaue Anwesenheitslisten für die Abrechnung zu führen. Für **gerontopsychiatrische Patienten** besteht ein besonderer Bedarf an Tagesstätten. Denn damit werden die betreuenden Angehörigen, wenigstens stundenweise entlastet.

26.2.5 Familienpflege

Die Familienpflege ist altbekannt, aber leider selten genutzt. Sie soll chronisch psychisch Kranken ein Leben außerhalb der Klinik ermöglichen. Hierbei nehmen **Gastfamilien** einen Patienten auf und leben mit ihm. Es bietet sich überwiegend auf dem Lande an, mit entsprechenden Wohnmöglichkeiten.

1987 wurde eine Arbeitsgemeinschaft psychiatrischer Familienpflege gegründet, die sich mit der daraus resultierenden Problematik auseinandersetzt.

Die in Frage kommenden Familien sind nicht breit gestreut. Oft ist das Hauptmotiv leider nicht die Nächstenliebe, sondern der Wunsch, auf diese Art das Familieneinkommen aufzustocken.

Besonders schizophrene Menschen bevorzugen diese Möglichkeit der Unterbringung. Allerdings ist zu beachten, daß nicht mehr als zwei bis drei Personen von einer Familie betreut werden.

26.2.6 Selbsthilfegruppen

Im Suchtkrankenbereich ist die Selbsthilfe wohl am ausgeprägtesten. Bestes Beispiel sind die **Anonymen Alkoholiker** (AA), die seit ihrer Gründung in den dreißiger Jahren ein fast weltumspannendes Netz der Selbsthilfe aufgebaut haben.

Selbsthilfegruppen finanzieren sich selbst, haben keinen Leiter oder Vorsitzenden, da sie keinen Vereinsstatus haben. Spenden oder andere Unterstützungen nehmen sie nicht entgegen, sie sind an keine Konfession gebunden und, was vielleicht das Geheimnis ihres Erfolges ist, sie sind in der Regel anonym. Den Anonymen Alkoholikern gelingt es, sozial abgestiegene, meist schwer geschädigte Abhängige in der chronischen Phase aufzufangen und sozial zu integrieren. Sie leben die von ihnen selbst fixierten Leitsätze. Jeden Tag nehmen sie sich aufs neue vor, den Alkohol zu meiden. Dieses Leben ohne Alkohol versuchen sie ohne Hilfe von Experten zu verwirklichen. Jede Gruppe weist einen unterschiedlichen Charakter auf, es existieren keine allgemeinen Richtlinien.

Andere Organisationsformen, wie die **Guttempler,** das **Blaukreuz** oder der **Kreuzbund,** bieten ebenfalls Hilfe zur Selbsthilfe an. Sie sind innerhalb eines Verbandes organisiert und haben unterschiedliche weltanschauliche oder religiöse Grundlagen.

Heute gibt es auch **Selbsthilfegruppen für die Ehepartner** (Al-Anon) und die **Kinder von Suchtkranken** (Al-Ateen). Ob der Kranke „naß" oder „trocken" ist, spielt für den Besuch dieser Gruppen keine Rolle. Ein regelmäßiger Besuch bei diesen Selbsthilfegruppen gibt den Angehörigen oft die Stärke, nicht mehr Spielball der Suchtkrankheit des Partners zu bleiben. Auch für andere Suchtformen haben sich Selbsthilfegruppen gebildet, beispielsweise für Medikamenten- und Drogenabhängige (Narcotic Anonymus: NA), Eß-, Stehl- und Spielsüchtige. Der Erfolg ist hier sehr unterschiedlich.

Die **Emotional Anonymus** (EA) ist eine Selbsthilfegruppe für seelisch Kranke. Es existieren aber auch nicht anonym tagende, sehr offensiv arbeitende Gruppen, wie **„Irrenoffensive(n)"** oder die verbandsmäßig organisierte **„Liga für psychotisch Kranke".**

26.2.7 Patientenclubs, Laienhilfevereine

Diese Clubs sind von Ort zu Ort sehr unterschiedlich organisiert. Vom gesundheitlichen Zustand ihrer Mitglieder und der Initiatoren hängt das Überleben dieser Patientenclubs ab. Sie ähneln in ihrer Struktur den Selbsthilfegruppen. Clubräume mieten oft Außenstehende oder Laienhilfevereine an. Früher gab es auch schon in einem gewissen Umfang **Laienhelfer,** die sich meist als Pate eines Patienten im Langzeitbereich verstanden, mit ihm spazieren gingen, ihn zum Kaffeetrinken einluden oder ähnliches. In den letzten Jahren sind viele Vereine gegründet worden, die sich einer bestimmten Klinik wohlwollend und wohltuend verpflichtet fühlten, aber Hauptmerk gilt hier natürlich immer den Patienten. Sie versuchen, das zu finanzieren und zu veranstalten, was Pflegesatz und Klinikmitarbeiter nicht leisten können, wie Veranstaltungen oder Ausflüge.

26

26.2.8 Angehörigengruppen

Teilweise werden diese Gruppen von Mitarbeitern aus der Psychiatrie gegründet, um die Angehörigen zu informieren und mit ihnen Selbsthilfegruppen zu bilden. Es gibt aber auch Zusammenschlüsse von Angehörigeninitiativen, die sich eher als Interessengruppe zur Verfolgung bestimmer, auf der politischen Ebene durchzusetzender Ziele verstehen.

Den Angehörigen sollte während des stationären Aufenthaltes eines Familienmitgliedes angeboten werden, stationsübergreifend an einer **Angehörigengruppe** teilzunehmen. Hier werden Informationen über Krankheitsbilder vermittelt, und die Angehörigen lernen sich untereinander kennen und können sich austauschen über ihre Erfahrungen und Verhaltensformen. Hier lernen die Teilnehmer offen über ihre Probleme zu sprechen und nicht über das als peinlich angesehene Krankheitsbild zu schweigen. Es wäre wünschenswert, wenn diese Gruppe nach Beendigung des stationären Aufenthaltes weitergeführt wird, was in vielen Kliniken möglich ist. Entsteht daraus eine Selbsthilfegruppe ist dies sehr positiv zu bewerten.

Seit einigen Jahren organisieren sich die verschiedenen Selbsthilfegruppen in einem **Bundesverband und verschiedenen Landesverbänden.** Sie haben folgende Ziele:

- Die Bildung von örtlichen Angehörigengruppen soll die Selbsthilfe der Familien stärken.
- Die noch bestehende Diskriminierung psychisch Kranker soll abgebaut werden. In Zukunft soll eine rechtliche

Gleichstellung mit anderen Kranken und Behinderten erreicht werden.

- Die gemeindenahe Psychiatrie soll zügig aufgebaut werden, um Betroffene in Beruf und Gesellschaft rasch zu integrieren und um die Familien zu unterstützen. Gemeindenahe „Krisenbetten" und Notfalldienste rund um die Uhr sollen dabei helfen.

26.3 Ambulante Versorgung

26.3.1 Hausärzte, Allgemeinmediziner

Hausärzte und Allgemeinmediziner entdecken in der Regel hinter körperlichen Symptomen die psychischen oder sozialen Nöte. Sie spielen deshalb eine oft von ihnen selbst unterschätzte Rolle bei der Betreuung psychisch Kranker. Patienten reagieren möglicherweise verärgert, beleidigt oder verstört, spricht sie der Arzt auf eine psychische Erkrankung an. Die **psychotherapeutische Vorbereitung** und das vorsichtige Herantasten an die seelischen Hintergründe bilden die Grundlage, auf der die Psychiater dann weiterbehandeln. Der Hausarzt kann aufgrund seiner Kenntnisse über Familienverhältnisse, der Wohnsituation und der sonstigen Gegebenheiten eine sich anbahnende krankhafte Entwicklung vorhersehen. Noch ehe der spätere Patient in seine Praxis kommt, wird er Andeutungen oder klare Hinweise von Angehörigen registrieren.

Auch bei **Suchtkranken** hat das Wort des Hausarztes erhebliches Gewicht. Er ist oft der einzige, der den Patienten davon überzeugen kann, in eine Therapie zu gehen. Er verweist ebenfalls auf bestehende Selbsthilfegruppen. Nicht wenige Patienten wollen von ihrem Hausarzt weiterbehandelt werden, statt von einem Psychiater, weil sie ihn oft schon jahrelang kennen und ein Vertrauensverhältnis zu ihm aufgebaut haben. Die **Zusammenarbeit** zwischen Klinik- und Hausärzten ist für den Patienten von großer Bedeutung. Nur so können neue Symptome schnell registriert und behandelt werden.

26.3.2 Nervenärzte, Psychiater

Der erste Ansprechpartner nach dem Allgemeinarzt ist für psychisch Kranke oft der niedergelassene **Nervenarzt.**

Es ist sinnvoll (besonders bei Ersterkrankungen), den Erstkontakt zu einem Nervenarzt von der Klinik aus anzustreben. Das hat den Vorteil, daß bei einem Rückfall bereits ein Vertrauensverhältnis besteht und nicht erst aufgebaut werden muß.

Leider konzentrieren sich die niedergelassenen Nervenärzte in der Bundesrepublik sehr ungünstig auf die städtischen Gebiete.

Niedergelassene **Psychiater und Psychologen** arbeiten zumeist isoliert in eigener Praxis. Wollte man dieses Versorgungsprinzip dem Bedarf anpassen, müßte die Zahl der psychotherapeutisch tätigen Praktiker deutlich erhöht werden, um die stationäre und viel kostenaufwendigere Versorgung entlasten zu können. Von dieser Versorgungslücke sind Alterskranke und sonstige sozial unterprivilegierte Randgruppen am meisten betroffen. Wie wichtig Nervenärzte und Psychiater für uns sind, zeigen die 2,4 Millionen Menschen, die sie pro Jahr aufsuchen. 55 Prozent der Patienten halten länger als ein Jahr den Kontakt zu ihrem Nervenarzt, sieben Prozent sogar mehr als elf Jahre. Da der Nervenarzt oder Psychiater nur wenig Zeit für seine Patienten hat, liegt der Schwerpunkt der Behandlung auf der Verordnung von Psychopharmaka.

26.3.3 Psychosoziale Dienste

Psychosoziale Dienste sind eine weitere Variante **ambulanter Versorgung.** Sie unterstützen die Patienten im Arbeits- und

Berufsleben. Sie helfen Menschen, die seelische Probleme haben, die bei der Arbeit oder der beruflichen Wiedereingliederung zu Schwierigkeiten führen können oder schon dazu geführt haben. Sie beraten Arbeitgeber und betriebliche Gremien wie Betriebsräte, Vertrauensleute, betriebliche Helfer und Schwerbehindertenvertretungen.

Sie unterstützen
- bei Schwierigkeiten am Arbeitsplatz
- bei Überforderung am Arbeitsplatz
- bei Schwierigkeiten mit Vorgesetzten oder Kollegen
- bei Versetzung im Betrieb
- bei drohender Kündigung
- bei Konflikten mit dem Partner oder der Familie und wenn sich dies auf das Arbeitsleben auswirkt
- bei der Einleitung einer beruflichen oder medizinischen Rehabilitation
- bei Neuanfang der Arbeit nach einer psychischen Erkrankung
- nach einer beruflichen Reha-Maßnahme
- bei der Herstellung und Pflege sozialer Kontakte
- bei Unsicherheit im Umgang mit Institutionen und Ämtern.

Die Beratung durch psychosoziale Dienste ist kostenlos, die Mitarbeiter sind zur Verschwiegenheit verpflichtet, jedes Gespräch wird deshalb vertraulich behandelt.

26.3.4 Sozialpsychiatrische Dienste

Im Rahmen der Psychisch-Kranken-Gesetze (Psych-KG) sind **sozialpsychiatrische Dienste** bundesweit vorgeschrieben und wurden in Kommunen und Landkreisen zur Pflicht. Ihre Einführung auf dem Lande erfolgt zum Teil leider sehr schleppend.

Das Team einer **Beratungsstelle** setzt sich wie folgt zusammen,
- eine Schreib- und Telefonkraft, die schon am Anfang durch ihr Geschick und Einfühlungsvermögen die Weichen für eine Beratung stellt
- eine ärztliche Leitung
- Sozialdienst mit gegebenenfalls Praktikanten

und, wenn die Gabe von Depot-Präparaten möglich ist,
- eine Krankenpflegekraft.

Da den sozialpsychiatrischen Diensten im allgemeinen ein Behandlungsauftrag fehlt, sind sie nicht imstande, medikamentöse Verordnungen zu treffen und können auch nicht kassenärztlich abrechnen. Sie sind in ihrem therapeutischen Handeln eingeengt, da sie auf die **Kooperation** mit niedergelassenen Ärzten angewiesen sind. Die sozialpsychiatrischen Dienste haben eine **Betreuungs- und Beratungsfunktion** und stellen durch die übliche Anbindung an das Gesundheitsamt einen **Teil des amtsärztlichen Dienstes** dar. Dies hat natürlich auch Vorteile. Da der Dienst innerhalb einer Behörde angesiedelt ist, sind die Teams den sonstigen bürokratischen Regularien weniger unterworfen. Auf Arbeitgeber, Hausbesitzer, Wohnungsvermieter kann erheblich mehr Einfluß genommen werden, aber natürlich auch auf den Patienten, seine Angehörigen oder Arbeitskollegen.

Psychogeriatrische Patienten, chronische Alkoholiker, chronisch psychotische Patienten und Persönlichkeitsgestörte sowie schwer gestörte Neurotiker wie auch psychosomatisch erkrankte Patienten sind Menschen, die in erster Linie von sozialpsychiatrischen Diensten betreut werden. Die Beantwortung von Anfragen des Sozialamtes oder Jugendamtes, des Amtes für Wohnungswesen, des Stadtplanungsamtes, der Polizei und von Gerichtsbehörden sind eine weitere Aufgabe dieser Dienste, da sie, wie erwähnt, an das Gesundheitsamt angegliedert sind. Hier kann es um Hilfe zum Lebensunterhalt, Frage nach Sorgerecht, Heimunterbringung, Kostenübernahmefragen, Betreuungen und vieles weitere gehen. Die Dienste müssen schnell auf Meldungen von Fremdpersonen reagie-

26

ren. Krisenintervention vor Ort, Vermeidung unnötiger stationärer Einweisungen, allerdings auch Einleitungen derselben, präventive Unterstützung, soziale Regulierung und rehabilitative Förderung gehören ebenfalls zu den Aufgaben. Auch die Konsiliartätigkeit in Krankenhäusern und Altenheimen sowie die Beratungs- und Fortbildungsfunktion in Institutionen ist zu erwähnen. Durch die Einrichtung sozialpsychiatrischer Dienste konnte die Zahl der daueruntergebrachten Patienten reduziert werden.

26.3.5 Fachambulanzen, Beratungsstellen, Drogenberatung

Hier handelt es sich im wesentlichen um **Suchtberatungsstellen** verschiedener freier Träger und Jugend- und Familienberatungsstellen. Von typisch sozialpsychiatrischen Problempatienten werden sie als Anlaufstelle leider selten genutzt. Die Arbeit basiert auf der Freiwilligkeit des Erscheinens der Patienten. Die **Drogenberatungsstellen** waren vor allen anderen sozialpsychiatrischen Einrichtungen der Überzeugung, daß vor Ort in Kneipen und Szenetreffpunkten mehr für die Abhängigen getan werden kann als durch Hausbesuche.

26.3.6 Institutambulanzen

Dies sind **ambulante Einrichtungen,** die aufgrund einer gesetzlichen Grundlage (SGB V, § 118) installiert werden können. Sie sind für Patienten gedacht, die wegen der Art, Schwere und Dauer ihrer Erkrankung oder weil die Entfernung zu geeigneten Ärzten zu groß wäre, auf die Versorgung durch solche Ambulanzen angewiesen sind. Die Kosten, vereinbarte Pauschalbeträge, übernehmen die Krankenkassen. Intensivambulanzen haben auch die Möglichkeit, Patienten, denen ein Aufenthalt im Wartezimmer nicht zugemutet werden kann, zu Hause zu behandeln.

26.4 Alternativen bei der Betreuung psychisch kranker Menschen

Da in der modernen Psychiatrie viel über Alternativen bei der Betreuung von psychisch Kranken nachgedacht wurde, entstanden und entstehen viele modellhafte Projekte.

In Italien wird seit kurzer Zeit ein radikaler, neuer Weg beschritten. Psychiatrische Kliniken sollen dort vollständig abgeschafft werden. Viele ambulante Behandlungszentren und kleine psychiatrische Abteilungen an Allgemeinkrankenhäusern entstanden bereits. Da dieses Experiment noch nicht abgeschlossen ist, ist eine endgültige Beurteilung noch nicht möglich.

Ein positives Ergebnis gelang in den siebziger Jahren Loren Mosher vom amerikanischen National Institute of Mental Health mit dem sogenannten **Soteria-Projekt.** Er und seine Mitarbeiter schufen eine Reihe von kleinen Gemeinschaften, die in einem normalen Haus in einem Wohnquartier in zehn bis zwölf Zimmern untergebracht waren. Dort lebten bis zu sechs Schizophrene, die sich in einem akuten Stadium befanden. Sie lebten dort mit motivierten, nach Persönlichkeit und Lebenserfahrung sehr sorgfältig ausgewählten Betreuern für einige Monate zusammen. Zwei bis drei dieser Helfer lebten durchschnittlich zwei bis drei Tage voll in dieser Gemeinschaft, als Ausgleich verbrachten sie den Rest der Woche in einem völlig unpsychiatrischen Milieu. Unterstützung, Rat und Hilfe fanden sie jederzeit bei einem ärztlichen Team aus einem **Community Mental Health Center** (eine an allen Orten entwickelte Zwischeninstitution zur halbstationären oder ambulanten Behandlung psychiatrischer Patienten, entstanden nach dem „Kennedy-Act" 1963 in den USA). Unter großem Aufwand wurden jahrelang mit genau abgestimmten Vergleichsgruppen aus dem traditionellen Behandlungsbereich Zustand, psychopathologische und soziale Entwicklung sowie subjektives Erleben der dort behandelten Schizophrenen verglichen. Die Behandlung bestand im Miteinanderleben, Medikamente gab es nur in seltenen Fällen. War ein Schizophrener sehr erregt, so gab es einen Raum voller Kissen und unzerbrechlicher Fenster, in dem der Betreuer zusammen mit dem Erkrankten wenn nötig, ein bis zwei Tage ständig zusammenblieb. Auch ohne Medikamente beruhigten sich die Patienten bemerkenswerterweise fast immer spontan. Auch die Schwierigkeiten mit der Umgebung hielten sich in Grenzen, die durchaus vertretbar waren.

Das Ergebnis, das in über zwanzig Einzelarbeiten publiziert wurde, war, daß bei eher niedrigen Gesamtkosten mindestens ebenso gute und teilweise sogar deutlich bessere Resultate als gewöhnlich erzielt wurden. Vor allem im subjektiven Erleben der Erkrankten und deren sozialen Entwicklung schnitt das Soteria-Projekt erheblich besser ab als etablierte Einrichtungen. Hier scheinen alle Anforderungen für ein ideales Behandlungsmilieu gegeben zu sein. Auch aus anderen Gegenden der Welt liegen inzwischen Informationen über positive Erfahrungen in einer großen Zahl von Einrichtungen mit ähnlichem Charakter vor.

Auch die Idee von Paul Polak in Denver, die „alte" **Familienpflege** wieder zu beleben, ist nicht uninteressant. Er engagierte mit Erfolg Familien, die geeignet waren, psychiatrische Patienten zur vorübergehenden Krisenintervention aufzunehmen. Er entwickelte daneben die Technik der ambulanten Krisenintervention, und in der Gemeinschaft aktivierte er viele freiwillige Laienhelfer. Speziell zur Überwachung der gerade hier oft massiven Anfangsmedikation stand eine psychiatrische Einsatzequipe ständig bereit. Auf diese Weise reduzierte Polak die jährlichen stationären Aufnahmen in einem bestimmten Stadtteil von vielen Hunderten auf weniger als dreißig Fälle.

Die minimale Kapazität, der Hauptnachteil solcher unkonventioneller Behandlungsmethoden, ist gleichzeitig aber auch ihr entscheidender Vorteil. Sie sind nicht so schwerfällig und undurchsichtig wie die großen Institutionen. In einer Schweizer Stadt beispielsweise wurden zwanzig kleine Wohngemeinschaften für jeweils vier bis fünf schizophrene Langzeitpatienten geschaffen. Da die Stadt eine Einwohnerzahl von weniger als 50 000 hatte, fielen diese Wohngemeinschaften durchaus ins Gewicht.

Das Ziel einer humanen klinischen Psychiatrie mit offenen Türen, verfolgt das **Herner Modell.** Dabei werden drei positive Punkte verwirklicht:
- Verzicht auf Aufnahmestationen
- Keine Spezialstationen
- Offene Türen auf sämtlichen Stationen.

Auf Aufnahmestationen wurde deshalb verzichtet, da sich an diesem Ort hochgradig gestörtes Erleben und Verhalten der Akutkranken konzentriert, das sich wechselseitig noch verstärkt. Auch gesunde Menschen hätten wohl ihre Schwierigkeiten, hier zu leben, geschweige denn, gesund zu werden. In Herne machte man die Erfahrung, daß durch die Abschaffung dieser Stationen das sonst hier übliche Gewaltpotential erheblich vermindert werden konnte.

Alle Stationen im Akutbereich sind Aufnahme- und Entlassungsstation, potentiell offen, wenn erforderlich, geschlossen.

Seit mehr als zehn Jahren erfüllt die Herner Klinik trotzdem ihre Vollversorgungsverpflichtung und hat somit keine anderen Patienten wie jede andere Landesnervenklinik auch. Außer medikamentöser Hilfe wird hier Wert auf Öffentlichkeitsarbeit, Selbsthilfe und die fachspezifischen, psychotherapeutischen Aspekte gelegt. Durch die „normale" Station wird eine kontinuierliche und verläßliche personelle Betreuung des Akutkranken von dem Zeitpunkt seiner Aufnahme bis zur Entlassung gewährleistet.

Zur Aggression neigende Kranke können so bei Wiederaufnahme auf „ihrer" Station durch vertraute Bezugspersonen betreut werden. So ist der Grundsatz verwirklicht, möglichst kontinuierliche Behandlung durch die gleichen Betreuer von der akuten Phase über die Normalisierung bis zur sozialen und beruflichen Wiedereingliederung.

Durch die heterogene Zusammensetzung der Patientinnen und Patienten einer Station mit unterschiedlichem Krankheitsbild, Alter und sozioökonomischem Status wird die Kommunikation und der Austausch verbessert. Gesunde Anteile im Patienten werden stimuliert und gefördert durch das kollektive Gefühl der Verantwortung im Rahmen der therapeutischen Gemeinschaft. Die Patienten unterstützen sich gegenseitig.

Zusammenfassend läßt sich zum Herner Modell folgendes sagen:

Die Zahl von Suiziden ist gesunken, ebenso der Anteil von gerichtlich untergebrachten Patienten. Gewalttätiges Verhalten von und gegen den Patienten gerichtet kommt relativ selten vor, das gemeindepsychiatrische Hospital ist in das Netzwerk kommunaler Dienste und Einrichtungen integriert. Auch für die in der Klinik arbeitenden Profis hat sich einiges verbessert. Durch die in ihrer Alltagspraxis erforderliche Flexibilität und Kreativität wird dem Ausgebranntsein vorgebeugt. Neue Erfahrungen sind möglich, auch der zunehmend höhere Stellenwert der therapeutischen Tätigkeit des Pflegepersonals ist beachtlich.

Auf ein Wort danach

Der Ursprung dieses Buches war, wie im Vorwort schon geschrieben, ein Skript, das wir im Jahre 1992 erstellt haben, um den Einstieg für Krankenpflegeschüler und neue Kollegen, die ihren Dienst auf unserer Station, einer geschlossenen psychiatrischen Aufnahmestation, begannen, zu erleichtern. Aus diesem Skript, das gerade 28 Seiten umfaßte, ist nach fast zweijähriger Arbeit das vorliegende Buch geworden.

Die therapeutischen Erkenntnisse, besonders die der Pharmakotherapie und Medizin, verändern sich ständig, deshalb sind die Angaben in diesem Buch, besonders was die Dosierung, Indikation und Nebenwirkungen betrifft, ständig zu prüfen und wurden in der dritten Auflage komplett überarbeitet.

Bei all den Gedanken, die wir uns um die Ergründung und die Therapie von psychischen Erkrankungen machen, sollten wir nicht vergessen, daß beispielsweise die Besonderheit einer Psychose oder die Abhängigkeit von Suchtmitteln für den Patienten ein schützender Raum sein kann, den wir zwar für gefährlich halten und schlecht nachvollziehen können, für den Betroffenen aber das unter seinen Umständen erträglichste ist. Manchmal müssen wir uns auch damit abfinden, daß der Patient diesen Raum nicht verlassen möchte und das für ausreichend halten, worauf wir uns mit ihm haben verständigen können.

Es gibt sicher vieles, was noch erwähnt werden könnte, und einiges, was wir vielleicht übersehen haben. Deshalb sind wir froh und dankbar für jede konstruktive Kritik.

Die Herausgeber

Literaturverzeichnis

Aebi, E.: Ciompi, L.; Hansen, H.: Soteria im Gespräch: über eine alternative Schizophreniebehandlung. 2. Auflage, Bonn, Psychiatrie Verlag, 1994

Aernout, J. R.: Arbeitstherapie. 2. Auflage, Weinheim, Beltz Verlag, 1986

Alexander, F. G.; Selensnick, S. T.: Geschichte der Psychiatrie. Konstanz, Diana Verlag, 1969

Angermeyer, M. C.; Finzen, A.: Die Angehörigengruppe, Familien mit psychisch Kranken auf dem Weg zur Selbsthilfe. Stuttgart, Enke Verlag, 1984

Barz, H. Dr. med: Praktische Psychiatrie, Ein Lehrbuch für psychiatrisches Pflegepersonal. 3. Auflage, Bern–Stuttgart–Wien, Hans Huber Verlag, 1983

Bauer, M.; Bosch, G. u. a.: Psychiatrie – Psychosomatik – Psychotherapie. Stuttgart, Thieme Verlag, 1976

Bäuml, J.: Psychosen aus dem schizophrenen Formenkreis. Ein Ratgeber für Patienten und Angehörige. Berlin–Heidelberg, Springer Verlag, 1994

Berger, M.: Psychiatrie und Psychotherapie, Urban & Fischer Verlag, München–Jena, 1999

Berlit, P.: Klinische Neurologie. Weinheim, Chappmann and Hall, 1992

Berner, P.: Psychiatrische Systematik. Bern, Hans Huber Verlag, 1979

Bertram, W.: Angehörigenarbeit: Familientherapie für die psychiatrische Alltagspraxis. 2. Auflage, München–Weinheim, Psychologie-Verlags-Union, 1986

Blau, G.; Kammeier, H.: Straftäter in der Psychiatrie. Stuttgart, Enke Verlag, 1984

Bock, Th.; Deranders, J. E.; Esterer, I.: Stimmenreich: Mitteilungen über den Wahnsinn. 4. Auflage, Bonn, Psychiatrie Verlag, 1994

Bock, Th.; Weigand, H.: Handwerksbuch Psychiatrie. 2. Auflage, Bonn, Psychiatrie Verlag, 1992

Böning, J.; Gerchow, J.; Katzung, W.; Kovar, K. A.; Wanke, K.: Medikamenten-Abhängige. – Eine Information für Ärzte. Hamm, Deutsche Hauptstelle gegen die Suchtgefahren, 1991

Bräutigam, W.: Reaktionen, Neurosen, abnorme Persönlichkeiten: Seelische Krankheiten im Grundriß. 4. neu bearbeitete Auflage, Stuttgart, Thieme Verlag, 1978

Bräutigam, W.; Christian, P.: Psychosomatische Medizin. Stuttgart, Thieme Verlag, 1986

Bräutigam, W.; Clement, U.: Sexualmedizin im Grundriß. Stuttgart, Thieme Verlag, 1989

Ciompi, L.: Affektlogik. Stuttgart, Klett-Cotta, 1982

Ciompi, L.: Sozialpsychiatrische Lernfälle: aus der Praxis – für die Praxis. Bonn, Psychiatrie Verlag, 1985

Dalley, T.: Kunst als Therapie. Eine Einführung (aus dem Englischen von A. Rinsche). Rheda-Wiedenbrück, Daedalus Verlag, 1986

Deger-Erlenmaier, H.: Wenn nichts mehr ist, wie es war ...; Angehörige psychisch Kranker bewältigen ihr Leben. Bonn, Psychiatrie Verlag, 1992

Deimel, H.: Sporttherapie bei psychotischen Erkrankungen. Berlin, Marhold Verlag, 1983

Delank, H. W.: Neurologie. Stuttgart, 1994, Enke Verlag

Dörner, K.; Plog, U.: Irren ist menschlich. 6. Auflage, Bonn, Psychiatrie-Verlag, 1987

Dörner, K.; Egetmeyer, A.; Koenning, K.: Freispruch der Familie; Angehörige, Patienten und die Psychiatrie. 3. Auflage, Bonn, Psychiatrie Verlag, 1991

Dörner, K.; Plog, U.: Sozialpsychiatrie. Neuwied, Luchterhand Verlag, 1972

DSM-III-R.: Diagnostische Kriterien und Differentialdiagnosen des diagnostischen und statistischen Manuals psychischer Störungen: DSM-III-R. Weinheim–Basel, Beltz Verlag, 1989

Einig, H.: Zum Umgang mit Gewalt und Aggressionen in der psychiatrischen Krankenpflege. Ausgabe 1, Jahrgang 1994, 1. Quartal Moderne Zeiten (Mitarbeiterzeitung der LNK Andernach), 1994

Esser, A.: Rückfallbedingungen bei Alkoholikern nach stationärer Entwöhnungsbehandlung. Marburg/L. Diss., 1991

Fähndrich, E.; Stieglitz, R. D.: Leitfaden zur Erfassung des psychopathologischen Befundes. Das AMDP-System. Berlin–Heidelberg–New York, Springer Verlag, 1989

Faust, V.: Psychiatrie, ein Lehrbuch für Klinik, Praxis und Beratung. München–Jena, Urban & Fischer Verlag, 1995

Feldmann, L.: Alzheimer-Krankheit. Denkanstöße 92 – Hrsg. Heidi Bohnet von der Thüsen, Serie Piper, 1992

Feuerlein, W.; Krasney, O.; Teschke, R.: Alkoholismus – Eine Information für Ärzte. Hamm, Deutsche Hauptstelle gegen die Suchtgefahren, 1991

Finzen, A.: Suizidprophylaxe bei psychischen Störungen: Leitlinien für den therapeutischen Alltag. Bonn, Psychiatrie Verlag, 1989

Finzen, A.: Tags in die Klinik – abends nach Hause. Bonn, Psychiatrie Verlag, 1986

Floeth, Th.: Ein bißchen Chaos muß sein: Die psychiatrische Akutstation als soziales Milieu. Bonn, Psychiatrie Verlag, 1991

Frank, W.: Psychiatrie, Kurzlehrbuch mit Hervorhebung der Prüfungsfakten. 14. Auflage, München–Jena, Urban & Fischer Verlag, 2000

Gerchow, J.; Hünnekens, H.; Kovar, K. A.; Wanke, K.; Ziegler, H.: Drogenabhängigkeit. – Eine Information für Ärzte. Hamm, Deutsche Hauptstelle gegen die Suchtgefahren, 1988

Grawe, K.; Donati, R.; Bembauer, F.: Psychotherapie im Wandel, Hogrefe, Göttingen–Bern–Toronto–Seattle, 1994

Gutzmann, H.; Konowski, S.: Das AGP-System. Berlin–Heidelberg–New York, Springer Verlag, 1988

Hahlweg, K.; Dürr, H.; Müller, U.: Familienbetreuung schizophrener Patienten, Psychologie Verlagsunion, München, 1995

Haring, C.; Psychiatrie. Stuttgart, Enke-Verlag, 1989

Haupt, W. F.; Jochheim, K. A.; Remschmidt, H.: Neurologie und Psychiatrie für Krankenpflegeberufe. 7. Auflage, Stuttgart–New York, Thieme Verlag, 1993

Hoffmann-La Roche AG: Roche Lexikon Medizin. 4. neubearbeitete Auflage, München–Jena, Urban & Fischer Verlag, 1998

Hoffmann, S. O.: Einführung in die Neurosenlehre und psychosomatische Medizin. 4. erweiterte Auflage, Stuttgart–New York, Schattauer Verlag, 1992

Hofstätter, P.: Psychologie. München–Jena, Urban & Fischer Verlag, 1965

Hornung, W. P.: Psychoedukation und Psychopharmakotherapie, Schattauer, Stuttgart–New York, 1998

Huber, G.: Psychiatrie, systematischer Lehrtext für Studenten und Ärzte. 4. Auflage, Stuttgart–New York, Schattauer Verlag, 1987

ICD 10: Internationale Klassifikation psychischer Störungen: ICD 10, Kapitel V (F), klinisch diagnostische Leitlinien, Weltgesundheitsorganisation. Hrsg. von H. Dilling. Bern–Göttingen–Toronto, Huber Verlag, 1991

Jensen, M.; Thiel, H.: Die Pflege im integrativen Therapiekonzept, in: Krausz, M., Naber D.: Integrative Schizophrenietherapie, Karger Verlag, Basel–Freiburg–Paris–London–New York, 2000

Kaschka, P.; Lungershausen, E.: Paranoide Störungen – Tropon Symposium VII. Berlin–Heidelberg–New York, Springer Verlag, 1992

Kistner, W.: Der Pflegeprozeß in der Psychiatrie. Beziehungsgestaltung und Problemlösung in der psychiatrischen Pflege. München–Jena, Urban & Fischer Verlag, 1997

Kraiker, C.; Peter P.: Psychotherapieführer: Wege zur seelischen Gesundheit. München, Beck 1983

Kretz, F. J.; Kretz, Agnes; Schroedl, Peter: Medikamentöse Therapie. 3. Auflage, Stuttgart, Thieme Verlag, 1988

Krisor, M.: Auf dem Weg zur gewaltfreien Psychiatrie: Das Herner Modell im Gespräch. 2. überarbeitete Auflage, Bonn, Psychiatrie Verlag, 1993

Kuiper, P. C.: Die seelischen Krankheiten des Menschen. Bern–Stuttgart, Gemeinschaftsverlag Huber Klett, 1966

Ladewig, D.; Hobi, V.; Kleiner, D.; Dubacher, H.; Faust, V.: Drogen unter uns. Basel, Karger Verlag, 1983

Lechler, W.: Nicht die Droge ist's, sondern der Mensch. In: Sonnenberg, J.: Wenn Theologie praktisch wird ..., Stuttgart, 1983

Lempke, G.: Beschäftigungstherapie in der Psychiatrie. Stuttgart, Thieme-Verlag, 1979

Linehan, M.: Dialektisch Behaviorale Therapie der Borderline-Persönlichkeitsstörung, CIP Medien, München, 1996

Martin, E.; Junod, J. P.: Lehrbuch der Geriatrie. Bern–Stuttgart–Toronto, Huber Verlag, 1990

Minsel, W. R.: Praxis der Gesprächspsychotherapie. Graz, Böhlau, 1974

Needham, J.: Pflegeplanung in der Psychiatrie. Basel, Recom-Verlag, 1988

Östereich, K.: Gerontopsychiatrie. München, Quintessenz, 1993

Peters, U. H.: Wörterbuch der Psychiatrie und medizinischen Psychologie. 4. überarbeitete und erweiterte Auflage, München–Wien–Baltimore, Urban & Schwarzenberg Verlag, 1990

Rauchfleisch, U.: Testpsychologie: Eine Einführung in die Psychodiagnostik. Göttingen, Vandenhoeck & Ruprecht, 1989

Revenstorf, D.: Psychotherapeutische Verfahren. Band III: Humanistische Therapien. Stuttgart–Berlin–Köln–Mainz, Kohlhammer, 1983

Roder, V.; Brenner, H. D.; Kienzle, N.; Hodel, B.: IPT – Integriertes psychologisches Therapieprogramm für schizophrene Patienten, Psychologie Verlagsunion, München, 1997

Rogers, C. R.: Therapeut und Klient. Grundlagen der Gesprächspsychotherapie. München, Kindler, 1977

Rudolf, Gerhard A. E.: Praxisleitfaden Psychiatrie: Der schizophrene Patient in der ärztlichen Sprechstunde. 2. überarbeitete und aktualisierte Auflage, Braunschweig–Wiesbaden, Vieweg Verlag, 1993

Schädle-Deininger, H.; Villinger, U.: Praktische Psychiatrische Pflege, Psychiatrie Verlag, Bonn, 1996

Scharfetter, Ch.: Allgemeine Psychopathologie. 2. überarbeitete Auflage, Stuttgart–New York, Thieme Verlag, 1985

Schmidt, D.: Epilepsien, Fragen und Antworten. 2. überarbeitete Auflage, München–Bern–Wien–San Francisco. W. Zuckschwerdt Verlag, 1988

Schneider, F.; Bartels, M.; Foerster, K.; Gaertner, H. J.: Perspektiven der Psychiatrie. München–Jena, Urban & Fischer Verlag, 1991

Schneider, K.: Klinische Psychopathologie. 3. Auflage, Stuttgart, Thieme Verlag, 1950

Schulte, W.; Tölle, R.: Psychiatrie. Berlin, Springer Verlag, 1975

Schultz, H.: Lehrbuch der analytischen Psychotherapie, Stuttgart, Thieme Verlag, 1970

Schüttler, R.: Organische Psychosyndrome – Tropon Symposium VIII. Berlin–Heidelberg–New York, Springer Verlag, 1993

Stafford-Clark, D.: Psyche, Krankheit und Heilung: Moderne Psychiatrie. München, Biederstein Verlag, 1962

Steinert, T. Dr.: Der aggressive Patient in der Psychiatrie. Die Schwester/Der Pfleger 7/93 (Fachzeitschrift für Krankenpflege). Bibliomed Verlag, 1993

Thiel, H.; Jensen, M.: Klinikleitfaden Psychiatrische Pflege, Urban & Fischer, München–Jena, 1997

Tölle, R.: Psychiatrie. 9. Auflage, Berlin–Heidelberg, Springer Verlag, 1991

Vaillant, G. E.: Werdegänge. Erkenntnisse der Lebenslauf-Forschung. Hamburg, Rowohlt, 1980

Weig, W. Dr. med.: Psychiatrische Krankenpflege heute. Mainz, Verlag Kirchheim, 1988

Wienberg, G.; Schünemann-Wurmthaler, S.; Sibum, B.: Schizophrenie zum Thema machen, Psychiatrie Verlag, Bonn, 1996

Willke, E.; Hölter, G.; Petzold, H.: Tanztherapie – Theorie und Praxis – Ein Handbuch, Paderborn, Junfermann Verlag, 1991

Zehentbauer, J.; Steck, W.: Chemie für die Seele: Gefahren und Alternativen. Königstein/Ts. Athenäum Verlag, 1986

Zerchin, S.: Auf der Spur des Morgensterns. München, List Verlag, 1990

Kurzglossar der Fach- und Fremdwörter

Abnorme Persönlichkeit
Alle von der Norm abweichenden Varianten bestimmter seelischer Wesenseigenheiten

Absence
Kleiner epileptischer Anfall, mit Bewußtseinspausen von fünf bis zwanzig Sekunden

Abusus
Mißbrauch (beispielsweise: Alkoholabusus, Medikamentenabusus)

Affekt
Heftige kurzzeitige Gefühlswallung, gegen die sich rationale Persönlichkeit nicht durchzusetzen vermag

Agitiertheit
Motorische Unruhe (innere), ständiges Bewegungsbedürfnis. Als Begleitsymptom beispielsweise bei agitierter Depression oder Delirium tremens

Akathisie
Bewegungsunruhe, Bewegungsdrang, Unfähigkeit, längere Zeit ruhig sitzen oder stehen zu können

Akinese
Bewegungslosigkeit, Unfähigkeit zu Willkürbewegung (Stupor, Schrecklähmung)

Akzessorische Symptome
Hinzukommende Symptome

Alzheimer-Demenz
Fortschreitende degenerative Erkrankung des Gehirns

Ambivalenz
Gleichzeitig bestehende, sich aber widersprechende und nicht in Einklang zu bringende Gefühle, Wünsche, Vorstellungen und Absichten

Amnestisches Syndrom
Schwere Merkfähigkeitsstörung. Desorientiertheit zu Raum und Zeit, nicht jedoch zur Person, Konfabulationen

Anamnese, biographische
Vorgeschichte einer Erkrankung mit der Verbindung von Lebensgeschichte und sozialer Situation

Anorexia nervosa
Magersucht durch extremen Gewichtsverlust mit massiver Furcht vor Gewichtszunahme

Antrieb
Eine ungerichtete Kraft, die eine Voraussetzung für Denken, Fühlen und Handeln darstellt

Autismus
Leben in einer eigenen Gedanken- und Vorstellungswelt. Rückzug aus der Gemeinschaft in eine selbstgewählte Einsamkeit

Bilanzselbstmord
Überlegte Selbsttötung nach Bilanz des bisherigen Lebens und der momentanen Situation

bipolar
Krankheit verläuft zwischen zwei Polen, beispielsweise zwischen manischen und depressiven Zuständen

Bleuler-Krankheit
Vielgebrauchtes Synonym für Schizophrenie

Borderline-Erkrankungen
Krankheitszustände, die als Grenzfälle zwischen Psychose, einer Persönlichkeitsstörung und psychischer Gesundheit anzusiedeln sind

Choleriker
Menschen mit Neigung zu plötzlichen und heftigen Erregungen und Aggressivität

Compliance
Positive oder negative Haltung des Patienten auf Medikamentenverordnungen und Verhaltensvorschriften. Wille zur Zusammenarbeit des Patienten mit dem Behandlungsteam

Coenästhesien
Vitale Leibempfindungen. Im Zusammenhang mit einem psychotischen Erleben spricht man von Leibhalluzinationen

Dämmerzustand
Veränderter Bewußtseinszustand (Unaufmerksamkeit, Geistesabwesenheit), der bestimmten Ursachen oder Umständen zugeordnet wird. Beispielsweise alkoholischer, deliranter, epileptischer, erregter, geordneter, hysterischer, organischer oder psychogener Dämmerzustand

Debilität
Leichter Grad einer angeborenen Intelligenzminderung

Defekt
Bezeichnung für den Verlust von intellektuellen Fähigkeiten, Ansprechbarkeit und Umfang des Gefühlslebens

Defekt, schizophrener
Dazu gehören Antriebsverarmung, Gleichgültigkeit, affektive Kontaktstörung, Unbeherrschbarkeit der Affekte, Zerfahrenheit, soziale Isolierung. Bestehender Wahn und Halluzination können weiter bestehen. Intelligenz und Gedächtnis sind nicht gestört

Déjà-vu-Erlebnis
Das Gefühl, etwas schon einmal gesehen oder erlebt zu haben (z. B. in einer Stadt, in der man noch nie war)

Delir
Reversible Psychose mit Absinken der Bewußtseinslage, Desorientiertheit zu Ort und Zeit, illusionären Verkennungen, optischen, akustischen, haptischen Halluzinationen, psychomotorische Unruhe

Demenz
Verlust der Merkfähigkeit. Im weiteren Verlauf der Krankheit nehmen auch Denken, Urteilsfähigkeit und Anpassung progredient (fortschreitend) ab

Denkstörungen, formal
Störung des Denkablaufs, Denkhemmung, Denksperre, Zerfahrenheit, Inkohärenz, Umständlichkeit, Perseveration

Denkstörungen, inhaltlich
Zwangsideen, Wahnideen, wahnartige oder überwertige Ideen

Depersonalisation
Gefühl, dem eigenen Ich fremd gegenüberzustehen

Depression
Niedergedrückte Stimmungslage

Depression, agitierte
Niedergedrückte Stimmungslage, der sich eine Erregung beimischt, die häufig ängstlich oder ruhelos-getrieben ist

DSM III-R
Diagnostisches und statistisches Nachschlagewerk für psychische Störungen

Dialogstimmen
Stimmenhören in Form von Rede und Gegenrede

Dissimulieren
Vortäuschen von Gesundheit. Der schizophrene Patient beispielsweise verbirgt/verheimlicht Krankheitssymptome, um eine rasche Entlassung herbeizuführen

Dyskinesie
Gestörter Bewegungsablauf

EKT
Elektrokrampftherapie

emotional
Gefühlsbetont

Erregung, psychomotorische
Starker Bewegungsdrang, ausgelöst durch psychische Vorgänge. Häufig bei psychischem Kranksein mit Angst und einem starken Gefühl von innerer Unruhe

EPS
Extra**p**yramidale **S**törungen

Euphorie
Dem Zustand nicht entsprechende heitere Stimmung in Form von Sorglosigkeit, Optimismus und subjektiv empfundenem Wohlbefinden. Die Bezeichnung wird häufig in Verbindung mit organischen Wesensänderungen gebraucht

expansiv
Sich ausbreiten (beispielsweise expansiver Wahn)

Fabulieren
Unbeabsichtigtes Erzählen erfundener Geschichten, die in wahre Begebenheiten eingefügt werden

Familientherapie
Gemeinsame Psychotherapie des Erkrankten und seiner Familie

Forensische Psychiatrie
Psychiatrischer Fachbereich, der sich mit psychisch kranken Rechtsbrechern befaßt

Ganser-Syndrom
Vorbeiantworten und Vorbeireden auf einfachste Fragen

Gedankenabreißen
Ein Gedanke reißt ab, der Patient kann ihn nicht wieder aufnehmen

Gedankenausbreitung
Gefühl, daß Gedanken, in dem Augenblick, in dem sie gedacht werden, von anderen gleichzeitig mitgewußt werden

Gedankenbeeinflussung
Gefühl, daß Gedanken von außen manipuliert werden

Gedankeneingebung
Gefühl, daß Gedanken von außen eingegeben werden

Gedankenentzug
Gefühl, daß die Gedanken von außenstehenden Mächten oder Personen entzogen werden

Gerontopsychiatrie
Fachgebiet, das sich mit seelischen Erkrankungen im Alter befaßt

Graviditätspsychose
Psychose, die in der Schwangerschaft (Gravidität) auftritt

Halluzination
Wahrnehmung ohne reales Objekt. Der entsprechende Sinneseindruck geht nicht von den Sinnesorganen aus, sondern entsteht im Gehirn. Der Betroffene glaubt fest an die Realität der Wahrnehmung

HAWIE
Hamburg-**W**echsler-**I**ntelligenztest für **E**rwachsene

haptisch
Den Tastsinn betreffend

Hebephrenie
Verlaufsform einer jugendlichen Form der Schizophrenie

hirnorganisches Psychosyndrom
Synonym für „organisches Psychosyndrom“

Hospitalismus
Institutionalismus mit Widerstand gegen die Entlassung/Resozialisierung aus einer beschützenden Institution (Klinik), wenn der Patient sich zu sehr eingewöhnt hat

Hypochonder
Mensch, der sich ständig unbegründet um seine Gesundheit sorgt

hypomanisch
Bezeichnung für eine abgeschwächte Form der Manie, wird häufig als Beschreibung einer beginnenden, ausklingenden oder einer Depression folgenden, leichten manischen Phase benutzt

hysterische Reaktion
sehr demonstrativer, theatralischer Affekt

Ich-Störungen
Charakteristische Störung schizophrener Menschen im Ich-Erleben, es verwischen die Grenzen zwischen Ich und Umwelt

Ideenflucht
Formale Denkstörung, bei der das Denkziel durch eine Flut von Gedanken ständig geändert wird

Idiotie
Schwerster Grad von angeborener Intelligenzschwäche mit einem Intelligenzquotienten (IQ) zwischen 20 und 25

Imbezillität
Mittlerer Grad von angeborener Intelligenzschwäche mit einem IQ zwischen 35 und 49

Illusion
Sinnestäuschung mit verfälschter Wahrnehmung eines Objektes bzw. Verkennung eines Sinneseindruckes

Inkohärenz
Formale Denkstörung mit unlogischem, ungeordnetem Denkablauf, wobei das Gedachte weder durch logische noch durch assoziative Verbindungen miteinander verknüpft ist

Insuffizienzgefühl
Das Gefühl, den vom sozialen Umfeld oder dem eigenen Gewissen geforderten Ansprüchen nicht mehr genügen zu können

Jammerdepression
Ältere Bezeichnung für die Form der agitierten Depression, wobei der Patient ständig über sein großes Unglück jammert

Katatonie
Das klinische Bild ist vorwiegend durch Störungen der Willkürbewegungen gekennzeichnet. Es gibt zwei Verlaufsformen: Die katatone Sperrung, wobei der Erkrankte erstarrt ist wie eine Statue (Stupor). Der katatone Erregungszustand, also eine schwere psychomotorische Erregung

Konfabulation
Der Kranke phantasiert, weil er sich an die tatsächlichen Gegebenheiten nicht erinnern kann. Kommt häufig beim amnestischen Korsakow-Syndrom vor

Krisenintervention
Therapeutisches Einschreiten in psychiatrisch kritischen Situationen

läppisch
Unreif oder unernst wirkendes Verhalten, das häufig bei der jugendlichen Hebephrenie zu beobachten ist

Leibhalluzination
Halluzinationen mit Leibempfindungen (Coenästhesien)

Lithium-Prophylaxe
Prophylaktische Behandlung manisch-depressiver Krankheiten mit einem Lithium-Präparat (Hypnorex®, Quilonum®)

Logorrhoe
Ungehemmter Redefluß/Redeschwall

Magersucht
Oberbegriff für starke Gewichtsabnahme aufgrund einer psychiatrischen Erkrankung

Manieriertheit
Verlust der natürlichen Harmonie des Ausdrucks (Mimik, Gestik, Sprache). Beispielsweise ständiges Zupfen an den Augenbrauen, kreisende Armbewegungen zwischen zwei Zügen an einer Zigarette, ausgefallener Wortschatz mit pathetischer Betonung einiger Wörter. Das Verhalten wirkt gestelzt, oft wie eine Karikatur

Minussymptomatik
Minderung emotionaler Schwingungsfähigkeit, der Initiative und der Kontaktfähigkeit. Symptom der Schizophrenie als Gegensatz der „Plussymptomatik"

mnestisch
Das Gedächtnis (Mneme) betreffend

monopolar
Nur nach einem Pol hin verlaufende Phase bei der Zyklothymie

Negativismus
Verhalten, bei dem der Patient genau das Gegenteil von dem tut, was ihm gesagt wird. Fordert man ihn auf, einen Löffel in die Hand zu nehmen, um die Suppe zu essen, nimmt er die Gabel

Neologismus
Wortneubildungen, meist aus anderen Wörtern zusammengesetzt

neuroleptische Potenz
Bezeichnet die Wirkungsstärke eines Neuroleptikums, gemessen an Megaphen®

Neurotiker
Jemand, der an seiner Neurose (Verhaltensanomalie) leidet

Nihilismus
Einstellung des Patienten, daß alles wertlos ist, besonders er selbst

Nosologie
Systemische Beschreibung von Krankheiten und deren Klassifizierung

Oligophrenie
Sammelbezeichnung für angeborene oder früh erworbene geistige Entwicklungsstörungen

Orientierungsstörung
Unkenntnis von Ort, Situation oder Zeit

Paramimie
Grimassieren, besonders bei jugendlicher Schizophrenie. Der Gesichtsausdruck paßt nicht zur Stimmung oder Situation

Paranoia
Der nichtschizophrene, chronische, systematische Eifersuchts-, Beziehungs- oder Verfolgungswahn

paranoide Erlebnisreaktion
Abnorme seelische Reaktionen in Form von Wahnvorstellungen, häufig als affektbetonter Beziehungswahn. Die Ursache ist meist eine starke seelische Kränkung, Demütigung oder Beschämung

Parathymie
Affektstörungen, die vor allem bei Schizophrenien beobachtet werden. Die sichtbaren Gefühlsäußerungen passen nicht zum Denkinhalt. Beispielsweise erzählt ein Patient mit einem Lächeln im Gesicht, daß sein Vater gerade verstorben sei

Perseveration
Haftenbleiben an einem Thema, ein Umlenken auf einen anderen Gesprächsinhalt ist nur sehr schwer oder gar nicht möglich

Pfropfpsychose
Eine auf den Schwachsinn aufgepfropfte Psychose

Placebo
Scheinmedikament

Plussymptome
Wahn, Sinnestäuschungen, Erregung in der Psychose

Psychiatrie-Enquête
1971 vom Bundestag in Auftrag gegebene Untersuchung zur Lage der Psychiatrie in der Bundesrepublik

psychogen
Durch inneres Erleben hervorgerufen

Psychomotorik
Spiegel der Psyche im Bewegungsspiel. Beim Maniker beispielsweise sind das Denken als auch seine Bewegungen beschleunigt, beim Bewußtseinsgetrübten sind die Psyche und die Motorik verlangsamt

Psychopath
Persönlichkeitsgestörte Person. Durch den allgemein negativen Gebrauch wurde dieser Begriff durch „Persönlichkeit" ersetzt, z.B. anankastische Persönlichkeit, asthenische Persönlichkeit

Psychopathologie
Die Lehre von den Auffälligkeiten der Seele ist eine Teildisziplin der Psychiatrie und befaßt sich mit der Beschreibung, Klassifizierung und Ordnung psychischer Symptome/Syndrome, Krankheiten und Abnormitäten

Psychopharmaka
Alle Medikamente, die das menschliche Verhalten und Erleben beeinflussen

Psychose
Oberbegriff für die Erkrankungen der Seele und des Geistes mit organischer und endogener Ursache

psychosomatische Störungen
Körperliche (somatische) Störungen, die durch Erlebtes ausgelöst werden

Psychosyndrom
Psychische Störungen, deren Ursache organische Veränderungen sind

psychotrop
Spezielle Wirkung von Medikamenten auf psychische Funktionen

Querulant
Rechthaberische, mißtrauische, ständig klagende Persönlichkeit (Querulantenwahn): der Patient fühlt sich fanatisch um das eigene Recht betrogen – beispielsweise um die Rente.

Raptus
Bei psychischem Gestörtsein plötzlicher, anfallsartiger Gefühlsausbruch, meist aus völliger, scheinbarer Ruhe heraus, mit gewaltsamen Handlungen

Regression
Rückschritt (regredieren; sich zurückentwickeln). Erwachsene nehmen dabei typisch kindliches Verhalten an

Residualwahn
Unkorrigierbare Restsymptomatik eines Wahns nach Abklingen einer Psychose

schizoid
Persönlichkeitsstörung. Diese Menschen sind meist ungesellig, autistisch, ambivalent. Innere Spannungen und Empfindungen werden hinter einer stumpfen Fassade verborgen

Schizophrenie
Krankheitsbild der endogenen Psychosen

Schlafentzugsbehandlung
Behandlung einer Depression durch Schlafentzug in der Nacht

Schlummerlabor
Zimmer 1055 auf der KM2

Sinnestäuschung
Gestörte Sinneswahrnehmung, wobei voneinander abzugrenzen sind: Illusionen, Halluzinationen, Pseudohalluzinationen

Stimmenhören
Stimmen werden als akustische Halluzinationen gehört

Stupor
Trotz wachem Bewußtsein ist es dem Patienten nicht möglich, mit seiner Umwelt in Kontakt zu treten. Er wirkt erstarrt (siehe Katatonie)

Suizid
Selbsttötung. Beim erweiterten Suizid werden andere Menschen, beispielsweise Familienmitglieder, mitgetötet

Supervision
Reflektion der Arbeit und das Aufarbeiten der eigenen Gefühle und Gedanken gegenüber bestimmten Patienten, unter fachmännischer Anleitung

Syndrom
Eine Gruppe von zusammengehörigen Symptomen

Systematisierung
Das Zusammenfügen einzelner Wahnerscheinungen in einem logischen Verbund (systematisierter Wahn)

Toxikomanie
Gewöhnung/Abhängigkeit von Drogen aller Art

Tranquilizer
Arzneimittel mit entspannender und angstlösender Wirkung

Vigilanz
Wachheit, Bewußtseinshelle. Bereitschaft zur Zuwendung und Aufmerksamkeit

Wahn
Eine inhaltlich falsche (krankhaft entstandene) Überzeugung, die mit absoluter Gewißheit (Evidenz) auftritt und an der der Patient, bei allen vernünftigen Gegengründen, unbeirrbar und unzugänglich festhält (unkorrigierbar). Auch dann noch, wenn eine Unvereinbarkeit mit den bisherigen Erfahrungen besteht und eine objektive Nachprüfbarkeit der Realität möglich ist

Zerfahrenheit
Der Gedankengang wird durch Gedankensprünge in seiner Logik auseinandergerissen/aufgelöst

Zyklothymie
Synonym für manisch-depressives Kranksein

Register

Halbfette Ziffern verweisen auf Hauptfundstellen.

E

F

G

H

M

N

O

S

U